교육적 기략을 통해 발견하는

가르침의 묘미

Max van Manen 저 | 김종훈 · 조현희 공역

Pedagogical Tact
Knowing What to Do When You Don't Know What to Do

학지사

🌱 역자 서문

이 책은 캐나다의 교육학자이자 현상학자인 맥스 반 매년(Max van Manen) 의 『Pedagogical Tact』의 번역서이다. 직역하면 '교육적 기략'으로 붙여야 했을 이 책의 제목을 '가르침의 묘미'로 의역한 것은 책에 담긴 저자의 의도를 가장 잘 반영하면서도 반 매년의 글이 그러하듯 독자들에게 친근하게 다가가기 위함이다.

일반적으로 'pedagogy'는 '교육학' 또는 '교수법'으로 번역된다. 전자가 사회과학의 한 분야를 칭하는 개념이라면, 후자는 가르치는 방법을 일컫는 말이다. 그러나 이 책에서 'pedagogy'는 이 둘 중 하나를 가리키기보다 대부분의 경우 양자를 포함하면서 더 넓은 의미로 사용되고 있다. 따라서 우리는 'pedagogy'를 보다 일반적인 의미에서 '교육'으로 번역하는 것이 적절하다고 보았다. 마찬가지로 'tact'는 보통 재치, 슬기, 요령, 능숙한 솜씨 등의 의미를 담고 있지만, 책에 담긴 저자의 의도를 가장 잘 드러내는 단어는 '기략(機略)' 이다. 일상적인 용어가 아니기에 표준국어대사전의 설명을 빌리자면, 기략은 '상황에 알맞게 문제를 잘 찾아내고 그 해결책을 재치 있게 처리할 수 있는 슬기나 지혜'를 말한다. 즉, 기략은 문제의 발견과 해결 과정에서 일어나는 어떤 행위의 적절성과 적시성을 동시에 함축하는 말이다.

반 매년이 'pedagogy'와 'tact'를 연결하여 'pedagogical tact'로 책의 제목을 삼은 이유는 가르침과 배움의 장면에서 어떤 일이 벌어졌을 때 그 상황에 가장 적합하면서도 즉각적으로 반응할 수 있는 교사의 기략을 설명하기 위함이다. 실제로 아이들을 가르치는 교사는 학교와 교실에서 하루에도 수없이 많은 일을 경험한다. 즉각적이면서도 적합한 방식으로 반응하고 행동함으로써 다른 이들이라면 그냥 지나쳐 갈 그 찰나의 순간을 교육적인 순간으로 만드는 존재가 바로 교사라고 저자는 말한다. 일상적인 상황으로부터 교육적인 상황을 구별해 내는 능력, 그리고 그 상황에서 교육적으로 반응하는 능력―반 매넌이 이 책의 1장과 3장에서 설명한 것처럼 교육적으로 반응하는 능력(response-ability)이야말로 교사에게 주어진 책임(responsibility)이다―은 기략 있는 교사만이 할 수 있는 일이다.

반 매넌은 교육학 연구 및 실천 분야에서 대표적인 현상학자로 알려져 있다. 그는 교사가 어떻게 가르치고 살아가야 하는지, 가르침의 현장에서 매 순간 마주하는 수많은 상황을 어떻게 교육적으로 풀어 갈 수 있을지를 현상학적으로 접근한다. 현상학의 시선으로 바라보는 가르침이란 겉으로 보이는 교사의 행위를 넘어 교사의 존재와 교육적 상황을 포함하는 개념이며, 따라서 교육은 인격적인 동시에 문화적인 것으로 이해된다. 대표적으로 이 책의 제10장(온라인 교육)은 교육을 바라보는 현상학자의 시선을 잘 보여 준다. 2015년에 저술된 책임에도 코로나 팬데믹으로 인해 촉발된 온라인 비대면 교육의 급격한 확산을 예상이라도 한 듯, 그는 각종 테크놀로지와 테크닉이 범람하는 현 상황 속에서 우리가 교육적으로 놓치지 말아야 할 본질이 무엇인지 직시하게 한다.

반 매넌의 저서 중 국내에는 『'가르친다는 것'의 의미(The Tone of Teaching)』가 잘 알려져 있다. 가르치는 일을 바라보고, 지켜보며, 칭찬하고, 상황을 교육적으로 만드는 일로 설명한 이 책에서 그는 교사와 그 삶의 의미를 함축적으로 그려 낸다. 분량도 적을뿐더러 쉽게 쓰여 있어 역자들은 교육실습을 나가는 예비교사들에게 이 책을 종종 읽게 하곤 했다. 그에 비해 이 책, 『가르침의 묘미(Pedagogical Tact)』는 교육의 의미와 교사의 존재에 대한 반 매넌의 한 차원 더 깊은 사유를 유감없이 보여 준다. 학술적으로 심오하고 이론적으로도 견고하지만, 동시에 일상적인 사례를 들어가며 그로부터 깊은 교육적 통찰을 이끌어 내는 이 책은 반 매넌 저작의 정수(精髓)라 할 만하다.

　반 매넌의 글이 지닌 가장 큰 힘은 학교와 교사에 대한 깊은 이해와 따뜻한 시선에 있다. 그의 글에는 대학 교수이기에 앞서 교사로서 아이들을 가르친 체험(lived experience), 즉 삶으로 살아 낸 경험이 고스란히 담겨 있다. 반 매넌과 마찬가지로 두 역자 모두 지금은 사범대에서 예비교사를 가르치는 교수로 재직하고 있지만, 그에 앞서 적지 않은 시간을 학교에서 교사로서 아이들을 가르쳤다. 우리는 교직 경험이야말로 예비교사들을 가르침에 있어 그 무엇과도 비교할 수 없는 자산이요, 힘이라는 사실을 순간순간 경험한다. 예비교사들을 가르치는 역자들에게 일말의 '교육적 기략'이 있다면 그것은 분명 교직 경험에서 비롯되었음을 확신한다. 이렇게 역자들의 삶과 가르침은 반 매넌의 사유와 닿아 있다. 그 연결고리를 더듬어 가다 마침내 이 책『가르침의 묘미』를 번역하기에 이르렀다. 반 매넌의 글이 교직 경험을 기초로 예비교사들을 가르치는 순간을 사는 역자들에게 적지 않은 울림으로 다가왔던 것처럼, 가르침의 의미를 넘어 삶의 의미를 들려주는 이 책을 더 많은 예비교사와 교사, 교육학자와 교사교육가가 읽기를 기대한다.

2022년 6월
대표 역자 김종훈

🌱 저자 서문

독자들은 이 책을 목차 순서대로 읽을 필요는 없다. 처음 시작하는 몇 개의 장은 이 책의 전체를 소개하는 입문 주제로부터 시작하고 있지만, 독립적이면서 어떤 순서로든 읽을 수 있는 '교육적 사려 깊음(thoughtfulness)'과 '기략(tact)'에 관한 내용으로 구성하였다. 여기에는 어린이와 학생들을 위한 교육적 책임을 수행하는 우리(교사, 부모, 보육 전문가 등)의 개인적인 삶에서 교육적 사려 깊음과 기략을 어떻게 시작할 수 있는지를 탐구하는 다섯 개의 주요 교육학적 요소가 여러 장에 걸쳐 구성되어 있다.

이 책에서 다룰 교육과 관련된 다섯 가지 주제는 다음과 같다. ① 아동감각: 구체적이고 특정한 상황과 관련하여 아동 또는 청소년의 삶에서 일어나는 일을 감지하기 위해 능동적이고 성찰하는 감수성을 갖기, ② 인격적인 교육: 감각적이고 인격적인 교육에 관여하는 자신의 개인적인 상황과 정서적 구성에 대해 자기 성찰적 인식을 개발하기, ③ 해석적 성찰: 아동 또는 청소년의 삶에서 특정 현상 또는 경험의 살아 있는 의미를 이해하는 데에 도움이 되는 직관적 혹은 현상학적 성찰, ④ 존재신론(ontotheology): 어린 사람들의 특징뿐만 아니라 어른의 교육적 특성을 긍정적·부정적인 양상과 방향으로 형성하는 현대의 문화적 힘에 대한 존재신론적 인식, ⑤ 특별한 상황과 처지에 놓인 아동과 청소년을 지원하고 다루는, '나쁜' 방법으로부터 '좋은' 방법을 구별해 내는 인격적이고 전문적인 윤리가 그것이다.

이 책이 우리 시대에 던져 주는 의미와 관련하여, 나는 오늘날의 교육과 관련해서 영어권에서 주로 통용되는 의미와 유사하지 않은 '교육학(pedagogy)'

이라는 개념을 다루고자 한다. 이 책에서 교육학이라는 개념의 구체적인 의미는 대륙 교육 사상의 교육에 대한 오랜 역사적 전통의 측면과 일치하지 않는다. 그러나 동시에 새로운 교육학 언어는 가르침의 과학이나 기술, 학습 결과의 산물, 교육과정 프로그램이나 역량과 같이 좁은 의미를 지칭하는 것도 아니다. 오히려, 현대의 의미에서 교육학은 가르침의 인격적이고 관계적이며 윤리적인 측면을 통해 아동과 청소년을 길러 내는 일과 깊은 관련이 있기 때문에 가르침의 교육학, 자녀 양육의 교육학, 손자들을 돌보는 일과 관련된 교육학이라고 해야 한다.

새로운 교육학이란 가르침의 중심, 아이들을 돌보는 여타의 일들의 핵심에 위치한 보다 모호한 개념이다. 연구와 실천 맥락에서 교육학은 다소 어려운 주제이지만, 교육에 대한 전문적이고 교육적인 관점은 모든 교육에 있어서 필수적이다. 이를 통해 우리는 교실과 학교 경험의 복잡성을 아동과 청소년의 성장, 학습, 변혁적인 되어 가기(becoming)를 위한 형성적 실제로 보고 이해해야 한다.

우리는 교육의 추동(impulse)과 그 의미를 교육으로 회복시켜야 한다. 나는 지난 몇 년에 걸쳐 교육적인 사고와 성찰, 전술의 개념이 무엇인지 탐구하였다. 교육학은 성장이라는 형성적 과정과 인간 잠재력의 교육적인 발전뿐만 아니라, 각 개인의 독특하고 고유한 특성의 핵심에 있다. 따라서 우리는 교육의 깊음과 풍요로움을 목표로 삼아야 한다. 그러나 학부모, 교사, 정책입안자, 교육을 이끌어 가는 사람으로서 우리는 깊고 풍부한 교육 경험이 학습 프로그램과 학교의 생산성과 같은 말로 설명될 수 없다는 것을 인정하지 못하는 '학습의 산물' '측정 가능한 평가 결과'에만 초점을 둘 때, 우리의 자녀와 교사, 학교 관리자들에게 의미 있는 도움을 줄 수 없다. 점점 더 기술적으로 연결되는 세상에서, 가르침과 배움의 인격적이고 관계적인 측면, 상호작용의 특성은 위험에 처하게 된다.

나는 도심 속 과밀지구의 학교에서 학창 시절을 보낸 것을 그야말로 '축복'

이라고 생각한다. 우리 중 누구도 더 많은 교육 기회에 대한 희망을 가지고 살아가는 중산층 가정 출신이 아니었다. 불행하게도 다른 학교의 친구들이 진학에 대한 기회를 부여받지 못했던 것과 달리, 나에게 더 많은 교육 기회를 제공해 준 여러 선생님을 만난 것은 행운이었다. 어린 시절 이런 경험으로 인해 나는『시스케 쥐 이야기(Ciske the Rat)』(이 책의 2장 참조)와 같은 소설에 매료되었다. 어린 시절 나는 이 책을 여러 번 읽었다. 전쟁으로 인해 고아가 된 수백, 수천 명의 어린이와 아동학대, 질병, 굶주림 또는 소년병으로 징용되는 먼 나라의 아이들로 인해 나는 가슴 아파했다. 그들의 불행으로 인해 우리는 씻을 수 없는 죄의식이라는 집단적 양심의 가책을 느끼게 된다. 그러나 교육에 관한 이 책에 특정한 사회적 원인을 주입하려는 것은 아니다. 아이들에 대한 이야기는 다양한 배경과 사회적 맥락을 지닌 여러 학교로부터 수집되었다. 그들의 경험을 말로 표현함으로써 청소년들은 자신의 경험의 의미를 알게 되고, 그들의 경험을 되돌아봄으로써 그것이 그들에게 어떤 의미인지를 알게 된다.

나는 이 책의 독자들이 여러 해에 걸쳐 나를 일깨워 주었던 인생의 의미에 관한 철학적 관점, 생생한 경험에 대한 실존적 성찰의 방법론, 그리고 우리를 교육 본연의 모습에 관한 연구로 이끌어 가는 영감 있는 동기를 개인적으로 알게 되기를 바란다. 나는 이것이야말로 다음 세대가 교육과 관련된 인생의 경로, 즉 가르침, 교육, 상담, 복지, 심리, 건강 등을 선택하도록 하는 힘이라고 생각한다. 나는 교육이야말로 인류의 기원과, 우리의 인간됨과 연약하지만 매혹적인 세계 속에서 인간으로 존재하기 위한 우리의 목적의 핵심에 놓여 있는 직업적 소명이라고 생각한다.

🌱 표지 그림에 대한 설명

비르지니 드몽-브르통(Virginie Demont-Breton)의
〈물속으로!(Into the Water!)〉(1898), 벨기에 앤트워프, 왕립미술관 소장

표지에 실린 비르지니 드몽-브르통의 작품 〈물속으로!〉는 바닷가에 서 있
는 엄마와 두 아이의 모습을 담고 있다. 많은 아이에게 있어, 모래사장에서
놀거나 얕은 물에서 첨벙거리며 노는 일은 신나고도 즐거운 일이다. 그러나
그림 속 아이는 물속으로 들어가지 않으려고 버티며 엄마와 실랑이를 하고
있다. 엄마는 아이가 제 발로 걸어서 물에 들어가도록 팔을 잡아당기고 있다.
그러나 그림 속 아이의 긴장된 몸 전체는 엄마에 대해 필사적으로 저항하고
있음을 보여 준다. 동시에 그는 엄마의 치마를 꼭 붙듦으로 자신의 안위를 지
키려고 하고 있다. 엄마의 품에 얼굴을 파묻고 있는 모습도 볼 수 있다. 하지
만 엄마의 얼굴에서 장난기라고는 찾아볼 수 없고 사뭇 완강하기까지 하다.
이 아이가 단지 반항하는 것으로 보이는가? 이 장면을 실랑이로 보는 것은 별
로 도움이 되지 않는다.

이 그림은 어른이 정말로 '무엇을 해야 할지 알지 못할 때 무엇을 해야 하
는지를 아는' 상황에 어울리는 교육적 기략(혹은 그것의 부족함)에 아주 잘 어
울리는 비유로 이해할 수 있다. 그림 속 아이는 아직 어리지만 그림이 갖는
비유적 가치는 모든 연령과 모든 교육적 상황 및 관계에 적용된다.

우리는 이 그림을 통해 엄마는 물론이거니와 아이에게 이 순간이 어떤 의
미인지를 이해할 필요가 있다. 아마도 엄마는 바다에서 누릴 수 있는 즐거움

을 아이에게 알게 해 주고자 했던 것일까? 아니면 아이의 발로 물을 직접 경험해 보도록 하기 위함이었을까? 아이의 얼굴은 보이지 않는다. 울고 있는 것일까? 이들 앞에 광활하게 펼쳐진 바다가 무서운 것일까? 물을 싫어하나? 물이 너무 차가운가? 발이 물에 젖는 것을 싫어하나? 아니면 그저 집에 가고 싶은 걸까? 엄마의 오른팔에 들려 있는 아기는 이 모든 상황이 혼란스럽다. 고전적인 이 작품은 아이를 세계 속으로 이끌어 가고자 애쓰는 부모의 교육적 순간을 그리고 있다.

엄마는 아이에게 최선을 다하기로 결심하고 그것을 실행에 옮기고 있다고 느끼는 듯하다. 어떤 감정에 의해 이렇게 하고 있는 것일까? 그리고 이 장면을 통해 아이가 경험하는 바는 무엇일까? 아이의 괴로움의 의미와 중요성을 이해하고 인지하고 있을까? 그녀는 지금 손에 힘을 꽉 주고 아이의 손을 잡고 있다. 그녀는 놀라운 물의 세계를 경험하게 하려는 것 같다. 그러나 아이는 그런 엄마의 의도가 못마땅하다. 엄마는 의지가 없는 아이를 물에 데려가려는 시도를 멈추고 잠시 되돌아봐야 할까? 아니면 밧줄 끝에 서 있는 느낌일까? 그녀의 행동에 요령이 없는 것이라면, 교육적 기략에 대한 질문을 던져봐야 한다. 아이가 물속으로 몇 걸음 걸어가도록 설득하는 데에 조금 더 부드럽고 인내심 있는 엄마가 되려고 노력해야 할까?

우리 중 얼마나 많은 사람이 우리가 원치 않는 모습이나 행위임에도 불구하고 성인(부모, 교사, 또는 누군가를 돌보는 성인)에 의해 강요당하거나 영향을 받는 일을 경험했던가? 우리가 하고 싶었던 일을 할 수 없게 된 일을 경험하기도 했다. 아마도 그것이 최선이었기 때문일까? 아니면 그렇지 않을까? 부모나 교사가 기략 없이 어떤 교육적 행동을 하게 되면 그것은 우리의 남은 생애에 걸쳐 우리를 괴롭힐 수 있다. 많은 경험적 · 실천적 사례에 기반을 둔 이 현상학적 연구는 다음과 같이 묻는다. 도구주의에 기반을 둔 관리 · 기술 · 경제에 의해 영향을 받는 정책과 권력, 가치로 인해 점점 더 합리화되고 통제를 받는 학교, 가족, 공동체 및 미디어 세계에서 교육의 역할은 무엇이고, 무엇이어야 하는가? 교육적 사려 깊음과 기략을 다룬 이 책은 교육 · 심리 · 보건 · 보육 프로그램에서 그동안 다루어졌던 교수 중심, 학습 중심의 글들과 연구들을 보완하고, 그것을 돌아봄으로써 보다 풍성하게 하려는 목적이 있다.

🌱 차례

역자 서문 _ 3

저자 서문 _ 7

표지 그림에 대한 설명 _ 11

1장
교육에서 가장
중요한 것 • 21

교육적 기략이 사라진 순간들 _ 21

교육적 순간 _ 24

교육이란 무엇인가 _ 27

2장
교육을 간접적으로
경험하기 • 31

영화 속 가상의 교육 _ 32

소설 속 가상의 교육 _ 38

3장
교육의 본질 • 49

교육적 순간 _ 50

가능성이라는 아이들의 세계 속으로 _ 53

교육적으로 행동하는 실천의 순간 _ 55

현상학적 교육학 _ 60

무엇이 최선인지 우리는 어떻게 아는가 _ 61

교육의 목적 _ 64

존재신론과 인성 교육 _ 68

교육의 불기약성 _ 70

4장
반성적 실천의
교육 • 73

반성과 행위 간의 관계 _ 73

카이로스의 시간: '바로 지금'이라는 완벽의 순간 _ 77

초임 교사 이야기 _ 79

경험 많은 교사 이야기 _ 83

5장
교육적 안목과
경청으로 깊이
관찰하기 • 91

아이들을 교육적으로 바라보기 _ 93

헌신과 염려로 경험되는 교육적 돌봄 _ 95

고유함이라는 얼굴에 대한 책임을 경험하기 _ 103

얼굴이 없는 사람들의 얼굴 돌보기 _ 109

6장
교육적 기략 • 113

사람 감각과 아동 감각 _ 113

교육적 기략의 본질 _ 115

인격적인 교육 _ 117

순간의 즉시성 _ 119

훈육의 교육적 의미 _ 123

가능한 것과 바람직한 것의 혼동 _ 127

기략, 규칙에 지배되지 않으나 '규칙이 없는' 것도 아닌 _ 130

교육적 이해 _ 135

가르침에 관한 교육학 _ 143

산다는 것은 서로를 접촉하는 일 _ 151

7장
교육적 접촉 • 159

접촉의 방식 _ 166

의미 있는 학습 _ 176

교육적 관계 _ 179

교육의 성찰적 본질 _ 183

가르침의 역설적 성격 _ 186

교육적 분위기 _ 189

표상되고 재현되는 접촉 _ 195

아이들은 우리의 존재를 어떻게 경험하는가 _ 197

존재의 교육학(무엇을 가르칠 것인가) _ 202

가상의 접촉 _ 206

8장
**교육적 존중과
인정 • 209**

보이고 인식되는 것의 교육적 측면 _ 214

존중의 영역과 자신과의 관계 _ 217

나는 누구인가 _ 223

비밀의 자아 _ 227

현상학적 교육학 _ 231

9장
**학생 경험의
현상학 • 239**

학생의 경험으로 향하는 것 _ 242

이름에 대한 경험을 이름 짓기 _ 245

학생들의 경험에 접근하는 방법 _ 253

우리가 '경험'이라고 할 때 그것은 무엇을 지칭하는가 _ 256

학생 경험에 대한 정향이 지닌 교육적 중요성 _ 259

10장
온라인 교육 • 263

내면의 자아 _ 264
온라인 교육과 자아정체성 찾기 _ 266
지속적인 접촉과 디지털 친밀성 _ 270

11장
교육적인
앎과 삶 • 277

책임의 윤리 _ 281
실천적 지식의 내재성과 시의성 _ 282
무엇을 해야 할지 알지 못할 때 해야 할 일을 알기 _ 285
불확실한 세계 속에서의 존재와 희망 _ 294
상처 _ 299

부록 A
윤리적 관점에서
본 교육 • 301

의무주의 관점에서 본 교육 _ 303
공리주의 관점에서 본 교육 _ 304
결과주의 관점에서 본 교육 _ 305
계약주의 관점에서 본 교육 _ 306
덕 윤리 관점에서 본 교육 _ 307
상황 윤리 관점에서 본 교육 _ 309
관계 윤리 관점에서 본 교육 _ 310

──────
부록 B
역사적 고찰 • 313

‑‑

인문과학 교육학 _ 315

볼프강 클라프키 _ 317

존 듀이 _ 319

헤르바르트와 교육적 기략 _ 320

교육의 언어 _ 329

아동이 배제된 교육학 _ 331

언어와 실행의 교육학을 지속적으로 풀어 나가기 _ 336

가르침, 그리고 돌봄의 철학 _ 337

교육적 사려 깊음과 기략의 주제들 _ 347

참고문헌_ 349

찾아보기_ 361

——
1장
교육에서 가장 중요한 것
——

교육적 기략[1]이 사라진 순간들

즐거운 저녁 시간, 친구들 몇 명이 모여 마을에서 연주되는 심포니 오케스트라에 관해 이야기를 나누고 있다. 사업을 하다가 은퇴한 에드워드는 오케스트라 수석 연주자에게 감탄한다. 다른 사람들은 음악가로 성공하는 것이 얼마나 어려운 일인가에 관해 이야기한다. 그런 다음 에드워드가 다시 이야기의 주도권을 차지하며 말한다.

　　뭐랄까, 지금부터 하려는 이야기는 내 평생에 걸쳐 집착했던 기억에 관한 것이에요. 최근까지 나는 너무 아파서 다른 사람과 이야기할 수조차 없었습

---

1) [역자 주] 기략(tact): 상황에 알맞게 문제를 잘 찾아내고, 그 해결책을 재치 있게 처리할 수 있는 슬기나 지혜(표준국어대사전).

니다. 어른이라 하더라도 이것을 나누려면 눈물이 날 거예요. 열여섯 살 때 여러 해 동안 바이올린을 배운 후, 나는 결코 좋은 연주자가 될 수 없다는 것을 깨달았습니다. 뭔가 부족했지요. 뛰어나지가 않았어요. 그래서 포기하기로 했습니다. 아버지는 이런 나의 결정을 속상해하셨지요. 그는 어떻게든 내 생각을 바꾸려고 했어요. 그러나 나는 끝내 거절하고 말았습니다. 나는 내가 탁월한 연주자가 아님을 알고 있다고 아버지께 이야기했어요. 아버지는 그런 내게 화가 나서 바이올린을 빼앗아 갔습니다. 그리고 거실 벽에 걸어 놓고는 말씀하셨지요. "이제부터 이 바이올린을 볼 때마다, 내 눈에 네가 얼마나 실패한 사람으로 보일지 알게 될 거다." 그 말을 들은 나는 끔찍한 생각이 들었습니다. 몇 주가 지나 어머니는 벽에서 그 바이올린을 내려놓았습니다. 엄마는 내게 미안해했지요. 그러나 쓰라린 마음마저 없앨 수는 없었습니다. 아버지의 눈에 나는 실패한 사람이었으니까요. 그 순간의 기억은 평생 저를 괴롭혔습니다. 그래서 나는 항상 내 아이들에게 자신이 생각하는 바가 아니라 자신에게 옳다고 느끼는 대로 행동해야 한다고 말했습니다. 시간이 흘러 나는 대기업의 성공적인 관리자가 되었고, 아버지는 내게 그 실패에 대해 다시 언급하지 않으셨습니다. 지금 여든두 살의 나이에 마침내 나의 비밀스러운 고통을 덜어 냈다고 느끼고, 적어도 여기에서 그것을 여러분과 공유할 수 있다고 생각합니다.

에드워드의 이야기는 잠재된 교육적 순간이, 우리가 그것을 의식하고 있든 그렇지 않든 간에, 우리의 남은 인생에 어떤 영향을 미치는지 보여 준다. 우리는 부정적인 교육적 순간의 중요성을 어렵지 않게 인식할 수 있다. 때때로 우리는 우리의 어린 시절 무시당했던 일로 인해, 부정적인 영향력으로 인해, 혹은 여전히 우리를 괴롭히는 과거의 해로운 행동으로 인해 어떤 어른들을 비난할 수 있다. 이러한 비난과 비판은 우리 삶의 교육적인 이야기를 구성한다. 그리고 그것들은 우리 자신만의 교육학(pedagogies)을 만들어 간다.

그러나 우리는 모두 어머니, 아버지, 교사, 또는 우리를 걱정하고 우리가 필요로 할 때 우리를 위해 있었던 다른 중요한 성인으로부터 받은 사랑과 보살핌을 감사하게 받아들일 때 좋은 교육이 할 수 있는 일이 무엇인지 인식하게 된다. 이것은 우리가 가정에서 자녀로서 그리고 교실에서 학생으로서 경험한 행복과 성공, 축복을 되돌아볼 때 분명한 사실이다. 우리는 종종 어린 시절 잊히지 않는 경험, 안개가 자욱하듯 파편화되거나 반쯤 기억되는 교육적 사건을 구성하는 사건의 잠재적이고 지속적이며 오래 가는 영향을 인식할 때, 교육의 결과를 깨닫게 된다. 이러한 사건의 잠재적인 가치는 우리가 자아, 개인의 정체성, 비밀스러운 내면의 자아실현 감각, 그리고 우리가 누구이고 무엇인지(무엇이 되었는지)에 대한, 종종 추적할 수 없지만 형성적인 결과라는 사실을 의미한다.

여전히 우리가 하는 일과 우리 자신을 위해 무엇인가를 하려는 아버지의 인정이나 어머니의 칭찬을 기대하고 있는가? 우리의 삶에서 어른의 인정이 갖는 잠재적 중요성이라는 교육학의 주제는 잘 알려지지 않은 교육적 현상이다. 갈등을 겪거나 부모와의 관계가 좋지 않았던 사람들조차도 때때로 아버지의 인정이나 어머니의 사랑이 우리의 삶에 긍정적인 의미를 부여하는, 여전히 우리를 움직이거나 무언가를 성취하게 하는 힘의 심오한 대상이라는 사실을 깨닫게 된다. 우리는 아버지와의 관계가 원만하지 않았던 프란츠 카프카(Franz Kafka)나 마르셀 프루스트(Marcel Proust)와 같은 유명한 작가들의 삶에 이와 같이 잠재되어 있는 교육의 영향력이 있었음을 안다. 그러나 의심할 여지없이 우리 자신의 삶이나 우리와 가까운 다른 사람들의 삶에서 인정과 혐오의 실타래가 있다는 사실도 알고 있다.

외재적·내재적 동기와 보상에 관한 이론은 우리 삶의 이야기를 구성하는 주제의 소리 없는 비밀에 속한 교육적 사건이 오랜 시간에 걸쳐 잠재되어 있음을 깨닫는 데 실패한, 실로 단순한 구조이다. 어떤 부모는 자녀가 어쩌면 성취할 수도, 아니면 결코 도달할 수 없는 높은 기대치를 부여한다. 다른 부모들은 기대하지 않는다고 주장하지만, 그럼에도 불구하고 아이들은 보다 강력하게 부모의 기대치를 경험한다. 다시 말하지만, 다른 부모들은 실제로 어떠한 기대도 하지 못하는 경우도 있다. 그러나 자녀는 기대의 부족을 어떻게 경험하는가? 학부모와 교사 사이의 면담에서 부모와 자녀를 만나게 될 때 교육적으로 민감한 교사들만이 그러한 잠재적 기대의 결과를 추측할 수 있다.

우리는 잠재된 교육적 영향을 어떤 아이가 어떻게 느끼고 그것이 어떻게 삶을 통해 실현되는지를, 그 아이의 어린 시절에 혹은 심지어 성인이 된 이후에라도, 예측할 수 없다. 물론, 아이도 성인에게 영향을 미친다. 교육적 관계는 매우 복잡하며, 부분적으로 성인을 위한 자기계발과 자기 이해의 과정을 의미한다. 어머니, 아버지, 조부모, 교사, 심리학자, 간호사, 상담 전문가, 소아과 의사나 어린이를 돌보는 사람들은 자신과 그들이 돌보는 아이들과의 상호작용을 되돌아보는 기회를 통해 새로운 방식으로 자기 자신을 이해하는 법을 배운다.

교육적 순간

〈꼭 끌어안기(Bearhug)〉라는 제목의 시에서 마이클 온다체[2](Michael Ondaatje, 1979, p. 104)는 아들이 침실에서 잠자리에 들 때 자기 전에 안아 주고 입 맞추기 위해 자기를 어떻게 불렀는지를 그리고 있다. 온다체는 사랑이 많은 아버지이지만, 무언가 늘 바쁜 사람이었기 때문에 아들에게 "알겠어!"라고 소리친다. 그런 다음, 일을 마무리하고 아들의 침실로 들어갔을 때 그는

---

2) [역자 주] 마이클 온다체(1943~　): 스리랑카 콜롬보 출신의 캐나다 소설가. 대표작 『잉글리시 페이션트(English Patient)』로 1992년 맨부커상(당시 '부커상')을 수상하였으며, 2018년에는 맨부커상 50주년을 기념하여 역대 수상작 중 최고의 작품에 수여하는 '황금 맨부커상(The Golden Man Booker Prize)'을 수상하였음.

무엇을 보았을까? 그의 아들은 팔을 뻗어 얼굴에 큰 웃음을 지으며 기대하고 있다. 그는 의례적으로 자기 전에 꽉 끌어안을 준비가 되어 있다. 시의 한 연에서 온다체는 부모가 아이를 안아 주는 방식에 대해 시적으로 민감하게 설명하고 있다. 그러나 그다음 두 줄의 짧은 행으로 시의 끝을 향해 나아간다.

> 그는 얼마나 오래 거기에 있었을까?
> 내가 오기 전까지, 이렇게 서서

마이클 온다체는 어린 아들이 아빠를 부르는 일과 이 미묘한 되돌아봄의 순간 사이에서 교육적 순간을 경험한다. 인격적인 반응이라는 모습을 띤 교육적 순간, 아버지는 행동하고(꽤 오랜 시간 기다리게 만들긴 했지만, 아들에게 "잘 자."라고 말하고), 되돌아본다(자기 자신에게 '아들이 그렇게 기다려야 했던 게 괜찮았던 걸까?'라고 묻고, 아마도 '내가 좀 더 관심을 가졌어야 했나?'라고 생각했을 것이다). 자기 전 입맞춤은 단순한 의식으로 보일지 모르지만, 거기에는 실제로 심리학적이고 교육학적인 의미가 가득 들어 있다. 예를 들어, 마르셀 프루스트의 저서(1981)에 소개된 자기 전 입맞춤에 대한 많은 참고문헌과 연구는 어머니가 오기를 기다리다가 마침내 그녀가 와서 입을 맞추어 주었을 때 그는 잠들 수 있었고, 그의 아버지로부터 경험한 인정받지 못함을 이겨 낼 수 있었으며, 정신분석적으로 얽혀 있는 것들을 떨쳐 낼 수 있었음을 보여 준다.

프루스트의 설명과 달리, 온다체는 유년기 사건으로부터 정신분석의 문제를 꺼내고 싶지 않은 것으로 보인다. 그러나 온다체는 이 공통적이고 중요한 어린 시절의 순간에 암시된 의미를 보여 준다(아이는 잠이 들지 않아 부모에게 끌어안아 달라고 요구한다. 온다체는 꾸물거리다가 마침내 아이의 침대로 다가온다). 온다체는 그의 아들이 얼마나 아빠를 기다렸는지 살펴봄으로써 이 사건을 교육적 순간으로 만든다.

그는 우리에게 이 순간이 아이에게 어떤 모습으로 비추어질지 생각해 보게 한다. 부모나 자녀로서 어린 시절에 자기 전 안아 주거나 입 맞추기와 같은 일을 경험하지 못한 사람이 얼마나 될까? 물론 부모가 항상 자녀의 요구를 들어주기만 하고, 아이를 망치거나, 과보호로 인해 지나치게 의존적인 아이를 만들 수 있다는, 다소 짜증스러운 부모의 불평이 있을 수 있다. 물론 아이도 때때로 부모가 도움을 줄 수 있을 때까지 기다려야 한다는 것을 배워야 한다.

그러나 이 시를 통해 온다체가 말하고자 하는 바가 의도적으로 그의 아들을 기다리도록 하려는 것(예, 이 아이가 지나치게 닦달했기 때문에 과보호하지 않으려고)이 아니라는 사실은 분명하다. 그러나 이러한 고려 사항은 교육에 담긴 윤리적인 본질을 보여 준다. 온다체의 시는 그가 나중에 이 사건을 성찰하는 과정에서 경험한 전환이 얼마나 교육적인 궁금증을 보여 주고 있는가라는 점에서 이 글이 말하고자 하는 교육적인 의미가 있다. 그의 아이가 기다렸던 경험은 무엇이었는가? 아이가 아빠를 부를 때, 과연 무엇을 요청하는 것일까? 이러한 종류의 기다림은 어떤 것일까? 기다림은 어린이가 기대하는 포옹과 입맞춤의 즐거움에 대한 경험에 어떻게 관여하는가? 자기 전에 꽉 안아 주는 행위는 어떤 점에서 좋은가? 이러한 기다림과 입맞춤은 깊은 잠으로 들어가는 일과 어떤 관련이 있을까?

교육적인 경험은 성인이 아동이나 청소년과 교육적인 관계를 맺을 때, 그와 같은 상황에서 발생한다. 이러한 상황은 드문 일이 아니다. 일반적으로 교육적인 순간은 성인이 교육적으로 행동해야 하는 일반적인 환경에서 발생한다. 일상적인 상황에서 교육적이고 책임감 있으며 적절하게 행동하는 것과 관련된 문제이다. 때때로, 일반적이지 않은 경우, 우리는 매일 아이들과 함께 살아가며 순간적으로 반응을 해야 할 때가 있다. 원칙적으로, 우리는 의자에 기대고 앉아 무엇을 해야 할지를 신중하게 결정할 시간적 여유가 없다. 어떤 대안적인 행동이 가능한지, 어떤 최선의 접근법을 취해야 하는지에 대해 생각해 볼 시간이 주어진다 하더라도, 교육적인 순간에는 누구라도 즉각적인 행동을 취해야 한다. 심지어 실제 행동은 잠시 뒤에 일어나더라도 말이다.

교육이란 무엇인가

　그렇다면 교육이란 무엇일까? 이 질문의 답이 반드시 학문적이어야 할 필요는 없다. 어머니, 아버지, 교사, 조부모, 혹은 여타의 어른으로부터, 다양한 순간에 그들의 어린 시절을 지원하고 형성하는 일부로서 돌봄과 관심을 받은 사람이라면 누구나 교육이 무엇인지 알고 있다. 이와 같은 어른들로부터 교육적인 도움을 받지 않게 되면, 우리는 우리가 누구인지 알 수도 알지도 못했을 것이며, 더 심하게 표현하자면 오늘을 살아가지 못할 수도 있다.

　그렇다면 교육이 무엇인지 이미 알고 있는 것 아닌가? 이 질문에 대한 답은, 역설적이게도, 알고 있지만 알고 있지 않다는 것이다. 부모의 돌봄(과 가르침)이 세상에서 가장 오래된 직업이라는 점에서 우리는 교육이 무엇인지 이미 알고 있다. 자녀 양육은 먹이고, 입히고, 돌보고, 성별에 맞게 돌보는 일과 같은 인간 삶의 가장 본질적인 행위이다. 교육이란 본질적으로 취약한 특성이 있는 아이에 대해 우리가 하는 현상학적 반응에 근거를 두고 있다. 인류가 어린이들에게 가한 역사적 잔학에도 불구하고, 우리는 어린아이에게 옳은 일을 해야 할 필요가 있다는 점을 알고 있다. (본능, 감성, 문화, 모성, 아니면 부모-자녀 관계. 뭐라고 부르든 상관없다.) 아동이 자신의 연약함을 받아들이고, 어른으로부터 최상의 것을 끌어내려는, 명백한 사실을 알게 되는 데에 실패하는 것은 사회과학의 빈곤이라고 할 수 있다.

　그러나 교육에 대한 보다 근본적인 이해를 요구할 때, 교육이라는 현상은 궁극적으로 신비로운 것이기 때문에 어떤 의미에서 우리는 교육이 무엇인지 알지 못한다. 교육의 가장 기본적인 의미는 합리적인 이해 그 이상의 것이다. 아이는 울면서 이 땅에 태어났으며, 부모는 그 울음을 호소로, 아이를 붙들고, 보호하고, 미소 짓고, 모든 것이 괜찮은지 걱정하는 등과 같이 다른 것을 하려는 변화의 경험으로 받아들이게 된다. 이제 막 부모가 된 사람이 경험하는 첫 번째 압도적이고 감각적인 경험은 종종 자연스럽게 반응하는 능력, 즉 우리의 숨겨져 있던 교육적 본질을 꺼내어 반응하는 능력(response-ability)이다. 자리에 앉아 이 아이를 받아들일지 말지를 생각해 보기도 전에, 아이는 처음 부모가 된 우리로 하여금 아이에 대해 어떤 행동을 취하도록 한다. 인류에게는 다행인 것이, 옳은 일을 하도록 하는 이런 자발적인 필요는 실제로도 옳은 일이다. 우리가 손 내밀어 아이를 붙잡으면(뒤돌아서서 내팽개쳐 버리지 않고), 우리는 이미 교육적인 행동을 한 것이다.

성인과 함께 살아가면서 아이들은 점점 더 많은 질문을 한다. 다시 말해, 육아와 가르침이라는 교육의 질적인 경험에 관하여 생생한 감각을 얻게 되자마자 우리는 의심하고 질문하기 시작한다. 교육은 이렇게 질문하는 것이고, 의심하는 것이다. 우리는 다음과 같은 것을 궁금해한다. 나의 행동이 옳았을까? 다른 사람들은 왜 그렇게 다른 방식으로 자녀를 가르치거나 키울까? 우리는 아이들이 신체적으로나 심리적으로 학대받는 일을 보거나 듣게 될 때 적잖이 충격을 받는다. 또한 얼마나 많은 아이가 더 미묘한 방법으로 옳지 않은 대접을 받거나 학대를 당하고 있는지 알게 될 때가 있다. 쇼핑 장소나 대중 교통 장소에서, 이웃에서, 신문에서, 그리고 길거리에서 이런 사건을 목격하게 된다.

아동 심리학과 아동 연구의 역사로부터 우리는 최소한의 적절한 돌봄을 받지 않은 아이들이 인생에서 열악한 경향을 보인다는 사실을 알고 있다. 적절한 돌봄이 공급되지 않는, 많은 아이들로 북적거리는 보육원에 버려진 아기들은 사랑을 담은 신체접촉과 애정의 결핍으로 인해 심지어 죽음을 맞이하기도 한다. 방치되거나 더 심한 경우 학대와 잘못된 처치로 인해 고통받는 상황에 시달린 아이들은 앞으로 다가올 성인으로 살아가는 삶에 심각한 피해를 입게 된다.

간단히 말하면, 교육이란 아이의 삶에 중대한 변화를 가져다주는 일이다. 교육은 우리가 행동하고 살아가며, 아이를 대하는 방식을 통해 무엇이 선하고, 옳으며, 무엇이 우리의 삶을 풍요롭고 올바르게 하는지, 반대로 무엇이 나쁘고 잘못되었는지를 적극적으로 구별하거나 성찰하도록 한다. 이런 의미에서, 교육은 선(善)의 경험, 선의 의미 그리고 선 그 자체에 관한 경험이다. 자녀 양육과 가르침의 긍정적인 교육은 적절한 의미, 행복, 다른 사람들과 건강하고 책임 있는 관계를 갖는 삶을 보장한다. 교육의 선함은 사회적 산물이나 교육적 결과가 아니라, 오히려 그 자체, 즉 이 아이나 저 아이, 또는 이 모든 아이들이 가지고 있는, 그들을 위한 선함이다. 이 선함은 구체적이고 우발적인 상황과 관계에서 특정한 행동을 계속해서 인식하고, 실현하며, 회복해야 함을 의미한다. 레비나스(Levinas)의 말을 빌리면, "오로지 선함만이 선하다(Only goodness is good)"(1995, p. 61).

성찰해 보건대, 성인과 아동의 관계에서 교육이 갖는 의미는 심오한 수수께끼와 같다. 교육적 관계라는 태초의 현상은 아마도 인간 존재의 가장 기본적인 차원일 것이다. 따라서 이 책에서 나는 '교육(pedagogy)'이라는 용어를 이러한 성인과 아동의 원초적 관계, 즉 생물학적 · 문화적, 고대와 현재, 평범하고 신비로우며, 감각적이고 감성적인 교육적 관계, 상황과 행동을 통해 경험되는 윤리적 요구를 지칭하는 말로 사용하고자 한다. 또한 아동이나 청소년에게 관계를 통해 미치는 영향은 이들을 돌보는 성인들 간의 관계적 윤리를 구성한다. 이 관계의 윤리는 성실, 사랑, 신뢰, 상호 의존 그리고 성인이 아이들과 서로를 돌보는 책임을 받아들이는 것을 포함한다.

2장
교육을 간접적으로 경험하기

마틴 랑에펠트(Martin Langeveld), 클라우스 몰렌하우어(Klaus Mollenhauer), 오토 볼노브(Otto Bollnow), 한나 아렌트(Hannah Arendt), 베르나르 스티글레르(Bernard Stiegler)와 같은 작가들은 교육적 관계를 형성하는 문화적 맥락과 성인-아이 관계의 윤리적 영역으로부터 교육의 근원을 찾는다. 교육은 아직 어떤 책임을 감당할 수 없는 어린이나 청소년을 위해 성인이 수행해야 할 책임을 상기시켜 준다.

교육의 이론과 실천은 다른 사회적 원리나 실천과 달리, 항상 어린이 또는 청소년의 삶의 세계를 지향하고 성숙을 향해 나아간다. 그러나 전문적인 교육학 이론 및 실천의 윤리는, 심리학, 사회학, 아동 연구, 아동문화에 관한 인류학 연구, 아동의 권리에 대한 법적 지식, 인문학, 여타의 인간 및 사회과학 등과 같이 아이들에 대한 우리의 이해와 관련이 있는 여타의 학문 분야로부터 얻을 수 있는 실증적이고 이론적인 통찰 없이 절대 불가능하다.

이론적 성격을 띠는 사회과학으로서 교육학은 다음과 같은 질문을 중심

으로 윤리적으로 민감한 실재, 아동의 형성적 경험을 연구한다. '아동은 가
정, 학교 및 기타 육아 환경에서 어떻게 살아가고 성장해야 하는가?' '일상생
활, 사회 이론, 의사소통 미디어나 기술을 통해 아동의 개인적이고 사회적인
현실은 교육학적으로 어떻게 인식되는가?' '성인은 교육적으로 긍정적이거
나 부정적인 방식으로 아동과 어떻게 상호작용하는가?' '부모, 교육, 법률, 의
료와 관련된 환경에서 교육적 책임은 어떻게 해석되는가?' 예를 들어, 우리는
다음과 같은 질문을 할 수 있다. 신문, 소설 또는 영화에서 아동은 어떻게 그
려지고 있는가? 다른 문화권의 영화에서 아동은 어떻게 묘사되는가? 이러한
인식의 윤리적 영향과 결과는 무엇인가?

　'영화를 교육의 관점에서 보는 것'은 언제나 바라봄, 주시함과 윤리적으로
연결되어 있다는 점에서, 영화에서 아이를 교육적으로 바라보는 것과 일반
적인 영화를 보는 것은 다르다. '교육적으로 바라본다'는 것은 성인이 아이들
의 삶에 관여하는 방식과 매우 밀접하다(van Manen, 1979, 1982, 1984, 1990).
성인이 아이들과 함께 살아가는 삶을 관찰함으로써 가족, 공동체, 이웃, 학교
또는 교실 생활을 다양한 교육학적 관점에서 관찰할 수 있다. 우리는 성인과
아동 사이에 존재하는 교육적 관계의 본질을 살펴볼 수 있을 것이다. 또한 교
육적 상황 속에서 이러한 교육적 관계가 어떻게 실현되는지 관찰할 수 있다.
우리는 관계와 상황이 어떻게 교육적 분위기에 관여하는지도 알 수 있다. 우
리는 교육적 행위를 윤리적 의미의 관점에서 연구할 수도 있다. 그리고 우리
는 어떤 사건이 훗날 인생에서 교육적 의미로 어떻게 드러나는지를 찾아내고
자 할 수도 있다.

영화 속 가상의 교육

　영화, 시, 소설 그리고 기타 예술은 우리에게 교육적 순간을 미리 성찰할 수

있는 경험의 기회를 제공하여, 우리가 성찰하려는 관심사에 활용할 수 있도록 한다. 제1장에서 소개한 온다체의 시와 마찬가지로, 우리는 영화라는 경험의 가상적으로 매개된 즉시성을 통해 교육적 이해를 간접적으로 얻게 된다.

앤드류 크로커-해리스(Andrew Crocker-Harris) 선생님 역(役)을 맡은 배우 앨버트 피니(Albert Finney)는 유명한 영화 〈브라우닝 버전(The Browning Version)〉(Gitlin & Scott, 1994)에서 그가 지난 18년간 가르쳤던 영국 소년 학교의 학생과 교직원에게 고통스러운 작별 연설을 한다. 이 영화의 시청자는 크로커-해리스 선생님이 그가 가르치는 고전 언어의 전문가이며, 학생들에게 기대하는 학습에 있어 분명하고 열정적이라는 점에서 금방 감동한다. 그렇다면 그는 고별 연설에서 왜 사과를 했을까? 그는 교육과정과 관련된 전문성이나 성취기준 도달에 실패했던 것이 아니라, 그의 가르침에 교육적으로 세심한 배려가 없었다는 이유로 인해 미안해한다.

> 미안합니다. … 여러분의 선생님으로서 나에게 공감, 격려, 인간성을 요구할 권리가 여러분에게 있음을 알려 주지 못해 미안합니다. 나는 인간이 따라야 할 가장 고귀한 소명, 여러분을 돌보고 빚어 가야 할 소명을 제대로 따르지 못했습니다. 내가 이 학교에 왔을 때 나는 여전히 가르치는 일을 하고 있다고 믿었습니다. 나는 내가 무엇을 하고 싶어 하는지 알았지만, 나는 … 나는 그것을 하지 못했습니다. 변명의 여지가 없어요. 나는 철저하게 실패하고 말았어요. 이제 나는 여러분과 앞서갔던 많은 사람의 마음으로부터, 여러분을 실망하게 했던 나를 용서해 주기를 바랍니다. 나 자신을 용서하기는 쉽지 않겠지만 말이지요.
>
> (영화 〈브라우닝 버전〉에서 발췌)

크로커-해리스가 사과하는 방식이 얼마나 구식이건, "어린 사람들을 빚어 간다."는 그의 표현이 얼마나 철 지난 말이건 간에, 그의 말은 우리를 잠시 멈추어 서게 한다. 부모로서 혹은 전문적인 교육자로서 가르치고 돌보는 일은 실로 인간이 그의 삶에서 따를 수 있는 가장 고귀한 소명이다. 그러나 그의 사과에는 그 이상의 마음을 흔드는 무언가가 있다. 우리는 의심할 여지없이 아이들과의 교육적 삶에 있어 우리 자신을 용서하기가 쉽지 않을 만큼 실패한다는 것을 깨달아야 한다. 크로커-해리스의 처절한 실패는 많은 학교에서 흔하게 일어나는 일이다. 교사는 학생들에게 지식을 가르치기는 하나, 그들의 마음을 얻는 데에는 실패하고 있다. 그는 아이들이 단지 '학습자'에 그치지 않고, 온전한 인간으로 성장해 가는 과정을 인식하는 데에 실패한 것이다. 그가 가르친 고전 언어가 현재와 미래, 개인과 사회생활에서 특별한 의미를 갖도록 가치 있는 삶을 사는 사람을 길렀어야 한다.

교육적으로 실패했다는 말은 교수법을 잘못 적용하거나 교과 능력이 부족함을 의미하지 않는다. 오히려 이런 실패는 가르침에 관한 교육, 즉 인격적이고 관계적이며 윤리적인 측면과 관련이 있다. 교육이란 가르침과 아이를 돌보는 모든 일의 중심에 자리한, 애매모호하고 눈에 보이지 않는 차원의 일이다. 연구와 실천 모두에서 교육학은 어려운 주제임이 분명하지만, 이에 관한 교육의 관점을 얻는 것은 모든 교사에게 필요하다. 교육학은 학생들이 교육받은 성인으로 자라 가도록 하는 과정에 영향을 주는 많은 요인을 포괄하는 형성적 실재로서 학교생활에서 일어나는 경험과 사건들의 복잡성을 인식하고 이해하도록 한다.

아동과 성인의 교육적 관계를 핵심으로 다루는 영화를 보는 것은 무언가를 드러내 보이는 활동이라는 점에서 중요하다. 그것은 우리가 일상생활에서 만나기 어려운 상황과 관계, 사건을 한눈에 볼 수 있게 한다. 특히 우리가 자신의 삶을 투영하고 예리하게 보여 주는 장면을 볼 때, 우리는 자신의 실패를 인정할 수밖에 없다. 영화 평론가들이 교육적으로 민감한 시선에서 영화를 비평하는 경우는 드물다. 그들은 과거에도 지금도 영화 속에 등장하는 유년 시절과 아이들을 교육적 시선으로 바라보지 않는다. 만일 그렇게 한다면 우리는 우리의 모든 삶에 등장하는 희망과 비극, 유머 감각을 느끼게 될 것이다. 우리가 어른으로서 아이들에게 좋은 것과 해로운 것을 직접적으로든 간접적으로든 보여 주는, 아이들에 관해 충실하게 다루는 영화는 거의 없다. 비록 우리는 사랑의 마음을 담아 교육적인 의도와 정서를 가지고 직업에 임할 수는 있을지라도, 실패는 언제나 우리 주변에 도사리고 있다. 이상한 일이지만, 우리는 누군가를 돌보는 책임을 다하고 있다고 가정할 때 종종 실패를 경험한다.

영화 〈클래스(The Class)〉(Arnal, Benjo, Letellier, & Scotta, 2008)는 교육적인 측면에서 매우 계획적인 교사가 느끼는 환멸과 함께 가끔 찾아오는 성취감이 무엇인지를 보여 준다. 〈브라우닝 버전〉에 나오는 영국 상류사회 사람들과 달리, 〈클래스〉는 저소득층 지역의 다민족 프랑스 학교의 모습을 그리고 있다. 교사인 프랑수아 마랭(Francois Marin) 역(役)을 맡은 프랑수아 베고도(Francois Begaudeau)는 정중하면서도 열린 태도로 학생들을 대한다. 그는 이야기와 대화를 통해 수업을 이끌어 가지만, 상황은 계속해서 잘못된 방향으로 흐른다. 이 영화는 진행 중인 상호작용, 끊임없이 변화하는 관계 및 교실 상황이, 가르침이 일어나는 모든 수업과 교육과정 속 경험의 실재와 영역을 구성하고 있음을 분명히 보여 준다. 교실의 교육적인 분위기는 교육과 학습이 이루어지는 내외부의 복잡한 삶과 그 역동성을 씻어 내면서, 주의와 산만함을 조절하는 것으로 구성된다.

교수-학습이라는 단일 사건은 실제로 모든 분야에서 발견되지는 않는다. 어떤 일이 진행되는 상황을 관찰할 때, 학생들과 교사의 이곳저곳에 초점을 맞출 때 우리는 다음과 같은 질문을 던져야 한다. 이 학생들은 실제로 이런 상황을 어떻게 경험하고 있는가? 이런 순간에 학생이 '학습하는' 것이 있다면 그것은 무엇일까? 학생에게 계속해서 어떤 결과를 가져다주는 사건은 무엇일까? 일상적으로 일어나는 일 혹은 감당하기 어려운 문제가 발생했을 때 교사는 그것을 어떻게 인식하는가? 사회적 실체로서 수업이 갖는 '인격적 특성'

은 어린이와 교사라는 다양한 개인의 경험을 어떻게 조절하는가?

때때로 교사는 입으로는 하나의 말을 하고, 행동은 다르게 할 때가 있다. 모든 학생이 존중받을 필요가 있다는 것을 아는 것은 하나지만, 정작 교사의 몸짓, 어조, 시선이 존중과 거리가 멀다면 어떻게 해야 할까? 프랑수아 마랭 선생님은 헌신적인 것처럼 보이고, 학생들의 삶에 대한 통찰력을 유창하게 표현할 수 있으며, 동료 교사와 학생들이 어떻게 긍정적으로 이해하고 그들을 이해해야 하는지를 공유하기는 하지만, 그의 말과 행동은 전적으로 반대될 때가 있다. 그는 종종 자신이 가르치고자 하는 것을 가르칠 때 올바른 어조로 하지 못하는 듯하다. 그는 학생들과의 상호작용을 잘 유지하려는 열망과 학교가 권위 있는 사회 기관이라는 사실 사이에 사로잡힌 것으로 보인다.

교사는 학생들이 문법과 작문 수업에 관심을 두도록 동기를 부여하고자 하지만, 학생들은 그들의 삶과 그다지 관련이 없어 보이는 지루한 주제에 관한 교사의 지식, 성실성, 권위 그리고 진정한 의도에 의문을 가짐으로써 보다 동기를 부여받게 되는 듯하다. 학교는 생산적인 시민을 만들기 위해 노력하고 있지만, 학생들은 동기부여라고 하는 의제를 쉽게 받아들이지 않는다. 우리는 다음과 같은 개별 학생 유형에 대해 금세 알게 된다. 작고 여리게 보이는 아랍 소녀, 자신만의 계획을 가지고 있는 듯 보이는 똑똑하고 활기 넘치는 아프리카 소년, 똑똑하지만 조심스러운 아시아 소년, 그리고 수업 목표를 제외한 나머지 많은 일로 인해 동기부여가 되는 것처럼 보이는 다른 많은 활발한 학생들 말이다. 이 다채로운 상황은 특정 과목을 배우기 위해 학생들에게 '동기부여'를 이야기하는 것이 얼마나 어려운 일인지 분명하게 보여 준다. 동기의 현상학에 인과적 중요성, 내면의 삶, 지속적인 의미를 부여하는 일은 정말 가능할까? 아니면 '동기'는 단지 사람들이 어떻게 행동하는지 그리고 왜 그런 행동을 하는지 이해하기 위해 사용하는 담론의 용어일 뿐일까?

영화 〈클래스〉의 마지막 장면에서 학교를 떠나던 날 마지막 시간에 교사는 학생들에게 그들이 지난 한 해 동안 배운 것에 대해 무엇을 느꼈는지 말해 보라고 시킨다. 일부 학생들은 농담을 하고, 다른 학생들은 자신의 관심사에 대해 말한다. 수업을 마치는 종이 울리고 모두가 교실 밖으로 나온다. 그러나 한 학생이 교실에 남아 서 있다. 그녀는 자기 자리에서 교사에게로 다가간다. 분명 무언가를 고민하면서 말이다. 그녀는 "나는 아무것도 배우지 못한 것 같아서" 걱정이라고 교사에게 말한다. 마랭 선생님이 "뭐라고? 그건 아무 의미가 없어."라고 말하는 것을 보면, 그는 학생의 말이 무슨 뜻인지 잘 모르는 눈치이다. 그는 그 학생이 배운 바에 대해 생각하고 기억하는 것이 어려워서 그런 거라고 설명한다.

> 학생: 하지만 저는 이해하지 못하겠어요.
> 교사: 무슨 뜻이지?
> 학생: 우리가 무엇을 했는지 모르겠다고요.
> 교사: 프랑스 수업에서?
> 학생: 모든 게 다 말예요.
> 교사: 어떤 과목에서도 이해한 것이 하나도 없다고 말할 수는 없지. 그건 사실이 아니야.
> 학생: 저는 직업학교로 진학하고 싶지 않아요.
> 교사: 아직 그걸 걱정할 때는 아닌 것 같은데? 진학은 내년에 고민해도 되잖아. 너에겐 앞으로의 일에 대해 생각할 충분한 시간이 있어. 직업학교도 절대적으로 확실한 것도 아니니까. 내년에 어떻게 하느냐에 따라 달라질 거란 말이지.
> 학생: 어쨌든 저는 원하지 않아요.

(영화 〈클래스〉에서 발췌)

마랭 선생님은 어떤 순간이 지니는 교육적 의미를 온전히 인식하지 못했기 때문에 이는 매우 고통스러운 장면이 되고 말았다. 어떤 학생들은 학교생활에서 매일, 매주, 매달 고통을 겪고 있지만, 그들을 가르치는 교사 중 누구도 수업을 통해 의미를 주지 못했고, 인식하지 못했으며, 이해하지 못했고, 걱정하지 않았기 때문에 학생들이 일상적으로 경험하는 어려움을 눈치채지 못했다. 이 순간, 교사는 그 학생이 꼭 들었어야 할 그 어떤 말을 하거나 행동으로 보여 주지 못했다. 절실하게 필요로 하고 원할 때 다가가 손을 내밀지 않은 것은 실패이다.

〈브라우닝 버전〉과 〈클래스〉 같은 영화는 교육과 관련된 문헌에서 거의 볼 수 없는 것을 '간접적으로' 보여 주기 때문에 교육적인 힘을 가지고 있다. 첫째, 이런 영화는 교육 그 자체의 보이지 않는 것을 가시화한다. 교육은 발견될 수 있고, 간접적으로 느낄 수 있으며, 때로는 오직 삶에서 일어나는 일을 통해 해석이 가능한 일이다. 이런 일들은 우리가 실제로 말하거나 해야 한다고 주장하는 것과 모순되는, 감정과 의도를 거스르거나 암시하는 가벼운 몸짓, 의미심장한 눈길, 분위기, 눈에 띄는 힌트, 그리고 인상과 관계라는 미묘함을 드러낸다. 이런 영화는 아이들과의 상호작용이 갖는 역동성이 바로 교육에 달려 있음을, 다시 말해 우리가 책임지는 아이들과의 상호작용에서 선한 것과 그렇지 않은 것을 적극적으로 성찰함으로써 구별해 내는 능력에 달려 있음을 분명하게 보여 준다.

소설 속 가상의 교육

네덜란드를 방문하는 동안 나는 네덜란드 작가인 피트 바커르(Piet Bakker)의 오래된 3부작 사본을 찾은 적이 있다. 이 책은 출판되지는 않았다. 골동품 서점에서 구한 이 책은 나의 부모님의 책에서 나는 종이 냄새가 났다. 이 책은 내가 어렸을 때도 이미 중고서적이었다. 오랜 시간이 지난 종이에는 어머니의 손등 피부와 같이 갈색 반점이 피어 있다. 메마르고 떨어져 나가기 쉬운 책장을 넘기면 퀴퀴한 곰팡내가 풍겼음을 기억한다. 오래된 종이 가루와 마른 접착제에서 나는 옅은 냄새는 어쨌든 시스케(Ciske)와 그의 선생님의 삶에 관한 이야기를 담고 있었다. 이 이야기는 나의 어린 시절을 담고 있다. 그러나 그것은 또한 나의 자녀와 손자들에 비추어 보았을때, 나의 나이 들어감과 언젠가 맞이할 죽음을 마주하게 한다. 책장을 넘기는 지금 나는 오래전 학교에 다녔던 시절의 기억이 스쳐 지나간다.

어린이는 어떻게 성인의 삶으로 접어들까? 그들은 중요성과 구체성, 현실성을 어떻게 획득하게 될까? 소설 『시스케 쥐 이야기(Ciske the Rat)』가 시작되는 부분을 읽으며, 나는 어린 시절의 흐릿하지만 생생한 기억으로 돌아간다. 나는 지금 어린 시절에 읽은 책을 다시 읽고 있다. 나는 내 어린 시절을 읽는 것이다.

『시스케 쥐 이야기』는 이렇게 우리 학교에 찾아왔다.

> 학교가 시작되기 전 모닝커피를 마시자마자, "오늘 우리는 큰 기쁨을 주는 무언가를 받게 될 거예요."라고 마추이커 교장 선생님을 놀려댔다. "전학. 아, 이 녀석, 그는 이미 범죄 행위로 꽤 유명하지. 청소년 법정 안팎에서 말이야. 심지어 칼을 가지고 싸우기도 하고. … 그리고 그 학생은 바로 브뤼스 선생님, 당신 수업에 들어가지요!"
>
> 방금 전 말은 내게 하는 것이었다. 교장 선생님은 다소 화려하고 거만하게 행동하는 습관이 있었기 때문에, 나는 그가 호탕하다고 생각했다. 나는 2주만 가르치기로 되어 있었기 때문에 나에게 더 심하게 그런 것 같았다. 그는 다른 선생님들에게 깊은 인상을 줄 수 없다는 것을 알고 있었지만, 나와 함께 있을 때 그는 여전히 권위적으로 행동했다.
>
> 마추이커 교장 선생님은 나를 괴롭히는 것이 특별한 기쁨이라는 듯 나를 바라보았다. 그는 나에게 교육과 관련된 조언을 즉시즉시 했다.
>
> "만일 내가 당신에게 뭔가를 알려 주면, 누가 보스인지 그에게 꼭 알게 하

세요. 필요한 경우라면 그를 벽으로 밀치고 손을 사용해도 좋습니다. 그런 부류의 아이는 물리적인 권위만을 인정하려고 해요. 무슨 뜻인지 아시겠죠? 그 아이가 선생님께 어떤 행동을 하기 전에 두 번 생각할 수 있도록 그에게 패배감을 먼저 알게 하란 말입니다."

"말도 안 돼요." 나는 딱 잘라 말했다. "그럼 그 아이는 당신이 그를 두려워한다는 것을 즉각 알아챌 거예요."

"말씀 한번 잘하셨어요, 브뤼스 선생님!" 이라고 테드먼 선생님이 말했다. "브뤼스 선생님에겐 아직 이상이 남아 있어요. 젊으신 분이니 교육적 기술을 연습해 볼 수 있지 않겠어요?"

50대 여교사인 테드먼 선생님은 호감이 가는 노처녀였다. 그녀는 가르치는 것에 대한 열정을 잃어버렸지만, 여전히 50명이 넘는 아이들을 위해 올바른 것이 무엇인지에 마음을 쏟는 사람이었다. [필자의 번역] (Bakker, 1944, p. 7)

내가 볼 때 저자인 바커는 교육에서 말하는 동기부여를 이해하기보다 사실주의와 인간성이라는 감각에 이끌렸다. 그럼에도 불구하고 이 이야기에서 매우 호소력이 있는 것은 완벽하지 않은 교사와 문제아동 사이에 존재하는, 어렵지만 점점 개선되고 있는 돌봄의 관계이다. 어린 시절 나는 시스케와 비슷했을까? 아니면 그 선생님과 비슷했을까?

요리스 선생님은 테드먼 선생님의 말에 고개를 끄덕였다. 그는 말했다. "작년에 우리가 견학을 갔을 때 경찰차가 우리 반에서 약 6야드 떨어진 역에 멈추어 선 적이 있었어요. 그리고 차에서 수갑이 단단히 채워진 친구가 나왔어요. 물론 아이들의 시선이 집중되었죠. 나를 제대로 바라보지 못했던 그 학생은 '안녕하세요, 선생님!' 이라고 소리쳤어요. 진정, 그는 내가 예전에 가르쳤던 학생이었습니다. '이 어리석은 아이는 지금 무얼 하고 있는 걸까?' 그는 노래를 부르기 시작했습니다. '노를 저어라!(Row, row, row your boat!)' 불현듯 내 앞에 서 있는 그를 바라보았습니다. 창문 근처 세 번째 책상. 갈색 눈을 가진, 회색 스웨터를 입었던 착한 소년. 기쁜 표정으로 가득한 얼굴. 그랬기 때문에 경찰에 끌려가는 그 아이를 보는 것이 몹시 힘들었어요. 내 말은 그 학생 때문이 아니라 경찰에게 화가 났다는 것입니다. '아니야, 그렇게 바보처럼 웃고 있지 마라!' 나는 경찰이 나의 학생에게서 손을 떼어야 한다고 생각했습니다. 물론 그건 어리석은 생각이었어요. 나는 그제야 내 주변의 아이들을 바라보았습니다. '지금 내가 가르치는 아이들은 배낭을 메고, 발랄한 옷을 입고, 사랑스럽게 서 있다.' 나는 당신 중에서 누가 이런 경찰차에 있을지를 하나님이 알고 있다고 생각했습니다. 그래요, 우리 반 아이들과 현장학습을 나온 날의 시작은 이토록 형편없었습니다." [필자의 번역] (Bakker, 1944, p. 8)

시스케 시리즈는 교사가 되고 싶었던, 그래서 아이들의 삶을 변화시키고자 했던 나의 열망을 일깨워 주었다. 그때 내 나이 열두 살 무렵이었지만, 나는 여전히 아이 같다. 어린이가 다른 어린이의 행복에 교육적인 관심을 가질 수 있을까? 나는 어린 시절 시스케를 통해 내가 돌봄의 관계를 형성했다고 생각한다. 그러나 그 관계는 독자의 경험이었다. 나는 말로 설명할 수 없는 무언가를 이해했다. 시스케 이야기는 나에게 무언가를 들려주었지만, 그것이 어떤 점에서 매력적인 힘을 가졌는지는 말할 수 없었다. 그것은 단지 내게 '말했다.' 지금은 내가 이런 경험을 설명할 수 있을까? 교사가 아이들과 돌봄의 관계를 형성하는 것이 무엇을 말하는지 어떻게 설명할 수 있을까?

시스케 시리즈는 이야기와 일화 모음집으로 구성되어 있다. 권위적인 목소리를 가진 브뤼스는 마치 그날에 있었던 의미 있는 모든 일을 일기장에 적어 놓은 것처럼, 시스케라는 아이에 관한 이야기를 들려준다. 이야기를 효과적으로 만드는 것은 가르침에 관하여, 그리고 실패, 성공, 실망, 아이들과 함께 살아가는 우리의 교육적인 삶의 가능성이 얼마나 중요한가를 들려주고 있다는 사실이다. 그렇다. 허구의 이야기는 매우 힘 있고 효과적이며, 따라서 직접 설명하거나 개념화하는 방법이 아닌 우회적인 길을 통해 무언가에 관한 이야기를 들려준다. 가상의 이야기는 경험의 중요성에 대한 이해의 이미지를 불러일으킴으로써 간접적으로 설명한다.

"바로 저 녀석이군." 마추이커 교장은 갑작스럽게 이야기했다. 복도 끝에 쥐 한 마리가 서 있었다. 벽에 기댄 채로. 그의 머리는 코트 걸이에 한참 못 미쳤다. 자그마한 소년. 마추이커 교장은 바로 수행해야 할 임무가 있는 사람처럼 그에게 다가갔다. 작은 쥐 앞에 크고 거대하게 발걸음을 멈추었다. 그가 얼마나 거침없이 얼굴을 때렸는지를 보았을 때 분노로 인해 내 얼굴은 발갛게 달아올랐다. 이내 날카로운 목소리로 그가 하는 말을 나는 들을 수 있었다. "그 머리에서 모자를 제대로 벗을 수 없겠나? 학교에선 모자를 벗어야 한다는 걸 알고 있을 텐데. 기억하라고! 모자를 벗으란 말이야, 이 골칫덩어리야!"

맙소사! 복도를 걷는 모든 아이가 모자를 쓰고 있었다. 그 아이는 예상치 못한 공격에 완전히 놀라고 말았다. 마추이커 교장은 다시 무언가를 하려고 했지만, 교활한 쥐는 마추이커 교장이 알아채기 전 그의 겨드랑이에서 빠져나와 조금씩 도망쳤다. 그리고 나는 그가 어떻게 그런 별명을 얻게 되었는지 알게 됐다. 교활하게 탈출하는 모양새는 흡사 동물 같은데, 실제로 컹컹거리는 개에게 사냥당하는 쥐의 모습이었다.

그가 거리로 뛰쳐나가려고 했던 순간에 베르메르 선생님이 문을 통해 걸어 들어왔다. 그는 딸을 유치원에 데려다주기 때문에 항상 학교에 조금 늦게 도착한다. 베르메르 선생님은 빠져나가려는 쥐를 팔로 꽉 붙들고 마추이커 교장에게로 데려갔다. 교장은 "이리 와, 도망가려는 녀석아!" 하며 웃었다. 일이 더 커지는 것을 막기 위해 나는 재빨리 다가갔다. 나는 정말 분개했다!

우리 반으로 새로 전학 온 학생을 맞이해 주듯이, 평소와 같이 쥐를 반갑게 맞으려고 했던 내 의도를 그 어리석고 서툰 교장이 망쳐 버렸다. [필자의 번역] (Bakker, 1944, pp. 8-9)

시스케 3부작은 잘 알려진 문학작품은 아니다. 네덜란드에서는 이런 장르를 '민속 소설'이라고 한다. 그리고 이 세 권의 책은 초등학교 시절 나의 부모님이 집에 가지고 있던 얼마 안 되는 책 중 일부였다. 이 책이 어떻게 우리 집에 오게 되었는지는 모르겠다. 내가 글 읽기를 좋아하기 시작했을 때까지 이 책은 아버지가 취미로 용접해서 만든 장식용 철제 조각상 옆에 있는 작은 선반 위에 올려 있었다. 부모님은 책에 많은 관심을 두지 않았고(아버지는 신문만 읽으셨다), 그래서 나는 내 작은 침실 처마 밑 구석으로 몇 권을 옮겨다 놓았다. 그 결과, 나는 5학년을 마치기 전에 시스케 소설(인간의 성에 관한 성인소설 및 잘 기억나지 않는 책 몇 권)을 읽을 수 있었다. 몇 해에 걸쳐, 시스케 소설은 소박하지만 꾸준하게 읽었던 나의 독서 목록 가운데 가장 많이 반복해서 읽은 글이 되었다.

"제가 그 아이를 교실로 데려가겠습니다." 나는 단호하게 말했다. 어리석은 마추이커 교장의 대답을 듣지도 않고, 나는 쥐에게 "얘야, 가자!"라고 말했다. 그는 잠깐 나를 쳐다봤다. 그 아이의 눈은 크고 회색빛이었다. 한눈에 보이는 눈. 그 눈은 아주 아름다웠다. 덥수룩하고 빛이 없는 머리카락, 얇은 입술, 창백한 얼굴에 박힌 눈이었다. 그 초라한 아이의 신체에서 눈에 띄는 것은 그 눈뿐이었다. 한눈에 보기에도 "어른들이 나에게 원하는 게 도대체 뭐죠?"라고 묻는 것 같았고, 나는 그를 도와줄 수밖에 없었다. 그에게 할 수 있는 말은 아마도 "그냥 신경 쓰지 말고, 나를 따라오기나 해!" 정도였다. 그는 내 옆에 붙어서 잠자코 복도를 따라 걸었다. [필자의 번역] (Bakker, 1944, p. 9)

시스케 소설은 내 상황과 잘 맞았다. 나는 시스케와 같은 거리의 아이들과 별반 다를 것이 없는 네덜란드의 도심 빈민가 지역 학교에 다녔다. 우리 반에는 시스케와 같은 아이들이 여럿 있었다. 나는 아이들에게 연민과 두려움이 섞인 감정을 느꼈다. 나는 그 아이들이 집이나 학교에서 그 누구에게도 사랑받지 못한다는 것을 알았다. 그들을 둘러싼 가난과 학대, 방치로 인한 피해에 굳어지고 무뎌짐을 알았기에 오는 두려움이었다. 역설적이게도, 시간이 많이 흐른 뒤 교사가 될 때까지, 어린 시절의 나는 내가 다녔던 초등학교가 수준 낮은 도심 속 학교라는 것을 완전히 인식하지 못했다. 바로 그 학교에 발령을 받게 되었지만, 저소득 노동계급의 학교에 다니는 학생들은 문법학교와 일반 고등학교처럼 대학이나 전문직을 준비하기 위한, 더 높은 수준의 목표를 가진 아이들이 아니라는 사실을 미처 깨닫지 못했다. 고등학교를 마치는 학생들은 거의 없었다. 대부분의 학생에게 '미래'란 존재하지 않았다.

솔직히 말해서, 내가 윙크를 한 이유는 그 아이에 대한 동정의 표시가 아니라 마추이커 교장이 중간에 끼어들어 방해한 것에 대해 항의하기 위함이었다. 학교에 대해 부끄러워하는 마음 때문이기도 했을 것이다. 아이들에게 학교란 문명화의 일부라고 할 수 있다. 우리의 행동 방식이 적절해야 하는 이유이다. 가장 연약하고 빈곤한 아이라 할지라도 사려 깊고 온화한 선생님을 만날 권리가 있다. 나는 모든 상황에서 반대만 하는 사람이 아니며, 학생들 역시 마찬가지이다. 하지만 마추이커 교장은 그토록 잔인하고 저속한 방법으로 일을 처리한다. 그래서 우리가 교실에 들어왔을 때, 조니 베르커르크는 "교장 선생님, 저 아이가 바로 그 쥐예요!"라고 소리를 쳤다. 조니는 그의 단단한 두개골을 때리는 잔소리를 때마침 들었기 때문에, 나는 마추이커 교장과 똑같이 행동했다. "수학이나 마무리해."라고 소리를 질렀다. "내가 너한테 뭘 알려 달라고 말한 적 없잖아, 그렇지 않니?" 그러자 쥐의 큰 회색 눈에는 어떤 만족감 같은 것이 보였다. [필자의 번역] (Bakker, 1944, p. 9)

이제 성인이 된 나는 시스케 소설을 읽을수록 본문이 가지고 있는 매력으로부터 통찰력을 얻는다. 여기에 나오는 시스케는 마치 수수께끼 같은 아이이다. 이러한 아이는 이해하기 어렵고, 어떻게 대해야 할지 알지 못하기 때문에 어른에게는 어렵고 낯선 아이이다. 이 아이는 마치 길들지 않은 야생동물 같이 어른을 당혹스럽게 한다. 그러나 실상 이 아이는 여러 면에서 성인 세계가 만든 산물이다. 성인은 자신이 이미 아이의 문제에 깊숙하게 관여하고 있음을 인식하지 못한다.

베르메르와 요리스 선생님처럼 실제적이고 경험이 많은 교사들이 진정 부럽다. 이 선생님들은 특정 학생에게 어떤 말투를 사용할 것인지 거의 즉각적으로 자연스럽게 알고 있는 것 같다. 그런 능력이 내게는 없다. 나는 아직도 수백 명의 아이들로부터 그것을 배워야 한다. 불행히도 그들은 내게 기니피그 같을 뿐이고, 그것은 그들에게도 불운한 일이다.

쥐가 내 책상 앞에 섰을 때, 반 아이들은 모두 하루를 차분히 시작하도록 칠판에 내준 수학 문제를 풀고 있었다. 그러나 나는 그 아이들이 쥐를 힐끔힐끔 쳐다보는 것을 눈치채지 못했다. 쥐는 치안 판사 앞에서 입을 꾹 닫고 서 있는 피의자와 같이 거기 서 있었다.

"음, 너의 이름이 뭐지, 얘야?" 나는 가능한 한 자연스럽게 물었다. 그러나 쥐는 그 이상한 눈으로 나를 보면서 침묵을 지켰기 때문에 내 목소리가 부자연스럽거나 인공적이라는 사실을 감지했을 것이다. 그 아이는 "선생님은 나를 쉽게 다루지 못할 거예요!"라고 말했다. [필자의 번역] (Bakker, 1944, p. 11)

각각의 아이들에게 적절한 말, 적절한 톤을 어떻게 찾을 수 있을까? 그것은 우리의 교육적 삶의 중심에 있는 질문이다. 교사의 책임은 단순히 아이에게 다가가는 열린 길을 찾는 것에 그치지 않는다. 마치 어떤 말, 단어, 몸짓 그리

고 어떤 종류의 목소리 톤이 특정한 아이의 세계를 어른의 이해와 좋은 의도
에서 분리시키는 장벽을 허물 수 있는지 감지하는 일이 그다지 어렵지 않은
것처럼 말이다. 또한 교사는 말로 무언가를 해야 하는 사람이다. 교사의 목표
는 아이의 내적 본성을 위반하지 않고, 싸우거나 침투하지 않는 것이다. 오히
려 교사의 의도는 교육적 관계를 확립함으로써 무엇이 아이에게 좋고 나쁜지
를 구별할 수 있는, 교육적인 것이다.

> 젠장, 그 소년은 얼굴에 얼마나 놀라운 눈을 가졌는지! 진하고, 섬광같이
> 빛나는 동공을 가진 진주빛 회색의 눈. 그 눈에는 무언가 불길한 빛이 번쩍
> 인다. 야생동물의 눈!
> "글쎄. 좀 유치하군!" 나는 무관심하다는 듯 대답했다. "당신이 누군지 내
> 게 말하지 않았잖아요?"
> 그 아이는 다시 나를 무뚝뚝하게 쳐다봤고, 나는 그만 어리석은 짓을 했
> 다. "차라리 교장 선생님께 네 이름을 말하지 그랬니?"라고 조롱하며 말했
> 다. 마추이커 교장 같은 꼰대를 들먹인 나란 사람은 참. 쥐가 거만하게 어깨
> 를 으쓱거리자 나는 화가 치밀었다. 그의 얼굴은 최소한 두려움에 싸이지는
> 않았다. "이름 없는 아이야, 네 자리로 돌아가 앉아라!"
> 헨리 베르그는 마치 전염병을 앓고 있는 사람이 옆에 앉은 것처럼 몸을
> 움직였다. 나는 아이의 엄마가 "그런 별 볼 일 없는 아이들과 어울리는 게 썩
> 마음에 들지 않는다."라고 했던 말을 기억하며, 그가 내일도 학교에 올 것이
> 라고 확신했다. 쥐는 자기 자리로 돌아갔다. 아이에게 당한 첫 번째 패배였
> 다. "모두 읽기 책을 꺼내세요." 나는 반 아이들에게 이야기했다. [필자의 번
> 역] (Bakker, 1944, p. 11)

지금까지 소설 『시스케 쥐 이야기』의 도입부를 살펴보았다. 그것은 '미래가
없는 아이'의 삶의 세계로 떠나는 여행이다. 아니면 적어도 어린 시절의 나로

서는 비행과 범죄로 점철된 '미래가 없는' 상황이었다. 이어지는 책의 내용은 마치 교육 스릴러물과 같다. 교사는 삶을 잃어버린 아이의 삶에 어떻게 변화를 일으킬 수 있을까? 여기에 살아갈 가치를 잃어버려 미래를 원치 않는 아이가 있다. 그런 아이에게 교사가 어떤 말을 해야 하는지, 무엇이 옳은 말이고 행동인지 알려 주기 위해 정해진 규칙이나 지식의 원칙은 없다. 삶과 삶을 잃어버린 삶 사이의 차이를 만들어 내는 차이는 무엇일까? 이 표현이 지나치게 감성적으로 들리는가? 이 책은 성인이 읽기에 다분히 순진한 것처럼 보이는가? 나는 시스케 시리즈를 나의 새로운 '고향'인 캐나다로 가져왔다.

　교사들과 이야기를 나눌 때, 나는 가르침, 학교 그리고 그들이 가르치는 아이들이나 청소년에 관한 이야기를 많이 듣게 된다. 때로 어떤 이야기는 영감을 불러일으켜 아이들을 가르치고 그들과 생활하는 기쁨을 돌아보게 한다. 하지만 어떤 이야기는 나를 혼란스럽게 하기도 한다. 그들은 시스케의 삶과 비슷하다. 이야기와 현실 사이에 조금의 차이가 있는 사실 말고 대부분 나 역시 허구가 아니라 실제로 살과 피를 가진 이 아이들에 대해 잘 알고 있기 때문이다. 오늘날 우리가 미디어와 사람들의 삶을 통해 접하게 되는 이야기는 시스케의 이야기보다 훨씬 더 절망적이다.

3장
교육의 본질

　우리는 어린 시절의 경험으로부터 교육의 의미와 중요성을 인식할 수 있어야 하지만, 우리가 책임을 지고 있는 아동·청소년들과 함께 살아 보기 전까지는 적극적이고 성찰적인 윤리로서 교육이 무엇을 의미하는지 온전히 이해할 수 없다는 점 또한 알아야 한다. 예를 들어, 우리가 학창 시절을 보냈고 교육 기관에서 많은 시간을 보냈다고 해서 이것이 교사가 어떤 사람인가를 실제로 아는 것은 아니다. 우리는 우리 스스로가 부모가 되어 살아 보기 전까지 어머니 혹은 아버지가 어떤 존재인지 완전히 이해할 수 없다. 그러나 자녀가 없음에도 불구하고, 교육에 대한 놀라운 감각을 가진 많은 교사, 사회복지사, 간호사, 소아과 의사 및 기타 보육 전문가가 있다.

　반복해서 말하지만, 교육은 일반적으로 아이들과 행동하고 상호작용하는 가운데, 나쁘고 잘못된 것으로부터 선하고 옳은 것이 무엇인지를 구별해 내는 일로 설명할 수 있다. 물론, 우리는 매일의 일상적인 삶 속에서 아이들에게 무엇이 좋은지, 반대로 무엇이 그렇지 않은지(혹은 덜 좋은지)를 적극적으로 성찰함으로써 구별해 내는 방법을 항상 아는 것은 아니다. 어떤 특정 상황과 처지에서 우리는 자신에게 질문을 던지고 스스로를 의심하며, 또는 자녀와 아이들에게 가장 좋은 것이 무엇인지를 알지 못한다는 것을 인정할 수 있다.

그러나 중요한 사실은 이러한 의심과 불확실성 역시 교육에 속하며, 교육적 사고와 행동의 심오한 윤리적 본질을 보여 준다는 것이다. 이러한 윤리적 불확실성이 없다면 교육은 일련의 기술, 레시피 또는 규칙으로 축소되고 말 것이다. 아이들을 가르치고 육아하고 돌보는 일은 결코 이러한 규칙이나 레시피로 될 수 있는 단순한 일이 아니다. 기술과 절차에 의해 '해결'될 수 있는 상황이라면 그것은 윤리적 어려움이 아니다. 따라서 교육은 우리의 행동에 대한 능숙한 윤리적 실천뿐만 아니라, 우리의 행위와 실천에 대한 의심과 의문, 성찰까지도 포함한다.

우리는 또한 매일 돌보는 일을 통해, 그리고 돌봄의 대상인 아이들에게 느끼는, 특히 어려움, 불행, 역경 또는 난관 등 돌보는 과정에서 경험하는 끊이지 않는 염려와 관련하여 교육이 무엇인지 알고 있다. 교육적인 염려는 부모가 되는 과정, 그리고 우리가 부모를 대신하여(in loco parentis) 돌보는 아이들에 대한 책임에 속한 것이다.

교육적 순간

"바이올린 연습하는 걸 정말 듣고 싶구나!"라고 어머니가 말씀하셨다. 난감한 상황이다. 어머니와 아이 모두에게 만족스럽고 즐겁기까지 한 상황은 의무가 된다. 이미 어머니의 목소리에는 어느 정도 실망을 예상할 수 있는 어조가 담겨 있다. 하루하루가 또 다른 전쟁이다. 부모가 생각하기에 '왜 이 아이는 나의 모든 희생에 고마움과 감사를 표현할 수 없는 것일까?'라고 느낄 수도 있다.

그러나 아이의 입장은 다르다. 어머니는 바이올린을 열심히 연주해 주기를 바란다. 그러나 엄밀하게 이야기하면 어머니는 실제로 바이올린 연습 소리를 즐기지 않았다. 그것은 그녀에게도 성가신 일이다. 일상적인 연습이 시간과 공간 속에 놓일 때, 그것이 사업을 대할 때의 방식으로 일어난다는 것은 자명하다. 바이올린 연습은 어머니와 아이 사이의 계약상 만남이며, 두 사람은 연습이 시작되기도 전에 이미 끝나기를 바란다. 둘 모두 이런 긴장감을 가지고 연습을 대한다. 아이는 "피곤해요, 엄마. 나중에 하면 안 돼요?"라고 말한다. 이내 체념하지만, 아무런 의욕 없이 어색한 악기를 들고 있는 것보다 볼썽사나운 일은 없을 것이다.

아이들은 분위기와 환경에서 오는 미묘한 신호에 민감하다. 의심할 여지 없이, 이 가족은 함께 음악을 즐기는 것을 그다지 좋아하지 않는다. 어머니는 화를 내며, "알았다. 그만해. 너의 그런 태도가 나는 정말 싫구나. 바이올린을 팔아 치우든지 그걸 좋아하는 다른 아이에게 줘 버리든지 해야겠다."라고 말한다.

같은 동네 다른 집에서 어떤 아버지는 첼로를 집어 든다. 그는 정성을 다해 첼로를 조율한다. 그 몸짓에서 인내와 훈련 같은 느낌마저 든다. 서두르지 않는다. 특별한 이 순간은 막간을 이용하여 그 자체로 즐기기 위한 시간이다. 나른한 연주가 흐른다. 의무로 하는 것이 아니다 보니 매혹적인 초대의 소리로 들린다. 집안을 가득 채우는 멜로디에는 다른 사람의 마음을 움직이는 무언가가 있다. 몸이 반응하고 음악을 따르게 된다. 로라는 방으로 들어와서 보고, 듣고, 미소를 짓는다. 그런 다음 첼로 소리에 맞추어 바이올린 케이스를 열고 악기를 턱과 어깨 사이에 놓는다. 두 악기의 소리가 조화를 이룬다. 열 살짜리 아이는 곧 아버지의 선율 안으로 들어가는 문을 찾는다. 훌륭해! 아주 잘했어! 그러나 그렇게 말하는 아버지가 예상한 것은 다음과 같다. 그는 올바른 코드를 신중하게 선택했다. 그리고 특정 음으로 이루어진 악구(phrase)를 주고받고, 선택하며, 반복된다. 부드럽고 풍성하게 섞인 소리를 귀로 감상한다. "자, 이제 이렇게 해 보자. 맞아, E현."

이 상황은 함께 음악을 만들어 가는 것인지, 아니면 연습이나 훈련인지 구분하기 어렵다. 이 가정에서도 연습은 일상적으로 반복되는 일이다. 그러나 이 아버지와 딸의 연습은 정신을 고양하는 건강한 시간으로 경험된다. 이 경우 일상은 자발적이고 친숙한 일이자 조화, 리듬, 선율과 같이 몸과 마음에 좋은 일이 된다. 그러나 이것이 앞선 사례의 어머니에게 동정하는 마음을 갖지 말아야 함을 뜻하지는 않는다. 앞선 사례의 어머니와 다음 상황의 아버지 모두에게 연습은 일종의 중독과 같아지는 시점이 있을 것이다.

두 사례는 아이들을 키우는 일인 교육에 대해 무엇을 보여 주는가? 간단히 말하면 이렇다. 교육은 복잡하고 미묘한 일이다. 교육은 특정 순간, 즉 교육적 순간에서 아동 또는 청소년에게 적합한 것과 적합하지 않거나 부적절한 것을 적극적으로 구별하는 능력이다. 교육적 순간은 교육적인 조치가 필요할 때 교육적인 상황 혹은 관계의 정확한 순간이다. 행동에 대한 특정 규칙이나 일반적인 원칙은 좀처럼 공식화하기 어렵다. 어떤 어른은 어린이들에게 적절한 톤으로 대한다. 다른 이들은 어린이를 대할 때 계속해서 허둥댄다. 이러한 차이는 육아나 가르침에 대해 더 많이 혹은 덜 배웠기 때문에 일어나지 않는다. 교육과 관련된 글을 읽는 것은 중요한 지식을 제공할 수는 있으나, 그런 지식은 피상적일 뿐이다. 많이 읽었다고 해서 청소년과의 일상적인 관계에서 반드시 더 사려 깊거나 능숙한 것은 아니다. 교육적으로 생각하고 노련하게 행동하는 법을 훈련하는 것은 각 상황을 존중하고 그에 대해 세심하게 반응하는 일이다. 노련한 교육자들은 아동과 그가 처한 상황의 고유함, 각각의 개인의 삶에 담겨 있는 고유함에 관심을 둔다.

사려 깊음(thoughtfulness)과 노련함(tactfulness)이 일치한다면, 교육적 순간에 우리가 하는 일로 인해 형성되는 우리의 정체성과 관계 있는 특별한 일이 벌어진다. 그것은 머리뿐만 아니라 마음에도 중요한 지식이다. 앞의 사례에서, 첼로를 연주하는 아버지에게 불만을 토로하는 다른 집 어머니의 모습을 생각해 볼 수 있다. 그 아버지는 그녀에게 "왜 당신은 노래하거나 연주를 하지 않는 거죠?"라고 말한다. 이제 어머니가 이 말을 마음에 새긴다고 상상해 보자. 그 말은 효과가 있을까? 아마 그럴 수도 있다. 하지만 어머니가 실제로 행동에 변화를 가져올지는 미지수이다. 두 아이는 똑같은 방식으로 똑같은 상황을 경험하지 않는다. 더욱 중요한 것은 다음과 같은 질문이다. 이 어머니는 그 아버지가 했던 것처럼 아이를 음악의 세계로 안내하는 분위기를 조성할 수 있을까? 그 차이는 지극히 섬세하고 세밀한 부분과 관련이 있다.

불행히도 (또는 다행히도) 올바른 사려 깊음, 감수성, 기략을 보장하는 구체적인 방법은 존재하지 않는다. 교육적 감수성은 끊임없이 변화하는 상황에서 특정한 한 아이 또는 아이들을 보고 듣고, 그들에 응답함으로써 지속된다. 아이들과 맺는 우리의 관계 속에 담긴 기략은 깊이 생각하고 민감하게 반응할 때 자랄 수 있다.

가능성이라는 아이들의 세계 속으로

아이들은 우리를 위해 존재하지 않는다. 그러나 그들은 우리에게 가능성의 경험이라는 선물을 가져다준다. 아이들은 무언가가 되어 가는 과정의 초기에 있기 때문에 아이들이다. 그들은 어떤 일도 일어날 수 있다는 가능성으로 삶을 경험하는 경향이 있다. 부모와 교사는 자녀에게 가능한 존재 방식을 의식적으로 보여 줌으로써 교육적으로 행동한다. 그들은 성인 그 자체로 결코 완성된 존재가 아니라는 것을 알게 될 때 이렇게 할 수 있다. 인생은 우리에게 삶의 방식에 대해 끊임없이 묻는다. "이 일이 내 인생에서 반드시 해야 할 일인가? 내 시간을 이 일을 하는 데에 써야 할까?" 한 아이만큼 이토록 강력하면서도 우리를 혼란스럽게 만드는 이런 질문을 던지는 존재는 없다. 한

가지 해야 할 일이 있다면, 그것은 아이들을 바라보고 듣고 그들로부터 배우는 것이다. 이 아이들은 우리의 교사이다. 교사와 부모로서 우리는 아이들에게 기꺼이 열려 있다. 이것은 우리가 아이로서 세상에 존재한다는 것이 무엇인지를 이해하기 위해 최선을 다함을 의미한다. 보다 구체적으로, 나는 한 아이가 처한 상황을 이해하기 위해 최선을 다한다. 이 아이는 자신의 삶을 다각적인 차원에서 어떻게 경험하는가?

교사나 부모가 학생이나 자녀 옆에 머무는 것은 지극히 인격적이며, 동시에 섬세한 일일 수 있다. 조이(Joey)와 그의 조부모의 사례를 생각해 보라. 조이는 네 살이며 조부모는 멀리 떨어져 산다. 그들은 최대한 찾아가 만나고자 한다. 어떤 일로 외출을 하게 될 때, 그들은 조이를 크고 반짝이는 차에 태워 데리고 간다. 조이는 들뜬다. 자동차의 대시보드에는 많은 버튼이 있다. 볼거리와 질문거리가 생긴다. "저 건물은 뭐예요, 할머니? 저 개 좀 보세요! 할아버지, 저 버튼은 뭐할 때 쓰는 거예요?"

그러나 그의 질문은 거의 귀에 들리지 않는다. 조부모는 둘 사이의 대화를 나누며 간혹 조용히 시키는 데 사용할 사탕처럼 조이의 말에 답을 하거나 질문을 던진다. 조이의 말은 실제로 주의 깊게 들리지 않는다. 그들은 조이를 데리고 다니는 것은 좋아하지만, 인격적인 의미로 그를 받아들이지는 않는다. 조이가 집에 돌아왔을 때, 그는 평소와 달리 조용해졌고, 몇 번 말을 시키자, "나는 누구하고도 놀지 못 했어."라고 말한다.

아이와 함께 살아가자면 나는 본보기가 되는 것을 피할 길이 없다. 성인으로서, 나는 아이를 위해 가능한 존재의 방법을 구체화한다. 나는 아이가 내 몸짓, 무언가를 보고 행동하는 나의 방식, 반응하는 방식, 시간을 보내는 방식을 본다. 그리고 그런 일이 벌어질 때, 나는 나 자신에 대한 의심을 맞닥뜨리게 된다. 이것이 내 아이가 행동하고 존재하기를 원하는 방식일까? 그렇지 않다면 그것은 내가 행동하고 존재하기를 원하는 방식일까?

이것이 아이가 나에게 교사가 되는 방식이다. 아이가 여러 가능성을 시도

할 때, 나는 여전히 나에게도 가능성이 열려 있음을 다시금 깨닫게 된다. 이런 교육적인 가능성의 경험을 통해 아이들은 우리가 다시 어려진 것처럼 느끼게 해 준다는 사실은, 진부한 표현이지만 사실이다. 아이들은 도전할 때 희망이 있고, 삶을 다르게 그리고 더 나은 삶을 살아갈 가능성이 있다는 사실을 보여 준다. 그리고 다시 한번 나는 내 자신의 삶에 대한 희망을 갖도록 자극을 받는다.

여기에서 역설이 발생한다. 나는 자녀의 삶을 내 자신보다 더 중요하게 여기지만, 이제는 내 자신을 더 자세히 살펴야 한다. 질문을 하고, 그것을 재구성해야 한다. 부모가 되기 전, 내가 원한다면 나쁜 습관으로 나 자신을 괴롭힐 수도 있었다. 나는 다른 사람들의 깊은 필요를 알지 못하는 삶을 살 수도 있었다. 그러나 나는 아이와 함께 살고 그를 사랑하기 때문에, 더 이상 나의 오래된 자아와 함께 안주하며 살 수 없다. 이렇게 아이를 교육하는 일은 자신을 교육하는 일로 전환된다.

어떤 교육자들은 자기 교육이 이미 완성되었다고 생각한다. 그들은 아마도 당연한 듯 여기는 자신의 신념과 가치관을 주입하려고 할 것이다. 필연적으로 그러한 '교육'은 억압과 조작의 교육으로 변모한다. 이는 아동에 대한 성인의 권위주의적 형태의 지배이다. '완성된' 교육자는 아이들을 불완전한 존재로 여기는 경향이 있다. 그러므로 아이들의 말을 귀담아듣지 않는다. 그들에게서 배우는 것은 불가능한 일이다.

교육적으로 행동하는 실천의 순간

교육적 행동에 관한 강의에서 랑에펠트(Langeveld, 1975)는 열두 살 딸아이가 길 건너편에 있는 아버지에게 전화를 걸었을 때 발생한 사고에 대해 이야기한다.

"안녕, 아빠!" 그녀는 길 건너편에서 자기에게 손을 흔드는 남자에게 손을 흔들며 전화를 한다. 딸을 만나기 위해 인도에서 도로로 발을 뗐고, 그 순간 딸이 보는 앞에서 차에 치이고 말았다. 아빠는 그 자리에서 죽음을 맞이했지만 딸은 아직 모른다. 이내 사고가 났음을 깨달은 딸은 비명을 지른다. 딸은 절규하며 울고 자기의 눈앞에서 벌어진 아빠의 죽음을 맞이한다. 그녀는 비이성적 죄책감을 느끼게 된다. 자기 잘못은 아니었지만, 아빠를 불렀으며, 손을 흔들었고, 그녀를 만나기 위해서 도로로 발을 내딛었을 때, 사고가 벌어지고 말았던 것이다(1975, p. 9).

랑에펠트는 청중에게 이런 일이 벌어졌을 때 여러분은 어떻게 하겠냐고 묻는다. 물론 사람에 따라 적극적으로 개입하지 않거나 아예 관여하지 않을 수 있다. 그러나 랑에펠트는 우리가 도움을 줄 수는 없어도, 반응을 보일 수 있다는 사실을 보여 준다. 이런 상황은 도움을 필요로 하는 여자아이에 대해 인격적인 반응을 요청한다. 랑에펠트는 교육적 상황을 우리가 행동해야 하는 관점의 복잡성으로 정의한다. 그는 그의 글에서 '교육적 순간'이라는 용어를 사용하지는 않지만, 그가 설명하는 것은 분명 교육적 순간이다. 그러나 상황에 직면하게 되면 순간적으로 행동해야 한다. 철학자 레비나스(Levinas, 1969)는 다른 사람을 직접 도울 수는 없어도 그에 대해 반응해야 하는 윤리적 경험을 요청하고 있다. 실제로 랑에펠트는 '인격적인 반응'이 어떻게 '교육적 반응이라는 책임(response-ability, 반응하는 능력으로서의 책임)'이 되는지 다음과 같이 설명한다.

자, 이제 아버지가 차에 치인 모습을 지켜본 딸의 뒤에서 걷고 있던 당신은 어떻게 해야 했는가? 사람들은 사고 장소로 달려갔다. 이 소녀는 아버지의 참혹한 모습과 피 흘리는 장면을 봐야 하는가? 당신이 무엇을 해야 하는지 알기도 전에, 이미 당신은 결정을 했고, 그녀가 그 끔찍한 광경에 다가가지 않도록 하기 위해 소녀의 손을 붙들었다. "빨리 엄마한테 연락하자. 얘, 너는 어디에 사니? 엄마는 어디 계셔?" [강조 추가] (1975, p. 9)

물론 우리는 랑에펠트가 말한 행동의 합리성에 대해 다르게 생각할 수 있다. 그러나 여기에서는 그의 반응을 판단하는 것보다, 교육적 순간의 구조가 어떻게 보이는지를, 그의 의도와 상관없이 우리에게 보여 주고 있음을 알아차리는 것이 더 중요하다.

첫째, 우리는 이 일화로부터 교육적 순간이 우리에게 교육적인 무언가가 기대되는 상황에 내재되어 있음을, 그럼으로써 우리가 이 아이에게 있어 최상의 관심 또는 '좋은 것'이 무엇인가를 향하게 된다는 사실을 알게 된다. 우리는 무엇인가를 해야 한다. 둘째, 랑에펠트의 이야기는 일반적으로 교육적 순간이 우리로 하여금 그 상황으로부터 한 걸음 물러서는 것을 허용하지 않음을 보여 준다. 하나의 방식이나 아니면 다른 방식으로 아이들을 가르치거나 기르거나 대하는 상호작용의 순간에는, 이 관점과 저 관점을 고려하거나 이 상황이 우리에게 제공하는 행위의 여러 가능성과 결과가 무엇인지를 따지게 되는, 합리적이고 도덕적으로 고민할 시간이 주어지지 않는다. 깊이 성찰하고 생각하는 것은 어떤 형태의 실제적인 추론을 사용하여 그 상황을 대하는 최선의 방법이 무엇인지, 그리고 나서 그다음에는 무엇을 할 것인지를 결정하는, 도덕적이고 합리적으로 책임감 있는 결정에 이르도록 한다.

그러나 이런 종류의 깊은 성찰(비판적으로 비교하기, 대안의 수단과 목적을 구분하기, 결과의 무게를 측정하기, 행동을 결정하기, 행동하기)은 교육적으로 상호작용하고 관계를 형성하는 상황에서 거의 적용될 수 없다. 우리가 많은 아이들을 가르치거나(논의하기, 듣기, 보여 주기, 상호작용하기) 아니면 한 아이를 대할 때, 우리는 관계에 있어서 '묶여 있는' 듯한 경향을 보일 때가 있다. 따라서 우리는 "다른 사람에게 우리 마음의 일부를 나누어 줘."라고 말한다. 교육적 순간은 일반적으로 즉각적인 행동으로 구성되어 있기에, 랑에펠트(1975)가

다음과 같이 이야기하는 것은 전혀 놀라운 일이 아니다.

> 당신은 이 아이를 즉시 다른 상황, 그러니까 엄마가 있는 집으로 데려갔
> 다. 그 즉시 당신은 다른 사람들이 그 아이의 아빠를 살필 것이라고 확신했
> 다. "내가 가서 살펴야 하나요?" "아니요." 당신은 즉각 이야기했다. "아니에
> 요. 당신은 이 주변에서 엄마를 먼저 찾도록 하세요." [강조 추가] (p. 9)

랑에펠트 자신은 교육적 행동의 본질에 담겨 있는 '즉시성'에 대해서는 언급하지 않았다. 오히려 그는 하나의 사건을 통해 교육의 실천적 윤리에 대해 말한다. 그는 교육이 무엇을 요청하는지, 어른들에게 무엇을 요구하는지 보여 준다. 그는 아동이 처한 위험과 안전, 아이에게 필요한 안녕, 신뢰, 유지와 같은 교육적 개념의 의미와 중요성에 대한 성찰이 필요하다고 말한다. 그는 이러한 가치가 우리의 일상적인 관계와 아이들과의 상황에 있어 교육적으로 반응하고 책임감 있게 행동하는 데에 기본이 된다고 본다. 어느 정도, 복잡하고 위험한 환경에서 아이들은 세상을 안전하게 경험하고, 특정 성인을 신뢰할 만하다고 믿으며, 그들을 돌보는 사람들과의 사회적 관계에서 연속성을 경험할 수 있어야 한다.

그러나 랑에펠트(1975)는 또한 일상적인 상황에서 아이들에게 어떻게 행동해야 하는지, 교육적 접근과 방법을 합리적으로 정당화하는 법을 알려 주는 확정적이거나 보편적으로 수용 가능한 합리적 체계는 존재하지 않는다고 주장한다. 랑에펠트는 어떤 이에게는 합리적인 것이 다른 사람에게는 비합리적으로 보일 수 있다고 말한다. 대신, 그는 아이들과 함께 일상생활의 구체적이고 우발적인 경험으로부터 교육적 행동의 규범을 찾고자 한다. 우리는 또한 이러한 규범이 장소나 시간, 상황, 문화에 따라 다를 수 있음을 알아야 한다.

거리에서 벌어진 사고에 관한 이야기는 누구에게라도 일어날 수 있는 사건

이다. 그리고 랑에펠트는 그가 실제로 알려 주는 것 이상을 보여 준다. 그는 비록 우리가 "당신이 무엇을 하고 있는지 알기 전에 이미 결정했다."고 말하지만, 실제로는 행위 중에 일어나는 성찰이 일반적으로 그려지는 것과 관련하여 반성적 의사 결정의 과정이 아니라는 점을 보여 준다. 그리고 가정이나 지역사회에서 아이들과 함께 살아가며 일어나는 이런 일들은 근본적으로 교실의 생활과 다르지 않다. 전문적인 교육자로서, 교사는 부모와 마찬가지로 신중하면서도 교육적으로 적절한 방식으로 아이들을 대해야 한다.

따라서 교육은 무엇보다도 부모나 교사, 교장, 보육 담당자로서 아이들과 함께 적극적으로 일상을 살아가는 우리의 삶을 말한다. 일상 속에서 우리는 특정한 교육을 연습한다. 그리고 당연하게도, 가정의 교육학은 교실의 교육학, 혹은 심리학자, 소아과 의사, 간호사 또는 사회복지사 사무실의 교육학과 다르다.

랑에펠트는 그의 주요 저서인 『핵심 교육학 이론(Concise Theoretical Pedagogy)』(1943/1979)에서 교육학을 윤리적 용어로 정의하고, 그것의 살아 있는 의미와 경험적 중요성을 그 핵심에 두었다.

> 교육학은 경험의 과학이다. 그것은 인간 과학이며, 실제로는 실천적 의도를 가지고 수행되거나 연구되는 윤리적 인간 과학이다. …(중략)… [교육학은] 살아 있는 경험의 세계에서 그것의 대상(교육적 상황)을 발견한다는 점에서 경험의 과학이다. 교육적 상황은 인간의 의도에 따라 달라지기 때문에 교육학은 인간 과학이다. …(중략)… 아이에게 좋은 것과 나쁜 것이 무엇인지 구별한다는 점에서 윤리적이다. …(중략)… 이 모든 것이 아이들을 양육하고 교육하는 실제적인 과정에서 나오기 때문에 실천적이다(p. 178).

본질적으로 교육자는 교육적 상황, 관계, 행동에서 드러나는 여러 질문과 관심을 전문으로 하는 도덕가(ethicist)로 간주될 수 있다. 랑에펠트(1943/1979)

는 교육학을 인간 과학으로 설명한다. 그러나 이 인간 과학에 대한 그의 특별한 관점은 현상학적 교육학(이에 대한 간략한 설명은 van Manen & Adams, 2014를 참조)으로 알려지게 되었다.

현상학적 교육학

랑에펠트는 교육학의 주요 주제와 개념들을 체계적으로 연구한 사람이다. 그에게 있어 무언가를 이론화하는 일은 일종의 추상적이고 구체적이지 않은 지적 활동이 아니다. 오히려 그가 말하는 이론화란 가정, 학교, 지역사회 속에서 살아가며 교육적 실제의 경험적 요소들이 무엇인지를 성찰하고 밝히는 작업이다. 주요 주제 가운데 일부는 다음과 같은 질문에 의해 수행된다. 어린이의 성장을 돕는다는 것은 어떤 의미인가? 교육적 만남의 본질은 무엇인가? 교육적 권위, 책임 및 신뢰에는 무엇이 포함되는가? 어떤 점에서 교육은 우리의 인생과 불가분의 관계에 있는가? 교육의 한계는 무엇인가? 누군가를 대신하는 책임(아동·청소년을 위한 성인의 책임)은 어떻게 정당화되며, 그 의미는 무엇인가? 교육의 수단과 목적은 무엇인가? 랑에펠트는 심도 있고 치밀한 연구를 통해 이와 같은 질문의 답을 찾고자 한다.

> 그것은 교육의 구조적 차원에 대한 현상학적 통찰력을 얻는 것과 동시에 이 연구 분야의 총체성에 있어 가장 근본적인 현상의 본질적 의미를 결정하는 것과 관련이 있다(즉, 아동과 청소년을 길러 내는 행위로서의 교육) (1943/1979, p. 182).

현상학은 단순히 일련의 절차와 같이 적용할 수 있는 방법이 아니다. 오히려 그것은 인간의 세심한 인식, 창조적인 통찰, 해석적 감수성에 의존하는 태도를 말한다. 현상학적 태도에는 고유함, 경험이나 현상의 특별함에 대한 깊은 관심이 담겨 있다.

처음 부모가 된 사람은 추상화를 통해 자녀를 사랑하게 되지 않고, 자신의 경험이라는 구체성에 의해 하게 된다. 아기를 안고 있을 때 느끼는 신생아의 연약함, 아기의 얼굴을 바라볼 때 느끼는 애정, 아이가 아플 때 느끼는 걱정을 경험하게 된다. 따라서 교육적인 부모의 사랑이라는 현상학은 주로 이론적 담론이나, 부모의 양육이라는 개념에 대한 분석을 통해 추구되는 것이 아니다. 오히려 그 고유함의 살아 있는 감성을 가지고 구체적인 사례와 성찰을 통해, 우리가 살아가고 마주하는 경험을 일깨우려는 시도를 통해 추구된다.

무엇이 최선인지 우리는 어떻게 아는가

우리가 아이들을 위해 최선의 노력을 다한다고 할지라도, 때로는 무엇이 최선인지 알지 못할 때가 있다. 많은 성인이 그들의 삶에서 자신에게 깊은 영향을 준 교사들을 만났으며, 그들에게 '선하게' 대했던 사랑의 부모를 만나는 축복을 받았다고 말할 수 있기를 바란다. 그러나 우리 중 누군가는 우리를 돌보는 사람들로부터 피해를 입었다고 생각하기도 한다. 아마도 그들은 지나치게 엄격했을지 모른다. 아니면 그들은 우리에게 충분히 질문하지 않았다. 또는 지나치게 방어적이었을지 모른다. 아니면 지나친 여유를 준 것이다. 아마도 그들은 부모와 같은 실수를 하고 싶지 않았기 때문에 또 다른 실수를 하고 말았다.

갓 태어난 아기에게는 생존과 성장을 위해 많은 보살핌이 필요하다. 다소 논쟁이 될 수 있겠으나, 랑에펠트는 우리가 인간으로 태어나지 않았으며 새로 태어난 아기는 그들을 돌보는 사람들에 의해 인간성을 갖게 되었다고 진지하게 말한다. 이러한 원초적이고 교육적인 돌봄이 없이는, 아이들은 남은 생애 동안 소멸하거나 돌이킬 수 없는 피해를 입을 것이다. 다시 말해, 교육학은 교수 방법과 같은 기술을 말하지 않는다. 오히려 인간의 불가피한 필요를 의미한다.

'agogic, -agogue, agogy'와 같은 단어는 잘 알려지지 않은 그리스어의 어근으로서 '안내하기, 이끌어 내기, 동반하기, 돕기, 지원하기, 인도하기'를 지칭하거나 의미한다. 사회과학으로서 agogy는 사람들이 어떻게 변화하는가를 연구하고, -agogical은 사람들이 자신을 변화시키고 자기 책임과 성숙한 독립성을 계발해 나아가는 데에 도움이 되는 중재를 위한 지침을 제공한다. pedagogy(교육학)는 아동을 대상으로 하는 agogy(paides는 '아이'를 의미함)를 말하고, ortho-pedagogy(정형의학)는 특별한 문제나 장애가 있는 아동(특수교육의 맥락에서)을 돌보는 것을 의미한다. andragogy(성인교육학)는 성인을 대상으로 하는 agogy(andra는 '성인'을 뜻함)이다. 예를 들어, 대학이나 여타의 성인 중심 교육 프로그램에는 성인교육에 관한(andragogical) 초점이 있다. 또한, 요양 시설과 같이 노인들을 돌보는 일과 관련되어 이야기할 때 agogical 돌봄이라고 말할 수 있다. 흥미로운 질문은 "agogical과 관련이 있는 사람에게는 어떤 유형의 지식, 자질, 윤리적 가치가 필요할까?"이다.

우리는 요양원에서 노인들을 제대로 돌보지 않거나 방치한 요양보호사에 관한 이야기를 신문에서 가끔 접하게 된다. 판사는 의료 종사자들에게 '감수성 훈련'을 받도록 판결했다. 이 판결은 확실한 의미가 있으며, agogical과 관련된 개입이 필요하다는 점을 이해하고 있다. 그러나 '감수성 훈련'과 같은 기술적이고 과학적인 개념은 '감수성'이 마치 '훈련' 프로그램을 통해 길러질 수 있는 대상으로 이해하고 있는 것처럼 보인다. 이는 문제가 있는 접근방법이다. 감수성은 가르치거나 훈련시킬 수 있는 대상인가? 우리는 '기술'이나 '역량' 훈련을 통해 agogical과 관련된 계발이 제대로 이루어지지 않는다는 사실을 인정해야 할지 모른다. agogical에 관한 감수성이 열린 마음, 의지, 헌신 등에 관한 것이라면, 이는 정서, 감정, 윤리적 가치, 기략과 같은 도구적 방법으로는 훈련될 수 없고, 현상학적 성찰과 환기, 그리고 그것을 수용하려고 하는 사람들에 의해서만 계발될 수 있다.

과학이 사랑과 우정이라는 현상을 '이해'할 수 없는 것과 마찬가지로 과학적 개념과 절차를 사용하여 교육이라는 현상을 설명하고 이해할 수는 없다. 왜 그럴까? 교육학이란 무언가에 감응하는 감수성에 의해 주도되는 연구 분야이기 때문이다. 교육 실천의 감응적 측면은 사려 깊음, 기략, 감수성과 같은 '정서', 그리고 다른 사람의 내면세계에서 어떤 일이 일어나고 있는지를 파악하는 능력과 관계가 있다. 오늘날 많은 젊은이가 사랑과 존중, 감수성은 결여된 채, 학대나 방치, 포기, 빈곤으로 점철된 유년기를 견디고 있다. 그들은 마치 흠이 있는 존재로 성장할 위험성이 높다. 마찬가지로, 주변 사람들의 두려움과 고통, 괴로움에 민감하지 않은 상태에서 자란 젊은이들은 마음이 여유롭고 상대를 공감하는 사람으로 자라지 못한다.

일부 어른들은 아이들에게 나쁜 사례가 되거나, 또는 보여 주는 것을 두려워하여 전혀 모범을 보이려고 하지 않는다. 그러나 긍정적이든 부정적이든 간에 모범이 되지 않는 것은 불가능하다. 우리는 우리가 존재하고 아이와 상호작용하는 바로 그 방식을 통해 모범이 된다. 어린 자들과 함께 살아가는 과정에서 삶을 어떻게 살아야 하는가를 '보여 주지' 않을 수 없다. 따라서 우리는 모범이 되지 않을 수 없다. 우리는 항상 청소년들의 삶에 윤리적으로 관여한다. 그러나 우리는 우리의 개입이 교육적으로 민감하고 성찰적인가 그렇지 않은가, 어떻게 해야 그렇게 할 수 있는가를 선택해야만 한다.

청소년의 인지적 · 정서적 · 도덕적 성장에 영향을 미치는 가상의 환경을 우리는 어떻게 이해하고 다루어야 하는가? 아이가 청소년기로 접어드는 과정에서 온라인상의 사회적 관계와 친밀함이 갖는 의미는 무엇인가? 젊은이들의 삶에서 사회관계망 기술의 긍정적인 측면과 문제가 될 소지가 있는 이슈는 무엇이고, 부모나 여타의 교육자들은 이러한 이슈를 어떻게 해석하고 다루어야 하는가? 젊은이들은 그들 자신의 미래에 관하여 내리는 중요한 결정에 있어 얼마나 큰 책임을 져야 하는가? 악기 연주를 배우는 일 등과 같이 재능을 기르는 일에 있어 젊은이들에게 어른들이 주는 스트레스와 부담은 얼마나 정당화될 수 있는가? 교사가 학생들의 내적인 삶과 사적인 생각에 관여하는 것은 어느 정도까지 용인되는가? 정부와 보육 기관은 청소년 범죄를 어떻게 다루어야 하는가? 이러한 모든 유형의 질문과 여타의 수많은 질문은 교육학이라는 영역에 속한다. 이와 같은 일반적 문제는 일상생활에서 특정하고, 구체적이며, 즉각적인 문제로 표현되는 경향이 있다.

교육의 목적

교육은 아이들을 기르고 가르치는 돌봄의 과업이다. 아이들을 가르치는 일의 실제는 그들을 길러 내는 일과 분리될 수 없다. 자신에게 주어진 일을 마치 정부가 지정한 교육과정을 '전달하는' 일로 생각하는 교사라고 하더라도 학생들과 필연적으로 관계를 맺는다. 우리 대부분은 수학이나 영어, 과학 수업을 잘 가르쳤던 교사가 아니라, 그들의 교육적인 자질과 행동을 기억한다. 이렇게 말하면 아마도 당황스럽고 지나치게 감상적이면서 시대에 뒤처진 소리로 들릴 수 있을 것이다. 그러나 사실이 그렇다! 교육 그 자체가 가르침의 핵심 요소라고 선언하는 데 주저하지 않아야 한다.

교육과 '수업(instruction)' 또는 '교육과정(curriculum)'의 차이는 교육 그 자체가 교육 기관, 정치적 안건, 경제, 기업 부문 또는 여타의 이해 집단과 같은 사회적 이익을 추구하기 위한 어떤 외부의 목표를 가지고 있지 않다는 데에 있다. 어떤 의미에서, 교육적 행위의 목표는 사전에 결정된 결과가 아니라, 삶을 돌보는 행위 그 자체이며, 이런 행위는 바로 한 아이 혹은 이 아이들을 위한 최선의 유익을 위해 제공된다. 학습 성과와 성취 목표라는 외부 설정에 의해 유발된 교육적 행위는 필연적으로 계산적인 목적을 가진 서비스에서 작동하는 수단적 행위로 변질된다. 귀에 거슬릴 수 있겠으나, 교육은 외부로부터 동기부여된 목적이나 목표를 필요로 하지 않는다.

　교육은 아동·청소년과 함께 행동하는 방법의 적절성을 결정하는 내적인 목표를 갖는다. 내적 목표는 교육이 본래의 중요성으로 어떻게 이해되는가에 달려 있다. 예를 들어, 교육이 아이들을 지역사회와 문화의 세계로 '인도하는' 것으로 인식된다면, 여기에서의 질문은 "누가, 왜, 어디로 그들을 인도할 것인가?"가 된다. 만일 교육이 아이들의 미래를 '준비하는' 것으로 이해된다면, 여기에서 던져야 할 질문은 "미래를 준비하고 다룬다는 말은 어떤 의미인가, 어떤 미래인가?"이다. 아이들이 자신의 삶에서 경험할 수 있는 일과 사건의 의미를 직면하고 해석하도록 돕는 것이 교육이라면, "그들이 마주하는 삶의 동력과 현상 속에서 우리는 이 아이들과 어떻게 더불어 살아갈 것인가?"라는 질문이 따라온다.

　특별히 우리가 살아가는 복합한 세계 속에서, 다양한 문화에 내재된 모든 지식을 선택·형성·조직·구조화하지 않고서 젊은이들에게 전달할 수는 없다. 또한 이와 같은 선택·형성·조직·구조화의 기초에는 지식과 실재의 관계에 대한 강력한 철학적 가정이 들어 있다.

　요한 아모스 코메니우스(John Amos Comenius)의 유명한 그림 〈세계도해(Orbis Sensualium Pictus)〉(1611/2011)는 실제로 선별된 세계를 대표하는 지식을 담은 최초의 교과서였다. 코메니우스 이후 교육자와 교육과정 학자들은 교육과정에 포함되어야 할 가치 있는 지식과 기술이 무엇인지, 정책 문서는 물론 여러 매체, 기술, 교사 행위, 학습 경험, 교육 환경 등을 통해 제시되어야 하는 지식 체계 속에 이러한 지식이 어떻게 선별되고 포착되며 구조화되고 조직되어야 하는가에 대해 지속적인 논쟁을 해 왔다.

　교육적 행동은 언제나 지금 그리고 여기와 관련된 상황에서 윤리적인 문제를 다루기 마련이다. 따라서 교육은 교훈, 교수 또는 교육과정에 관한 행위와 혼동되어서는 안 되며, 실제로 결정적인 목표와 결과를 정당하게 선점해야 한다. 그러나 교육은 또한 교육과정 개발, 교수-학습 프로그램의 계획, 수업

설계에 있어 제 역할을 수행해야 한다. 교육과정을 선별하고 조직하며 구조화하는 기준뿐만 아니라, 교수-학습 프로그램 역시 한 아이와 여러 아이들에게 가장 좋은 것이 무엇인지에 대한 고민에서 출발점을 찾아야 한다. 교육적인 관심사 외에도 사회, 지식, 정치, 전통, 경제, 고용 시장 등의 성격을 고려해야 할 때도 있다.

전통적으로 교육은 아동이라는 존재와 성인이라는 존재를 구별한다. 아동이라는 존재는 미지의 완성되지 않은 잠재력이 있다는 것을 의미하지만, 성인은 이미 많은 것이 정해진 상태이다. 발달하고 성장하는 아동은 자신의 자질과 특성을 점점 더 향상시켜 나아갈 것이다. 예를 들어, 우리는 아동이나 청소년이 진정한 독자나 저자가 될지 아직은 알 수 없지만, 성인은 이미 그러한 속성을 결정하거나 실현했을 것이다. 그렇지만 소설이나 다른 문학 작품에 관심을 갖지 않거나 거의 읽지 않는 사람이 갑작스럽게 문학에 재능이나 관심을 보이는 일도 언제나 가능하다. 나중에 공부를 더 하기 위해 학교로 돌아가기로 결정한 성인이 새로운 형태의 지식과 관련된 비판적 또는 철학적 태도에 자신을 개방함으로써 자신이 이미 가지고 있었던 지식을 '고의로 잊어버려야' 할 경우 또한 있을 것이다. 새로운 관점과 조망을 얻기 위해 자신을 개방하는 성인은 새로운 지적 · 윤리적 도전에 진정으로 몰입하기 위해 오래되고 이미 굳어 버린 자신의 견해를 기꺼이 포기해야 한다.

이렇게 광범위한 학습의 의미 속에서, 교육은 목적을 갖게 된다. 우리는 아이들이 의미 있는 개인적 · 사회적 책임과 행복으로 가득한 삶을 향해 자라가기를 원한다. 교육의 내적 목표는 인간이 된다는 것이 무엇을 의미하는지, 그리고 성숙한 존재를 향해 자라는 것이 무엇을 의미하는지에 대한 질문과 관련이 있다. 랑에펠트(1943/1979)는 이러한 교육의 목표를 '자신이 책임을 다하는 자기 결정(self-responsible self-determination)'이라고 설명하였으며, 레버링(Levering, 2014)이 언급하였듯이, 의미 있는 성인기의 수용 가능한 결정에 중점을 둔다. 그러나 자기가 책임을 지는 자기 결정이라는 교육의 목표에 대한 현재의 견해에 따르면, 성인이라는 말은 그가 획득하거나 취한, 무언가를 결정하는 일과 관련된 여러 규범에 의해 결정되는 것이 아니라, 그 성인이 그 스스로를 구성하고 있는 것과 관련하여 현재 어떤 책임을 가지고 있는가를 의미한다. 따라서 교육의 목표는 성인이 어떤 상태인가를 정의하는 결정을 지향하지 않고, 아직 법적 · 윤리적 · 인지적 · 정서적으로 성숙하지 않은 어린이나 젊은이들에 대한 책임의 과업을 지향한다.

반복하자면, 교육적 행위의 목표는 시험 결과와 같은 외부의 결과에 있지 않다. 예를 들어, 그렇기 때문에 칭찬은 어떤 순간에 바람직하거나 적합한 것이 무엇인가를 분별하는 눈을 가진 사람에 의해 이루어져야 한다. 감추어진 혹은 가시적인 칭찬은 우리가 특정한 원칙('칭찬은 아이의 자존감에 좋은 영향을 준다.' '칭찬은 아이를 더 높은 수준에 도달하도록 한다.' '칭찬은 항상 긍정적인 마음을 갖게 한다.' '칭찬은 아이의 학습 결과를 증진한다.' 등)이 중요하다고 보기 때문에 주어져야 한다. 그 원칙이나 목표는 우리 스스로가 우발적이라고 생각하는 순간에는 적절하지 않기 때문이다. 교육은 아이가 어떤 순간이나 상황에서, 또는 인간으로서의 성장이라는 보다 폭넓은 목적에 반하는 어떤 환경에서 우리와 같이 있을 때 그가 누구인지를 인식하거나 '알게 되는' 방식에 관하여 우리가 지속해서 사려 깊을 필요가 있음을 요청한다.

아이에게 민감한 윤리로서, 교육은 종종 우리가 답을 찾지 못한다 하더라도 아동과 청소년에게 '좋은' 또는 '최상의' 것은 무엇인가라는 질문에 관심을 둔다. 교육은 다른 성인과 젊은이들 자신이 젊은이들의 삶에 있어 어떤 역할을 해야 하는지에 관하여 묻는다. 어린이들이 앞으로 살아가야 할 세상을 만드는 일은 그들 스스로의 결정에 따라야 하기 때문에 이들의 미래가 우리와 상관이 없다고 주장하는 것은 잘못된 일이다. 한나 아렌트(Hannah Arendt, 2006)가 지적했듯이, 이러한 주장은 젊은이들이 실제보다 훨씬 더 나이가 많고, 심지어 그들의 부모보다도 더 나이가 많은 세상에 이미 갇혀 있는 정도를 과소평가한다.

존재신론과 인성 교육

마지막으로, 보다 근본적인 수준에서 교육의 목표는 부모, 교사 또는 보육가의 삶에 대한 (암시적인 또는 명시적인) 철학 윤리와 가치에 의해 결정된다. 그러나 우리는 지배적이고 보편적인 신학이 우리 존재에 미치는 힘과 효과가 있는, 기술적이고 계산적이며 물질적인 가치로 철저하게 포화된 우리 자신의 관점에 대해 항상 제대로 인식하고 있지는 못하다. 이 존재신론은 우리의 삶과 학교를 조직하는 방식을 형성하는 데에 관여하기 때문에 짚고 넘어가야할 사항이다.

대부분의 부모는 자녀가 인생을 살아가며 행복하고 성공하기를 바란다. 그러나 이 말이 자녀의 개인적 이익과 경제적 성공을 추구하기 위해 보다 경쟁력을 갖추도록 돕기를 바란다는 의미일까? 사회 평론가들은 오늘날의 서구 문화가 이기심, 탐욕, 부의 축적, 타인의 고통에 대한 공감 결여 등으로 쉽게 이어지는 자기중심적 가치에 대한 존재신론에 의해 주도되고 있음을 지적했다. 데이비드 브룩스(David Brooks, 2015)는 우리가 훌륭한 스펙을 쌓는 방법에 대해 골몰하도록 하는 시간과 사회 속에 살고 있지만, 많은 사람이 내면의 삶, 즉 그 사람의 인격을 성장하게 하는 방법에 대해서는 주의를 기울이지 못하고 있음을 분명하게 지적한다. 아마도 행복이 교육의 목표, 그 핵심적인 가치는 아닐 것이다. 아마도 우리는 젊은이를 우리가 사랑하는 사람들과 우리에게 의존하는 사람들을 위해 공동체, 공유, 심지어 자기희생을 통한 만족감을 제공하는 삶의 모습을 갖도록 하는 것을 교육의 목표로 삼아야 한다. 『공감 문명(Empathic Civilization)』에서 제러미 리프킨(Jeremy Rifkin, 2009)은 우리의 교육 체계, 비즈니스 관행, 자본주의 경제 및 정치 문화에 내재되어 있는 삶과 자연에 대한 신학적 관점을 재조정해야 한다고 제안한다.

소비 시장은 우리가 타인에게 입히는 사회적·경제적 피해에 민감하지 않은 공리적 미적분학에 따라 살도록 권장한다(Brooks, 2015). 역설적이게도, 사회 평론가들은 회사를 해체하고 병합하는 일을 즐기고, 그 과정에서 회사를 위해 일하는 사람들의 연금 계획을 어지럽히는 CEO, 금융 투기꾼, 월 가(街)형 중개인 및 투자 회사의 경영진으로서의 역할을 수행하는 일이 소시오패스나 사이코패스와 같다고 지적하였다. 소시오패스가 일반적인 인구의 4%를 차지한다는 사실을 인식하게 되면, 병리학적으로 무자비한 현상은 특히 당혹감을 준다(Stout, 2006). 다시 말해서, 평범한 사람들의 4%는 종종 인간의 고통에 대한 공감, 이타주의 및 정서적 감응 능력이 부족한 정신 상태를 가지고 있다. 물론 사이코패스와 소시오패스가 반드시 중대한 범죄자라는 뜻은 아니다. 우리 모두는 친사회적 가치와 정서적 감수성이 부족함에도 불구하고, 정상적으로 살아가는 친구와 동료 집단의 사람들이 있음을 알고 있다. 그러나 동시에 진단이 필요하다고 여겨지는 사람들을 배정하는 일은 의심할 여지없이 위험하다.

M. E. 토마스(Thomas)는 그녀의 저서 『어떤 소시오패스의 고백록(Confessions of a Sociopath)』(2013)에서 성장 과정에서 그녀가 경험한 것들이 다른 이들의 경험과는 사뭇 달랐음을 서술하고 있다. 그녀의 어린 시절은 행복했고, 충분한 돌봄을 받았다. 학대나 방치를 경험한 일도 없었다. 그러나 그녀는 스스로가 무관심하다고 느끼면서 주변 사람들이 특정 사건에 대해 감정적으로 감동을 받는 이유를 알지 못했다. 오히려 그녀는 사람들의 취약함에 흥미를 느끼거나, 게임이나 사람들을 조작하는 행위, 위험한 행동에 관여하는 일을 어떻게 즐겼는지를 기술한다. 이와 같은 비밀스러운 상황에도 불구하고, 그녀는 합리적이고 고도로 지적인 여성으로서, 매우 성공적인 변호사와 법학 교수가 되었다는 사실을 보여 준다. 그녀는 정기적으로 법학 학술지에 논문을 출간한다. 그러나 그녀는 친구나 연인과 맺는 관계에 있어 자신이 무언가 달랐다는 사실을 알았기 때문에, 의학적 견해를 듣고자 하였다. 그녀는 '중증도의 사이코패스 성향'이 있다는 진단을 받았다.

사람을 사이코패스나 소시오패스로 진단하는 일이 적절하다면, 이는 공감과 정서적 감수성이 없는 것으로 보이는 개인이 아이들과 어울릴 수 있는지에 대한 질문을 제기한다. 또한 지나치게 자기중심적이며, 과도하게 자존심을 나타내고, 공감과 정서적 반응이 없는 젊은이들과 대면할 때, 교육적 기략이 어떤 역할을 해야 하는지에 대한 문제도 제기한다.

사이코패스와 소시오패스에 대한 언급은 인격이 취할 수 있는 여러 형태의 사례로서만 사용된다. 인격의 어떤 측면은 영향을 미치기 어려울 수 있으며, 따라서 어떻게 자기중심적 현상, 감각의 추구, 대인에 대한 지배 등의 사건에 대한 현상학적 통찰력을 얻을 수 있었는가를 풍부하게 보여 주는 그녀의 경험에 대한 설명은 설득력이 있다. 또한 그녀는 자신의 '장애'에 바람직하게 적응한 것으로 보인다.

젊은이나 노인이나, 어떤 의미에서 모든 사람은 성격상의 문제를 가지고 있다. 아마도 어떤 사람은 때때로 또는 자주 지극히 이기적이고, 욕심이 많으며, 다른 사람들의 안녕을 고려하지 않고, 비협조적이며, 공격적이고, 믿을 만하지 못하다. 사실, 경쟁과 개인의 욕심을 장려하는 서구 문화에서, 젊은이들이 자기 이익을 희생하면서 다른 사람들에게 보다 친사회적이고 지지적인 방향으로 살아가도록 하는 일은 교육의 과제일 것이다.

교육의 불기약성

올바른 교육적 접근 방식은 성인으로서 우리 자신에게 다음과 같이 묻는 것이다. 그렇다면 청소년들이 진정으로 영향력을 발휘하고 자신의 이상을 실현할 수 있는 방향으로 세상을 (정치적 · 생태적 · 윤리적으로) 살아가도록 우리는 어떻게 도울 것인가? 그러나 이러한 교육적 영향력은 미래의 목표를 이루기 위해 현재의 순간을 희생해야 함을 의미하지 않는다. 그것은 우리의 행동의 가치가 이미 지금 이 순간에 담겨 있음을 뜻한다. 이는 젊은이들이 사회 윤리, 타인과의 상호 의존, 자기 비판적 책임, 그리고 책임의 공동체 속 자신의 위치를 아는 데에 점점 더 많은 관심을 갖는 것을 말한다. 그러나 지금 우리는 교육적 의도를 깨달아야 한다. 문제는 교육적으로 생각하고 행동하는 데에 어떤 형태의 윤리와 정치가 도움이 되는가이다.

　교육학은 청소년을 향한 윤리가 아니다. 교육적인 연구와 주장, 판단은 거의 항상 다른 분야, 즉 아동 연구, 심리학, 법률, 사회학, 인류학, 역사 등의 통찰력과 지식에 의해 뒷받침된다. 본질적으로 교육은 언제나 하나의 윤리라는 점에서 교육적 행동과 성찰은 이중의 윤리적 책임을 수반한다. 그것은 아동에 민감한 윤리로서 그 자체로 윤리적이어야 한다. 다시 말해서, 교육학은 교육적으로 (그리고 윤리적으로) 민감한 상황에서 사고하고 행동하기에 어떤 종류의 윤리가 적절한지에 대한 질문을 할 수 있어야 한다.

　아동 발달의 기본 원칙을 이해하는 일은 도움이 될 것이다. 예를 들어, 어린 아이들이 진실을 말하는 것과 거짓을 말하는 것 사이의 차이를 이해할 준비가 되지 않았을 때 거짓말을 했다고 비난하고 처벌하는 것은 분명히 부적절하다. 교육학은 다른 사회과학에 대한 지식 없이는 작동할 수 없지만, 그렇다고 해서 사회과학 중 하나로 축소될 수도 없다. 또한 교육학은 임상심리학, 의학, 사회복지, 법학, 아동 심리학, 인류학 및 정치학과 같은 다른 전문적인 실천과 달리 궁극적으로 어떻게 우리가 책임감을 가지고 아이들을 돌볼 것인가에 대해 질문을 해야 하는 방법의 윤리적 · 도덕적 문제에 관심을 둔다.

　교육학은 종종 심리학과 혼동되기도 한다. 예를 들어, 발달 심리학에 따르면, 어린이가 아주 어린 나이에 글을 읽을 수 있다고 해서 반드시 그 연령에 읽는 방법을 배워야 하는 것은 아니다. 특히 다른 사람과 말로 대화를 나누는 데에 들여야 할 시간을 조기 읽기교육에 소비한다면 더욱 그렇다. 다른 사람들과의 언어적 상호작용에서, 아이들은 혼자서 책을 읽는 시간이 제공하지 못하는, 교육적으로 중요한 모든 종류의 논리(화자 전환, 논증, 대화 관계, 표현력 등)를 배운다. 마찬가지로, 관련 연구들은 주로 화면에서 이루어지는 사회 관계망을 통해 다른 사람들을 만나는 일이 인지와 감정에 가져다주는 결과가 있음을 우리에게 보여 준다. 그러나 이들 연구는 어린이들에게 무엇이 최선인지, 우리가 특별한 아이들에게 어떤 일을 해야 하는지에 대해서는 말하지 않는다. 오직 교육적 성찰만이 그것을 할 수 있다.

이런 의미에서 교육학은 지극히 독립적인 학문이다. 다른 사회과학 및 인간과학은 우리에게 아동 발달, 아동의 질병과 건강, 청소년 범죄의 사법권과 관련하여 정치적·사회적·역사적 또는 문화적 관행 및 관련된 문제와 같은 경험적·과학적·정치적·윤리적 질문에 대한 통찰력을 제공할 수 있다. 그러나 궁극적으로 이러한 인간과학 및 사회과학 중 어느 것도 특정 상황에서 무엇을 말하고 행동해야 하는지, 어떻게 행동해야 하는지 알려 주지 않는다. 교육학은 다른 사회과학이나 학문으로 축소될 수 없다는 점에서, 아동을 대하는 윤리에 관한 전문적 실천과 이론적 학문으로서 독립적이다.

그러나 교육학이 다른 학문 분야와 교차한다는 사실은 분명하다. 예를 들어, 소아과 및 임상 아동 심리학은 교육학의 윤리 영역에 속하는 성찰과 행동에 관여한다. 캐나다의 『유아발달 백과사전』은 신생아 및 유아를 다루는 방법에 대해 부모에게 필요한 정보를 제공한다. 이러한 자료는 어린이의 성장 및 발달 패턴에 대한 유용한 통찰력을 제공할 수 있다. 예를 들어, 부모는 어머니와 자녀 간 밀착의 중요성과 자녀가 안전하고 보호받는 느낌을 받고 있는지를 가늠하는 방법을 참고할 수 있다.

4장
반성적 실천의 교육

반성과 행위 간의 관계

'교육'이라는 말에는 신중함, 사리 분별, 판단, 주의 및 예측의 의미가 포함
되어 있다. 따라서 언뜻 보기에는 가르침의 교육학 그 중심에 반성이 있다는
생각보다 설득력 있는 말은 없을 것이다. 교육적 관계의 본질적 특성상 교사
는 생각 없이, 교조적으로 또는 편견을 가지고 행동하지 않는다. 오히려 반성
을 통해 학생들을 대한다. 존 듀이(John Dewey)가 "그것은 우리가 행동할 때
우리가 무엇에 관하여 행동하는지를 알게 한다. 그것은 단지 식욕을 돋우고
맹목적이며 충동적인 행동을 지적인 행동으로 전환시킨다."(1964, p. 211)라
고 말한 것처럼, 반성적 사고는 가르침을 위한 도구로서뿐만 아니라 교육의
목적으로서 중요하다. 그러나 교사들이 반성적 실천가가 되어야 한다고 제
안하기에 앞서 우리는 반성이라는 과정이 무엇으로 이루어져 있는지를 알 필
요가 있다.

반성이란 인지적으로나 철학적으로 독특한 방법과 태도가 복잡하게 얽혀 있는 난해한 개념이다. 반성의 본질에 관한 듀이(1933)의 주장은 우리에게 풍성한 고민의 기회를 부여한다. 그는 반성이 ① 어떤 사람이 자기 자신이 놓인 상황의 본질에서 비롯되어 갖게 되는 '곤혹감, 혼란스러움, 의심', ② 그러한 상황에서 오는 요소들이나 의미들, 그로부터 비롯될 가능성이 있는 결과들에 대한 '추측과 잠정적인 해석', ③ 개인이 직면한 문제를 정의하고 명료화하기 위한 '모든 가능한 고려사항에 대한 점검, 조사, 탐색, 분석', ④ '잠정적 가설 설정의 정교함', ⑤ 바라는 결과에 대한 '행동의 계획'이나 '실행'의 결정을 포함한 여러 단계로 이루어져 있다고 주장한다(Dewey, 1973, pp. 494-506). 이러한 반성 과정의 적절한 순서는 분석과 평가를 할 수 있도록 하고 이후의 반성적 행위를 가능케 하는 성찰의 경험을 우리에게 제공한다. 듀이는 "사고란 이미 수행된 것과 그 결과 사이를 정확하고 신중하게 연결하는 행위이다." (p. 505)라고 말한다.

그러나 반성의 방법에 관한 지식만으로 충분하지 않고, 태도와 함께 숙련된 방법을 결합해야 할 필요가 있다. 듀이는 반성적 방법에 의한 사고 습관의 필요성과 더불어 열린 마음, 충실함, 전심을 다함, 몰두와 관심, 책임감과 같은 특정한 자질이나 습성을 계발할 필요가 있다고 말한다(1964, pp. 224-228). 또한 듀이는 이론적 판단과 실천적 판단을 구분했지만, 실천적인 판단 역시 본질적으로는 지적이며 이론적이라는 점을 지적하였다. 실제적인 상황과 관련된 형태의 성찰은 "해야 할 일, 이미 이루어진 일, 행위가 필요한 상황에 대한 판단"(1916, p. 335)과 관련이 있는 특정한 종류의 주제를 가지고 있다는 점에서 차이가 있다. 그러나 듀이의 이와 같은 구분은 행위 중에 일어나는 반성이 그 자체로서의 논리를 가지고 있다는 최근의 연구에 의해 보완되었다. 도널드 쇤(Donald Schön)은 '기지를 발휘하다(thinking on your feet)'와 '늘 정신을 차리고 있다(keeping your wits about you).'와 같은 문구는 "우리가 무언가를 하고 있을 때, 그 일에 대해 생각할 뿐만 아니라, 그것을 하는 행위에 대해서도 생각할 수 있음"(1983, p. 54)을 의미한다고 보았다.

반성이라는 개념은 그것이 발생하는 실제 상황의 시간적 차원에 의해 더욱 복잡해진다. 교수 경험에 대한 사고와 교수 경험 안에서의 사고는 서로 다른 구조로 되어 있는 것으로 보인다. (과거의) 경험에 대한 회고적 성찰은 (미래의) 경험에 대한 기대적 성찰과 매우 다르다(van Manen, 1991). 이와 달리, 상황에서의 동시적 성찰은 '잠시 멈추어 생각하게' 하는 부류의 행동을 가능하게 한다는 점에서 보다 즉각적인 '반성적' 인식(예, 수업 토론, 강의, 갈등 상황, 모니터링 활동, 일대일, 일상적인 수업 등의 능동적이고 역동적인 과정)과 다르다.

수수께끼 같은 현상처럼 보이는 행동의 바로 그 순간에 발생하는 '반성'이라는 점에서, 이러한 능동적이고 동시적인 유형의 성찰은 아마도 가르치는 데 있어 가장 도전적인 차원일 것이다(van Manen, 1991, 1992). 나는 가르침이라는 과업의 이러한 측면에 주목함으로 인해 교육자들이 아이들과 공유하는 경험에 대한 반성의 형성적 관련성과 실제적 중요성을 조금이라도 과소평가하고 싶지 않다. 반성 개념은 교육이라는 그 의미 자체에 내포되어 있으며, 정의에 따라 가르침이 어떤 아이에게 또는 특정한 상황에서 무엇이 선하고 더 적절한지를 그렇지 않은 것들로부터 구별하는 의도적인 방식으로 수행됨을 의미한다. 특히 교육적인 일상세계에서 현상학적 성찰이라는 방법론과 실제적인 적용 가능성을 탐구하는 것은 매우 가치 있는 일이다(van Manen, 1997, 2014).

우리가 던져야 할 질문은 다음과 같다. 교사는 자신이 맡고 있는 아이들과 함께 참여하는 활동적인 순간에 얼마나 성찰을 하고 있는가? 아니면 얼마나 반성적일 수 있는가? 쇤과 같은 학자들이 언급한 것처럼, 행위 중 성찰(reflection in action, 어떤 행위를 하면서 그 행위에 대해 생각하는 것)의 이미지는 얼마나 적절한가? 가르치는 일을 잠시 멈추어 교사가 다음에 해야 할 일을 성찰하기 위해 일시적으로 참여를 중단하거나 주저하거나, 교실 상황에서 한 걸음 물러날 수 있는 경우가 발생하게 되면 우리는 반성의 진정한 의미에 대해 말할 수 있다. 그러나 그러한 상황에서도 반성은, 듀이가 제안하였듯이, 어떤 일이 일어나고 있는지를 해석하고, 행동의 여러 가능성을 이해하며, 대안적인 행동 과정을 고려하고, 다양한 결과를 평가하며, 무엇을 해야 하는지 결정하고, 제안된 바를 실제 수행하는 모든 가능성을 고려하기보다, 당면한 과제로만 제한되는 것처럼 보일지 모른다.

아이들을 가르치는 일상에서 교사는 때때로 그들이 끊임없이 어떤 지점에서 있다고 느낀다. 그리고 그 순간에는 오로지 제한된 진정한 반성만이 가능해 보인다. 교사가 '살아 있을 때여야' 30여 쌍의 눈동자는 그의 일거수일투족을 응시하게 된다. 이와 같은 즉각적인 참여의 성질은 교사가 느끼는 일반적인 현상인 피로와 활력에 관여하는 주요 요인인 것으로 보인다. 우리는 교육의 즉각적인 위치를 실제 행동으로 간주하는 복잡성을 과소평가해서는 안 된다. 이것은 또한 우리가 교사의 사고 또는 비판적 성찰이 일차원적이거나 단순한 개념이라고 당연하게 받아들일 수 없음을 의미한다. 그러므로 일상 생활에서 교육의 실천은 특정한 자격이 있고 한정된 의미에서만 반영될 수 있다.

역설적이게도, 우리는 가르침의 능동적이고 역동적인 상황에서 교사가 어떤 자리에서 지속적으로 행동해야 하고, 먼저 반성하기 위해 한 걸음 물러서거나 행위를 뒤로 미룰 수 없다는, 이상한 의미에서 '반성하지 않을' 수밖에 없다고 말할 수 있다. 이런 행동에 대한 다양한 대안과 그 대안들의 결과에 대해, 그리고 모든 경우에 무엇을 해야 할지 아니면 하지 말아야 할지 신중하게 생각하는 교사조차도 결국에는 자신이 어떤 행동을 취하거나 취하지 않도록 해야 한다. 따라서 행위의 주체자인 교사는 한 번에 한 가지의 행위만 가능하다는 점에서 언제나 독단주의자일 수밖에 없다.

카이로스의 시간:
'바로 지금'이라는 완벽의 순간

그럼에도 불구하고, 적극적으로 교육을 실천하는 일이 교사를 너무 바쁘게 만들어서 진정으로 반성할 수 없다는 사실을 인정한다고 해서 교육이 맹목적인 충동이나 일상적인 습관이 되어서는 안 된다고 주장하는 듀이에 의해 비난받는 것은 아니다. 교사는 그들이 교실에서 학생들과 함께 사려 깊은 행동을 할 수 있다고 여긴다. 가르치는 동안 훌륭한 교사는 '생각을 바탕으로 행동'하면서도 때로는 즉각적인 통찰에 따라 행동한다. 교사로서 우리는 때때로 무언가를 말하려 하다가 이미 '입술에 있는' 말에 완전히 전념하기 전에 잠시 머뭇거리게 된다. 다른 경우, 우리가 처한 상황이 우리가 어떻게 행동해야 하는지를 '말해 주는' 것처럼 보이기도 한다. 순간적으로 행동해야 하는 것을 카이로스의 시간이라고 할 수 있다. 카이로스(Kairos)는 순간이라는 기회 또는 영원한 시간을 뜻하는 그리스 신화의 신이다(Hermsen, 2014).

제우스(Zeus)의 아버지인 크로노스(Chronos)가 잘 알려져 있는 것과 달리 카이로스가 거의 알려지지 않았다는 사실은 이상한 일이다. 고대부터 카이로스의 순간은 그 안에서 제공되는 기회를 포착하려는 우리의 능력과 의지에 따라 변화하는 기회의 순간으로 묘사되었다(Murchadha, 2013). 카이로스의 순간은 가능성을 지닌 순수하고 완벽하며 예측할 수 없는, 그래서 통제할 수 없는 순간이다. 카이로스의 순간은 통찰력과 명확성을 제공하지만 종종 고통과 고뇌, 좌절, 절망으로 인해 발생하기도 한다. 카이로스의 순간은 우리가 직면하고 있는 일의 의미와 중요성에 절대적으로 존재하도록 한다. 따라서 그리스어 카이로스는 시의적절한 시간을 의미한다(Marramao, 2007). 카이로스의 순간은 측정되지 않는다. 그것은 완벽한 시간, 질적인 시간, 최고의 순간, 바로 지금 이 순간이다. 카이로스가 당신을 향해 날아올 때 그는 야

그림 4-1   프란체스코 살비아티(Francesco Saviati),
〈기회로서의 시간(카이로스)〉(Time as
Occasion, Kairos)
(1543∼1545), 베키오 궁전 미술관

생의 날개를 달고 달려올 것이다. 그 '눈 깜짝할 사이'에 당신은 그의 머리카
락을 잡을 기회가 주어지지만, 그가 당신을 지나가는 순간 당신은 너무 늦고
만다. 그의 머리카락을 잡으려고 손을 뻗어도 벗겨진 머리에서 손이 미끄러
지고 만다.

이는 다소 도발적인 이미지이지만, 균형이 잡혀 있을 때 인간이 처한 곤경
을 분명하게 표현하는 그림이기도 하다. 지금 우리가 직면한 위기에 대처해
야 하지만 지금 이 순간이 지나면 그것을 직면하기에는 너무 늦고 만다. 카이
로스는 우리가 알고 있다고 생각하는 무언가에 대해 경이로움과 경외심을 불
러일으킨다. 그러나 카이로스는 또한 우리에게 어떤 일을 적시에 올바르게
할 것을 요구한다. 필요한 바로 그때에 적절한 조치를 취해야 한다. 망설이면
카이로스의 순간은 지나가 버려 후회만 남을 뿐이다.

결론적으로 말하자면, 교육이라는 현실은 종종 카이로스의 순간에 사로잡힌다는 사실이다. 어떻게 행동해야 할지 몰라도 어쨌든 행동을 취해야 한다. 따라서 교사의 사고와 반성은 현상학적·철학적·개념적·경험적 탐구가 필요한, 결코 쉽지 않은 개념이다. 현상학적 질문은 다음과 같다. 반성의 경험은 교육적 생활 세계의 현실에 어떻게 개입하는가? 행위에 대한 반성은 어떻게 경험되는가? 그리고 이것이 책에서 볼 수 있는 행위에 대한 반성 개념과 어떻게 다른가? 실제로 가능하다면, 어떤 종류의 반성이나 생각이 가능한가? 카이로스의 순간과 카이로스 시간을 알려 주거나 구성하는 지식이나 기술의 형태는 무엇인가?

초임 교사 이야기

일반적으로 알려진 바에 따르면, 초임 교사는 교육의 상호작용이라는 현실에서 다양한 문제에 직면한다. 먼저 이상적인 상황을 가정해 보자. 잘 준비된 예비 교사는 우수한 교과 전문지식을 습득하고 아동발달 이론을 잘 배웠으며, 교수 방법과 학급 경영에 대한 여러 모형에 대해서도 철저하게 학습했다. 이 초임 교사는 동료의 교수 활동과 교실 관찰을 통해 실용적이고 반성적인 기술을 연마했으며, 철학적·정치적·전문적 교육 문제에 대한 비판적인 이해도 갖추었다. 마지막으로, 본격적으로 교실에 들어선 초임 교사는 혁신적이고 잘 구조화되었으며, 세밀하게 조정되고 매끄럽게 진행되는 수업과 단원 학습을 통해 학생들을 만날 준비를 성실하게 했다.

그러나 이토록 훌륭하게 준비가 되었음에도 불구하고 큰 좌절감에 직면하는 일은 아주 흔하다. 초임 교사는 학생들을 대하면서 환멸을 느끼기도 하고, 자신이 세운 모든 계획이 교실이라는 실제 상황에서 요구하는 것보다 턱없이 부족하다는 점도 비로소 알게 된다. 그리고 어떻게든 어렵게 얻은 교과, 교수 방법, 교육 이론, 교육과정과 프로그램의 지식 기반은 여전히 교실이라는 교육적 삶의 카이로스 요구에 부응하지 않는다.

교사가 발견한 것은 자신의 지식 기반이 거짓이거나 쓸모없다는 사실이 아니다. 실제로, 초임 교사는 '전성기가 지나 버린' 선배 교사들보다 우월하다고 느꼈을 수도 있다. 그러나 뭔가 잘못되고 있다. 지금까지 습득한 지식 기반은 딱 들어맞지 않는다. 잘 준비된 수업 계획이 흔들릴 때 느끼는 당황스러움을 다른 어떤 말로 설명할 수 있을까? 아이들이 아무런 반응을 보이지 않을 때, 아이들이 당신을 좋아하거나 존경하지 않는 것처럼 느낄 때, 심지어 낯선 사람이나 가짜, 외부인처럼 느껴질 때, 실제로 무슨 일이 일어나고 있는지 깨닫기 전에 이미 변화하고 있는 상황에 어떻게 대처해야 할지 모를 때는 어떻게 해야 할까?

초임 교사는 다음과 같은 궁금증이 생긴다. '나는 수학을 배웠고 모든 방법론을 알고 있었음에도, 리즈(Liz)라는 아이가 어떤 문제를 너무 어렵게 느낄 때 그래서 그녀와 다른 아이들이 문제를 해결하지 못할 때, 나는 왜 그들을 진정으로 도와주지 못했을까? 교육 심리학 수업에서 최고점을 받은 게 무슨 소용일까? 그런데도 제인(Jane)이 좋아하는 사람과 헤어져서 '길을 잃었다'고 말했을 때 나는 어떤 말을 해야 할지 몰랐다. 옆 반 선생님이 아이들을 바라보는 것만으로도 학생들의 주의를 끌 수 있다는 사실은 또 어떤가? 학급 관리와 훈육에 대한 모든 지식을 가지고 있음에도 불구하고, 션(Sean)이 나를 보고 웃거나 모나(Mona)가 킥킥거릴 때 그것이 어떤 뜻인지를 확실히 알지 못한다는 느낌을 어떻게 숨겨야 할지를 모른다. 경멸적인 발언을 하거나 어떤 아이들이 수업에 참여하지 않고 방해하며, 수업 분위기를 흩트리는 수천 가지 방법을 만들어 내는 것처럼 보일 때는 또 어떤가? 끊임없는 준비와 채점에 소요되는 시간으로 인해 피곤함을 느끼는 이유는 무엇일까? 나의 모든 노력에 비해 많은 아이는 과제를 싫어하고, 나보다 절반도 열심히 공부할 준비가 되어 있지 않은 것처럼 보인다. 나는 동기부여와 학습의 풍성함에 대해 배운 것을 실천하기 위해 열심히 노력했지만, 오늘 어떤 부모가 말하기를, 자녀가 선생님의 수업이 지루했다고 말했을 때 나는 기분을 완전히 망치고 말았다. 나는 가르침과 배움에 대해 그토록 많이 공부해야 했지만 실제 학교에서 일어나는 많은 일이 지금까지 배웠던 것과는 거의 관련이 없다는 사실은 얼마나 이상한 일인가?'

　　마지못해 교실 문을 향해 나아갈 때 나는 공포감을 억누르기 위해 싸워야 했다. 수업에 앞서 항상 불안했던 이유는 무엇인가? 나 스스로 준비되지 못했기 때문은 아니었다. 오히려 그때는 내가 친숙하고 편안하게 생각하는 내용인 맥베스를 가르치는 시간이었다. 수업 내용과 방법에 대해서도 암묵적으로 잘 알고 있었다. 또한 늘 그랬듯이 아이들이 잘 받아들일 거라는 사실도 알고 있었다. 그렇다면 지금 느끼는 이 감정은 무엇일까? 왜 수업을 앞두고 끊임없는 공포심이 일어나는 것일까? 아마도 나의 예리한 자의식, 학생들이 나의 모든 움직임을 비판의 눈으로 볼 것이라는 느낌, 교무실을 떠나면 이제 나는 그들의 세계, 그들의 영역 안으로 들어가 그들의 기준에 따라 판단을 받게 될 것이라는 느낌이었을지 모른다. 나는 취약하기 그지없다고 느꼈다. 그러나 가르침은 이런 취약함을 필요로 한다. 나는 이것에 익숙해져야 한다.

　　새로운 마음가짐으로 나는 점점 커져 가는 공포를 진정시키고 대담하게 복도로 들어섰다. 첫발을 내딛는 일이 가장 어렵다고 나 스스로에게 말했다. 나는 복도의 사물함 근처에 있는 학생들에게 온화한 미소를 지었고, 동료에게 목례를 했으며, 구겨진 종이를 주워 쓰레기통에 버렸다. 모든 것이 순조롭게 진행되었고, 나는 안정된 것처럼 보였다. 겉으로 보이는 모습을 통해서는 누구도 내 속을 볼 수 없을 거란 생각에 미소를 지었다. 나는 괜찮을 것이다.

　　바로 그 순간 익숙하면서도 저속한 소리, 암시적으로 무언가를 끌어내리는 듯한 휘파람 소리가 발을 휘젓는 소리와 함께 들려왔다. 나는 순간적으로 얼어붙었고, 자신감은 사라져 버렸다. 주위의 학생들은 내 반응을 기다리며 나를 향해 웃고 있었다. 순식간에 나는 내가 어떤 반응을 보여야 할지 결정했다. 휘파람을 무시하고 마치 주변이 보이지 않는 것처럼 안면몰수한 채 복도를 걸어갔다. 그러나 내 얼굴은 이내 빨갛게 되고 말았을까?

학생들은 교실로 들어와 무언가를 기대하는 눈빛으로 나를 향해 자리에 앉았다. 아직 많은 학생들은 복도에 남아 있었다. 나는 그들이 어떤 생각을 하고 있는지 궁금했다. 내 생각에 대한 대답인 양 교실 오른편에 앉은 한 아이가 손을 번쩍 들었다. 나는 그의 질문을 들어보고자 무심한 듯 고개를 끄덕였다.

"오버튼 선생님?" 그녀는 자신의 말이 우호적이지 않다는 암시적인 경고를 담아 조롱하는 듯이 쌩쌩한 목소리로 내게 말했다. 나는 순간 움츠러들었다. 그녀는 과장된 순수함으로, 수업이 시작되기에 앞서 모든 반 아이들의 이목이 자신의 목소리에 집중하기를 기다렸다.

"오늘 입으신 옷, 사이먼이라는 아이가 아주 좋아하는 옷이에요." 미묘하게 머리를 움직이면서 사이먼을 가리켰고, 그의 의자를 향해 몸을 구부리면서 우스꽝스럽게 웃어 댔다. 나는 다시 얼굴이 달아오르는 것을 느꼈다.

어떻게든 나는 이 상황이 지나가고 수업을 견뎌 내야 했지만 어떻게 해야 할지는 거의 알지 못했다. 그 이후로 나는 수업 시간에 절대로 드레스를 입지 않았다.

초임 교사들은 종종 그들이 가르침에 대해 배운 것과 그들이 실제로 가르침을 실천하면서 발견한 것 사이에 존재하는 긴장감 또는 '잘 들어맞지 않는 상황'을 경험하곤 한다. 겉으로 드러나지 않지만 당황스러운 상황을 만났을 때 교사는 어떻게 대처할 수 있을까? 아마도 과잉된 반응을 원하는 사람은 없을 것이다. 사사건건 비판적인 태도를 취하는 일도 최선의 대응은 아니다. 가벼운 농담이 효과적이었을까? 물론, 이 모든 일은 정서적인 구성, 자신감, 교사의 개인적인 교육관에 달려 있다.

교사교육자들은 전통적으로 교사교육에 적용되어 온 '지식' 모델이 교사를 전문적이고 효과적으로 준비하도록 하는 데 부족함이 있음을 알고 있다. 부분적으로, 반성적 실천가(reflective practitioner)로서의 교사 개념은 기술 이론(technical theory)을 유용한 실천으로 바꾸고자 하는 인식론이 카이로스의 순간을 포착하기 위한 준비가 학교와 교실 속에서 끊임없이 변화하며 일어나는 문제들에 대해 적극적이고 역동적인 역할을 하는 데에 민감하지 못했음을 지적하고 있다. 여전히 교사교육의 많은 부분은 실천에 대한 전통적 인식론에 갇혀 있으며, 상호작용이라는 교실의 현실에 비추어 볼 때 실질적인 한계가 있다.

경험 많은 교사 이야기

교사들의 말에 반복적으로 등장하는 주제는 교사로 살아가는 삶이 너무도 분주하다는 것이다. 그렇다. 실제로 교사 스스로 속도를 조절하는 일은 쉽지 않다. 점심시간에 컴퓨터실과 도서관, 복도를 신경 쓰면서 식사하는 일은 결코 유쾌하지 않으며, 수업 종이 다시 울리기 전에 화장실에 다녀올 시간이 충분치 않다는 점도 특히 불편한 일이다. 그렇다. 교육청과 학부모, 학생, 동료교사가 당신에게 가하는 많은 압력과 요구에 어떻게든 대응하거나 해결하려면 창의적인 방법이 필요하다. 그렇다. 필요한 모든 것을 가르치는 일도 어려운데 사랑하는 가족들을 돌보기 위해서는 시간과 에너지를 남겨야 한다.

더욱이 여러 지역에서 일어나는 교육비 삭감과 재정의 부족은 교사들 사이에 온갖 종류의 압력을 가하고 있다.

수업을 준비해야 할 시간이 최소한으로 줄어들었다. 나는 전문 지식도 없고 관심도 없는 고등학교 과목을 추가로 가르쳐야 했다. 내 수업에 등록할 수 있는 학생 수도 최대한으로 되어 있다. 또한 학교에는 너무나 많은 문제가 발생하여 한 주간 여러 번 긴 직원회의에 참석해야 한다. 나는 저녁 식사를 집에서 거의 하지 못한다.

매일 아침 '학생들이 요청하는' 회의, 점심시간 감독, 학부모와의 전화 통화 및 기타 여러 가지 임시 회의가 있다.

5일 중 3일은 점심시간 감독을 하기 때문에 오후 시작을 알리는 수업 종이 울릴 때까지 화장실을 갈 수 없는 날이 많았다. 예상치 못한 상황에 대처하고, 잠시 커피를 마시고, 협의실에서 점심을 먹고 나면 남는 시간은 정확히 10분이다.

더욱이 집에 와서도 매주 150개가 넘는 학생들의 글, 과제 및 프로젝트를 처리하는 데 저녁 시간 대부분을 보내기 때문에 남편과 아이들은 불평한다.

너무 우울하고 일에 사로잡혀 있어 내 일을 적절하게 하고 있는지 돌아볼 수도 없다. 그래서 학교에서 개별 학생이 도움을 받거나 문제를 가지고 이야기를 나누기 위해 나를 찾아올 때, 나중으로 미루려는 경향이 있음을 깨닫게 되어 놀랄 때가 있다.

나는 학생들에게 자리로 돌아가서, 너의 일은 네가 알아서 하고, 나에게는 특별한 대우를 기대하지 말라고 몇 차례나 이야기하기도 했다.

학생들과의 관계가 인격적이지 못하다고 느껴질 때 나는 가장 괴롭다. 이런 상황이 당연하다고 생각하지는 않는다.

그러나 내가 이런 말을 할 때 죄책감이 들었고, 모든 일이 혼란스럽게 느껴졌다.

나는 떠들썩한 교실의 일상을 설명하는 데에 관심을 두고 있지는 않다. 오히려 나의 관심은 가르침이라고 하는 현재진행형의 행위를 순간순간 특징짓는 현상학적 실천 구조와 그 즉시성에 있다.

우리는 어느 때나 교실로 들어가 가르침의 실천과 관련된 성격을 알아차릴 수 있다. 교사가 학급 전체에 무언가를 설명하든, 활동을 시작하든, 모둠 활동을 지켜보든, 학급 토론을 개최하든, 학생의 활동에 응답하든, 열정적이거나, 불안하거나, '공격적인' 학생을 대할 때, 우리를 정말로 어렵게 만드는 일은, 듀이의 관점에서 보면, 이러한 상황들 속에서 교사가 무엇을 해야 하고 하지 말아야 하는지, 왜 그렇게 해야 하는지를 인지하고, 성찰하며, 결정하고, 행동할 수 있는 공간과 시간이 교사에게 부족하다는 사실이다.

이런 일들을 어떻게 하는지, 매 순간 어떻게 처리하는지 물으면, 교사들은 일반적으로 대답하는 경향이 있다. 실제로 이를 설명하기란 쉽지 않다. 누군가 계속해서 질문을 한다면, 교사는 이야기, 불만, 자기를 비하하는 농담, 일화 또는 관찰 등으로 대답할 것이다. 관련된 일화를 하나 소개하고자 한다. 성공적인 가르침의 경험은 때로는 작은 승리의 기억으로 남는 경우가 많기 때문에, 이는 기억에 남아 있는 하나의 상황을 반영한 평범한 이야기이다. 그러나 간략한 설명 속에는 실제 행위의 즉시성을 말하는 카이로스의 요소가 포함되어 있다. 다음 일화에 등장하는 교사는 학생에게 있었던 일을 이해할 수 있도록 하기 위해 그에 대한 몇 가지 상황 설명을 하는 것으로 이야기를 시작한다.

제가 가르치는 9학년 수업에 토니라는 아이가 있는데, 그는 주변의 다른 학생들을 부추겨 수업을 방해하거나 계속해서 수업을 거부하곤 했어요. 토니는 어리석은 말을 할 겁니다. 자기가 해야 할 일을 하지 않으려고 애쓰죠.

말도 안 되는 질문을 하기도 하고, 지금 무슨 일이 일어나고 있는지 이해하지 못한 것처럼 행동하기도 합니다. 수업에 집중하지 않는 것은 물론이고요. 우리는 이 문제를 해결하기 위해 학급 토의를 하고 아이디어를 모으기 위해 브레인스토밍을 하기도 했어요. 학생들이 여러 제안을 내놓았습니다.

간단한 토의가 이어지고, 나는 몇 가지 유용한 아이디어를 칠판에 적었습니다. 토니의 차례가 되었을 때, 그는 분명히 장난치기 위한 제안을 했습니다. 그러나 그 즉시, 나는 "네, 토니, 아주 좋아요."라고 말했습니다. 나는 그의 의견을 진지하게 받아들였고, 그것을 칠판에 적어 우리 토의 목록에 포함시켰어요. 순간 토니는 놀랐고, 어찌할 바를 몰라 했습니다. 그러나 나는 그가 긍정적으로 기여했다는 사실에 대해 썩 기분 나빠하지 않았음을 그의 얼굴에서 확인할 수 있었어요. 그는 더 집중하여 토론에 참여했으며, 이후 나머지 수업을 계속할 수 있었어요.

이와 같은 이야기는 교사들에게 얼마든지 많다. 이런 이야기들은 가르침이라는 현실을 그저 평범하고 화려하지 않은 과정으로 묘사하는 듯하다. 그러나 가장 흥미로운 점은 이런 이야기가 학술 문헌이나 연구 보고서에서 찾을 수 있는 '교사의 행위 중 반성'이나 '교사의 의사결정'에 대한 방법론적이고 철학적이며 이론적인 설명과 상충된다는 사실이다.

반성적 의사결정 행위로서의 교육이라는 개념은 그럴듯하고 달성 가능한 현실을 목표로 하고 있는가? 많은 교사는 행위 중 깊이 있는 반성으로서의 가르침이라는 개념과 정반대의 말을 우리에게 들려준다. 물론 이는 "이렇게 행동하기로 결정한 이유는 무엇인가요?"라고 물었을 때의 답이다. 교사들은 기꺼이 그 이유를 제시할 것이다. 그들은 일과 중 수많은 결정을 내려야 한다는 사실을 인정한다. 그러나 같은 교사에게 많은 '결정'에 있어 실제로 얼마나 많은 반성적 사고 과정이 개입했는지 묻게 되면, 실제로 그런 과정을 통해 결정을 내리지 않았음을 동일하게 인정할 것이다. 오히려 그 순간에 사려 깊은 방식으로 적절한 것이 무엇인지를 말하고 행동한다. 대학에서 가르치는 한 강의자는 때때로 자신이 말하고 행하는 동안 그의 말과 행동에 대해 의도적으로 성찰하려고 노력한다고 말하기도 했다. "하지만 그렇게 하는 것이 이내 좌절감을 가져다주고 말았습니다."라고 이야기한다.

나는 나 자신이 인위적이라고 느꼈고, 실제로 학생, 수업에서의 대화, 발표, 가르치는 사람으로서 교실에서 내가 하는 일에 대해 성찰하는 일이 오히려 원활한 수업에 방해가 됩니다. 그러니까 (수업 중 반성은) 내 수업을 향상시키기보다 악화시키는 것이지요. … 때때로 그 결과 나는 자의식이 커질 뿐 아니라, 학생들이 나를 보고 판단한다는 사실을 알게 됩니다. 그렇게 되면 나는 일종의 분열된 자아 감각을 겪어요. 다른 사람들이 관찰하고 객관화한 자아와 이 상황을 대하는 자아 사이의 분열이요.

교사교육 프로그램에서 성찰의 실천을 강조한 결과, 예비 교사들은 좋은 교사란 성찰하는 교사라는 기대에 부응해야 한다는 일종의 압박을 받는다. 그러나 그들이 항상 성찰의 과정이 가르치는 사람에게 개입해야 할 지점과 그 방법에 대해 배운 것은 아니다. 일부 초임 교사들은 교육의 사전 활동과 사후 활동 단계에서 성찰을 해야 할 뿐만 아니라, 교실 활동이라는 묵직한 과정에서 교사가 왜, 그리고 무엇을 하고 있는지에 대해 끊임없이 돌아보아야 한다는 강력한 메시지를 받는다. 그들은 교과 학습에서 목적과 방법에 대한 여러 방법을 끊임없이 고려하고, 코스 중간 과정을 변경하기 위해 끊임없이 준비하며, 학생 행동의 의미를 지속적으로 돌아보고, 사회적 · 심리적으로 학생들에게 일어나는 일에 대해 끊임없이 여러 각도로 탐색한다.

최선의 의도라 할지라도 모든 일이 항상 의도대로 되지는 않는다. 교실에서의 삶이 우발적이고 역동적이며 끊임없이 변화하기에 행위 중의 진정한 성찰은 결코 쉽지 않다. 매 순간은 그 상황에 따라 변한다. 가르침의 순간은 즉각적인 조치가 필요한 지속적인 사건이다. 토니의 선생님이 이야기했듯이, 교사는 말 그대로 '순간'적으로 행동해야 한다. 일부 언어권에서 '찰나(독일어로 Augenblick, 네덜란드어로는 ogenblik)'라는 단어는 문자 그대로 '눈 깜빡임'으로 번역된다. 실제로 교육적 행위의 현실은 구체적이고 끊임없이 변화하는 상황에서 가능한 여러 대안적 방법과 그 결과를 고려하기 위해 해당 상황으로부터 한발 물러나 성찰할 수 있는 시간을 결코 허용하지 않는, 시간에 있어서 매우 즉각적인 카이로스의 수준에서 발생한다.

다시 이야기하지만, 생각하지 않고 행동하는 교사가 좋은 교사라고 말하려는 것이 아니다. 그러나 우리는 이 '생각'의 본질을 실제로 깊이 생각해 본 적이 없다. 즉각적인 행동은 경험에 대한 사후 성찰에서 하듯이 상황으로부터 자신을 멀어지게 하지는 않지만, 우리는 어느 정도 자신과 나의 자아 사이의 반성적인 대화를 유지할 수 있다. 나(I)는 그 자체로 내 자신이 어떤 행동을 하는 동안 무엇을 하고 있는지 모니터링한다. 한 교사는 다음과 같이 이야기하며 그녀의 사려 깊음이 학생들과 관련된 기분이나 마음의 상태와 비슷하다고 설명한다.

> 교실에 들어서면 학생과 학급에 대해 관용적인 태도를 의도적으로 취하게 됨을 느낍니다. 그런 의미에서 집에서 아이들과 함께하는 것과 수업시간이 상당히 다르다고 할 수 있어요. 그렇다고 해서 하루 종일 연기를 한다는 뜻은 아녜요. 그건 너무 피곤하고 에너지를 소모하는 일입니다. 학교에서는 집에서의 모습과 다른 면을 보인다는 뜻이에요.
>
> 내 가족과 함께 있을 때, 나는 특정 상황에서 충동적으로 행동해서는 안 된다는 것을 잘 알고 있습니다. 따라서 나는 문자 그대로 때때로 '10까지 숫자를 세거나' 내가 나중에 후회할 일이나 말을 하기 전에 '타임아웃'을 할 수 있어요. 그러나 교실에서는 이런 시간을 내는 것이 불가능합니다. 큰 숨을 들이쉬고, 10까지 세도록 강요하는 순간이 분명 있지만요. 물론 10까지 다 세지도 못해요. 한 교실에 30명의 학생이 있는데 그 자리에서 멀리 떨어지거나 등을 돌리고 휴식을 취하는 건 불가능하지요. 하고 있는 일들을 계속해야 합니다. 그래서 수용적인 나의 태도는 충동적이고 부주의하며 사려 깊지 않은 방식으로 학생들을 대하고 그들과 상호작용하지 않도록 인내심을 갖게 해 줍니다.

　기략 있는 행위의 현상학은 자신을 잊기 쉬운 방식으로 행동하는 것에서부터 자아의 내면의 시선이 자기 자신을 향하는 일종의 내적 목소리에 이르기까지 여러 유형의 직관적인 실천을 드러낸다. 자아에 대해 이렇게 분열된 인식은 자아의 한 부분이 어떻게든 다른 부분과 상호작용하는 일종의 자연적 정신분열의 모습으로 나타난다. 교사들은 종종 "나의 일부는 수업을 지속하여 끝마치고 싶었고, 또 다른 일부는 중단하고 당장 일어난 문제를 처리해야 한다는 것을 알고 있었다."와 같은 말을 하곤 한다.

　교실 속 일상에서 교사가 말하거나 행동하고, 또는 하지 않는 수없이 많은 행위들은 규범적인 측면에서 교육적 의미를 지닌다. 교육의 목적이나 목표뿐만 아니라, 사용된 수단과 방법은 모두 학습과 관련된 교육적 가치와 결과를 갖는다. 어떤 교육적 상황에서도 행위의 방법에 대하여 다음과 같은 수많은 질문을 제기할 수 있다. 아이들에게 무엇이 적절하고 적절하지 않는가? 이런 상황에서 무엇을 말해야 하는가? 교실에는 어떻게 들어가는가? 문을 어떻게 닫아야 하는가? 교사와 학생이 행하는, 겉으로 보기에 해가 없는 많은 일은 어떤 분위기를 어떻게 조성하는가? 이러한 분위기는 다양한 아이와 서로 다른 상황에서 어떻게 달라지는가? 교사는 수업을 어떻게 다루는가? 교사는 어디에 서거나 앉으며, 어떻게 움직이는가? 어떤 언어 환경이 조성되고 있는가? 어떤 음색으로? 교사는 언제 침묵해야 하는가? 어떤 시선으로 바라보아야 하며, 어떤 몸짓을 취해야 하는가? 특정 상황에서 교육적으로 더 적절한 기법과 평가 방법은 무엇인가? 여기에서 아이들에게 좋은 경험이란 무엇인가? 그리고 그들에게 덜 좋은 재료는 무엇인가? 이 어려운 주제를 다루어야 하는가? 더 쉽게 가르쳐야 하는가? 얼마나 쉬운가? 이 학생에게 어느 정도의 난이도가 좋은가? 그리고 그 학생은 어떠한가? 너무 큰 부담이 되는가? 이런 상황에서는 어떻게 훈육을 해야 하는가? 그리고 어떤 기대가 부적절한가? 이제 어떻게 해야 하는가? 이러한 질문은 교사에게 제기되거나 발생할 수 있지만, 만일 교사가 스스로 제기한 질문이라고 한다면, 이는 대개 자신을 발견한 상황에 대한 성찰로부터 비롯된다. 실제 상황에서 교사는 사려 깊은 배려를 보여 줄 수 있는 방식으로 지속적이면서도 즉각적으로 행동해야 한다.

5장

교육적 안목과 경청으로 깊이 관찰하기

운동장을 지나 걸어가는 중에 나는 줄넘기를 하는 아이를 본다. 나는 잠시 멈추어 미소를 짓는다. 생기 넘치게 튀어 오르고, 몸의 움직임에 따라 줄이 리듬을 타는 모습을 보며, 나는 추억에 빠져든다. 나도 이 리듬을 알고 있다. 시간이 잠시 멈춘다. 아이가 멈추었음에도 내 발에는 탁탁거리는 느낌이 있다. 나는 이내 감상에 젖는다. 예전 학교 운동장을 다시 가 보고 싶다. 그러나 나는 이내 나 자신에게로 돌아온다. 내가 어린 시절 살던 곳은 여기에서 수천 킬로미터 떨어져 있다. 그곳을 다시 찾아간들 예전의 모습이 그대로 남아 있을 리 없다. 나는 그 아이에게서 돌아서서 다시 걷기 시작한다. 나는 한 아이, 줄넘기 그리고 놀이 장면을 보았다. 눈과 귀가 협응하여 줄이 발에 닿는 느낌을 받았다. 그런 다음 상념과 향수를 느꼈다. 그리고 나는 내 길을 걸어갔다.

교사는 다이앤이라는 아이가 줄넘기하는 장면을 보고 있다. 그는 지나가는 사람이 볼 수 있는 것보다 훨씬 더 많은 것을 본다. 교사는 그 아이를 1년 이상 알고 있었기 때문이다. 그 아이는 다른 아이들의 무리에서 떨어졌고, 교사는 아이가 다시 무리로 들어가려면 무엇이 필요한지 생각해 본다. 이 아이는 학업 면에서 있어서는 학급에서 가장 뛰어나지만 공부를 잘하는 것이 억압할 수 없는 원초적인 지능의 산물은 아니다. 다이앤이 공부를 잘하는 것은 교사의 입장에서는 슬프게도 냉혹한 열정에서 비롯된 것이다. 이 아이의 어머니는 야심찬 목표를 가지고 아이를 양육하는 지나친 성취욕의 소유자이다. 이 어머니는 자신의 딸이 영재이기를 바란다. 그리고 아이는 엄마의 열정을 따라 만족감을 안겨 주지만, 교사는 그것이 어린 시절의 행복을 희생한 대가라고 본다. 교사는 이 아이가 뛰는 모습에서 긴장감을 관찰하고, 다른 아이들이 편안하게 뛰는 모습과 비교하여 관찰한다. 모든 과제, 모든 시험에서 이 아이의 불안감을 조장하는 것은 동일한 긴장감이다. 다이앤은 인생이라는 후프를 통해 건너뛰지 않고 계속해서 앞으로 나아간다.

교사는 또한 다이앤의 시선이 긴 줄넘기를 뛰어넘는 여섯 명의 여자아이들에게 어떻게 향하는지를 본다. 여자아이 중 한 명이 다이앤에게 와서 같이 하자고 시선과 몸짓을 보낸다. 다이앤은 갑자기 멈추어 섰다. 긴 줄이 이 아이의 발에 걸리자 다이앤은 교문을 향해 돌아섰다.

교사는 무엇을 보고 있는가? 오로지 경쟁의 성취 기준에 따라 끊임없이 자신을 측정하는 것만을 통해 급우와 관계를 맺는 외로운 소녀를 보고 있다. 만일 이 아이가 어느 정도 개인적 공간을 조성할 수 있다면, 어머니로부터 떨어져서 자신만을 위한 사회적 관심사를 계발하고 발전시킬 수 있는 여지는 남아 있다. 교사는 다이앤의 눈에 반 친구들에게 받아들여지기를 원하는 욕구가 보였을 때 희망을 갖는다. 일종의 '사려 깊음', 교사의 교육적 기략이 친구들과 공유된 사회적 공간에 다이앤이 더 가까이 다가설 수 있도록 할 수 있음을 누가 알겠는가.

지금 우리는 지나가는 사람이 운동장에서 뛰는 여자아이를 보는 방식과 교사가 다이앤을 보는 방식을 대조하고 있다. 교사는 이 아이의 삶에 교육적 관

심을 가지고 있다. 그는 그녀와 교육적인 관계를 맺고 있으며, 아이를 자기
스스로 형성해 감으로써 성장하는, 고유하고 온전한 인간으로 바라보지 않을
수 없다.

아이들을 교육적으로 바라보기

그렇다면 교사는 아이들을 어떻게 볼까? 다른 사람들이 보는 것과 구별되
는, 아이들을 교육적으로 바라보는 독특한 방법이 있는가? 이 질문은 이상하
게 들릴지 모른다. 보는 것이 감각의 행위라는 점을 감안할 때, 우리는 모두
같은 방식으로 아이들을 보지 않는가? 예를 들어, 우리는 같은 사람, 같은 움
직임, 같은 아이가 줄넘기를 하거나 그림을 그리는 것을 본다. 그러나 사실
우리는 순전한 의미에서 그 어떤 것도 본다고 말할 수 없다. 우리가 보는 방
법과 내용은 이 세상에 사는 여타의 사람들의 방법과 다르다. 아이에게서 무
엇을 어떻게 보는가는 그 아이와의 관계에 달려 있다.

아이들을 전문적인 관점으로 보는 일에는 중대한 위험이 도사린다. 아동
심리학자, 교육 컨설턴트, 교육과정 개발자, 자원 담당자, 교장, 학교 상담사,
평가 전문가 및 학식이 풍부한 교수는 모두 범주화를 통해 추상적인 방식으
로 아동에 대해 사고하고 이야기할 위험이 있다. 아동 '과학'의 이론적 언어
는 우리가 각각의 아이가 갖는 고유함을 간과하고, 그들을 집단으로 나누어
분류·선별·측정·관리함으로써 치우친 방식으로 대하게 한다는 공통적인
특성을 갖는다.

예를 들어, 내가 어떤 아이를 '주의력 결핍 장애' '문제 행동' 또는 '낮은 성
취', 특정한 '학습 유형', 특정 유형의 '학습 기능'으로 보게 되면, 나는 즉각적
으로 특정한 교육적 처치, 행동 치료 또는 의학적인 해결 방법을 위한 전문적
방법의 포트폴리오를 활용하고자 할 것이다. 그렇게 되면 나는 그 아이를 진

정으로 듣고 볼 수 있는 가능성을 놓치게 된다. 대신, 나는 아이를 범주라는 언어에 가두게 된다. 이 언어는 실제 감옥 만큼이나 제한되어 있다. 기술적 · 진단적 · 도구적 언어로 아이들을 가두는 일은 실제로 일종의 교육적 포기에 해당한다.

물론 교사가 교실에 있는 모든 아이를 전적으로 세밀하게 대할 수는 없다. 초등학교 교실에는 30명의 아이들이 있고, 고등학교 교사는 매주 150명의 학생들을 만난다. 교사들 간에 특정 학생에 대해 이야기할 때, 그들이 가르치는 주제에 따라 해당 학생의 특정 경험, 관심사 및 견해를 반영하거나 활용한다. 일부 교사는 다른 교사에 비해 더 민감하게 아이의 상황을 포착할 수 있지만, 실제로 교사는 특정 시간에 주의가 필요한 일부 학생들에게만 주의를 기울일 수도 있다. 그러나 핵심은 교사가 어떤 특정 학생에게 진정으로 주의를 기울임으로써 교육적으로 그를 볼 수 있는가에 있다.

교사는 아이를 바라보는 사람이다. 이것은 교사가 인간이라는 존재가 어떤 의미인지에 대한 철학적 견해에 영향을 받지 않고 '순수하게' 아이를 볼 수 있음을 의미하지 않는다. 아이들을 바라보는 방식을 성찰하지 않고서는 그들을 적절하게 관찰할 수 없다. 내가 여기서 말하고자 하는 것은 교사는 지나가는 사람, 경찰, 친구가 하는 것과는 다른 방법으로 아이를 봐야 한다는 것이다. 교사는 아이를 교육적으로 볼 수 있어야 한다. 이는 성장하는 아이의 온전한 존재를 지켜 주고 바라보는, 아이를 보는 사람이 된다는 것을 뜻한다.

다이앤이 운동장에서 어떤 특정 행동을 할 때, 교사는 조용히 지켜보면서 학업에 있어서의 노력과 개인적인 삶이 더 잘 조화를 이루기를 바란다. 교사는 그녀에게 영향을 줄 수 있는 구체적인 방법을 생각한다.

교사는 참여적이면서 동시에 잘 드러나지 않고, 가까이 있는 것 같으면서도 멀리 떨어져 있는 아동의 성장에 대해 이해한다. 한편으로, 교사는 주의와 관심을 가지고 아이를 지켜보아야 하며, 이때에는 참여와 주관성이 최대로 발휘된다. 다른 한편으로, 교사는 아동의 한계와 가능성이라는 총체적인 측면을 주시해야 하며, 여기에는 유보와 거리 두기가 필요하다.

교사는 특별한 방식으로 아이를 대한다. 어떤 면에서는 부모와 비슷하지만, 분명 부모와 다른 면이 있다. 부모와 마찬가지로 교사는 아이의 성숙과 성장, 학습에 관심을 둔다. 그러나 교사는 아동 성장의 특정 측면에 특별한 관심을 가지고 있으며, 전인적인 발달이 고려되어야 한다는 사실을 인식하고 있다. 특정 기준이나 규범을 예시함으로써 교육자들은 아이들이 자신의 관심사에 대한 통찰력을 얻을 수 있도록 영향력을 미친다.

어떤 의미에서 성인과 아동 사이의 가장 인격적인 관계는 육아로 맺어진 관계이다. 어머니가 된 여성은 어머니의 눈과 몸으로 아이를 관찰하는 법을 체득한다. 어머니와 똑같은 방식으로 아이를 관찰할 수 있는 사람이 있을까? 아버지가 가진 시선의 본질은 무엇인가? 아버지가 자녀를 보는 방식으로 다른 사람도 볼 수 있는가? 부모만이 진정으로 아버지와 어머니의 시선으로 아이를 바라보며 돌볼 수 있다. 그러나 교사 또한 아이와 매우 인격적인 관계를 맺는다. 동시에 교사를 특별한 교육적 관찰자로 만드는 거리도 존재한다. 아이를 알게 되면 교사는 그 아이에 대한 피상적 판단을 줄일 수 있다. '관찰하기'라는 단어는 '보존하기, 저장하기, 관련짓기, 보호하기'의 어원과 연결되어 있다. 교사는 거리를 유지하면서도 근거리에서 아이를 관찰함으로써 그를 돕는다.

헌신과 염려로 경험되는 교육적 돌봄

부모, 조부모, 심리학자, 교사, 간호사, 소아과 의사, 사회복지사, 목사 등과 같이 어린아이를 상대하는 일을 하는 모든 성인은 아이에 대한 사랑과 걱정을 경험할 필요가 있다는 사실에 열린 마음을 가져야 한다. 교육적 보살핌과 염려의 일반적인 사례는 부모와 자녀의 일상적인 생활 세계에서 쉽게 찾을 수 있다. 한 어머니가 온라인에 다음과 같은 질문을 올린다.

> 우리 아이들을 다른 사람에게 위탁해야 하는 상황이 저는 정말 힘들어요. 하룻저녁 말고 여러 날 동안 맡기는 것 말이에요. 아이들이 그곳을 좋아할까? 괜찮다고 느낄까? 작은 갈등이 제대로 해결되었을까? 정기적으로 충분한 영양 공급을 받을까? 깨끗한 수건을 사용할 수 있을까?
>
> 괜한 걱정이라는 것을 알고 있지만, 다른 사람들도 이런 점들을 인식하고 그것에 대해 어떤 일을 해 줄 수 있을까 하는 생각이 듭니다. 남편은 애정이 많은 아빠지만 아무래도 멀리 떨어져 있고, 나만큼 집에서 가까이에 있지는 않아요. 그는 내가 하는 것처럼 이런 '문제'를 경험하진 않습니다.

다른 어머니가 이 글에 다음과 같이 답을 단다.

> 당신의 염려에 구체적인 도움이 될지 모르겠습니다. 하지만 문제 상황이 아닌 것을 먼저 찾아보면서 … 당신 스스로를 위해 좀 편하게 생각하면 좋겠어요. 아마 첫 아이가 태어날 때부터 시작되는, 놓아주는 과정에서 겪는 어려움을 경험하고 있는 것 같아요.

답을 단 어머니는 질문을 올린 어머니가 겪은 염려를 잘 인식하고 있는 듯하다. 이 어머니는 '보살핌의 책임을 다른 사람에게 넘기는' 일이 어렵다고 느낀 것만은 아니다. 그녀는 정말 '놓아주는' 문제를 마주하고 있다. 이에 대해 두 번째 어머니는 문제를 적절한 방식으로 처리하기 위한 제안을 한다. 실제로 이것은 삶에서 종종 일어나는 방식이기도 하다. 언어는 인간의 경험에 접근하고 이해하는 방법이다. 경험에 이름을 부여하고 바꾸기도 하면서 우리는 경험을 인식하고 (재)해석하며, 특정한 이해나 오해에 도달한다. 이 사례는 우리의 경험을 설명하는 언어를 찾는 일이 우리가 마주한 교육적 곤경을 다루고 이해함에 있어 중요한 필수 조건임을 보여 준다.

　사람들에게 부모의 보살핌에 대해 설명하기 위해 구체적인 사례를 요청하게 되면 다양한 이야기를 들을 수 있다. 30세의 한 여성이 어머니와 대도시에서 며칠간 함께 머물렀던 경험을 이야기한다. 밤늦은 시간, 야간 근무를 마치고 집으로 돌아왔을 때, 그녀는 어머니가 아직 깨어 있는 것을 본다. 깜짝 놀란 딸은 "왜 아직 잠자리에 들지 않으셨어요? 늦게 오는 거 알고 계셨잖아요."라고 묻는다. 어머니는 "그래, 맞아. 하지만 집에 잘 들어오는지 확인하고 싶었어."라고 답한다. "엄마, 근데, 이건 내 인생이에요. 지난 10년 동안 뭘 하면서 지낸 거 같아요?"라고 딸이 말하자, 엄마는 "그래그래. 그래도 어쩔 수 없다. 나는 그저 네가 괜찮은지 궁금해서 그런 거야."라고 답한다.

　많은 부모에게 있어 돌봄이란 초조함과 혼란스러움, 염려로 구성되어 있으며, 일반적으로 자녀를 위해 자기 스스로를 힘들게 만드는 것으로 보인다. 물론, 자녀들은 때때로 부모가 이렇게 하는 것을 싫어하지만 오히려 마음속으로는 걱정해 주는 사람이 없으면 훨씬 더 끔찍한 일이라는 사실을 알고 있다. CBC 라디오에서 우리는 밴쿠버의 거리 아이들과 진행되는 인터뷰 내용을 듣게 된다. 한 아이는 다음과 같이 말한다. "길거리에서 가장 끔찍한 일은 당신에 대해 꿈을 꾸는 사람이 아무도 없다는 거예요. 평범한 아이들에게는 염려해 주는 부모가 있습니다. 우리 부모님은 나를 염려하지도, 나를 향한 꿈을 꾸지도 못했어요." 위탁 기관에 맡겨진 14세 소녀는 "제가 가장 두려워하는 게 무엇인 줄 아세요? 내가 죽어도 아무도 내게 신경 쓰지 않을 거라는 두려움이에요."라고 말한다. 우리는 돌봄이 어머니나 아버지가 된다고 해서 자연스럽게 나오는 것이라 생각해서는 안 된다. 자녀를 돌보는 부모도 있지만 여전히 국가의 도움이 없으면 안 되는 아이들도 있다.

　돌봄이라는 특별한 순간을 회상하려고 할 때, 종종 기억에 남는 강렬한 경험이 있다. 그러나 이러한 경험의 특성은 돌봄이라는 더 평범하고 일상적인 순간의 특징이기도 하다. 다음은 주디스 민티(Judith Minty)의 일기에서 일부를 발췌한 것이다. 이것은 많은 부모가 들어 봤을 만한 이야기이자, 어머니가 교육적으로 경청한 사례에 관한 이야기이다.

> 내 아들, 자녀 중 가운데에 있는, 잘생겼지만, 학생으로서는 별로인, 그렇지만 친구들이 가장 좋아하는 이 아이가 오늘 저녁 복통으로 인해 아프다고 거의 울면서 집으로 돌아왔다.
>
> 열세 살, 또래보다 작은키의 아들은 오후 5시면 자전거를 타고 페달을 밟는다. 그리고 매일 저녁 8시쯤 집으로 돌아온다.
>
> 부엌에는 반쯤 식어 버린 저녁 식사가 그를 기다리고 있다. 나는 그가 잠들기 전에 얼른 먹고, 샤워를 하고, 숙제를 마칠 수 있도록 재촉한다. … 그리고 나는 아이의 친구들 대부분이 축구를 할 때 그가 축구를 하지 않는다면 어울릴 친구들이 없고, 그래서 방과 후부터 잠들기 전까지 할 일이 없다는 사실을 스스로 상기하는 걸 잊지 않는다.
>
> 하지만 오늘 밤은 상황이 다르다. 그는 거의 먹지 않겠다고 말한다. 나는 그가 연습 전에 먹은 것이라곤 땅콩버터 샌드위치뿐이라고 말한다. 나는 연습을 두 시간도 채 남기지 않고 먹으면 토할 거라고 아이에게 말한다.
>
> 아들은 위층으로 터벅터벅 걸어 올라가 앓아눕는다. 샤워를 한 뒤, 아무도 그의 소리를 들을 수 없다고 생각하는 자기 방으로 들어간다.
>
> 그러나 나는 그가 우는 소리를 들었다. 큰 걱정은 하지 않았다. 가벼운 감기에 걸렸을 때도 그렇게 울곤 하니까. 순간 맹장염은 아닌가 하고 생각하지만 이내 그런 생각을 떨쳐 버렸다. 나는 그를 힘들게 했던 또 다른 일로 인해 속상해서 울었던 일을 생각한다. 나는 잠시 기다려 보기로 한다(1982, pp. 215-216).

가정에서 흔히 일어날 수 있는 상황에서 우리는 걱정하고 있는 어머니를 본다. 그러나 이것은 우리가 스스로 가볍게 생각하고 쓸모없는 일로 간주하는 부류의 걱정이 아니다. 어머니가 하는 일의 종류는 육아라는 일상, 즉 부모가 행동하고 생각하는 일이다. 이런 염려는 양육의 부작용이 아니다. 그것은 바로 양육의 생명이다. 어머니는 아들을 돌보는 일에 관여한다. 일상의 삶에서 돌봄은 염려가 담긴 세심함이다.

주디스 민티는 이를 잘 알고 있다. 그녀는 "큰 걱정은 하지 않았다."라고 말하지만, 그녀가 염려하고 있다는 사실은 분명하다. 자신에게 이렇게 말하는 것은 자신의 감정과 욕구가 아들의 감정을 무색하게 해서는 안 된다는 생각에서 나오는, 자신을 절제하는 방식이다. 그녀는 염려가 자녀와 연결되는 방법이자, 자기에게는 불안함에 너무 오래 머무르는 일임을 알고 있는 듯하다. 그녀는 전자를 택한다. 걱정스럽지만 기다리기로 한다.

> 아이가 아래층으로 내려왔을 때, 나는 오늘 연습이 별로였는지, 코치는 따라왔는지 물었다. 그건 아니고, 그냥 아파서 그런 것이라고 답한다. 나는 텔레비전 보지 말고, 좀 누워서 쉬라고 이야기한다. 아이의 누나와 여동생도 내려와 함께 이야기를 나누지만 나는 멀리 닫힌 아들의 방문 뒤에서 울음소리를 듣는다. … 침대에서 책을 읽고 있을 때 아이가 다가왔다. 나는 책을 내려놓았다. 아이는 내 침대 발치에 앉았고 이제는 공개적으로 울음을 터트리려 한다. 다른 아이들이 일어나 자리를 비웠다. 그들은 무언가 분위기가 심상치 않음을 알고 있다. "로리 누나가 떠나는 게 싫어요."라고 그가 드디어 입을 뗀다. 나는 그에게 누나가 아직 대학 가기까지 시간이 많이 남아 있다고 말한다. 아이는 "나는 아무것도 바뀌지 않았으면 좋겠어요."라고 답한다 (1982, p. 216).

부모의 보살핌에는 겉으로 드러나는 초조함은 거의 보이지 않으며, 계속해서 인식하고 신중하게 조율하려는 모습이 보인다. 딸과 이야기를 하거나 책을 읽는 동안 어머니는 그 이면에 있는 아들의 존재를 여전히 인식한다. 그녀의 방법은 옳았을까?

걱정은 부모의 세심함을 작동하게 하는 성분으로 보인다. 업무나 의무가 아닌 걱정은 우리가 돌보는 대상과 계속해서 이어지게 한다. 염려는 어머니나 아버지를 자녀의 삶에 고정시키는 영적인 접착제와도 같다. 그래서 주디스 민티의 아들이 마침내 그의 어머니와 이야기를 나눌 때, 그녀는 그가 자신에게 마음을 열 것이라고 기대한다.

> 틈이 보이기 시작한다. "너는 지금 이대로가 좋구나?"라고 묻는다. 물론 그는 그렇다고 생각하며 고개를 끄덕인다. 그리고 이내 모든 것이 뿜어져 나오면서 걱정과 슬픔과 눈물이 폭포처럼 쏟아진다. 그가 말했듯이, 나는 아이가 열 살 때 태양이 스스로 타 버리면 우리가 어떻게 될지에 대해 걱정했던 일을 기억한다. 그가 아홉 살이었을 때 그는 베트남에서 전쟁을 하게 되지 않을까 걱정하기도 했다. D+와 C- 사이에서 걱정하는 이 거친 아이는 남들과 다른 깊이를 가지고 있다.
> 나중에 아빠가 죽으면 나는 어떻게 될까요? 103세까지 살면서 가족이 하나도 남아 있지 않으면 어떻게 할까요? ….
> 우리는 그가 103세가 되면 여동생 애니는 101세, 누나 로리는 105세가 된다고 말하면서 웃는다. 나는 그가 대학에 가게 되어도 지금과 같은 혹은 그 이전의 모습으로 다시 돌아올 거라 기대한다. 우리는 변화, 사람들이 성장했을 때 계획을 세우는 방법, 내가 그를 그리워하지만 외롭지 않을 것임을 이야기한다. 그리고 우리는 그가 가족을 떠나 새로운 가족을 갖게 될 것에 대해서도 이야기한다(1982, pp. 216-217).

염려하는 어머니가 자녀의 걱정을 어떻게 누그러뜨리고, 어머니로서 걱정을 어떻게 표현하는지(그녀도 그를 그리워할 것임을 말하면서), 그러나 그에 대해서도 걱정할 필요가 없음을 어떻게 말하고 있는지 주목해 보자. 마지막으로 그녀는 스스로를 성찰한다.

> 내가 잘한 걸까? 잘 모르겠다. 그는 이제 울음을 그쳤다. 그는 일주일 동
> 안 이 일에 대해 생각하고 있었고, 그래서 잘 먹지도 못했다.
> 우리는 차라리 먹지 않는 것이 아마도 더 좋았을 것이라고 웃으면서 말했
> 다. (그는 이 일에 너무 많은 신경을 썼다.) 지금은 그 뒤로 시간이 꽤 지났
> 고, 아이는 잠자리에 들었다. 모두 자고 있다. 나는 그가 깊이 잘 자기를 바
> 란다(1982, p. 217).

모두가 자고 있을 때 어머니는 여전히 깨어서 아이를 생각한다. 어떤 의미
에서 자녀에 대해 이렇게 깨어 있다는 사실은 육아의 특징이기도 하다. 아이
를 갖는다는 것은 항상 깨어 있어야 함을 의미한다. 자녀를 돌보는 일은 일종
의 걱정스러움이 담긴 마음가짐이다. 일부 언어권에서는 이런 염려의 차원
이 해당 언어의 화자들에게서 훨씬 뚜렷하게 나타난다. 예를 들어, 네덜란드
어에서 '돌봄(care)'에 해당하는 단어는 'zorgen'이며 이는 염려와 배려를 의
미한다. 마찬가지로 독일어 'sich sorgen um', 노르웨이어 'omsorg', 스웨덴
어 'omtanksam'은 모두 영어 단어로 적절하게 번역하기 어려운, 염려한다거
나 배려한다는 의미이다. 이렇게 미묘하지만 매우 중요한 돌봄이라는 말에
대한 경험적 구분은 철학적 언어 분석에서도 중요하게 다루어지지 않았다
(Noddings, 1984; 2013과 비교해 보라). 개념적 분석은 개념이 경험으로부터 추
상화된 것임을 알지 못하므로, 경험적으로 더욱 민감한 텍스트의 생생한 의
미의 경험적 공명이 부족한 경향이 있다(부록 B 참조).

이상한 점은 내가 다른 사람들을 더 많이 돌볼수록 더 염려하고 돌보고 싶
은 욕망이 강해진다는 사실이다. 욕망은 개인적인 욕구나 필요를 의미하지
않는다. 욕망은 욕구와 필요와 다르다. 내가 사고 싶었던 비싼 자전거를 마침
내 사게 되었을 때 사람은 만족감을 느끼거나, 아니면 내가 그토록 원했던 것

이 생각만큼 가치가 없다는 것을 알게 되어 실망할 수 있다. 어쨌든 내 욕망은 여전히 남아 있다. 그러나 돌봄의 관계 속에서 사는 욕망은 만족을 가져다줄 수 있는 그 어떤 것 이상으로 도달하여 그 욕망을 묵인한다. 예를 들어, 사랑은 이런 의미에서 하나의 욕망이다. 사랑하는 사람에게 "당신은 나를 사랑하고 있나요?"라고 묻는 연인을 생각해 보라. 그리고 그가 사랑하는 사람은 "그럼, 당신이 나의 사랑이자 유일한 내 사랑이지."라고 말한다. 여기서 묻고자 하는 질문은 욕망은 일주일 후, 하루가 지난 다음 또는 5분 후에도 연인은 다시 묻고 싶은 욕구를 느낄 가능성이 충분하다는 것이다. "그래요, 그런데 나를 정말로 사랑해요?"라고 또 물으면, 역시 상대는 "그럼, 정말로 당신을 사랑해."라고 대답한다. 이는 진정한 욕망은 결코 잠잠해질 수 없음을 보여 준다. 어떤 대답도 영원히 만족할 수 없다. 사실, 욕망은 그 자체와 상대방 자체를 먹고 자란다. 위대한 사랑의 비극을 떠올려 보자. 마찬가지로 돌봄의 책임은 그것이 가정된 조치에 비례하여 증가한다. 이 사람을 더 많이 돌볼수록 더 많이 염려하게 되고, 더 많이 염려할수록 돌보고 싶은 욕망도 더 강해진다.

돌봄의 책임에 대한 윤리적 경험의 독특한 점은 한 개인의 존재를 두드러지게 한다는 사실이다. 그것은 각 사람을 고유하게 다룬다. 누군가 나를 돌봄의 목소리로 부른다면, 그것이 다른 사람을 위한 것인지 알아보기 위해 주위를 둘러볼 필요가 없다. 그게 아니라, 여기 이 아이가 내 앞에 있고, 나는 그 아이의 얼굴을 본다. 그것에 대해 생각하기도 전에 나는 이미 나의 반응을 경험한다. 나는 이 아이가 나를 부르는 것을 '안다.' 그것은 부인할 수 없는 사실이다. 나는 나를 부르는 소리를 경험한다. 그리고 이 경험은 앎의 한 형태이다. 내가 부름을 받은 것이다. 에마뉘엘 레비나스(Emmanuel Levinas, 1985)의 말을 인용하자면, 나는 책임을 맡은 존재이다. 레비나스의 통찰력을 돋보이게 만드는 것은 그가 윤리학 이론에 근거하지 않은 돌봄의 책임이라는 경험적 윤리를 제공하는 유일한 철학자라는 사실이다. 그것이 그가 순수한 윤리라고 부르는 이유이다. 그는 다른 사람과의 만남에서, 그와의 인사에서, 그리고 타인의 얼굴로부터 우리가 사고하고 성찰하며, 도덕적으로 추론하는 한 형태로서 일반 윤리에 참여하기 전에 순수한 윤리를 경험한다는 사실을 보여 준다.

고유함이라는 얼굴에 대한 책임을 경험하기

일반 윤리로서의 배려와 순수 윤리로서의 배려의 차이점은 무엇인가? 우리는 『창세기』 22장의 아브라함과 이삭의 비유에서 그 사례를 찾을 수 있다. 예를 들어, 쇠렌 키르케고르(Søren Kierkegaard, 1983, pp. 82-120)는 외아들을 희생하라는 명령을 내린 위대한 하나님을 두려워하는 사람으로 아브라함을 묘사한다.

> 하나님이 아브라함을 시험할 때가 왔다. 그는 "아브라함아." 라고 부르셨고, 아브라함은 "내가 여기 있습니다." 라고 대답했다. 하나님은 "너의 사랑하는 외아들 이삭을 데리고 모리아 땅으로 가라. 내가 너에게 보여 줄 산 중 하나에서 그를 제물로 바쳐라." 라고 말씀하셨다(『성경』, 「창세기」 22장. 킹 제임스 버전).

성경에서 아브라함은 흔들리지 않는 믿음의 대명사로 여겨져 왔다. 그러나 키르케고르는 아브라함이 처한 곤경을 이해하려는 노력에 수반되는 '생각의 전율'에 주목한다. 아브라함은 아들을 희생하기 위한 여정을 떠날 때 어떤 생각을 했을까? 3일간의 여정에 아브라함과 함께 있었다면 어땠을까? 아브라함이 아들의 번제를 치를 모리아 산을 향해 눈을 들어 올리는 것을 어떻게 볼 수 있을까? 아브라함이 장작을 모으고 칼을 갈 때 어떤 일을 겪었을까? 아들을 결박하고 칼을 들었을 때 그가 경험한 두려움은 무엇이었을까?
무서운 사실은 아브라함이 어떤 윤리적 기준에 맞서 그것을 거슬러 사랑하는 아들 이삭을 희생할 준비가 되어 있었다는 점이다. 이런 두려움을 잠재우기란 쉽지 않다. 그러나 아브라함이 처한 곤경으로부터 우리는 돌봄의 책임에 대한 두 가지 요구 사이의 긴장 상태를 감지할 수 있다. 첫째, 나를 유일무이한 책임감으로 지정한 소명에서 경험한 요청이 있다. 둘째, 윤리적인 방식으로 우리의 책임과 의무, 과업을 항상 정당화하고 설명할 수 있어야 한다는 공동체의 요구가 있다.

아브라함이 여정을 시작할 때, 적어도 아내와 아들에게 하나님이 내린 이상한 명령을 설명하려고 노력했다면 이 일이 조금은 쉬웠을까? 키르케고르는 이것이 불가능했을 것이라는 점을 보여 준다. 아브라함이 하나님에 대해 느낀 절대적인 책임은 어떤 윤리 체계나 도덕 원칙에 의해 정당화될 수 없다. 어쨌든, 아동을 희생하는 일은 용납될 수 없는 추악한 살인 행위이며, 아브라함은 완전한 경멸과 불신을 경험했을 것이다. 그래서 이 견딜 수 없는 부담, 이 끔찍한 비밀을 혼자서 짊어진 것은 아브라함의 운명이었다. 아브라함은 하나님의 부르심을 들었고, 이 부르심에 귀를 기울이는 것은 그의 책임이었다.

「창세기」22장을 다시 읽으면 이런 궁금증이 생긴다. 두 번째 음성이라는, 아브라함을 불러 그를 멈추고, 그가 그토록 사랑하는 아들에게 손을 대지 말라고 명령한 음성의 의미는 무엇이었을까?

> 그런 다음 그가 손을 뻗어 칼을 잡고 그 아들을 죽이려 하나, 하나님의 천사가 하늘에서부터 그를 불러 말하기를, "아브라함아, 아브라함아." 하였다. 아브라함이 대답하되, "내가 여기 있습니다." 하니 천사가 말하되, "그 아이에게 네 손을 들지 말라. 그를 손대지 말라." (『성경』, 「창세기」22장, 킹 제임스 버전)

우리는 신성 모독을 의도하지 않고 그 일이 어떻게 진행되었는지 상상할 수 있다. 성경이 이야기한 대로 아브라함은 아들을 희생의 기둥에 묶었다

(Caputo, 1988; Derrida, 1995a; Levinas, 1969 참조). 그는 그가 해야만 했던 대로 칼을 갈았다. 그런 다음 그는 칼을 들고 이삭의 얼굴을 보았다. 바로 그 순간 아브라함은 한 목소리를 들었고, 그 소리는 아들을 죽이는 것을 금지했다.

　화가 카라바조(Caravaggio)와 렘브란트(Rembrandt)는 그들의 작품에 이 성경 속 희생을 다룬 장면을 담았다. 이삭의 얼굴을 표현한 것이 특이 인상적이다. 카라바조의 그림에서 이삭의 얼굴은 공포로 뒤틀려 있는 반면, 천사의 얼굴은 무언가를 요구하는 듯한 모습이다. 그러나 이처럼 상반된 표정에도 불구하고 가장 주목할 만한 것은 두 얼굴을 둘러싼 기괴한 사실이다. 미술 평론가들은 카라바조가 천사와 이삭을 그리기 위해 체코 보네리(Cecco Boneri)라는 동일 모델을 그렸다고 보았지만, 카라바조는 천사와 이삭 모두 자신의 얼굴을 그렸다고 했다. 어쨌든 아브라함에게 아들의 얼굴과 똑같은 천사의 얼

그림 5-1　〈제물로 바쳐지는 이삭(Sacrifice of Isaac)〉, 카라바조(1603), 피렌체 우피치 미술관

굴을 쳐다보면서 아들을 죽이는 일은 없었다.

아브라함은 레비나스가 말하는 타인의 얼굴을 마주했을 뿐만 아니라, 이 사건의 순수한 윤리적 경험은 아브라함이 자신의 연약한 아이를 해칠 수 없음을 경험하는 교육적 순간이기도 하다. 아버지를 향한 이삭의 얼굴은 모든

그림 5-2   〈제물로 바쳐지는 이삭(Sacrifice of Isaac)〉, 렘브란트(1635), 에르미타주 미술관

아이가 엄마나 아빠에게 하듯 호소하는 얼굴이었다. 다르게 말하자면, 아브
라함은 아들의 얼굴을 바라볼 때 교육적 소명(call of pedagogy)을 들었다.

렘브란트의 그림에서 이삭의 얼굴은 이상하게도 그를 붙잡고 있는 아브라
함의 손아귀에 완전히 가려져 있다. 유명한 초상화의 대가인 렘브란트도 이
삭의 얼굴을 어떻게 해야 할지 몰랐던 것 같다. 그래서 그는 얼굴을 완전히
가렸다. 그러나 카라바조와 렘브란트는 모두 레비나스가 상대방에 대한 책
임의 윤리적 경험, 특히 자녀에 대한 교육적 민감성으로서의 얼굴의 중요성
을 잘 이해하고 있다고 생각한다.

카라바조와 렘브란트가 얼굴이라는 모호한 역할을 우리에게 보여 줄 수 있
었던 이유는 아브라함의 상황이 전혀 예외적이지 않기 때문이다. 사실 그것
은 우리의 일상적인 곤경, 즉 우리 자녀와의 모호한 관계를 강력하게 묘사한
다. 프랑스 철학자 자크 데리다(Jacques Derrida)는 이 점을 아주 잘 설명하고
있다. 실제로 우리는 여러 방법으로 우리 아이들(의 고유함)을 죽일 수 있으
며, 남자든 여자든 여러 면에서 우리 모두는 우리에게 소중한 사람들 위에 칼
을 들고 있는 아브라함과 같다. 이것이 레비나스가 "다른 사람의 죽음을 돌보
는 것이 다른 사람의 인정의 시작"[로쩌(Rötzer)가 쓴 레비나스, 1995, p. 65]이라
고 말하는 이유이다.

우리는 타인의 고유함에 대해 민감해야 한다. 그리고 각 개인의 고유성은
그의 개인적 소멸로 인해 급격히 사라진다. 역설적이게도, 우리는 태어날 때
부터 바로 이러한 필멸성을 부여받았다. 따라서 데리다(Derrida, 1995a)는 이
것을 '죽음의 선물'이라고 부른다. 이는 상상할 수 있는 그 어떤 것보다 더 특
이하게 우리 각자에게 속한 우리 자신의 필멸성이다. 우리에게서 무엇이든
빼앗을 수 있다 하더라도, 누구도 빼앗을 수 없는 그래서 본질적으로 우리에
게 속한 것이 하나 있다면 그것은 자신의 죽음이다. 나는 다른 사람에게 나를
희생하여 목숨을 바칠 수는 있지만, 그 최고의 선물조차도 그들의 죽음을 대
신할 수는 없다. 따라서 장군에게 배신하여 죽이지 않고 보존해야 하는 것은

타인의 비대체적 고유성이다. 그러나 데리다는 이것이 우리의 일상에 들어
있다고 본다.

> 즐거이 연구를 함으로써, 시간과 관심을 기울임으로써, 시민으로서 또는
> 교수이자 전문 철학자로서의 활동을 좋아함으로써, 여기에서 공개적인 언
> 어로 쓰고 말함으로써 … 나는 아마도 내게 주어진 의무를 다하고 있을 것이
> 다. 그러나 나는 매 순간 다른 모든 의무를 희생하고 배신하고 있다. 내가 알
> 고 있거나 모르는 다른 사람에 대한 나의 의무 … 또한 내가 개인적으로 사
> 랑하는 사람들, 나 자신 내 가족, 내 아이, 이들 각각은 내가 다른 사람에게
> 희생하는 유일한 아들이며, 우리 삶의 터전인 모리아 땅에서 다른 모든 사람
> 에 의해 매 순간 희생되고 있다(Derrida, 1995a, p. 69).

우리는 교육, 심리학, 사회복지, 간호 또는 의료 등의 전문적 실천에서와
같이 일반적인 의무감으로 돌보려는 노력에 있어서 돌봄의 책임이라는 소명
을 끊임없이 배신하는 것 같다. 데리다는 자기 아들의 부름에 응답하지 않는
다는 고백이 해결 불가능한 곤경이 되는 방식으로 그가 처한 딜레마를 분명
히 표현하고 있다.

> 아브라함과 하나님 사이의 관계에 대해 말할 수 있는 것은 다른 모든 사
> 람이 그러하듯 **다른 모든 사람과의**(tout autre comme tout autre) 관계 없이도
> 나의 관계에 대해 말할 수 있다는 것이며, 특히 나에게 접근할 수 없는 이웃
> 이나 사랑하는 사람들과 내가 맺는 관계는 야훼처럼 비밀스럽고 초월적이
> 다. … 이 놀라운 이야기로 번역되는 진리는 매일 일어나는 일의 구조 자체
> 를 소유하고 있는 것으로 보인다. 이는 역설을 통해 모든 남성과 여성에게
> 매 순간 요구되는 책임에 대해 이야기하고 있다(Derrida, 1995a, p. 78; 원문
> 에서 강조함).

　어떤 면에서 데리다는 다른 사람을 다른 사람처럼 돌보는 우리의 고유한 책임으로부터 자신과 우리를 벗어나게 하는 것처럼 보인다. 한편으로 그는 우리가 이 부름에 주의를 기울여야 한다고 제안하면서, 다른 한편으로 그의 질문 전략은 우리가 외부에 있는 다른 모든 사람과 우리의 돌봄이라는 책임을 요구하는 사람들에 대해 책임을 다하는 것이 가능하지 않음을 보여 주는 것을 목표로 한다. 우리는 한 번에 한 가지만 염려할 수 있기 때문에 모든 사람과 모든 대상에 대해 걱정할 수 없다. 그렇다면 왜 걱정을 할까? 왜 그토록 깊이 신경을 쓰는 것일까? 실제로 교사나 보육 전문가로서도 데리다의 말에 동의할 수밖에 없다. 우리가 대하는 어린이 한 명 한 명에 대해 어떻게 걱정해야 할지 우리는 진정으로 알지 못한다.

　이것이 우리가 일반적인 도덕규범에 따라 우리의 돌봄의 행위를 받아들여야 한다는 직업윤리의 영역으로 회피해야 함을 의미할까? 데리다의 접근 방식의 문제는 그가 돌봄의 사전 성찰적 발생을 해체할 때 이미 언어와 윤리로 회피했다는 데에 있다. 요점은 일상생활에서 다른 사람의 요청, 걱정에 대한 관심이라는 경험이 언제나 우발적이며 독특하다는 사실이다. 이것은 언제 어디서나 우리 중 누구에게든지 일어날 수 있다. 이와 같은 모든 상황은 항상 우발적이다. 나는 오로지 지금 여기에 존재할 수 있다. 이 집에. 이 교실에. 이 거리에. 따라서 이것은 나의 고유함에 대해 이야기하는 이 사람, 이 아이의 고유함이다.

얼굴이 없는 사람들의 얼굴 돌보기

　나는 염려로서의 돌봄(care-as-worry)이, 내게 소중한 사람, 내가 사랑하는 사람, 내가 돌보고 책임을 느끼는 사람에 대한 염려의 감정이 마치 만성 질환 같은 질병과도 같은 상태라고 농담 삼아 말하곤 한다. 실제로 염려로서의 돌봄이라는 상태는 고통과 유사한 면이 있다. 실존적으로 타인의 취약성은 나에게 윤리적 고통으로 경험될 수 있으며, 그 고통은 나와 관계 있는 다른 사람과의 만남을 통해 야기된 걱정 상태라는 증상으로서의 고통이다. 많은 부모, 교사, 간호사, 의사 및 기타 타인을 돕는 일을 하는 전문가들은 이러한 걱정이 고통스럽고 괴로울 수 있다는 데에 쉽게 동의할 것이다. 왜 그럴까? 염려가 나를 타인이라는 존재와 계속해서 연결해 주기 때문이다. 레비나스가 말했듯이, "다른 사람의 존재가 나에게 손을 대는(touch)"(1995, p. 62) 것이다. 이제 그러한 윤리가 나의 삶에 들어왔기 때문에, 나는 무언가를 해야 한다고 느낀다.

부모로서 당신은 당신의 아이가 배가 아프거나, 다른 질병으로 인해, 또는 두려움이나 불안으로 힘들어하는 수많은 순간에서 정작 그 아이보다 더 고통스럽고 아픈 개인적 경험을 통해 이러한 염려가 무엇인지 인식할 수 있다. 교사는 이 아이 저 아이에 대해 특별한 책임감을 느낀다. 그리고 이러한 염려로서의 돌봄은 종종 "이 아이가 괜찮다는 걸 알게 해 줘야 해." 또는 "계속해서 그 아이를 주시해야 해."와 같이 표현된다. 그러나 더 깊은 의미에서의 돌봄이란 진정한 돌봄의 관계가 가능한 기회를 제공하는 어떤 상황이나 구조, 교사-학생 또는 환자-의료진의 비율, 일정 등에서만 발생할 수 있다. 비록 우리가 그런 관계를 계획하거나 예측할 수 없다고 해도 말이다.

실천의 효과는 윤리적 요구를 향해 열려 있는 주된 이유가 되지 않으며, 깊은 의미에서의 돌봄은 다른 모든 돌봄을 이해하는 원천이 된다. 염려로서의 돌봄은 정해진 절차를 통해 제정되거나 처방될 수 있는 성격이 아니며, 전문가라고 해서 우리가 돌봐야 할 책임이 있는 모든 사람(아이, 학생, 환자)을 깊이 돌보는 일도 가능하지 않다. 그러나 단일 사례에서 이러한 근원적 돌봄이 산발적이고 자발적으로 발생하는 것은 우리가 전문적인 교육자나 다른 사람에게 매일 일상적인 삶에서 기대하는 보다 실천적이고 교육적인 책임을 이해하는 기초를 제공한다.

다음은 한 중학교 교사가 그가 '담임'하는 학생들에게 보내는 작별 인사의
일부이다.

> 나는 여러분이 보고 싶을 거예요. 어떻게 지내는지 종종 생각이 날 것 같
> 아요. 나는 우리가 수업에서 나누었던 좋은 대화가 그리울 겁니다. 건강과
> 성교육 수업에서 여러분이 했던 깊이 있고 때로는 당혹스러웠던 질문도 생
> 각나겠지요. 소설에 대한 편지도, 여러분이 쓴 시도 그리울 겁니다. 네, 그래
> 요. 고전 문법을 공부하는 것이 오늘날과 우리 시대에도 왜 좋은가에 대해
> 나누었던 이야기도 생각날 것 같아요.
>
> 우리 교실은 때로 집과 같았고, 우리는 가족 같았어요. 물론 가족마다 어
> 려움과 차이가 있지만 말이에요. 여러분, 나는 우리가 서로를 어떻게 돌보았
> 는지, 여러분이 개인적인 단점과 장점에 어떻게 세심하게 반응했는지를 보
> 며 매우 인상적이었어요.
>
> 여느 집에 그렇듯 말다툼도 있었지요. 그러나 기억에 남을 특별한 순간도
> 많았습니다. 그런 순간은 통찰력이 생기기도 하고, 새로운 무언가가 발견되
> 기도 하며, 웃고, 킥킥거리고, 그 웃음이 수업을 깨뜨리기도 했던 순간이었
> 어요. 또한 이해했다는 표정, 눈동자의 움직임, 목이 순식간에 맑아지는 순
> 간, 그리고 가끔은 눈물이 나는 순간이기도 했습니다.
>
> 이렇게 멋진 아들과 딸을 보내 주어 나와 함께 할 수 있게 해 준 것이 얼마
> 나 감사한지 여러분의 부모님께 말씀드리고 싶어요. 여러분은 나에게 특별
> 했고, 나는 여러분을 내 마음속에 영원히 담을 겁니다.

이 교사와의 사적인 대화에서 그녀가 염려하고 있음을 알 수 있었다. 그녀
는 학생들을 고등학교에 올려 보내는 일을 염려했다. 많은 경우, 교사는 특정
학생에 대해 걱정하기도 한다. 앞서 소개한 교사의 말이다.

예를 들어, 마이클과 알렉스가 있어요. 이 아이들은 쉬는 시간이나 수업 중에, 그리고 일과를 마칠 때 나와 이야기하려고 여러 번 찾아와요. 하교하기 전에 꼭 인사를 하고 가죠. 나에게 정말 많은 이야기를 해요. 그래서 그들의 삶에 어떤 일이 일어나는지 잘 알고 있습니다. 이들은 개인적인 만남을 통해 자라는 아이들이에요.

이제 이런 아이들이 떠나고 있으니, 누가 내 자리를 대신할까요? 큰 규모의 인격적이지 않은 고등학교에 우리 아이들이 이야기를 나눌 선생님이 있을까요?

교사는 자신이 염려하는 특정 학생의 '얼굴'에 의해 드러난 바를 느끼기 때문에, 그가 돌봐야 할 다른 모든 학생이라는 '얼굴 없는' 무리에도 여전히 촉각을 세우게 된다. 요점은 염려로서의 돌봄의 깊은 의미가 전문적인 연구 및 실천을 통해 이론화되고 다루어지는 얼굴 없는 사람들의 얼굴에 대한 보다 파생적인 돌봄의 다양함을 이해하고 육성하는 원천이라는 것이다. 이는 간호, 상담, 의료, 사회복지 및 기타 보건학이나 돌봄의 일을 하는 경우와 마찬가지로 교육 관련 직업에서도 동일하게 나타난다.

우리는 고유한 책임감에 계속해서 익숙해질 때라야 우리의 직업에 필요한 모든 다양한 유형의 돌봄이라는 일반적인 책임을 직업윤리 실천에서 놓치지 않게 된다. 이는 많은 전문적 실천가에게 해당된다. 냉소주의자들이나 실용주의자들에게 염려로서의 돌봄은 여전히 비현실적이거나 '무거운' 생각일 수 있다.

냉소주의자는 염려로서의 돌봄이 부담스러운 책임이라고 말할 것이다. 그러나 그렇다고 해서 책임이 사라지지는 않는다. 항상 즐겁거나 유쾌하지는 않더라도 레비나스의 말대로 그 책임은 선한 것이다. "그것은 선의 경험, 선의 의미, 선함이다. 오직 선함만이 선하다."(1995, p. 61)

6장
교육적 기략

사람 감각과 아동 감각

어떤 이들은 인간 본성에 대해 민감하고 세심한 통찰력을 가지고 있다. '사람 감각(people-sense)'이란 사람들에 대한 일종의 공감적 감성과 지혜이며, 특정 상황에서 사람들이 느끼고 행동하거나 반응하는 방식을 말한다. 이는 특정 사람의 행동이 동기, 의도, 감정, 느낌, 기분과 어떻게 관련될 수 있는지를 즉각적으로 이해하고 아는 것이다. 그것은 인간의 약점, 강점, 난점, 성향 및 생활환경의 의미와 중요성을 감지한다. 사람 감각이라는 말은 이러한 성향을 가진 일부 사람들이 다른 사람들과 더 잘 어울리는 경향이 있거나, 사람에 대한 감각을 가진 사람들이 특별히 존중받고 인정받는 경향이 있다는 사실을 설명해 준다. 그들은 개인적인 문제가 있는 사람들을 대함으로써 드러나는 경향이 있다. 사람 감각은 심리학자, 교사, 의사, 간호사, 성직자에게 요구되는 바람직한 성향이지만, 그러한 전문가에게서 발견되지 않는 경우도 있다.

사람 감각이라는 용어가 적절한 이유는 '인격에 대한 판단력이 높은 사람
이 되는 것' 또는 '인간 본성에 대한 통찰력을 갖는 것'과 같이 장황한 표현보
다 간결하면서도 핵심에 가깝기 때문이다. 또한 사람에 대한 감각이라는 개
념은 유사한 차원에서 아동에 대한 감각이라는 용어가 교육적인 방식으로
아동과 청소년을 이해하는 능력을 의미한다는 명제를 뒷받침할 수 있다. 따
라서 나는 아동의 세계, 존재, 경험 및 감정에 대한 지각적 통찰력의 교육적
인 감각(감수성)을 지칭하기 위한 용어로 '아동 감각(child-sense)'을 사용하고
자 한다. 교육의 실천은 아동 감각에 의존한다.

아동 감각은 아이들이 대상을 어떻게 경험하는지, 그것에 대해서 무엇을
생각하고 어떻게 생각하는지, 세상을 어떤 방식으로 바라보는지, 어떻게 행
동하는지, 그리고 가장 중요하게는 각각의 아이가 어떤 면에서 고유한 존재인
지를 인식하거나 아는 것을 의미한다. 아이의 내면을 이해하지 못하는 교사
는 자신이 가르치는 아이가 누구인지 알지 못한다. 더욱이 교육이라는 개념
은 이렇게 특별한 아동 감각을 내포하고 있을 뿐 아니라, 생기 있는 정신을 포
함한다. 교육자는 아이에 대한 돌봄의 책임을 맡고, 인격적으로 또는 전문적
인 방식으로 청소년을 이해하며, 아동의 삶의 질과 인격적인 성숙을 향한 성
장을 위해 헌신하고 관심을 갖는 사람(부모, 교사, 상담 전문가, 행정가 등)이다.

물론, 교육적 상호작용으로서의 가르침에는 아동 감각뿐만 아니라 복잡
한 지식 기반, 즉흥적인 능력, 미덕과 같은 규범, 그리고 여러 실천가들이 가
진 성찰적 지혜(phronesis)와는 구별되는 교육적 사려 깊음이 필요하다. 이것
이 바로 교육적 기략(pedagogical tact)이다. 교실에서 교사의 삶은 본질적으
로 윤리적이고 즉흥적이며, 순간적으로 일어나는 일의 의미에 계속해서 기략
을 필요로 하기 때문에 어렵다. 저명한 학자인 헤르바르트(Herbart)는 그 수
가 너무 많은 데다가, 각 행동 자체는 부수적이기 때문에 교육적 사건이 그렇
게 중요하지 않다고 주장하였다. 그는 연관성이 가장 높은 것이 포괄적인 목
표라고 제안하였으나, 실제로는 고유함과 총체성의 측면에서 젊은이들에게

펼쳐지는 삶과 관련된 교육의 잠재적 의미를 결정하는 수많은 작은 순간들이 있다. 그리고 바라건대, 이러한 순간의 즉시성 속에 살아가는 삶은 교육적 사려 깊음과 기략에 의해 영향을 받는다.

교육은 분명히 특정 상황에서 동일한 방식으로 어떤 한 사람에게 적용할 규칙이나 가치를 결정하는 체계로 구성되지 않는다. 우리 중 많은 사람이 특정한 가치와 지식의 관점을 공유할 수는 있어도, 이것이 실제로 구현되고 표현되는 방식은 언제나 고유하다. 이런 의미에서 보면 수많은 개별적 교육이 존재한다. 모든 어머니와 모든 아버지는 고유하다. 그렇기 때문에 교사와 같은 전문적 실천가는 대체 가능한 개인이 아니다. 각 사람은 고유한 지식 기반, 개인의 역사, 고유한 인격의 성향, 개인적인 감정 구성, 개별적인 가치 체계, 특정 상황을 이해하고 해석하는 고유한 사려와 기략이 있다는 점에서 특별하다.

교육적 기략의 본질

'교육적 기략'이란 무엇일까? 이는 이해하기 어렵고 손에 잘 잡히지 않는 개념으로 보일 수 있다. 영어권에서도 교육적 기략이라는 개념에 관한 소개와 논의는 거의 이루어지지 않았다(van Manen, 1984, 1986, 1991, 1994, 1997, 2002; Metz, 1995; Juuso & Laine, 2004). 기략이 넘치는 행동이란 어떤 모습일까? 사실 기략에는 어떤 매뉴얼이나 청사진, 기술이 있지 않다. 그러나 우리는 교육적 기략이 ① 일상생활 속에서 일어나는 즉각적인 행동과 관련이 있고, ② 무엇보다도 직관적인 감수성과 감성, 달리 표현하자면 감정 이해에 의존하는 행동의 방식을 구성하며, ③ 아동·청소년의 고유함에 민감하게 반응하고, ④ 상황의 특수성과 맥락에 민감하며, ⑤ 교사, 어머니, 아버지, 심리학자가 가진 인격적 특성과 이들의 개별적 교육(해석적 감수성, 세심함, 실존적 가치, 삶의 의미, 삶을 살아가는 방식, 존재신론 등)과 관련하여 고유한 것이라고 말할 수 있다.

교육적 기략은 어떤 방식으로 어떤 상황에서 작동할까? 당연히 이 질문도 답하기에 쉽지 않다. 아동의 삶에 대해 진정한 관심이 부족한 것처럼 보이는 인위적이고 허식적이며 거짓된 형태의 행동으로부터 진정한 기략을 말하는 것은 어렵다. 아이들은 종종 자신들을 배려하는 '진짜' 교사와 그들의 삶에 관심이 없는 '가짜' 교사의 차이를 아주 정확하게 안다. 교육적 기략은 주로 아이들에 대한 우리의 존재와 행위에 있어서 마음의 방향성으로 나타난다. 그것은 관찰 가능한 특정 행동으로 표현되기보다, 관계에 있어서의 적극성으로 드러난다. 그럼에도 불구하고, 기략이 우리의 교육적 존재와 행위에 어떻게 나타나는지를 설명하는 방법이 있다. 상황에 따라, 교육적 기략은 미묘한 영향력으로, 거리 두기로, 아이의 경험에 대한 개방성으로, 주관성에 대한 조율로, 상황에 따른 자신감으로, 즉흥적인 선물로 나타난다. 나는 『가르침의 기략(The Tact of Teaching)』(van Manen, 1991)에서 이를 좀 더 자세히 다루었다.

교육적 기략은 어떤 영향력을 가지고 있을까? 그것은 아동에게 옳고 선한 영향력을 미친다. 하지만 옳고 선한 일이 무엇인지 어떻게 알 수 있는가? 이 질문에 일반적인 방식으로 답하기 위해 도덕적 또는 비판적 이론의 추상적인 수준으로 올라갈 수 없다면, 특정한 상황이나 구체적인 장면에서 기략이 무엇을 하는지를 관찰하기 위해 일상의 경험 수준으로 내려가야 한다. 우리는 아이들과 함께 살아가는 경험을 통해 교육적 기략의 영역에서 어떤 행위가 일어나는지를 안다. 교육적 기략은 아이의 공간을 지키고, 그들의 연약함을 보호하며, 상처 입는 일을 방지하고, 부서진 것을 온전하게 하며, 좋은 것을 강화하고, 고유함을 장려하며, 인격적인 성장을 지원한다.

교육적 기략은 어떤 방식으로 이러한 일들을 할까? 그것은 특정한 지각 감수성을 발휘하고, 아동에 대해 적극적이고 표현적이며, 돌봄이라는 관심을 실천함으로써 작동한다. 교육적 기략은 아이에게 필요한 것이 무엇인지, 또한 이러한 아이들이나 특정한 아이의 가능성이 무엇인지를 '보고' '듣는'(감각) 우리의 능력에 달려 있다. 이것은 눈과 귀가 아이의 잠재력이 무엇인지, 이 아이 또는 저 아이가 어떤 사람이 될지, 달리 말하면 그 아이의 '본질'과 '훌륭함'이 무엇인지를 배려하고 개방적이며 수용하는 방식으로 찾는 데에 사용될 때에만 교육적 기략이 작동함을 의미한다. 따라서 이것은 아이의 타자성을 존중하는 수용적이고 듣고자 하는 태도를 필요로 하고, 한 아이에 대한 안목과 교육적 이해를 얻기 위해 다양한 관점, 고려해야 할 사항, 지켜보기에 좋은 위치를 활용한다. 이 예민한 기략의 개방성을 아이에 대해 보고 싶은 것만 보고, 듣고 싶은 것만 들으려 하는 성향과 대조하는 것이 중요하다. 후자는 융통성이 없는 판단, 고정 관념, 분류로 이어지며, 아이들 내면의 삶과 개인적인 의지나 의도가 아닌 외적인 행동만을 보는 것이다.

인격적인 교육

한 아이가 고유한 것처럼, 모든 교사도 고유한 존재이다. 그러나 교육 체계는 교사의 성과가 표준화될 수 있는 것처럼 간주하고 대우하는 경향이 있다. 조직 관료의 경우, 군대의 모든 군인이 대체 가능한 것처럼 모든 교사도 그렇다고 여기기도 한다. 교육 관리 체계에서 사용하는 언어는 시간 경제, 표준화된 교육과정, 측정 가능한 학습 성과, 학교의 생산성, 교과목 일정 등의 측면에서 교육의 과업을 합리화하려는 경향이 있다.

그러나 모든 교사는 고유하다. 교사는 고유한 인격과 감정을 가진 존재이다. 어떤 교사는 어린아이들을 가르치는 일을 좋아하는 반면, 다른 교사는 나이가 좀 더 많은 학생이나 청소년을 가르치는 일에 흥미를 느낀다. 어떤 교사는 예술적 재능이 있는가 하면, 다른 교사는 다소 사무적인 태도로 아이들을 대하기도 한다. 물론 교사의 유형과 존재 방식은 그가 어떤 교과를 가르치는가에 따라 달라지기도 한다. 언어를 가르치는 교사는 학생들의 작문 활동에 참여하는 과정에서 그들을 잘 이해할 수 있는가 하면, 과학 교사는 학생들의 논리적인 측면을 더 잘 알게 될 수 있으며, 다른 교과를 가르치는 교사들도 나름의 특징을 갖는다.

따라서 모든 교사는 고유한 교육적 인격과 특성을 지닌다. 학생들은 어떤 교사가 공감을 잘하는지, 어떤 교사가 다소 냉담한지를 알고 있다. 실제로 일부 교사는 학생이라는 존재에 대해 교육적으로 무감각한 것이 사실이기도 하다. 다른 교사들은 많은 학생의 삶에서 어떤 일이 일어나고 있는지 알고 있는 듯하다. 비록 그들이 하나 혹은 여러 개의 대규모 수업을 한다고 하더라도 말이다. 의심할 여지없이 어떤 교사는 세심한 교육적 사려 깊음의 소유자이며, 개별 학생에 대해 더 잘 이해하고 있다.

교사의 사려 깊음은 수업에서 교사가 자신의 생각을 이야기하거나, 특정한 어려움에 처한 학생들의 이야기를 들을 때 두드러지게 나타난다. 교사들은 이러한 학생들을 대할 때 매우 다른 경험을 하게 되기도 하며, 같은 경험이라고 하더라도 이는 각 교사에 따라 매우 다른 방식으로 해석되고 받아들여진다. 이런 의미에서 우리는 각 교사가 개별 학생과 학급 전체를 이해하고 대하는 개인적인 방식인 인격적인 교육(personal pedagogy)을 구현한다고 말할 수 있다.

실제로 모든 교사는 한 학생이 학급 전체의 전반적인 성격과 분위기에 어떻게 영향을 미치는지 알고 있다. 또한 교실에 있는 학생들이 우발적으로 구성된 집합체라는 사실이 그 학급의 고유한 성격과 특성을 부여한다는 점도 사실이다. 물론 학급은 학생 집단의 연령, 성별의 혼합, 사회적 구성에 따라 '집단적 성격'을 갖는다. 이는 교육청과 같은 행정 기관에서는 전혀 알지 못하는 문제이다. 이와 달리 교사에게는 이것이 교육적 과업과 책임의 성격과 특징을 결정하는 교육적 현실이다.

순간의 즉시성

교육적 통찰력은 부분적으로 교사가 개인적인 경험이나 경력이 많은 교사를 통해 배울 수 있는 일종의 암묵적이고 직관적인 지식과 관련이 있다. 대부분의 인간 활동은 일종의 신체 지식 또는 신체 기술을 구성하는 암묵적이고 직관적인 복잡성을 포함한다. 예를 들어, 특정 증상을 보이는 사람을 진료하는 의사나 간호사는 그러한 암묵적 이해를 바탕으로 증상이 무엇인지 짚어내거나 진단하는 일이 쉽지 않음에도 불구하고 환자의 문제가 무엇인지 직관적으로 감지할 수 있다. 마찬가지로, 아이가 학습과 관련해서 또는 무엇을 이해하는 데 있어 어려움이 있음을 감지하는 교사는 지각적 이해의 근거가 무엇인지를 정확하게 판단할 수 있다. 우리의 관계 및 신체 지식의 암묵적이고 직관적인 본질은 상황에서 비롯되는 구체적인 요소에 우리 자신을 조율함으로써 미묘한 방식으로 학습된다.

때때로 무엇을 해야 할지 아는 것은 그것을 하는 바로 그 행위에서 비롯된다. 마치 램프의 요정이 만지는 것 같지만, 그 순간에 개방적이고 민감할 때만 가능하다. 앞서 언급하였듯이, 가르침의 즉각적인 요구는 카이로스의 순간으로 묘사될 수 있으며, 그것이 주어지는 바로 그때 우리는 그 순간을 사용해야 한다.

제4장에서 다룬 것처럼 카이로스는 덧없는 순간의 신이다. 그는 기발하고, 저항적이며, 창의적이다. 이마와 얼굴 주위에 자란 긴 털을 제외하면 머리에는 털이 없다. 그는 면도칼을 들고 있거나 날카로운 칼날에 균형을 잡은 비늘을 들고 카이로스가 나타났다가 사라질 수 있는 찰나의 순간을 보여 준다. 그

의 이중 날개는 카이로스의 순간이 덧없고, 금세 사라지며, 우연하다는 사실을 나타낸다. 카이로스의 시간은 바로 지금 이 순간이다. 그런 카이로스의 순간이 멈춘 듯하다. 우리는 시대를 초월한 시간 속에 있다.

물론 교사로서 우리의 행동은 항상 특정한 의도에 의해 지배된다. 예를 들어, 우리는 교실의 질서를 바로잡고, 어려운 개념을 설명하며, 수업이 시작될 때 면학 분위기를 조성하려고 애를 쓴다. 그러나 앞서 언급하였듯이, 타인과의 즉각적인 상호작용에서 성찰을 한다는 것은 매우 제한적이다. 아이가 수업 시간에 방해가 되는 행동을 할 때, 교사는 일반적으로 최선의 방법을 결정하기 위해 상황을 돌아볼 겨를이 없다. 교사가 아이의 무례한 말이나 행동에 대해 취해야 할 조치에 대해 잠시 멈추어 고민하게 된다면, 그 교사는 이미 머뭇거리고, 능숙하지 못하며, 줏대 없는 사람으로 받아들여진다. 교사로서 무례한 발언을 알아차리지 못한 것처럼 무시하거나 못 본 체하더라도 당신은 무슨 반응이든 보여야 한다.

수업 중에 학생이 잘 이해하지 못했음을 보여 주는 질문을 할 때, 교사는 이 질문에 대해 아이에게 적절하게 대응하기 위해 교수와 관련된 글을 참고할 여유가 허락되지 않는다. 그런 글이 그 시점에 필요한 조언을 제공하지는 못한다. 교육적 책임이 있는 부모와 다른 성인도 마찬가지이다. 아이가 넘어져 다치거나, 잠자리에 들라는 부모의 말에 따르지 않을 때, 이런 상황에서 무엇을 해야 하는지 알아보기 위해 잠시 물러나 생각할 겨를이 없다. 기략이 필요한 카이로스의 순간에는 깊이 생각하거나 계획에 따라 성찰할 기회가 주어지지 않는다. 능숙한 행동은 언제나 카이로스의 순간과 같아서 우발적이고 즉각적이며, 상황적이고 즉흥적이다. 인간의 상호작용의 한 형태로서 기략은 해당 상황에서 우리가 감정과 반응, 사려 깊음에 있어서 능동적으로 생각하고 행동한다는 것을 의미한다. 실천적이고 즉각적인 행동은 신중한 인식론(epistemology)보다 내적인 존재론(ontology)에 의해 주도된다.

교육자 또는 부모가 교육적 통찰력과 정서적 민감성을 내면화하게 되면 기략은 인격적인 교육으로 나타날 것이다. 우리 모두가 구체적인 현실에 윤리적으로나 정서적으로 세심한 개인 고유의 교육을 개발하기를 기대한다. 이 기략은 우리의 존재와 행위를 통해 드러난다.

기략에 담긴 세심한 눈은 돌봄의 시선을 뒷받침한다. 기략은 돌봄에 관여하는 자원으로 눈, 말, 침묵, 몸짓 등을 사용하는 방식으로 작동한다. 시선을 예로 들어 다시 말하지만, 우리는 위에서 내려다보는 방식으로 관찰하고 판단하는 분석적이고 분리된 시선과, 아이들과의 대화를 통해 맺어지는 관계에서의 대면과 교육적 이해를 추구하는 공감적 시선을 비교한다.

아이들의 행동만을 관찰하는 눈은 대상을 객관화하는 반면, 기략이 풍부한 눈은 주체화한다. 기략에서 나오는 눈은 접촉을 추구하고 인격적인 관계를 가능하게 한다. 우리가 다른 사람과의 상호작용에서 상대방이 실제로 우리와 대화하지 않고 우리를 분석하려고 한다는 느낌을 받을 때를 생각해 보면 이 두 가지 서로 다른 시선의 차이를 알 수 있다. 후자의 경우 다른 사람은 나를 바라보는 것이 아니라, 내 몸, 내 손, 내 얼굴, 내 다리를 바라보는 것이다. 그는 '나를 훑어보는 것(looking me over)'이기에 '나를 제대로 보지 않는 것(overlooking me)'이다. 객관적인 시선은 나의 기략 넘치는 행동을 중재할 수 없으며, 마찬가지로 객관적인 귀는 기략적인 말로 청각의 사려 깊은 반응을 조정하도록 내 입에 요청할 수 없다. 아이의 말에서 내면의 낮은 소리를 들을 수 없다면 나는 결코 기략 있는 말을 할 수 없는 것이다. 기략이 말을 통해 매개될 수 있는 것처럼, 그것은 침묵, 시선, 몸짓, 분위기, 사례 보여 주기를 통해서도 매개될 수 있다.

시선은 교육적 관계에 대한 영혼의 능력을 담는다. 교육적 사려 깊음과 기략을 기르기 위해서는 이 시선을 보고 이해한대로 행동할 수 있어야 한다. 즉, 교육적 사려 깊음과 기략은 단순히 연수를 통해 습득할 수 있는 일련의 외적 기술이 아니다. 교육에 대한 살아 있는 지식은 지적 작업을 필요로 하는 머리와 관련된 일에 불과하지 않고, 진정한 몸의 작동을 요구한다. 진실한 교육은 세상을 경험하는 전인적인 존재로서의 아이에 대해 세심한 조율을 필요로 한다.

우리는 격려가 필요한 무기력한 아이들을 격려하고 싶을 수 있다. 우리는 '올바른' 말을 할지 모르지만, 우리의 시선은 우리의 진정한 감정과 배치된다. 우리는 한눈에 서로를 즉시 알 수 있다. 우리의 목적에 맞게 하려는 말을 바꾸는 방식으로 시선을 조작할 수는 없다.

그러나 시선의 본질에 대한 우리의 이해에는 실천적인 의미가 있다. 한편으로, 우리는 '보는 것'의 예리함을 연습하는 법을 배울 수 있다. 다른 한편으로, 우리는 우리 자신의 시선을 쉽게 덮을 수 없다는 것을 깨달아야 한다. 분 단위로 아이와 교사는 불안해하기도 하고 감동하기도 하며, 지루해하거나 흥미를 느끼고, 불편한 심경을 상대방의 얼굴로부터 읽어 낼 수 있다. 아이들은 우리가 입으로 하는 말과 눈으로 하는 말을 자동으로 인식한다. 입과 눈이 서로 모순되면 입보다 눈을 더 믿을 가능성이 높다. 물론, 단지 말보다는 입의 움직임이 사람을 더 잘 표현한다. 누군가의 감정을 정말로 알고 싶다면 단순히 말을 듣기보다 그의 입을 주의 깊게 지켜보라.

눈앞에 엉망진창인 교실 풍경이 펼쳐졌다고 상상해 보자. 이는 교실에서 '훈육'을 실천하는 방법을 모르는, 그래서 조롱의 눈빛으로 바라보고 반항적인 모습을 보이는 학생들을 마주하는 초임 교사의 전형적인 사례이다. 또 다른 교사를 관찰해 보자. 한 학생의 현명한 발언에 대해 훈계하는 듯한 눈빛을 보내는 교사는 같은 교실에서 학생들이 수업에 집중하도록 하기에 충분하다. 한 교사는 어떻게 그토록 비효율적일 수 있고, 다른 교사는 권위를 세우기 위해 수업을 그저 보고만 있으면 되는 것인가? 교사는 한눈에 학생들을 다루는 방법을 배울 수 있을까? 다른 사람들이 배울 수 있도록 '방법'을 알려 주는 책을 쓰는 일은 가능할까? 나는 이것이 가능하지 않다고 본다. 시선을 단순한 교육 기법으로 취급하는 일은 시선에 대한 지식을 엄격한 원칙의 집합으로 다루는 것이다. 효과적인 교사에게는 나름의 시선이 있기에 시선을 통해 효과적일 수 있다. 시선은 이미 교실의 전체적인 상황을 이해하고 그 속에서 살아가는 교사의 방식이다.

물론 '효과적인' 교사의 시선은 학급을 협박하고, 공포와 억압을 통해 침묵시키는 데에 효과적일 수 있다. 그러나 그러한 권위는 진정한 교육적 권위가 아니다. 그런 훈육은 진정한 교육적 훈육이 아니다. 따라서 우리는 교사로서 우리가 아이들의 눈에 차례로 포착됨에 따라 그들에게 어떻게 인식되는지 알아야 한다.

훈육의 교육적 의미

교육적 사려 깊음과 기략을 기르기 위해 우리는 훈육의 중요성을 살펴볼 필요가 있다. 훈육은 우리 교실에 필요한 질서의 척도가 아니다. 훈육은 우리가 무언가를 지시하고자 하는 방향의 척도이다. 또는 훈육은 오히려 사람에게 중요한 것이 무엇인지, 사람이 무엇을 지향하고 그의 삶을 영위하는지에 대해 이야기하는 방법이다. '훈육'이라는 단어의 어원은 따르고(following), 배우며(learning), 가르치는(teaching) 일과 관련이 있다. 제자란 훌륭한 스승이나 좋은 모범을 따를 수 있는 사람이다. 'docere(강의하다)'라는 단어 역시 훈육과 관련이 있다.

훈육이 잘된 사람은 '질서'를 배우고 무언가를 받아들일 준비가 되어 있다. 따라서 교사 역시 학생만큼이나 훈육이 필요하다. 훈육이나 기꺼이 배우고자 하는 의지가 없으면 학교라는 존재는 의미가 없다. 따라서 학생이나 자신을 훈육하는 일은 실제적인 학습을 위한 조건을 조성하는 것이다. 그렇기 때문에 교실에서의 진정한 훈육은 가르침과 배움과 분리될 수 없다. 실제로 '훈육'의 교육학적 의미는 처벌을 하거나 권위주의적인 통제와는 거의 관련이 없다.

『별을 놓아 주는 사람(The Star Thrower)』에서 로렌 아이즐리(Loren Eiseley, 1979)는 훈육이 만들어 내는 차이에 대한 경험을 이야기한다. 아이즐리는 해변을 따라 걷고 있다. 거기에는 해안선을 따라 흩어져 있는 조개와 불가사리를 잡는 사람들이 있다. 조개와 불가사리를 끓이는 냄비 근처를 지나갈 때, 아이즐리는 멀리 떨어져 외롭게 서 있는 한 사람을 발견한다. 그는 모래 위의 무언가를 무심히 바라보고 있다. 그러다 그는 파도가 부서지는 너머로 몸을 구부려 무언가를 던진다.

아이즐리가 다가가자 그는 다시 몸을 구부린다. 모래와 진흙으로 이루어진 웅덩이에서 불가사리는 팔을 뻣뻣하게 들어 올려 숨 막히는 진흙에서 몸을 떼어 놓고 있다. 빠르고 부드러운 움직임으로 남자는 그것을 집어 바다로 멀리 던져 돌려보낸다. 그러면서 그는 "살 수 있을 겁니다."라고 아이즐리에게 말한다. 아이즐리는 조금 당황스럽다. 그는 다른 사람들이 지금까지 해변을 탐색한 적이 없다는 것을 알아차렸다. "당신은 무언가를 잡고 있나요?"라고 묻는다. 그 남자는 해안으로 떠밀려와 위협받는 생명체를 가리키며 부드럽게 말한다. "이런 경우에만요. 그리고 생계를 위해서 잡기도 해요."

아이즐리가 말하고자 하는 것은 과학 분야의 본질은 인간의 세속적인 사용을 위해 단순히 자연을 수집하고 분류하는 것이 아니라는 점이다. 진정한 훈육은 생명을 사용하기 위해, 자연의 본질을 이해하기 위해 노력하는 '놓아 주는 사람'이 되는 것이다. 그가 묘사한 별을 놓아 주는 사람은 순종과 책임을 요구하는 훈련된 지식에 대한 열정의 소유자이다. 여기에서 '순종'은 무엇을 말하고 듣는지를 들을 수 있는 것을 의미한다. 별을 들을 수 있으려면 그들의 본성을 사랑해야 한다.

많은 교사는 가르침과 배움이라는 일상의 삶이 학교와 교실의 분위기, 학생과 교사 간 관계의 본질, 시간의 복잡하고 미묘한 차원, 복도나 교실, 교무실과 운동장이라는 공간 등과 같이 설명할 수 없는 요인들에 의해 좌우된다는 것을 직관적으로 이해한다. 이러한 이해는 일반적인 의미에서 인지적일 뿐만 아니라, '공감(em-pathic)'이라는 단어와 같이 감응적인(-pathic) 것이기도 하다. 그것은 사고나 추론보다는 감지되거나 느껴지는 것이다. 교사의 지식은 가르침의 행위가 교사라는 인격적 존재, 관계에 대한 인식, 우발적인 상황에서 무엇을 말하고 행동해야 할지를 아는 기략, 사려 깊은 일상과 관행에 달려 있다는 점에서 감응적이다. 외적 형태의 지식과 관련된 교수 이론은 우리의 즉각적인 행동에 있어 별로 중요하지 않다.

우리가 사는 세계의 감응적인 측면보다 인지적인 측면을 설명하는 편이 훨씬 쉽다. 인지적 차원은 어떤 것의 지적이고 개념적이며 합리적인 특징이다. 예를 들어, 학교 또는 교회와 같은 건물 또는 물리적 공간을 문화적 · 기능적 · 공간적 속성과 측정의 측면에서 설명할 수 있다. 그러나 그러한 공간에는 분위기와 감각, 느낌의 측면도 존재한다. 더욱이 이러한 감응적 특성은 고정된 것이 아니라, 마치 풍경에서 느껴지는 분위기와 마찬가지로 바뀔 수 있다. 이런 의미에서 우리는 학교, 교실 그리고 모든 학습 환경의 감응적 특성에 대해 이야기할 수 있다.

가르침과 교육이라는 삶의 감응적 차원을 연구하고 향상시키기 위해서는 이에 대한 이해를 적절하게 표현하고 전달할 수 있는 언어가 필요하다. 이러한 언어는 일상생활의 경험적 또는 생생한 감수성을 유지할 때라야 나올 수 있다(van Manen, 1997, 2014 참조). 예를 들어, 가르침의 순간을 보여 주는 실제 사례에 관한 이야기는 행동, 상황 및 가르침의 관계에 대해 교육적으로 성찰할 기회를 제공해 준다. 교사는 여타의 성인이 아이와 맺는 관계 방식과 다르게, 교사-아이 간의 관계를 설정하는 교육적 방식으로 아이와 함께 존재한다는 사실을 믿어야 한다.

교사는 아이들을 위해 존재하지만, 그렇다고 해서 아이들에게 사랑을 받거나 친구가 되기 위해 존재하는 것은 아니다. 연인은 사랑에 의해 움직이고, 친구는 우정에 따라 움직이는 것과 마찬가지로, 교사는 교육에 의해 움직인다. '진정한' 교육자로서의 교사는 언제나 교육이란 무엇인지, 또는 교육에 의해 움직인다는 것이 무엇을 의미하는지에 대한 대답에 기반을 두고 자신의 행동을 하게 된다. 실제로 교육의 구체적인 의미를 식별할 수 있는 것은 실생활에서만 가능하다. 어떤 면에서 사랑에 대한 연인의 이해는 실생활 속에서 끊임없이 점검된다. 실생활의 역할은 교사에게도 마찬가지이다. 문제는 일반적으로 검사의 상황을 미리 알지 못한다는 사실이다. 예측 가능한 검사는 더 이상 검사가 아니다.

이제 막 부모가 된 사람이나 초임 교사의 생각과 행동은 서툴 때가 있다. 중요한 순간을 마주할 때, 그들은 '책에서 뭐라고 말하지?'라고 생각하는 경향이 있다. 그들이 행동으로 옮기려고 하면 바로 그 중요한 순간은 사라지고 만다. 이와 달리, 전문가는 그 순간을 놓치지 않은 다음에 그것에 대해 생각을 한다. 전문가는 자신의 몸이 사려 깊음에 의해 이미 준비되었기 때문에 즉각적인 행동을 할 수 있다. 이를 달리 표현하면, 교육자들은 과거 배려심에 의해 형성된 교육 정신에 의해 이미 활성화되어 있기 때문에 중요한 순간이 오게 되면 교육적으로 행동을 할 수 있다.

임신을 하게 되면 여성은 많은 변화를 경험한다. 임신은 단지 태중의 변화만을 의미하지 않는다. 몸 전체가 바뀌어 버린다. 전에는 아이들에게 거의 관심이 없었을지 몰라도, 아이를 갖게 되면 주변의 아이들에게 눈길이 간다. 놀랍게도, 어떤 여성들은 처음으로 아이를 안아 보거나 도움이 필요한 아이를 돕고 싶은 충동을 느낀다고 말한다. 어떤 의미에서 엄마가 될 사람은 그에 맞는 연습을 하고, 몸을 준비시키며, 모성을 위해 자신의 몸을 만들게 된다.

교사도 마찬가지이다. '교육적으로 아이를 품은' 교사는 가르치기 위해 자신의 몸을 준비시킨다. 아이들에 관한 중요한 책을 읽는 교사는 교사의 시선으로 읽게 된다. 이런 방식으로 교사는 중요한 순간에 기략 있는 행동을 가능하게 하는, 교육에 대한 깊은 지식을 얻게 된다.

우리는 다른 전문 분야로부터 아이를 양육하고 가르치고 돌보는 연습을 통해 교육의 사려 깊음과 기략을 배운다. 우리는 경험에 대한 깊은 성찰과 결합된 과거의 경험을 통해 기략을 구현하게 된다. 그리고 문학, 영화, 동화, 어린 시절의 추억 등의 다양한 자원을 통해 민감함과 통찰력을 습득한다.

　교육적 관계의 실행 가능성에 관한 질문은 철학적인 질문이라기보다, 부모, 교사 및 그 밖에 보육 전문가가 아동 또는 청소년과 상호작용하는 상황에서 드러나는 실천적인 질문이다. 특정한 관계를 '교육적'이라고 부르는 것은 성인이 자신을 경로, 속도 및 프로그램을 지시하면서 앞으로 나아가는 행진 밴드의 리더로 생각해야 한다는 의미가 아니다. 애초부터 교육의 임무는 마치 부모의 입장에서 자녀와의 관계를 맺어야 하는 어떤 성인에게 주어진 일시적인 책임이다.

　교육적으로 세심한 교사(부모도 마찬가지)는 그 과정에서 지원을 하는 사람이다. 삶을 통해 어느 정도의 거리를 두면서, 아이와 함께하고, 자신이 아는 것을 공유하며, 자신의 존재를 보여 줌으로써 아이가 자신의 고유한 존재를 적극적으로 형성해 갈 수 있도록 상황과 공간을 조성해 주는 사람이다. 성인은 주어진 제한된 시간에 하나의 존재로서 아이를 교육적으로 대하고 영향을 미치게 된다. 그러나 그 결과는 전인(whole person)과 그가 속한 공동체에 무한하고 영원한 결과를 가져온다.

가능한 것과 바람직한 것의 혼동

　교육에서 우리는 종종 가능한 것과 교육적으로 바람직한 것을 혼동한다. 예를 들어, 많은 아이가 만 4세에 글을 읽을 수 있다고 해서 아이가 그 나이에 책을 읽어야 한다는 의미는 아니다. 아이들에게 조기 읽기를 가르치는 데 필요한 이해와 기술은 그들에게 적합한 것을 아는 데 필요한 이해와 기술과 다르다. 전자가 읽기 이론가의 전문 지식이라고 한다면, 후자의 지식 유형은 교육에 관한 것이다.

여기에서 말하고자 하는 것은 학습, 읽기, 수학 등과 관련된 이론이나 모델 개발도 결코 쉬운 일은 아니지만, 학습 이론, 교수 방법 또는 읽기 모델이 아이에게 교육적으로 적합한지에 관하여 말하지 않는다는 사실이다. 이것이 바로 교육학 이론과 실천의 과제이다. 교육학 이론은 고유하고 특별한 사례에 관한 이론이어야 한다. 고유한 이론은 단일 사례에서 시작하여, 보편적인 특성을 찾고, 다시 단일 사례로 돌아간다.

아동의 학습 경험은 일반적으로 기분, 감정, 에너지, 관계 및 자아에 대한 느낌과 관련하여 놀랍도록 변화무쌍하다. 읽기, 쓰기, 악기 연주를 배우거나 학교 안팎에서 진행되는 여러 활동에 참여하는 아이의 경험에 몰두하는 사람들은 기쁨과 증오, 어려움과 쉬움, 혼란스러움과 명료함, 위험과 두려움, 방종과 스트레스, 자신감과 의구심, 관심과 지루함, 인내심과 패배감, 신뢰와 억울함 등 아이가 일상적으로 경험하는 엄청나게 다양한 일로 인해 놀라게 될 것이다. 부모와 교사는 이러한 현실을 알고 이해할 수 있다. 하지만 얼마나 많은 교육과정 이론가나 교육 전문가가 아이의 생생한 경험이 무엇인지를 알고 있는가? 얼마나 많은 교사교육가가 한 아이가 어떻게 배우는지를 알고 있는가? 한 아이의 경험의 기복을 이해하지 못하는 경우라면 교실 방법론은 제대로 작동한다고 할 수 있는가? 우리는 무엇을 해야 하는가? 우리는 어떤 지식을 추구해야 하는가? 우리가 생산해 내야 할, 교육의 본질이라는 고유한 질문에 민감한 연구 텍스트는 무엇인가?

교육적 관점에서 볼 때 문제는 현대의 정책 방향과 교육 담론이 교사가 가르치는 학생들로부터 멀어지면서 학습 성과, 교육 생산성, 사회 개선, 체계 점수, 책무성의 측정, 교육 공학 등에 집중하도록 조장하는 경향이 있다는 사실이다. 그러나 대부분의 교사들에게 이런 문제는 일상적인 관심사에서 크게 벗어난 일이다.

교육과 학교교육에 대한 현재의 정책 방식은 교실 생활의 경험적 우선순위를 제대로 반영하지 않은 모델과 의제에 기반을 두는 경향이 있다. 이러한 접근 방식은 경영, 리더십, 산업, 시장, 기술 및 정치에서 파생된 모델로 설명되며, 이러한 모델에는 기업주의, 관리주의, 생산주의, 소비주의, 기술주의 및 정치적 의제가 있다. 이러한 의제의 핵심은 '비용 효율성' '수행 평가' '성취 수준' 및 '사용자의 만족도'와 같은 말로 표현된다. 오늘날의 정책 관점은 결과 중심, 근거 기반, 책무성의 특징을 보인다. 그러나 이러한 경향, 담론 및 관점은 교사와 학생이 교육적 관심과 일상적인 교육 관행을 경험하는 방식을 반드시 또는 적절하게 담아내지 못한다.

　우리는 "가르침이라는 책임의 성격을 바꾸는 원인이 될 만한 정치적 · 문화적 · 사회적 외압은 무엇인가?"와 같은 질문을 던져야 한다. 교육 분야에 등장한 기업주의 이념을 비판하는 교육자들은 "교사가 교육의 기술자가 아니라 윤리적인 사람으로 간주되고, 고유한 전문 언어를 사용하는 도덕적 행위자로 간주된다면 그것은 무엇을 의미할까?"라는 질문을 해야 한다고 주장한다. 전문적으로 인정받은 교육의 언어는 교육자들이 일상적인 실천을 윤리적 기반에 두고, 아동과 청소년을 고유하고 계속해서 성장하는 존재로 생각할 수 있도록 한다.

　가르침의 교수적(instructional) 측면과 교육적(pedagogical) 측면은 구분될 필요가 있다. 물론 이 둘 사이의 차이를 드러내는 일은 비생산적일 수 있다. 그러나 여기에서의 초점은 교사와 학교의 책임이 무엇보다도 계속해서 성장하고 성숙해 가는 사람으로서 학생과 관련하여 교육적이어야 한다는 데에 있다.

　가르침이 실제로 교육적인 일이라면, 거기에는 개별 학생과 학급을 돕고, 격려하고, 권고하고, 칭찬하고, 자극하고, 염려하는 일이 포함된다. 하루 일과를 마칠 때, 교육적으로 세심한 교사에게 중요한 일은 학생들에게 지적으로 중요하고, 심리적으로 연계되어 있는 학습 경험을 제공했는지, 좋은 분위기에서 수업이 진행되었는지, 학생들은 학습 활동에서 안전하면서도 성공적이었다고 느꼈는지, 개인적인 어려움은 없었는지, 그래서 그날 하루가 만족스럽고 의미 있었으며, 또는 교사와 학생들에게 좋았는지의 문제이다.

교사는 학생들과 인격적인 관계를 만들어 가고자 한다. 어떻게 그런 일이 불가능하겠는가? 교사는 추상적으로 아이들을 돌보지 않는다. 그들은 학생을 이름과 인격을 가진, 구체적인 상호작용을 하는 진정한 존재로 대한다. 이런 의미에서 교육이라는 과업은 유일무이한 일이다.

매일 해야 할 일로 인해 교사는 특별한 일에 비해 일상적인 일의 가치에 주의를 덜 기울이는 경향이 있다. 교사의 지속적인 관심사는 구조적인 문제보다는 개인적인 문제에, 학교의 생산성보다는 학생의 성공에, 제도적 기반보다는 개인적인 관계의 문제에, 교육의 정치적인 이슈보다는 감정적이고 도덕적인 이슈에, 그리고 실천의 효능감보다는 행동에 있어서 대인 관계의 측면에 있다. 이러한 의미에서 교사의 초점은 그들이 가르치는 아동과 청소년의 일상적인 행동에 있어 관계적 · 인격적 · 도덕적 · 정서적 측면이 복합된, 우리가 여기에서 '교육적'이라고 부르는 것에 초점을 둔다.

기략, 규칙에 지배되지 않으나 '규칙이 없는' 것도 아닌

교사는 교육과정, 교육 이론, 학교 행정 및 중앙 집권적 교육 제도와 같이 기술적으로 합리화된 제도적 구조의 범위 내에서 친숙한 현실로 기능하는 비공식적인 삶의 공동체를 만들고 가꾸어 간다. 교육적 관계는 이러한 비공식적 삶의 규범적이고 질적인 특성을 포착하는 살아 있는 인간의 개념이다. 교육적 관계의 비공식적 삶의 본질과 기능을 이해하는 방법에는 여러 가지가 있다. 형식적이고 비형식적인 것은 서로 공존하거나 아니면 적대적일 수도 있고, 또는 이 둘이 지속적으로 변화하는 혼합체로 보일 수도 있다.

첫째, 비공식적인 삶은 체계적이고 계획된 과정을 방해하는 바람직하지 않은 사고가 아니라고 주장할 수 있다. 비공식적인 것은 마치 재즈의 멜로디가 즉흥적인 주제를 전달하는 리듬의 구조와 선율 기반 형태와 관련되는 것처럼 형식화된 교육의 측면과 관련이 있다. 다시 말해, 교육적 행동은 반복적인 일상, 수업 계획, 교육과정 프로그램, 교육철학의 토대와 특정 교과에 맞는 교수 방법의 필요성에 의해 유지되는 합리적 기능 위에 즉흥적으로 실행된다. 그러나 때로는 기술적 합리성의 특징이 지나치게 제한되어서 교사와 학생 사이의 교육적인 관계를 유지할 가능성이 지나치게 관료화된 권한과 중앙 집중적인 행정 정책에 의해 부여된 비교육적 주제에 의해 완전히 차단되는 경우도 있다.

둘째, 우리는 비공식적이고 실천적인 형태의 지식을 무너뜨리고 파괴하려는 기술적 합리성의 지배적인 힘에 의해 끊임없이 위협받는 교육의 실천을 보게 된다. 비공식적 실천은 언제나 기술적 합리성에 의해 효율성과 생산성으로 전도될 위험을 안고 있다. 교육적인 관계는 친구 사이의 우정 관계와 유사하다. 우리는 우정이 어떻게 생겨나는지 경험적으로 알고 있지만, 우정이라는 개념을 측정 가능한 방식으로 만들고 싶어 하지는 않는다. 친구는 우리가 본질적으로 그 자체의 목적으로 소중하게 여기는 사람이다. 건강을 위해, 사회관계망 서비스에서, 또는 새로운 경력을 통해 친구를 만들게 되면 새로운 유형의 우정 관계가 시작된다. 사람들은 진정한 우정이 무엇인지 더 이상 알지 못할 것이다(Flyvberg, 1991, p. 7에서 Dreyfus). 그렇다고 좋은 친구를 사귀거나 훌륭한 부모와의 관계를 형성하거나 이해심 많은 교사를 만나는 일이 당신에게 좋지 않다는 뜻은 아니다. 그러나 '좋다'는 말의 정도는 수량화할 수 있는 의미로 측정되지 않는다.

따라서 우리는 교육에 대한 비공식적 이해, 교육적인 방식으로 아이를 가르치고 교육하는 일이 무엇을 의미하는지에 대한 이해를 놓칠 위험이 있다. 앞서 살펴본 것처럼, 드라이퍼스(Dreyfus)는 우정을 기술주의적 합리성의 틀의 경계를 벗어나는 비공식적 실천의 예로 제시한다. 우정에 관한 '과학'을 발전시키고, 보다 생산적이고 효율적인 친구로 행동하기 위해 효과적인 기술이나 전략을 찾으려고 노력하는 일은 우스꽝스러워 보일 것이다. 교육적 관계가 생산과 통제의 관계보다 우정의 관계에 훨씬 더 가까움에도 불구하고 교육에서는 이러한 일이 끊임없이 행해지고 있다. 훌륭한 교사는 이런 사람이라고 나타내는 자질, 특성, 태도 등의 기술을 개발하는 일은 불가능하다. 이것은 모든 사람이 저마다의 고유함을 가지고 있기 때문이다. 어떤 교사는 특정 학생의 고유함을 다루는 방법을 고유하게 알고 있는 반면, 또 다른 교사는 이와 다른 고유한 방식으로 학생을 대할 수 있다.

그러나 교육과 같이 본질적으로 의사소통을 기반으로 하는 사회적 행위는 기술적 합리성과 비판적 합리성 사이의 미묘한 관계에 의해 영향을 받는다. 요즘에는 우정마저도 점점 합리화되고 있다. 온라인 사회관계망 사용자의 경우, 팔로워 숫자로 계산되는 '친구'가 많을수록 명성이 높아진다. 그리고 사람들은 이전보다 더 자주 우정이라는 고유한 경험의 특성 때문이 아니라, 누군가와 인맥을 쌓아 높은 지위에 있는 사람과 골프를 치는 것이 인생에서 앞서간다고 느끼고 이것을 바라기 때문에 친구를 사귀는 것 같다. 더욱이, 심리학자들은 건강하게 오래 살려면 우정이 필요하다고 제안한다. 사랑과 결혼도 마찬가지로 수명을 연장하는 것으로 인식된다.

가르침에 대한 수십 년간의 연구, 끊임없이 변화하는 교육철학, 교수 방법과 교육과정에 대한 수많은 연구에도 불구하고, 가르침과 배움이라는 실제 현실은 계속해서 효과적인 합리성을 따르지 않는 것으로 보인다. 사실 교육과정을 합리화하려 할수록, 관리와 평가의 구조가 더 엄격해질수록 그 결과는 좋지 못했다고 말할 수 있다. 교육과정을 보다 효과적으로 통제하고 교사가 학교의 책임 있는 생산성을 높이기 위해 교실에서 교육 프로그램을 구현하는 방식에 대한 노력에서, 교육 리더십은 기술적인 의미에서 합리성에 기반을 두고 합리적으로 수행하는 것으로서 교사가 자신의 행위를 인식하도록 강요하는 총체적인 관점을 채택하는 것으로 보인다. 이 모든 일은 교사의 인격적인 교육적 감수성을 희생하는 대가로 이루어진다.

　일부 현대 비평가들은 우리가 더 이상 아동을 교육해야 하는 이유를 알지 못하기 때문에 더 이상은 교육을 실천할 수 없다고 주장한다. 우리는 더 이상 공적인 가치, 성숙의 의미, 아이를 통제하기 위해 합의된 훈육 방법을 공유하지 않는다. 나는 이와 같은 비판에 반대하면서, 이와 같은 사회적 조건이 사실인 만큼 교육은 상위의 우선순위를 가지고 있으며, 그러한 조건이 오히려 교육을 가능하게 만든다고 주장하고자 한다.

　모든 규범과 역할이 사회적으로 이미 결정되고 고정되어 있는 완전히 폐쇄된 사회에서 교육이 설 자리나 이에 대한 요구는 없을 것이다. 이러한 사회에서 교육적인 재량이나 기략은 불필요하거나 그렇지 않으면 불법으로 받아들여진다. 마찬가지로, 성숙에 대해 하나의 합의된 개념이 존재하는 사회에서는 더 이상 개별 아동의 고유함과 가능성에 민감할 필요가 없다. 이렇게 되면 교육은 단순하게 각 아이가 자신에게 이미 결정된 삶을 위해 준비하는 일이 될 것이다. 그리고 젊은이들이 억압적인 조치와 처벌에 의해 통제되는 사회에서는 교육적 기략과 사려 깊음도 필요하지 않을 것이다. 요컨대, 교육은 상대적으로 열려 있고, 민주적이며, 아이의 필요에 대해 신중하게 접근하는 사회에서만 의미가 있다. 그렇다면 교육적 관계가 교사와 학생의 비공식적인 삶을 계속해서 통치한다는 약속은 무엇일까?

　부정적인 측면에서 본다면, 교육의 의미와 교육적 관계의 중요성에 대한 북미 교육가들의 큰 관심은 앞서 논의한 사건들, 즉 교육 실천이 점점 더 기술화되어 가고 있고, 교육은 도덕적 내용의 불모지가 되며, 대륙의 교육 이론은 자멸하고 있고, 점점 더 합리적 틀에 의해 통합되는 대상이 되어 가는 현상에 의해 점철되고 있다. 결과적으로 우리는 학교와 삶에서 교육의 의미와 교육적 관계를 잃어버릴 위험에 처해 있다.

　긍정적인 측면에서 우리는 교사가 교실에서 교육적 관계의 비공식적인 삶을 위한 공간을 계속해서 만들어 가고 있음을 본다. 비공식적 실천은 합리화된 제도적 상황에도 불구하고, 또는 부분적으로는 이러한 상황으로 인해 유지된다. 보다 효과적인 교육적 관계를 맺는 일을 목표로 하는 기술적인 틀이나 수단에 관한 이론을 개발하려는 것은 잘못된 방향이다. 그러나 교육적 관계가 마술처럼 나타나 존재할 수 있는 여백의 공간이 잠시라도 만들어질 수있을 듯하다. 이러한 공간을 만드는 것은 정치적 의지와 전문적 지혜의 문제이다.

정치적으로 그것은 교육 기관을 조직화하려는 노력이 민주적이고 교육적이어야 함을 의미한다. 전문적으로 그것은 교육의 핵심인 교육적 관계가 현재의 광범위한 기술적 합리성의 틀 안에서 과학적으로 연구되고 가르칠 수없다는 것을 인정해야 함을 의미한다. 그러나 교사를 양성하는 대학을 배제시키는 대신, 우리는 교육적 삶의 본질적인 비공식적 특성을 인식하기 위해비공식적인 언어를 만들어야 한다. 교육적 기략의 사려 깊은 실천으로서 가르침의 관점을 설명하려는 이 책의 노력이 바로 그것이다. 기략은 도구의 합리성에 불가해하고, 허무주의적인 비판적 이성에 저항한다는 특징을 가지고있다.

기략은 단순히 인지적인 기능이 아니라, 마음가짐에 관한 신체 기술이다 (van Manen, 1991). 기략을 갖춘 상태는 일종의 교육적 적합성으로, 예기치 않은 상황에 즉각적으로 대처할 수 있는 능력을 말한다. 예를 들어, 기략은 즉흥적이고 도덕적으로 반응하며, 다른 사람의 주체성에 민감하다는 것을 쉽게알 수 있다. 기략은 또한 기술적인 의미에서 예측과 통제가 불가능하다. 기략은 규칙에 의해 지배를 받지 않지만, 그렇다고 해서 '규칙이 없거나' 임의적이지 않다. 기략은 무차별적으로 가르칠 수 없는 도덕적 직관에 의해 지배되지만, 그것의 목적에 세심한 개인에 의해 자극되고 발달될 수 있다.

교육적 이해

교육적 상황과 순간은 즉흥적인 경향이 있다. 교사가 수업을 얼마나 정교하게 계획했는지, 또는 가르치는 주제에 대해 얼마나 열정을 가지고 있는지와 상관없이 교실에서 이루어지는 상호작용이라는 상황에 대해 교사는 학생들을 위한 방법을 계속해서 인식하고 있어야 한다. (예를 들어, 중·고등학교에서 교사는 하루나 이틀에 한 번 정도 학생들을 수업에서 만나기 때문에 학생은 관심 밖으로 밀려나고, 교사 중심, 내용 중심으로 생각하고 행동하기 쉽다.) 그러나 학생들의 주체성에 대한 인식은 많은 교사에게 계산하거나 깊이 생각하는 성찰—교사와 학생 사이의 조작적인 관계를 수반하는 거리감을 생성하기 때문에 학생들을 가까이에서 대하지 못하게 할 것이다—이라기보다 사려 깊음에 가깝다. 교사는 학생들과 상호작용할 때, 진정한 실재감을 유지하고 그들과 인격적인 관계를 형성해야 한다.

다음 사건은 교사와 학생 사이의 교육적 관계가 얼마나 미묘하면서도 깨지기 쉬운 성격을 가지고 있는지 보여 준다. 9학년이 끝나자 학생들은 선생님들에게 작별 인사를 한다. 이들은 다음 학년도에 고등학교로 진학하게 될 것이다. 그간 해 왔듯이, 어떤 학생들은 감사의 표시로 작은 선물을 드리기도 하고, 추억을 간직할 수 있는 기념품으로 선생님을 놀라게 한다. 마리안은 1년 내내 우수한 학생이었다. 그녀는 최우수 학생이라는 영예를 얻었으며, 학교와 지역사회에서 진행된 학업과 봉사에서 가장 높은 상을 받은 학생이었다. 학년이 끝나는 마지막 날, 그녀는 여러 교사 중 한 분인 젠센 선생님에게만 선물을 드렸다. 선물로 드린 책의 안쪽 표지에는 그녀의 메모가 적혀 있었다.

젠센 선생님께. 저는 지난 1년 동안 선생님이 생각하시기에 훌륭한 학생이 아니었고, 선생님의 온화한 미소와 시선을 많이 받지 못했던 학생이라는 느낌이 들었지만, 그래도 감사하다는 말씀을 드리고 싶었어요. 저는 선생님께서 우리들을 잘 돌봐 주시고, 우리가 잘 자라기를 원한다는 것도 알고 있어요. 저는 선생님께서 교사라는 직업을 좋아하는 것 같아서 선생님을 존경해요. 더 멋진 말로 감사를 표현하고 싶지만, 무슨 말씀을 드려야 할지 모르겠네요.

지난 1년 동안 마리안에게 언어를 가르친 젠센 선생님은 이 편지를 받고 깜짝 놀랐고, 이상하게도 편지 내용에 감동을 받았다. 학생의 말은 그녀의 수업 방식, 학생들과 관계를 맺는 방식을 돌아보게 했다. 교사로서 그녀는 종종 마리안의 세심한 지적인 능력, 많은 재능, 창의성과 공부에 대한 몰입 능력을 좋게 여겼다. 그러나 이 교사는 수업에서 마리안과 더 깊은 인격적 관계를 발전시키는 방법에 대해서는 잘 알지 못했다. 아마도 선생님은 마리안의 우수한 성적과 성취 때문에, 그녀가 선생님이 의미 있게 보내는 미소와 시선을 바라거나 소중히 여기지 않는다고 생각했을 것이다. 젠센 선생님은 마리안에게서 그냥 지나쳐서는 안 된다고 느끼는 일종의 의구심을 갖게 되었다. 그러나 그녀는 이제 자신이 옳지 못했음을 알게 되었고, 사실은 교사로서 더 많은 위험 부담을 감수해야 하며, 거절당하는 것이나 더 밀접한 교사-학생 간의 관계를 맺기 위해 한 걸음 나아가는 일을 두려워하지 않아야 함을 깨달았다. 그래서 이 교사는 감사 카드와 편지를 회신했다.

나는 우리가 더 좋은 관계를 만들지 못한 것 같아서 정말 후회가 되는구나. 아마도 그건 이제 앞으로 회복할 수 없는 손실이 아닐까 생각해. 가르치는 일은 내가 다른 사람의 삶에 중요한 방식으로 영향을 미칠 수 있다고 느끼는 만큼 나에게도 중요한 일이야. 그러나 몇몇 학생들을 대할 때, 주저하게 될 때가 있어. 나는 교사로서 완벽한 선생님은 아닌가 봐.

그렇지만 네가 보내 준 친절한 몸짓과 사려 깊은 생각은 나의 실수가 잘못되었음을 깨닫게 해 주었기 때문에 나에게 매우 의미가 있었단다. 재미있고 유용한 내용이 가득한 책을 선물해 주어서 고맙다. 나를 생각해서 이런 작별 선물을 준비해 주어서 영광이야. 이 책은 나를 돌아보게 했던 이번 일을 계속 생각나게 해 줄 거야. 학년 말이 되어서야 이제 말하는 건데, 너는 나와 함께 '미소'를 주고받은 매우 재능 있고 좋은 아이였다고 계속 생각하게 될 거란다. 앞으로 너의 앞날에 좋은 일이 가득하기를 바란다. 계속 연락을 준다면 기쁠 거야.

교사와 학생 사이의 관계는 이렇게도 복잡하다. 마리안이 처음에 이 교사에게 선물과 편지를 보낸 일은 중요한 의미가 있다. 여러 부족함이 있더라도 그녀에게 정말로 의미 있는 교사만이 이런 종류의 사려 깊은 선물을 받을 자격이 있다. 아마도 교사는 대부분의 학생들보다 더 조심스럽지만 그녀에게 많은 주의를 기울이지 않음으로써 마리안의 뛰어남에 대해 왜곡된 '존중'을 보였을 것이다. 그러나 주고받은 편지는 마리안이 "무슨 말을 해야 할지 모르겠다."고 말할 정도로 애매하고 복잡한 관계의 경험을 보여 주고 있다. 여기에는 몇 마디로 설명하기에는 매우 어려운, 학급의 전체적인 역동성도 관계가 있다. 아마 젠센 선생님과 마리안이 개인적으로 더 가깝거나 편한 사이였다면 만족스러웠을지도 모른다. 그러나 또 다른 의미에서 수업에서의 관계와 교육적 순간은 개인적인 의미와 인격적인 역동성에 대한 책임이 결코 덜하지 않다. 이들의 편지는 긍정적인 교육적 관계가 완벽하지는 못하더라도 특정 강도에 따라 다른 모습을 취할 수 있는 것임을 보여 준다.

이와 반대로, 냉담하고 형식적이며, 거리감 있고 비인격적이며, 지나치게 기계화되고 늘 해 오던 입증된 방식에 의존하며, 암기와 빈번한 테스트에 의존하는 교사들도 많다. 이런 교사는 교육적 순간의 우발적인 성격에 민감하지 않을 수 있다. 그들은 '교육과정을 가르치기 위한' 목적으로만 거기에 있다고 느낄 수 있다. 이들은 가르친 것은 반드시 이해가 될 거라고 여긴다. 이런 교사들은 교실에서 일어나는 훈육에 대한 네 가지의 두려움, 즉 실패, 조롱, 거절, 처벌에 대한 두려움으로 학생들을 지배하는 경향이 있다.

그러나 교육적으로 세심한 교사들에게 교실에서의 삶은 가정에서의 삶과 크게 다르지 않다. 한 교사는 가르치는 일이 "아이들과 싸우는 것, 그들에게 좋다고 여기는 일에 대해 '싸우는' 것"과 같다고 이야기한다. 물론, 이는 어떤 위협을 물리치기 위해 싸우거나, 당신이 정당하다고 여기는 것을 위해 싸우는 것과 같은 진짜 싸움이 아니다. 가정에서 자녀와, 학교에서 학생들과 '싸움'을 할 때, 당신은 달래고, 영감을 주고, 반박하고, 무시하고, 촉구하고, 교섭하고, 희생하고, 격려하고, 농담을 건네고, 언쟁을 벌이고, 응원하고, 협박하기도 하고, 움직이고, 대화하고, 겨루고, 밀어붙이고, 애원하고, 물러서고, 설득하고, 때로는 어리석은 일을 하게 된다. 예를 들어, 자녀가 악기를 연습하거나, 자신의 행동을 반성하거나, 지저분한 침실을 청소할 때 당신은 집에서 이런 행동을 한다. 또한 학교에서는 학생들의 학습을 잘 돌보고, 스스로 생각하게 하거나, 일반적으로 그들에게 긍정적인 방향으로 영향을 주려고 할 때 그렇게 한다. 아마도 자녀와의 '싸움'에 있어서 불안정한 요인은 부모나 교사로서 당신이 부정적인 의미로 권력을 사용하여 자녀를 무력화시킬 수 없다는 사실일 것이다. 맹목적인 순종을 요구하거나 아이의 입장을 무시할 때, 억압적인 힘을 사용하거나 영향력을 행사하는 일은 교육에 반한다. 이는 아동이 자기 자신에 대해 책임감을 갖는 성숙함을 향한 그들의 성장을 지원하려는 교육적 의도에 위배된다.

부모와 교사의 역할이 일종의 '싸움'인 것처럼 이야기하는 교사도 이 '싸움'이 극도로 힘들고 때로는 좌절감을 느낀다고 고백한다. 또한 이 교육적 '싸움'이 진정한 갈등, 즉 진정한 싸움으로 전환되는 상황이 있다. 이것은 더 이상 적절한 관계, 교육적 관계가 없는 것처럼 보이는 학생에게 일어날 수 있다. 문제는 당신이 정말로 변명할 수 없는 일을 한다면 그러한 아이와 함께 더 이상 긍정적인 의미에서 '싸움'을 할 수 없다는 것이다. 변명할 수 없는 일이란 그 아이를 포기하는 것이다. 학생을 포기할 때 교사는 실패를 경험하게 된다. 진정한 교사는 결코 포기하지 않는다. 그러나 전문성을 가진 교육자로서 우리는 교육적 한계에 도달하는 상황이 있음도 인정해야 한다. 예를 들어, 다른 학생들을 올바르게 지도할 수 있으려면 당신이 가진 자원과 분별력을 아껴야 한다고 생각할 수 있다. 때로는 특정 학생과 특정 교사에게 더 이상 교육적 관계를 위한 여지나 기회가 남아 있지 않기도 한다.

이상하게도 이러한 가르침의 모습은 자신을 성찰하는 냉정한 의사 결정자로서 유능한 교사의 교과서 계획과 그다지 일치하지 않는다. 그러한 계획에서 교육적 경험은 합리화되고, 논리적이고 심리적으로 분석되고, 해석되며, 재구성되고, 효과적인 관리 범위 내에서 교수와 학습의 관계를 만드는 기술적이고 합리적인 틀에 의해 관리된다. 그렇게 합리화될 수 없는 것은 무엇이든 '가르침의 예술'이라는 일반적이지만 신비한 영역으로 위임된다. 그러나 '예술로서의 가르침'이라는 개념이 간과한 것은 교육이 미학이 아니라 교육적 활동이라는 점이다. 현실 세계에서 교육적 관계는 직관적 · 감성적 · 즉각적 · 비공식적 · 국지적 · 비체계적 지식에 의해 주도되는 경향이 있다. 이것은 교육 연구자들이 교사의 사고 과정과 교실의 일상적인 현실에 대한 실제적인 현상을 연구하려고 시도하지 않았음을 부정하는 것이 아니다. 문제는 공식적인 교육 담론에 널리 퍼져 있는 기술주의적 합리성의 총체적인 특성이 교사에 대한 이러한 즉각적이고 국지적인 지식이 주변으로 밀려나거나 공식적인 교수 이론의 자기 합리적 담론으로 번역되어 돌아온다는 점이다.

교사가 학생들과의 교육적 관계에서 경험하는 것보다 더 합리적인 방향으로 교육적 행동을 해석해야 한다는 지속적인 압력이 있다. 이론가들은 수용 가능한 연구 합리성의 틀에 맞추어 교사-실천가의 지식을 가치 있는 것으로 의미 부여하려는 경향이 있다. 이러한 이론적 합리화는 '교사의 사고에 관한 연구' '행동 연구' '숙의적 성찰의 실천' '학자와 실천가 간 공동 연구' 및 교사가 스스로 인지하지는 못하지만 '내적으로 가지고 있는 교사 이론'의 기초 위에서 작동한다는 명제와 같은 공식이다. 교사의 이야기, 교실의 민속지학, 내러티브, 소위 구성주의적 접근에 대한 관심은 교사와 학생의 현실을 구조화하는 교육적·비교육적 지식을 체계적으로 확보하려는 시도라고 할 수 있다.

교육적 지식과 관련된 이슈가 발생한다면, 그것은 '어려운 학생'의 일반적인 사례일 것이다. 교사는 대체로 교사와 다른 대부분의 학생들이 견딜 수 없게 만드는 일부 학생들로 인해 어려움을 겪는다. 그러한 학생은 매사에 부정적이고, 무례하고, 적대적이며, 불안정해 보일 수 있다. 학생의 부모는 가정에서 상황이 나아지지 않으며, 아이에게 영향력이 전혀 없다고 불만을 토로할 수 있다. 학교의 상담교사 역시 '어려운' 학생을 변화시키거나 상황을 개선하지 못할 수 있다. 일부 교사는 학생이 교실 뒤에 조용히 있는 한, 귀찮게 하거나 과제를 주어 괴롭게 하지 않겠다고 조용히 넘어가려 할 수 있다. 그러한 교사들은 그들의 교육적 문제에 대한 비교육적 해결책을 찾은 것으로 보인다.

'문제' 학생에 대해 교육적으로 관심이 있는 교사는 학생의 인격과 존재에 대한 책임을 유지한다는 점에서 다른 교사와 다르다. 이러한 교사는 학생을 인격적으로 인식하는 경향이 있으며, 학생이 다른 사람만큼이나 자신에게도 어려울 수 있음을 안다. 교사는 매일 학생을 위해 가능한 한 최선을 다할 수 있는 개인적인 이해와 관계 및 행동 방식을 자신만의 스타일로 동원한다.

물론, 이 교사는 분노의 지점에 이르러 학생이 자신의 수업에 더 이상 있지 않기를 바랄 수도 있다. 결혼 생활에서의 사랑과 증오, 사랑에 대한 관대함과 탐욕과 마찬가지로, 교실에서의 교육적인 교사와 비교육적인 교사는 일상의 소란 속에서 같은 자리에 위치할 수 없다. 부모는 아이에게 항상 "그렇게 행동하는 너를 좋아하지는 않지만, 나는 여전히 너를 사랑한다."라고 말할 수 있다. 이것이 바로 자녀를 기르는 일과 가르치는 일의 교육적 관계가 실제로 차이를 보이는 지점이다. 아이는 결국 교사와 오랜 기간에 걸쳐 형성된 좋지 않은 관계를 잊게 될 것이나, 부모와의 나쁜 관계는 결코 받아들일 수도 없고 잊어버릴 수도 없다.

교사-아동 관계에서 갈등과 적대감이 시작되는 시기에 교사는 교장의 제안에 따라 일종의 '행동 프로그램' 또는 '훈육 전략'을 시도할 수 있다. 일반적으로 이러한 프로그램은 교사가 자신의 에너지를 덜 소모하는 방식으로 상황을 '관리'하는 데 도움이 될 수는 있어도, 교사-아동 관계를 규범적으로 유지하는 주변적인 실천 방법의 비공식적인 기능을 희생하면서 작동하는 경향이 있다. 문제는 더 이상 특정하고, 국지적이며, 인격적인 수준에서 다루어지지 않고, 일반화된 절차로 처리된다. 예를 들어, 한 번의 경고가 주어진 후 학생은 자동으로 교실에서 쫓겨나서 도서관에 격리되는 조치가 이루어진다.

'문제 아동' 또는 '어려운 학생'에 대한 이야기는 우리를 놀라게 한다. 그들은 비록 모든 관계가 순탄치는 않더라도 많은 교사(모든 교사는 아님)가 학생들과 맺는 연약하면서도 깊이 있는 인격적 관계에 대해 이야기한다는 점에서 그렇다. 결국 문제나 어려움이 없는 교육적 관계를 기대해서는 안 되는 것이 성장의 본질이다. 교사는 가르침에 있어 어떤 학생을 물리적으로 두려워하지만, 그러한 교육적 어려움에 대해서는 거의 이야기하지 않는다.

나는 학생들에게 퀴즈를 준비하기 위해 15분간 노트를 참고할 수 있다고 말했다. 잭이 수업에 늦게 들어왔을 때, 학생들은 각자 할 일에 집중하고 있었다. 그는 책상 위로 몸을 구부리며 자리에 앉은 다음, 쿵 소리를 내며 책을 내려놓은 뒤 의자를 뒤로 기울이며 뒤에 앉은 가빈에게 물었다. "무슨 일이야? 오늘 우리 시험 봐?"

나는 잭이 도발한다고 생각했다. 그는 유명한 말썽꾸러기였고, 선생님들에게 무례하며, 친구들에게는 비열한 학생이었다. 어리석은 그의 행동에도 불구하고, 그는 다른 아이들로부터 일종의 강제적인 존중을 받았다. 친구들은 그를 반쯤 존경하고 반쯤 두려워하는 것이 분명했다. 그들은 그에 대해 어떤 것도 부정하지는 않겠지만, 그렇다고 해서 그를 확실한 친구로 원하지도 않았다.

가빈은 나를 초조한 눈빛으로 쳐다본 다음 잭을 바라보며 고개를 살짝 끄덕였다.

나는 평정심을 유지하며 이야기했다. "잭, 이리 와서 시험지를 가져가도록 해. 가빈을 귀찮게 하지 마라. 지금 집중하고 있잖니?" 그 순간 내 자신이 미워졌다. 어리석은 어조가 마음에 들지 않았다. 잭의 무례함에도 불구하고 예의를 갖추어 이야기하는 내 모습이 싫었다. 나는 그와 다른 아이들을 대할 때 이중 잣대를 취하는 잘못을 하고 있음을 알고 있었지만, 다른 방법을 어떻게 해야 할지 알지 못했다.

나는 시험지를 집어 들고 고개를 끄덕이며 그 아이 앞으로 다가갔다. 그는 일어서서 시험지를 받기 위해 손을 뻗었다. 잠시 동안 우리는 종이의 양쪽을 잡고 서로 마주보며 서 있었다. 나는 미세한 손의 떨림을 자제하는 데에 실패한 뒤 그를 똑바로 바라보았다. 그의 눈은 나의 손에서 종이를 뽑아 들면서 천천히 조롱하는 듯 미소를 지었다.

교사가 어떤 학생에 대해 자신의 불편한 심기를 숨기는 일은 때때로 어렵다. 그러나 이런 상황은 드물지 않게 일어난다. 하지만 이런 불편한 경험에 대해 이야기하는 교사는 많지 않다.

가르침이라는 역동적이면서도 비공식적인 삶은 교사와 학생 간의 교육적 관계를 적극적으로 드러내는 일이다. 가르침의 과정이 관리 기술, 교육 전략, 기술적으로 합리화된 이해 및 절차에 해당하는 행동으로 공식화될수록, 교육적 관계 그 자체의 생기는 사라지고 만다. 따라서 교육적 관계라는 개념은 우리가 비합리적이고 때로는 감응적인 가르침의 성격을 더 잘 이해하는 데에 도움이 될 수 있다. 이러한 문제에 대해 아이들이나 다른 사람들의 말을 들을 때, 그의 말을 들을 뿐만 아니라 그 사람의 경험을 들으려고 노력하는 일은 지혜롭다. 여기에서 질문이 하나 생긴다. 이 경험은 진정으로 무엇일까?

가르침에 관한 교육학

다른 사람에 대해 기략 있는 행동을 하려면 그의 고유함을 '듣고' '느끼고' '존중'해야 한다. 영어의 'tactful(기략 있는)'이라는 단어는 어떤 질적인 특성 또는 기략이 가득함을 의미하는 반면, 독일어의 'Taktgefühl'은 거기에 더하여 기략에 대한 감각(gefühl)이라는 부가적인 의미를 지니고 있다. 여기에는 기략의 성질이 재능과 유사하다는 뜻이 담겨 있다(Muth, 1962 참조). 당신이 바이올린, 캔버스 또는 무대에 대한 '감각'이나 재능을 가지고 있든 없든 간에 우리는 종종 재능을 우연한 선물이라고 생각한다. 그러나 재능은 당연히 인정 · 개발 · 양육 · 훈련되어야 한다. 이와 비슷하게, 교육적 기략도 어떤 의미에서는 타고난 재능이기는 하지만, 기략 있게 행동하기 위해 특별한 '감각'으로 준비되고 실천되어야 한다.

가르침의 과정을 생각할 때는 기략(tact)을 전략적인(tactic) 것으로 혼동하지 않는 것이 바람직하다. 전략은 목적을 달성하는 방법이다. 전략에는 계산적이고 계획적인 의미가 들어 있는 반면, 기략은 본질적으로 그 상황으로부터 비롯되는 것이다. 사실 기략과 전략은 어원에 있어 서로 관련이 없다. 전략은 고대 그리스어에서 파생된 군사 용어로서 지휘관이 전장에서 그의 군대를 기술적으로 움직이는 재능을 일컫는 말이었다.

교육을 전략적으로 접근하는 사람은 가르침을 교묘한 작동과 책략, 또는 지시적이고 목표 지향적인 프로그램을 배후에서 조종하는 것으로 생각한다. 전략에 뛰어나다는 말은 조직이 어떤 행동 계획을 실행하도록 하는 데에 능숙함을 의미한다. 따라서 전략은 감독권 또는 지휘를 의미한다. 이때의 교수 전략이란 전술과 도식, 기술이며, 가르침의 과정을 준비하는 전체적인 계획, 시나리오, 개요, 청사진, 시간표, 일정 또는 설계 등을 작성하는 것을 의미한다. 그러나 교육의 상호작용 영역에서는 본질적으로 계획이 불가능한 일종의 기략 있는 행동을 요구하는 불안정하고도 가변적인 순간이 흔하게 일어난다. 이러한 불안정한 순간은 가르침에 있어서 우연히 일어나는 일이 아니라 본질적으로 가르침에 포함되어 있다.

기략을 이해하기 위해 그것을 '사교성' '문제의 처리' '침착함' '선량함' '충실함'에 관련된 행동과 구별하는 것이 도움이 된다. 이들은 종종 기략과 동의어로 언급되는 용어이다. 예를 들어, 외교관은 정치적인 목적에 대한 인식을 다룬다는 차원에서 '사교적'이다. 이 말이 곧 외교관은 거짓을 말하거나 속인다는 뜻은 아니지만, 실제로 말해야 할 진실을 숨기는 것을 포함할 수 있다. 외교관은 궁극적으로 자국의 이익이나 그가 대표하는 정당의 이익에 따라 움직인다. 이와 달리, 기략은 항상 그것이 향하는 사람에 대한 섬김을 포함한다. 따라서 기략은 '사교성'이라는 정치적 동기와 화합과는 다르다.

나는 교육자가 관심을 기울여야 할 네 가지 실천적 존재론(교육적 존재 방식)을 다음과 같이 구분하고자 한다.

① 교육적 감수성(sensitivity): 기략 있는 교육자는 학생의 삶에 민감하다. 이러한 감수성은 몸짓, 태도, 표현, 신체 언어 같은 단서에서 촉발된다. 기략은 동기 또는 인과 관계를 즉각적으로 볼 수 있는 능력을 포함한다. 기략 있는 교사는 아이들의 내면의 삶을 읽어 낼 수 있다.

② 교육적 감각(sense): 기략은 내면의 삶의 특징에 대한 심리적이고 사회적인 의미를 이해하거나 해석하는 것으로 구성된다. 따라서 기략은, 예를 들어 수줍음, 좌절감, 관심, 어려움, 부드러움, 유머, 훈육 등의 의미와 중요성을 해석하는 감각이다.

③ 교육적 감성(sensibility): 기략을 갖춘 교육자는 표준, 한계 및 균형을 식별할 수 있는 훌륭한 윤리적·정서적 감성을 가지고 있어서 특정 상황에 얼마나 개입해야 하는지, 그로부터 얼마나 거리를 유지해야 하는지를 거의 자동적으로 알 수 있다. 교사와 부모가 아이들에게 점점 더 많

은 것을 기대하는 것은 교육적 의도의 본질적인 특징이다. 그러나 대부분의 부모와 교사는 아이들이 견딜 수 없는 기대치를 가져서는 안 된다는 것을 알고 있다. 따라서 기략은 기대가 지나칠 때 얼마나 기대해야 하는지를 아는 감성을 포함한다. 마찬가지로 교사는 아이들을 독려할 때, 흥미를 불러일으킬 때, 수업에서 특정한 톤을 설정할 때, 그들에게 적절한 만큼만 가까이 다가가야 한다. 역설적이게도, 그들은 너무 멀리 가 봄으로써 얼마나 멀리 가야 할지를 알아야 한다.

④ 교육적 행위(acting): 기략이란 아이들의 본성과 상황에 대한 지각적인 교육적 이해를 바탕으로 옳거나 적절한 일을 말하고 행하는 적극적인 순간이다. 일상의 삶에서 이러한 적극적인 교육의 실천은 교사가 아이 또는 이들의 집단에게 좋은 것과 좋지 않은 것을 지속적으로 구별해야 함을 의미한다.

영어 교사는 자신과 대립각을 세우는 학생이 교실에서 일으킨 사건을 설명한다.

> 다니엘은 도발적이고 불량한 스타일로 옷을 입는다. 다부진 입술, 잘 다듬은 머리, 시원하고 세련된 제스처, 자랑스러운 눈길 등, 그의 모습은 놀라울 정도로 기품이 있다. 다니엘은 소규모 중학교에서 단연 눈에 띈다. 오늘은 첫 수업이 있는 날이고, 나는 독서 수업에 대해 학생들에게 설명을 한다. 다니엘은 교실에 들어와 내 바로 앞에 자리를 잡고서는 "저는 독서를 하지 않겠습니다." 라고 외친다.
>
> "진심이니? 독서 수업은 너에게 좋은 경험이 될 것 같은데." 라고 답한다. 학생들이 책을 읽기 시작하자 교실은 조용해진다. 8학년 학생들의 수다는 잠시 사라지고 침묵이 흐른다.
>
> 나는 다니엘이 책을 가지고 오지 않았음을 알아챘다. 그는 의자에 기대

앉아 책상 위를 검지로 두드렸다. 나는 책장을 살핀 다음 몇 개의 소설책을 집어 들었다.

나는 기적을 기대하지 않는다. 대신 조용히 그의 책상으로 다가가 몸을 구부리며, "음, 다니엘, 개중에 가장 쉬운 책이다. 어때? 수업이 끝날 때까지 몇 페이지를 읽을 수 있을 거라 생각하는지 확인해 보렴."이라고 조용히 말했다.

그는 거만한 눈을 들며 고개를 치켜들고 나에게 "한 번 볼게요."라고 다정하게 말했다.

하지만 내가 신중하게 고른 책은 책상 위에 그대로 있다. 다니엘은 여전히 의자를 뒤로 기대고 앉아 무관심한 듯 손으로 책을 빙빙 돌리고 있다. 나는 외면했다.

몇 분 후, 다니엘은 캐롤 마타스(Carol Matas)의 소설 『괴짜(The Freak)』를 집어 들었다.

"그래, 드디어 그를 독서로 끌어들였어!" 이제 책이 그를 끌어안을 차례다. 나는 희망을 갖는다. 다니엘은 여전히 책을 읽는 사람이 될 수 있다.

무슨 일이 일어나고 있는가? 교사는 다른 의미에서 인정을 받는 학생을 의도적으로 보고 있다. 학생은 교사의 권위를 자극한다.

그러나 교사는 권력에 의지하지 않는다. 그녀는 다니엘의 자아 감각에 민감하다. 그녀의 설명은 무겁지 않고 유머러스하면서도 정중하다. 그리고 그녀는 다니엘의 자아정체성에 대한 자아 감각의 중요성을 해석할 수 있는 지혜를 가지고 있다. 그녀는 학생이 가지고 있는 인격(페르소나)을 존중한다. 그녀는 눈에 띄고 인정받고자 하는 다니엘의 욕구를 이해하고 있다. 교사는 학생에게 얼마나 가까이 다가가야 하고, 어느 정도의 거리를 유지해야 하는지 잘 알고 있는 듯하다. 그리고 이로부터 우리는 그녀의 기략이 담긴 행동을 보게 된다. 그녀는 다니엘에게 책을 들어 조금이라도 읽어 보라고 요청한다. 교육적인 넛지(nudge, 역자 주: 상대방의 선택을 자연스럽게 유도하는 부드러운 개입)의 힘은 다분히 과소평가되어 왔으며, 교육 분야의 연구물에서 논의된 적이 거의 없다. 학생에게 이런 개입을 하는 일은 그가 장애물을 극복하도록 부드럽게 밀고 당기는 장려책을 미묘하게 제공하는 것을 의미한다.

그러나 이 교사가 어떤 말을 해야 할지 어떻게 알 수 있을까? 유지해야 할 적절한 거리를 어떻게 알 수 있을까? 이론적 지식, 특정한 기술 또는 기략 있게 행동하는 방법에 대한 일반적인 규칙을 찾는 일은 어렵다. 그러나 이러한 구체적인 교실 상황에서 무엇이 위태로운지를 적극적으로 이해함으로써 교사는 사려 깊음과 기략을 연습하고 기르는 것이 가능하다. 교육적 사려 깊음과 기략은 서로 밀접하게 관련된 개념이다. 일반적으로 사려 깊은 사람은 상대적으로 그렇지 않은 사람보다 특정 상황에서 기략을 발휘할 가능성이 더 크다.

교육적 사려 깊음은 성찰하는 능력이라고 할 수 있다. 그것은 과거의 경험에 대한 신중한 성찰에 의해 형성된다. 그리고 현재의 특정 순간에 어떤 행동을 해야 하는 즉각적인 상황에서 중요한 것이 무엇인지를 '감지하는' 능력이 강조된다. 교육적 사려 깊음과 기략은 학생들을 인지하고 그들에 귀 기울이는 능력에 달려 있다. 그러나 가르침의 기략은 단순히 기술적인 차원에 머무르지 않는다. 오히려 '즉흥적인 준비'라고 설명할 수 있다. 설령 그렇다고 해도 아무도 그것을 보장할 수 없으며, 다니엘의 선생님은 이 점을 알고 있다.

다니엘과 나는 교사-학생이 맺을 수 있는 좋은 관계를 만들어 왔다. '대하기 힘든 행동' 때문에 그가 과학, 수학 교사와 잘 지내지 못하는 것이 다소 놀랍다. 다니엘은 종종 도서관에서 수학이나 과학 숙제를 하곤 하기 때문에, 내가 도서관 근무자인 루이스와 하는 이야기를 엿들을 때가 있다. 그래서 우리는 다니엘과 함께 대화하기도 한다. 때때로 그는 내 영어 수업에서 잘한 일과 그렇지 못했던 경험에 대해 이야기한다.

다니엘은 민첩하고 똑똑한 학생이며, 그렇기 때문에 느린 동료 학습자를 모욕할 때가 있다. 그는 때로 수업 시간에 "저는 이런 공부는 할 필요가 없어요. 여기 있는 다른 애들한테는 필요하겠지만요."라고 말하고서는 자신의 자랑스러운 머리를 책상에 보란 듯이 떨어뜨리고 낮잠을 자는 모습을 보인다. 이런 일이 있을 때 나는 다니엘과 배려에 대해 이야기한다.

다니엘은 모든 과제를 끝내기를, 학급 토론에서 통찰력 있는 의견으로 참여하기를 기대한다는 것을 알고 있으며, 일반적으로는 자신이 할 일을 진지하게 생각한다. 지난 주 그는 수업이 시작되기 전 나에게 "선생님, 문제 두 개를 끝내 못 풀었어요."라고 말했다.

나는 "다니엘, 걱정 마라. 수업 시간에 다룰 거야."라고 대답했다. 문학 해석 수업이 시작되었을 때, 나는 9학년 학생들에게 "오늘 문제가 좀 많이 어려웠다는 걸 알고 있어요. 추론은 항상 분명하지만은 않습니다. 다니엘이 몇 분 전에 특히 두 개의 문제가 어렵다고 하던데, 여러분 중에서 비슷한 경험을 한 사람이 얼마나 되나요?"라고 말했다.

나는 열정적으로 토의를 시작했다.

그러나 다니엘은 10분도 채 지나지 않아 얼굴이 빨갛게 달아오른 다른 학생을 조롱하고 비웃으며, 야유하고 희롱하는 듯이 말하기 시작했다. 수업에 대한 나의 열의는 급격히 사라졌다.

나는 수업을 중단했다. 교실에는 긴장감이 돌았다. 나는 다니엘을 노려보며, "당장 멈춰. 네가 어떤 말을 하든 간에 나는 그게 무척이나 싫다! 네가 그렇게 말하면 듣는 사람이 피해자가 된다는 생각을 안 하는 거니?"라고 소리를 쳤다.

나는 방향을 상실한 채 수업을 이어 갔다. 실망스럽고 배신감이 들었다. 수업이 끝나고 나는 다니엘에게 "오늘 수업은 정말이지 별로였다."라고 말했다. 그는 "네, 저도 알아요!"라고 응수했다. 며칠이 지나고 나서야 나는 내가 무슨 일을 했는지 깨달았다.

부적절하고 무분별한 말은 교사가 다양한 학생들과 수업에서 유지하는 관계의 질을 무의식적으로 파열시킬 수 있다고 말하는 것은 진부한 것처럼 보인다. 반대로, 관계를 둘러싼 분위기의 변화는 교사의 교육적 능력과 교과 지식에 대한 교사의 자신감에 커다란 변화를 가져다주기도 한다.

다니엘의 두 번째 이야기에서 우리는 기략 있게 행동하는 방법이란 특정 상황에서 민감하게 반응하고, 아이에게 일어나는 일을 파악하며, 그의 경험을 이해하는 것을 의미함을 알게 된다. 벌어지고 있는 일의 교육적 의미와 중요성을 이해할 필요가 있다. 그다음으로 재량에 따라 무엇을 어떻게 해야 하는지를 현명하게 알아야 한다. 기략이란 실제로 어떤 상황에서 교육적으로 적절한 방식으로 행동한다는 것을 의미한다. 기략 있게 행동한다는 것은 이 모든 것을 의미하지만, 기략 있는 행동은 무엇보다도 즉각적이다.

세심한 태도, 감각적인 이해, 재량적인 감수성, 그리고 행위 그 자체는 합리화 과정에서 분리되는 단계가 아니다. 감수성과 통찰력, 느낌은 즉각적으로 작동한다. 이것들은 사려 깊음이나 세심한 사고에 의해 긴장된 행동 방식으로 구현된다. 기략은 감각에 의존하면서, 통찰력에 의해 지배되는 일종의 능동적인 윤리 지능이다. 그러나 다니엘의 두 번째 이야기에서 볼 수 있듯이, 때로 우리는 특정한 상황에서 취했어야 할 일을 시간이 지난 다음에서야 깨닫기도 한다. 그 상황에서 교사는 자신이 학생에게 너무 세게 나갔다는 것을 깨달았다. 요점은 기략 있게 행동하지 않더라도 시간이 흐른 뒤 그것에 대해 성찰하는 일은 당장에 우리가 무엇을 말하고 해야 할지를 모르더라도 다음에 말하거나 할 일을 대비할 수 있다는 점이다.

라틴어 'tactus'의 어원에는 '접촉' '사려 깊음' '효과'와 같은 용어가 들어 있다. 기략은 몸으로 만지거나 느낄 수 있는 물리적 접촉, 촉각 또는 물리적인 사물과 관련이 있다. 그러나 또한 기략에는 한 인간이 다른 인간에게 미치는 비물질적 영향력이나 효과에 대한 모호한 감각도 담겨 있다. 기략은 마음이 담긴 성찰, 지각력, 사려 깊음을 포함한다. 기략 있는 행동을 통해 성인은 구체적이면서도 신중하게 아이를 대한다. 기략은 종종 기략 있는 행동이 지시되는 사람의 영향에 의해 경험되는 무언가를 뒤로 미루거나 뛰어넘는 일을 포함한다. 따라서 사려 깊음과 기략 사이의 존재-인식론적 관계는 사려 깊음이 기략 있는 행동 그 자체로 육화되는(incarnate) 것과 같다. 기략은 적극적인 체현이자 사려 깊은 몸의 작동이다.

사려 깊음과 기략을 구별하는 일도 필요하다. 그러나 우리는 이 둘이 함께 작동하는 것을 볼 필요가 있다. 그들은 서로 보완 관계에 있다. 사려 깊지 않고서는 기략이 있을 수 없으며, 기략이 없다면 사려 깊음은 기껏해야 내적인 사건에 머무르고 만다. 사려 깊음은 인간의 경험으로 구성된 삶에 대한 자기 성찰의 과정이자 산물이다. 어떤 의미에서 기략은 지식의 한 형태가 아니라 행동의 방식이다. 행동에 있어 사려 깊음의 세심한 실천이 바로 기략이다. 기략은 한 사람이 다른 사람에게 미치는 영향이며, 그런 영향력은 종종 기략이 발휘되지 않고 잠시 머물러 있을 때에도 일어난다.

기략은 단순히 이론과 실천 사이의 매개가 아니다. 그것은 어떤 종류의 성찰에 기반을 둔 고유의 인식론적·존재론적·가치론적 구조를 가지고 있으며, 여기에 더하여 사려 깊음의 적극적인 의도에 기반을 두고 있다. 따라서 기략의 본질은 지식과 행위의 관계가 교수 능력이나 역량을 갖춘 교사의 준비 과정에서 적용의 기술적인 문제로 전환될 수 있도록 이론과 실천으로 분리되거나 나누어질 수 없다는 것이다. 이러한 의미에서 교육적 기략은 이론과 실천 간의 괴리를 극복하면서, 놀랍도록 모호함이라는 본질적인 특성을 유지한다.

사려 깊음과 기략은 기술이나 관습과 동일하지 않지만, 이들은 우리의 제2의 본성이 되어 우리가 누구인지, 우리가 어떤 사람으로 살아왔는지, 우리가 무엇을 이해하고 인식하고 행하는지를 결정하는 신체 기술과 관습의 집합체와 다르지 않다. 사실, '기술'이라는 단어는 차이를 만드는 것을 구별하고 구분하는 능력을 나타내는 'skilja'라는 용어와 관련이 있다. 어원학적으로 기술은 '이해하게 되다' '차이를 만들다'를 의미한다. 그래서 신체 기술이라는 개념은 사려 깊은 교육적 지각의 본질을 탐구하는 데에 있어 예상치 못한 도움을 준다.

내가 한 무리의 아이들을 가르치고 그들 중 일부가 수줍음, 활기, 좌절, 생기, 지루함, 경이로움, 호기심, 당혹감, 혼란 또는 통찰을 경험한다는 사실을 알아차릴 때, 내가 '보는' 것은 효율성에 기반을 둔 교사교육 수업에서 배웠던 '능숙한 수업 기술'이 아니라, 경험적이고 성찰적인 방식으로 습득하여 보다 구체화된 '방향성을 지닌 교육적 기술'에 가깝다. 그러나 이러한 지각의 기술 (예, 특정한 상황이 아이에게 어떤 의미인지를 감지하는)은 수업 계획, 학급 운영 또는 이야기 들려 주기와 같은 기술을 연습할 수 있는 것과 같은 방식으로 연습할 수 없다.

산다는 것은 서로를 접촉하는 일

기략(tact)은 접촉하다(touch)는 의미의 라틴어 'tactus' 'tangere'의 어원에서 파생되었다. '건드리지 않은, 온전한, 상하지 않은'이라는 의미의 intact와 관련하여, '촉각(tactile)'은 건드리는 것을 의미하며, 이는 단순히 지적인 방식을 넘어 인식하고 이해하려는 의도를 가지고 무엇인가를 다루거나 느끼는 것을 의미한다. 우리는 "나는 아이를 만진 적이 없다."는 표현에서와 같이 직접적인 접촉이 어떤 위반이나 해를 의미할 수 있음을 알아야 한다. 우리는 '감동적인 이야기'나 '감동적인 장면'이라고 말할 때도 'touch'라는 단어를 사용한다. 부드럽게 마음을 건드리는 감정을 불러일으킬 때 그것이 '감동적이다(touching)'이라고 말한다.

'tactful(기략 있는)'이라는 단어는 '접촉으로 가득한'이라는 뜻이며, '영향을 미칠 수 있는'이라는 의미이기도 하다. 좋은 부모나 좋은 교사가 되는 일과 관련된 여러 자질, 즉 사려 깊고, 세심하고, 지각 있고, 신중하고, 분별력 있고, 사리에 합당하고, 지혜롭고, 명민하고, 자애롭고, 배려를 잘하고, 조심성 있고, 주의 깊은과 같은 자질을 언급하는 일은 흥미롭다. 이러한 자질 중에서 교육자에 대해 부정적인 의미로 사용되는 것이 있는가? 반대로, 기략이 없는 사람은 성급하고, 재촉하고, 무분별하고, 신중하지 못하고, 지혜롭지 않고, 부주의하고, 세심하지 않고, 배려하지 않고, 무익하고, 서툰 사람으로 여겨진 다. 일반적으로 기략이 없다는 말은 무례하고, 부주의하고, 실수가 많고, 서 툴고, 생각이 없고, 배려심이 없고, 어리석음을 의미한다.

가르친다는 것은 서로 접촉하는 일이다. 가르침을 다루는 교육학은 가르 치는 자와 배우는 자 사이에 서로 교차되는 관계로 구성되어 있기 때문에 세 심한 일이다. 아동과 청소년과 상호작용할 때는 눈을 맞추는 일이 일어난다. 내가 아이를 바라볼 때, 그 아이는 다른 사람이 바라보는 자기 자신을 경험 한다. 동시에, 그 아이 또한 나를 바라보고, 나는 그의 눈에 비친 모습대로 나 자신을 경험하고 내 존재가 보인다는 사실을 안다. 따라서 이런 질문이 중요 한 의미를 갖는다. "내가 하고 있는 눈 맞춤은 어떤 성격인가? 상대를 격려하 고 있는가? 신뢰하고 있는가? 칭찬의 눈 맞춤인가?" 손을 통해 이루어지는 신 체적인 접촉도 마찬가지이다. 아이의 손을 잡을 때면 그 아이의 손과 내 손의 느낌을 느낄 수 있다. 내가 손을 잡으면 상대가 그것을 느끼고 있다는 사실을 나도 느낄 수 있다. 내가 다른 사람을 만질 때, 이 접촉을 통해 나는 다른 사람 역시 나를 만지고 있음을 경험하고, 동시에 나는 이로부터 나 자신을 느끼고 감지할 수 있다.

이는 왼손이 오른손을 잡을 때 일어나는 일을 설명한 메를로-퐁티 (Merleau-Ponty, 1964)의 유명한 사례에서 일어나는 일이다. 내 오른손으로 왼손을 잡으면 나는 내 왼손에서 오른손을 느낄 수 있고, 왼손은 오른손의 촉 감을 감지하게 된다. 그러나 오른손도 그 손이 왼손을 만지는 것과 왼손에 의해 만져지고 있음을 동시에 느낀다. 이것이 감지함과 감지됨의 가역성의 원리이다. 내가 멋지게 생긴 나무를 쳐다보고 있으면, 나무 역시 나를 쳐다본다는 기괴한 느낌을 받을 때가 있다. 다소 이상하거나 혼란스럽게 들릴 수 있지만 이는 중요한 교육적 통찰이다. 아이들이 성장하도록 돕는 것은 이렇게 역동적이고 가역적인, 만지고 만짐을 당하는 과정이다. 우리는 눈, 목소리, 손, 존재와 부재로 서로를 접촉한다. 이들은 한 사람에게서 다른 사람에게로 의미를 이행하는 통로가 된다.

기략은 접촉의 손길이다. 우리 대부분은 사회생활에서 기략의 가치로 인한 덕을 보고 있다. 종종 '기략'이라는 단어는 어떤 의미에서 무언가에 갇혀 있는 상황에 사용된다. 그럴 때 누군가는 우리에게 "음, 이 상황에서는 기략이 좀 필요하겠네요."라고 말할 것이다. 그러나 이런 말은 무엇을 해야 할지를 조언할 것이 더 이상 없음을 고백하는 것과 다르지 않다. 이 상황에서 '기략'은 해결책에 대한 통찰을 제시하지 않고, 해결책을 약속하는 약간의 마법 같은 용어가 된다.

그러나 성인으로서 우리는 아이에게 교육적 기략을 기대해서는 안 된다. 교육적 기략은 아이가 자라도록 돌보고, 가르치며, 돕는 데 있어 우리가 맡고 있는 책임을 표현하는 말이다. 아이에게는 부모나 교사의 성장과 발전을 위해 돌보고 돕는 교육적 책임이 없다. 아이는 기본적으로 우리를 위해 존재하지 않는다. 대신 우리가 그들을 위해 존재한다. 물론 이것이 아이가 우리에게 어떤 가르침도 주지 않거나, 세상에서 경험하고 존재하는 새로운 방법과 가능성을 보여 주지 않는다는 의미는 아니다.

일반적으로, 기략은 세심함, 세심하고 배려 있는 또는 심미적인 인식을 의미한다. 기략이란 다른 사람과 좋은 관계를 유지하거나 나쁜 관계를 피하기 위해 무엇을 말하고 행동해야 하는지에 대한 예리한 감각으로 정의된다. 그러나 기략의 본질은 단순히 다른 사람들과 잘 지내거나 좋은 사회적 관계를 구축하려는 욕망이나 능력에 있지 않다. 기략은 아이들과 함께하는 우리의 교육적 행동과 관련하여, 특히 적합하게 보이는 대인 관계 및 규범적 속성을 가지고 있다. 기략이란 무엇을 해야 하는지 즉각적으로 아는 것으로서, 다른 사람을 대할 때의 즉흥적인 기술과 품위를 말한다. 기략 있는 사람은 카이로스의 재능과 능력을 가지고 있어 매우 복잡하거나 섬세한 상황에서도 빠르고 확실하면서도 자신 있게 적절한 방식으로 행동을 할 수 있다. 기략이 반드시 부드럽고 온유하며 묵인하는 세심함이 아니라는 사실을 처음부터 설정하는 일이 매우 중요하다. 세심하면서도 강한 것은 분명 가능하다. 기략이 필요한 상황에서는 솔직함, 직접성, 허심탄회함이 요구되는 것과 마찬가지로, 기략 있는 사람은 강인할 필요가 있다. 기략 있는 행동은 언제나 성실하고 진실하며, 결코 속이거나 오도하지 않는다.

영어권 교육 사상가들이 기략에 대한 관심을 가지고 체계적으로 연구하지 않았다는 사실은 다소 놀랍다. 기략이라는 개념을 교육 담론에 소개한 사람은 독일의 교육가인 요한 헤르바르트(Johann F. Herbart)이다. 1802년, 헤르바르트는 교육에 대한 첫 강연에서 청중에게 "'기략에 대한 감각을 어떻게 계발해 왔는가?'라는 질문이야말로 어떤 사람이 교육자로서 좋은 사람인지 그렇지 않은지를 판단할 수 있는 진정한 질문이다."라고 말했다. 헤르바르트는 실제적인 교육 행위에 있어 기략이 특별한 위치를 차지한다고 주장했다. 기략에 관한 그의 강의의 요점은 다음과 같다. ① '기략은 이론과 실천 사이에 그 자체로 들어 있고', ② 기략은 '즉각적인 판단과 재빠른 결정을 내리는' 과정을 통해 일상적으로 드러나며, ③ 기략은 '우선 Gefühl(감각 또는 감수성)에 의존하고' 이론 등에서 비롯된 '신념과는 거리가 있으며', ④ 기략은 '상황이 지닌 고유함'에 민감하고, ⑤ 기략은 '실천(praxis)의 즉각적인 통치자'이다(헤르바르트 글에 대한 자세한 내용은 부록 B를 참조).

초기의 유동적인 개념화에도 불구하고 헤르바르트의 후기 저작, 특히 그를 따르던 사람들은 기략을 교육적 지식과 실제적 행위 간의 도구적 관계라고 보았다. 다소 기계적이긴 하나 헤르바르트의 강연을 정리하여 재진술한 앞의 내용에도 이론과 실천 간 기략의 매개 역할에 대한 개념화가 포함되어 있다. 기략은 이론을 실천으로 전환하는 장치라기보다, 이론과 실천의 괴리를 극복하는 데에 도움이 되는 개념이라고 볼 수 있다. 또한 기략을 즉각적인 '결정'을 내리는 과정으로 이해하기보다, 아동·청소년들과 함께 살아가며 사려 깊은 행동을 할 수 있도록 하는, 방향성을 가진 마음 자세라고 재조명할 수 있다.

독일에서 기략의 개념은 교육 실천의 본질에 대한 담론의 하나로 다시 주목을 받았다. 그러나 이와 달리 영어권에는 기술적이고 실용적인 합리성이 교육과 그 이론을 지배하고 있다. 기략 개념은 체계적으로 연구된 바가 없으며, 영어로 출판된 글에서 기략에 대한 언급은 드물고 산발적이다.

1892년에 헤르바르트와 거의 같은 입장에서 '기략'을 다루었던 윌리엄 제임스(William James)의 강연 내용은 새겨들을 만하다. 제임스는 체계를 수립한 위대한 학자였던 헤르바르트의 논의를 발전시켜 심리학과 교육학의 관계에 대해 논의한다. 그러나 제임스는 헤르바르트의 교육학이 결코 심리학에서 파생되었다고 말하지는 않는다. 교육학은 심리학에서 파생될 수 없다. 제임스는 심리학을 아는 것이 우리가 좋은 교사가 되도록 보장해 주지 않는다고 말한다.

> 결과를 향해 나아가기 위해, 우리는 학생이 우리 앞에 있을 때 무엇을 반드시 이야기해야 하고 행동해야 할지를 말해 주는 기략과 재주라는 추가적인 자질을 필요로 한다. 교사의 가르침이라는 예술에 있어 알파와 오메가인 학생을 만나고 무언가를 함께할 때의 그 재주, 구체적인 상황에 적합한 기략은 최소한 심리학에서 얻을 수 있는 것은 아니다(James, 1962, p. 29).

제임스는 기략이 무엇인지를 이해하는 데에 도움이 되는 간단한 예시를 든다. 그는 거의 모든 아이의 충동적 특성인 물건을 모으려는 욕구에 대한 연구를 통해 기략 있는 교사가 아이의 초기 감각을 어떻게 조성하는가를 설명했다. 제임스는 "물건을 모으려는 욕구는 거의 모든 아이에게서 나타나는데, 기략 있는 교사는 그 아이들이 초기에는 책을 수집하고, 깔끔하게 잘 정리된 노트를 모으는 데에, 아이들이 좀 더 성숙한 후에는 카드 카탈로그를 수집하거나, 아이들이 직접 그린 그림 또는 지도를 모으는 데에 즐거움을 느끼도록 해준다."(1962, p. 29)라고 말한다. 제임스가 제시한 사례는 교사가 아동의 자연스러운 속성에 민감해야 하며, 이러한 성향을 학교의 교육과정과 연결해야 함을 암시한다.

우리는 교사가 아이들에게 동기를 부여하고 그들의 속성과 관련이 있는 상황을 조성하기 위해서는 보다 일반적으로 알려진 과제가 아니라 이러한 점들에 관련이 있음을 주목해야 한다. 그러나 제임스가 말하는 이러한 재주나 기략은 정확하게 어떤 관련이 있을까? 그는 이와 같은 근본적 질문이 심리학의 영역 밖에 있다는 점을 언급한다. 따라서 심리학이 교육학에 직접적으로 말할 수 있는 것이 거의 또는 전혀 없다는 점을 말한 후, 제임스는 『교사들과의 대화(Talks to Teachers)』의 나머지 부분에서는 기략의 개념에 대해 더 이상 언급하지 않는다.

중요한 사실은 제임스가 교사가 교육적 순간에 하는 일이 무엇인지를 정의하는 조작적 개념으로 기략을 정의하고 있다는 점이다. 기략은 비생산적이고, 기약이 없으며, 심지어 해로울 수 있는 상황마저도 교육적으로 긍정적인 사건으로 전환시킬 수 있도록 하는 교사의 고유한 재주라는 것이다.

물론 교육적 사려 깊음과 기략이 교사나 부모로서 알고, 그러해야 하고, 행동해야 하든 그렇지 않든 간에 교사의 모든 것을 설명하지는 않는다. 가르침 그리고 육아에 있어서도 일상적이면서 더 많은 기술적인 측면들이 존재한다. 교사는 수업을 계획하고, 성적표를 작성하거나 미디어를 효과적으로 사용하는 방법을 알아야 한다. 마찬가지로 부모는 기저귀를 갈고, 집안일을 하고, 영양가 있는 식사를 제공할 수 있어야 한다. 이렇게 반복되는 일상의 차원이 없다면 아이를 가르치는 일과 기르는 일이 불가능하다는 점을 깨닫는 것도 중요하다. 아무리 즉흥적인 재즈 멜로디라 하더라도 'takt'(독일어로 '박자') 또는 리듬 비트에 의해 전달되는 것처럼, 우리는 교육적 기략(즉흥적인 행위로서)이 일상과 생활에서의 관습에 의해 지속적으로 이루어진다고 말할 수 있다. 그러나 여전히 가르침 그리고 양육의 본질은 어떤 상황과 순간에 아이에게 무엇을 말하고 행동해야 하는지(또는 그렇게 하지 말아야 하는지)에 대한 확신을 가지고 알아야 하는, 두터운 삶 그 자체에서 이루어진다. 따라서 교육적 사려 깊음과 기략은 교육의 본질 또는 탁월함을 구성하는 것이다. 우리는 사려 깊음이 속에 있어 보이지 않는 교육의 측면을, 그리고 기략이 겉으로 나타나는 교육의 측면을 구성한다고, 다시 말해 사려 깊음은 교육의 내면(마음가짐)을, 기략은 교육의 외현(행위)을 구성한다고 이야기할 수 있다.

7장
교육적 접촉

   '누르다(contingere)'라는 용어에서 비롯된 '닿음(contact)'이라는 단어는 가까이 닿는 것을 의미한다. 즉, 연결됨(connectedness), 닿아있함(in-touchness)을 의미하는 것이다. 라틴어에서 전치사 'con'은 그에 뒤따르는 용어를 확장해 준다. 달리 말해, 'con-tact'라는 용어는 기략(tact)과 관련된 의미를 지니고 있지만, 이러한 의미가 강화되고 심화된 형태이다. 이는 곧 가까운 인간관계, 친밀함, 연결됨을 의미한다. 교사가 그의 혹은 그녀의 학생들과 '닿아(in-touch)' 있을 때, 이들과 '가까운 관계(close contact)'에 있을 때, 교사의 기략 있는 세심함이 그의 행위를 이끌게 됨을 의미한다.

   접촉의 기술에 관한 마이클 반 매넌(Michael A. van Manen)의 연구(2012)가 보여 주듯이, 사람 사이의 특별한 접촉 혹은 관계로서 기략의 이미지는 특히 교육 혹은 아동과학과 같은 보육과 관련하여 적잖은 의의가 있다. 성인과 아이들 간의 상호작용에 나타나는 보다 특정한 형태의 교육적 접촉은 성인들 사이에서 나타나는 일반적인 사회적 접촉과는 크게 구별된다. 그리고 이러한 구별은 교육적 관계의 본질과 구조에 다시금 귀를 기울이게 한다. 성인의 삶에 나타나는 일반적인 접촉은 양쪽이 대칭적인 반면, 교육적인 접촉은 비대칭적이다. 성인 사이에서 우리는 상황의 본질과 이를 둘러싼 환경이 유지되는 가운데 서로의 기략 있는 행동이 상호 호혜적이길 기대한다. 마찬가지로 우리는 아이들이 다른 아이들과 어른들에 대한 일반적인 사회적 접촉을 행할 수 있도록 가르친다. 일반적인 의미에서 기략적(tactful)이라는 것은 나이가 많고 적음에 상관없이 타인의 존엄성과 주체성을 존중하는 것, 타인의 지적·정서적 삶에 개방적이면서도 세심하기 위해 노력하는 것을 의미한다.

한 중국인 교사가 말하길, 중국 문화권에서는 교사들이 좀처럼 학생들에게 자신을 드러내지 않는다. 많은 중국 교사들은 접촉을 만들어 내는 방법을 잘 알지 못한다. 나는 그녀가 학생들과 접촉을 만들어 내는 데 어려움을 겪었던 순간의 한 가지 예를 들어 달라고 그녀에게 부탁했다. 그녀는 다음의 이야기로 응답했다.

제가 얼굴에 미소를 머금고 교실로 걸어 들어갔던 그때 그 순간을 생생히 기억해요. 저는 유명한 작가의 매력적인 이야기에 관해 학생들과 함께 이야기하기를 고대하고 있었어요. 하지만 제가 학생들을 만나고 수업을 소개하려고 하는 순간, 늘 일어났던 것과 같은 일이 일어나고 말았죠. 모든 학생이 고개를 숙이고 노트 필기를 하기 시작했어요. 당시 제가 본 것은 까만 머리칼로 덮인 머리 50개가 전부였어요. 그 소설에 대한 분석을 이어가는 동안 저는 단 한 명의 얼굴, 저를 바라보는 단 한 쌍의 눈도 보지 못했어요. 제가 하는 말을 학생들이 듣고 있다는 걸 알았지만, 그들의 관심은 수동적이었죠. 학생들은 나중에 시험이나 평가를 볼 때 그것들을 암기하고 재생하기 위해 단순히 노트를 써 내려가고 있었어요. 저는 이 부주의한 주의(inattentive attentiveness)에 굉장히 슬퍼졌죠. 저는 학생들과 진정한 접촉을 하기를 간절히 소망했어요. 그들과 닿기를 원했고, 그 이야기가 그들의 삶에 진정 어떠한 의미가 되는지를 확인하고 싶었지요. 그러나 제가 학생들에게 질문을 하거나 그들을 토의에 참여시키기 위해 노력할 때조차도 학생들은 예의 바르게, 그리고 의무적으로 대답을 할 뿐 진정한 관심은 조금도 보이지 않았어요. 학생들은 시험에 나올 경우를 대비하여 그 질문들을 단순히 적어 내려가고 있었죠.

그런데 그날, 뭔가 이상한 일이 일어났어요. 학생들이 읽고 있던 이야기의 주제에 대해 이야기를 하다가, 저는 제 남자친구가 그 책의 의미에 대한 제 생각을 어떻게 반박했는지 무심코 이야기하게 되었죠. 제가 말했어요. "지난 밤 이 이야기에 대해서 남자친구와 토론을 했어요. 그런데 남자친구는 이 책이 희생과는 전혀 상관이 없는 진정 배신에 관한 이야기라고 하더라고요. 그래서 우리 둘은 그 책의 의미에 대해서, 희생과 배신의 의미에 대해서 논쟁을 시작했죠." 이상한 건, 제가 그런 단어들을 말했을 때 정말 믿기 힘든 일이 벌어졌다는 거예요. 그러니까 이 50명의 머리가 위로 향하더니, 기대와 관심, 호기심 어린 50명의 얼굴이 저를 보았어요.

순간 저를 바라보고 있는 그 모든 눈과 제가 마주한 얼굴들에 깜짝 놀랐어요. 하지만 제 혼란은 곧 기쁨으로 바뀌었죠. 이어서 저는 학생들에게 제가 남자친구를 어떻게 반박했는지 분명히 전해 줘야 한다고 느꼈어요. 또 한편, 그 순간 제가 학생들과 진정한 접촉을 이루었음을 깨달았죠. 온몸에 완벽한 전율을 느꼈어요.

나에게 이 이야기를 전해 준 젊은 중국 교사는 그녀가 학생들과 갑작스럽게 경험한 그 접촉이 너무나 인상적이었기에 그러한 가르침의 개인적 영역을 어떻게 더 잘 이해할 수 있을지 연구하고 싶어졌다고 했다. 나는 그녀에게 제안하길, 그녀가 들려준 그 이야기가 연구의 출발점이 되어야 한다고 했다. 당연히 그녀뿐만이 아니라 그녀의 학생들도 그들의 선생님과 눈 맞춤을 경험했다. 학생과 교사 사이의 눈 맞춤은 아마도 교육적 관계를 특징짓는 가장 일반적인 종류의 접촉일 것이다. 그렇다 하더라도 우리가 이러한 접촉의 의미와 중요성에 대해 성찰하는 일은 드물다.

일상에서도 물론 면대면 혹은 눈 맞춤은 어큘레식스(oculesics, 역자 주: 눈 맞춤을 일종의 신체언어로서 연구하는 학문 분야), 즉 우리가 타인과 경험할 법한 가장 친밀한 접촉 중 하나이다. 당연히 이때의 눈빛은 매우 상이한 관계의 질을 표현한다. 가령, 그 눈빛은 따스할 수도, 마음을 끌 수도 있으며, 궁금함과 탐구심에 차 있을 수도 있고, 친근하고 개방적일 수도 있으며, 적대적이고 냉소적일 수도 있고, 격의를 보인다든지 속마음을 드러내지 않을 수도 있다. 그러한 잠깐의 눈빛을 통해 우리는 우리를 스쳐 가거나 우리가 마주하고 있는 사람에게 관심을 표현하거나 경험할 수 있다. 일반적으로 우리는 어떠한 단어보다도 눈빛을 통해 우리가 타인에 대해 바라보고 느끼는 바를 표현하는 경향이 있다(van Manen, 1991 참조).

눈 맞춤은 아마도 여러 다른 문화적 환경에서 다르게 경험될 것이다. 예를 들면, 몇몇 종교 집단에서는 남녀가 첫 눈 맞춤을 한 이후 서로 눈을 낮추고 서로의 얼굴을 정면으로 바라보지 않는다. 눈을 낮추는 것은 원치 않는 잠재적 욕망을 피하도록 해 주며, 아이든 성인이든 반대 성별을 지닌 상대방의 눈을 힐끗 쳐다보는 것을 차단한다. 이는 배우자 및 가족 구성원과 친척들을 제외하고는 남녀 사이의 눈 맞춤이 단지 1~2초 정도만 허용됨을 의미한다. 매일의 삶에서 '정결한(clean) 눈 맞춤'만이 허용된다는 암묵적이고 일반적인 규칙이 존재하는 것이다. 정결한 눈 맞춤은 '간통의 눈'과 욕망의 시선을 의미하지 않는다. 어큘레식스의 규범적 관계는 너무도 본능적으로 습관화되어, 학교에서 교사가 학생들과 이야기할 때에도 학생들은 그렇게 자신들의 시선을 낮춘다. 이때 교사는 이러한 눈 맞춤에 나타나는 겸손함이 결코 무관심이나 무례함을 나타내는 것이 아님을 깨닫지 못할 수도 있다.

문화적 맥락과 상관없이 접촉의 현상학은 우리로 하여금 접촉의 경험이 늘 깊고 강력한 경험이라는 것을 인식하게 한다. 이것이 바로 접촉이라는 주제가 교육에서 중요한 잠재성을 지니고 있는 이유이다. 그것이 교육 연구에서 언급되는 일은 극히 드물지라도 말이다. 교육적 민감성이 충만한 교사들은 그들의 눈으로 학생들을 요령껏 '감동시킬(touch)' 수 있는 것처럼 보인다. 그러한 교사로부터 지식을 배우는 것은 학생의 정체성을 심화하며 그 배움이 학생의 정체성에 보다 개인적으로 연결되도록 한다. 우리가 중요하게 여기는 사람과의 접촉은 우리가 우리 자신을 바라보는 방식에도 영향을 미친다. 달리 말해, 타인과의 관계는 곧 자신과의 관계 맺기를 가능케 하며, 이것이 바로 자기 정체성(self-identity)에 대한 감각을 형성하는 조건이 된다. 예를 들어, 우리는 "나는 시를 씁니다. 나는 작가입니다. 나는 시인입니다."라고 말하는 어학 선생님에게 감동한 학생을 통해 이를 목격할 수 있다.

어떤 면에서 보면, 접촉의 경험은 영혼과 영혼이 맞닿는 순간이기도 하다. 접점을 만드는 일은 능동적인 일처럼 들리지만, 누군가가 특정한 방식으로 나를 바라보고, 그 누군가와 나 사이에 접점이 만들어졌음을 내가 느끼는 것은 수동적인 일이기도 하다. 그 순간은 하나의 불꽃처럼 느껴질지도 모른다. 우리는 새로운 사람을 만나고, 그 사람과 접점이 생겼다고 즉각적으로 느끼는 그런 순간을 인식한다. 신기한 것은 접촉이라는 것이 우리가 타인과 이야기할 때만 일어나는 것이 아니라 눈 맞춤이나 몸짓을 통해서도 일어난다는 것이다.

우리는 낯선 사람을 만났을 때 이상하게 그 사람에게 맞닿아 있음을 느낄지도 모른다. 이후 우리는 "나는 그녀와 친해." 혹은 "그와 나는 접점이 있어."라는 말을 한다. 한 친구와 함께 이야기할 때 우리는 접촉을 경험한다. 그러나 당신이 가까이 닿아 있다고 느끼는 또 다른 친구가 있다면, 그것은 아마도 당신이 그 친구에게 당신의 비밀을 이야기했기 때문일 것이다. 접촉은 내가 무언가를 만지거나 이러한 사람, 이러한 친구, 이러한 교사가 중요하게 여기는 무언가가 나를 만진다고 느낄 때 일어난다. 그러므로 내가 중요하게 여기는 누군가와 혹은 무언가와 접점을 만들거나 접촉을 경험하는 것은 언제나 의미 있는 행위 혹은 윤리적인 응답이 된다.

젊은이들은 소속감을 갈망한다. 모바일이나 스마트폰의 인기, SNS, 문자 메시지, 그 밖의 여러 디지털 의사소통 장치들의 광범위한 활용을 보면 알 수 있다. 어떤 학생들에게는 모바일 전화기가 없거나 친구와 문자 메시지를 주고받을 수 없는 상황이 아주 끔찍한 곤경에 빠지는 것과도 같다. 주변의 친구들과 연락할 수 없을 때 이러한 곤경은 한층 더 끔찍해진다.

물론 접촉이라는 것이 젊은이들의 사회적 삶에 국한된 문제는 아니다. 접촉의 교육학을 강조하고자 하는 이유는 교육이 점차 도구주의, 기술주의, 경제주의, 기업주의, 통제주의의 영역으로 빠져들고 있기 때문이다. 오늘날의 교수-학습은 효과성, 효율성, 결과, 그리고 교육과정의 수단 · 방법 · 기술 등에 대한 즉각적인 염려 없이는 생각하기 어렵다.

정부는 청소년 폭력과 범죄를 염려하지만, 대단히 역설적이게도 우리는 많은 청소년에게 독이 될 만한 교육환경을 우리가 만들었다는 것을 인정하고 싶지 않은 것 같다. 유아용 물병에 사용되는 플라스틱이 아이들에게 유독하다는 사실이 드러났듯이, 미디어와 교수-학습 기술(technique)에 스며든 화학물질은 우리 학생들에게 독이 된다. 가르침과 배움에 깃든 접촉의 교육학에 무력하거나 민감하지 못한 세상에서는 좋은 의도를 지닌 역량 있는 교사들조차도 독성을 지닌 교사가 될 수 있다. 아동과 청소년들이 경험하는 유독한 접촉은 아이들의 존재와 성장에 해로운 결과를 남길 수 있다.

'접촉(Contact)'이라는 제목의 한 기사에서 철학자 알폰소 링기스(Alphonso Lingis, 2005)는 길에서 누군가가 우리를 부르는 단순한 순간을 묘사한다. "이봐, 너!" 그리고 링기스는 묻는다. "이런 단어들이 바로 내게로 와서, 나를 찾고, 나를 멈춘다는 것이 … 굉장히 매력적이지 않나요?" 그는 왠지 이러한 단어들이 내가 행하고 있던 그 어떤 역할을 관통하여 '진정한 나' '나의 중심'과 접촉하게 하는 것 같다고 이야기한다. 이 멋지고 단순한 현상학적 관찰에서 링기스는 어떠한 단어나 누군가의 이름을 부르는 것이 일종의 요구로서, 호소이자 접촉으로서 우리에게 얼마나 강력히 경험될 수 있는지를 돌이켜 생각해 보도록 한다.

한 할아버지가 말하길,

> 아직 걸음마도 채 떼지 못한 내 손자를 만나러 갈 때, 아마 내 손자는 바닥에서 놀거나 목욕을 하고 있겠죠. 그 아이가 올려다볼 때 아이의 얼굴은 무관심 또는 호기심에 찬 얼굴을 하고 있겠죠. 잠시 궁금해하는 것처럼 말이에요. 이 사람은 누구지? 그러고는 나를 바라보면, 이렇게 커다란 미소가 있겠죠. 이 미소 안에서 아이는 내게 자신을 열어 보이죠. 그리고 내 미소도 아이에게 그렇게 하죠.

미소가 사람들 간의 접촉이 이루어지는 공간을 열 수 있다는 것이 굉장히 놀랍지 않은가? 보이텐디크(Buytendijk, 1998)는 미소를 일종의 순간, 누군가가 "나의 내면의 삶의 문턱으로 들어오고, 그 누군가의 내면의 삶을 있는 그대로 내게 보여 주는" 곳에서 일어나는 만남으로 묘사한다. 그는 "아기가 보여 주는 첫 번째 미소를 단지 하나의 표현이라고만 할 수는 없어요. 그것은 마음의 문을 정답게 연 사람 혹은 사물에 대한 반응이죠."라고 말한다.

> 아이는 미소를 통해 자신의 인간적 본성을 보여 준다. … 자신에 대한 무의식의 흐름에 갇혔던 아이는 안정감에 대한 의식을 일깨우는 것과 같은 본질적인 참여를 통해 이를 곧 극복하게 된다. 마치 한 마리의 새가 아침을 깨우는 것처럼, 무언가가 아이를 잠에서 깨운다. 그것은 아이의 깊은 내면에서 솟아나고, 그 근원에 대한 기억은 마치 특정한 운명의 징후처럼 사방으로 퍼지게 된다(Buytendijk, 1998, p. 23).

아마도 당신은 당신의 친구와도 같은 어떤 이와는 접촉을 할 수 있으나, 다른 어떤 이와는 그것이 어렵다고 느낄지도 모른다. 우리 중 몇몇은 아버지보다 어머니와 접촉을 잘하며, 그 반대인 경우도 있다. 누군가와는 이야기할 수 있을 것처럼 느껴지지만, 또 다른 누군가와는 그렇지 않다. 이보다 더 중요한 것은 누군가와는 이야기나 미소 없이도 함께할 수 있을 만큼 좋은 접촉이 일어난다는 것이다. 그저 그들 각자에게 친구가 된다는 것만으로도 편안하고 즐겁다. 이 또한 접촉의 접촉이다. 그것은 아마 친한 사람과의 접촉으로서, 함께 살아가는 이들과 함께함으로써 경험될지도 모른다. 그것은 우리가 친구에게서, 가정과 가족들에게서, 교실에 함께하는 이들에게서 찾을 수 있는 가장 기초적인 접촉의 한 형태일 것이다.

접촉의 방식

교사와 학생 간의 교육적 접촉은 '가깝고 개인적인' 것으로 경험되는 경향이 있다. 특히 아주 어린아이들과 교사 사이에서 그러하며, 몇몇 대학원 학생들과 지도교수 사이에서 그러하다. 좋은 교육적 환경에서 교사와 학생 간의 개인적인 접촉은 가능하나, 우리는 학교와 교실에서의 서로 다른 시간에 일어날지도 혹은 그러지 않을지도 모를 교육적 접촉의 다양한 방식을 구분할 필요가 있다.

나는 여기서 접촉을 다섯 가지 방식으로 구분하고자 한다. 이는 친근한 접촉, 차별화된 접촉, 가치 있는 접촉, 감응적 접촉, 선택적 접촉이다. 이러한 접촉의 방식들은 교육적 민감성을 지닌 성인들에 의해 맺어지는 것이 일반적이다. 각각의 접촉 방식은 특정한 영향력을 지니고 있으며, 그러한 영향력들은 각각 배려, 존중, 가치, 책임, 선택성으로 나타난다.

친근한 접촉(familiar contact)은 부모와 가족의 다른 어른들, 그리고 그들의 자녀들 사이에 존재하는 것이나, 교사와 학생 사이에 나타나기도 한다. 친근

한 접촉은 이 책의 제5장에 등장하는 주디스 민티와 그녀의 아들의 관계에서
나타나는 것처럼 돌봄을 촉발하는 관계이다. 그 아이는 안전함, 안정감, 친밀
감, 염려 등을 경험하게 된다.

'가족'이라는 용어는 접촉과 친밀함의 한 형태로, 함께 사는 이들의 결속을
의미한다. 친근한 접촉을 통한 교육은 신뢰를 만들며, 신뢰에 의해 좌우된다.
가령, 교사가 그녀의 학생들을 '내 아이들(my children)'이라고, 그녀의 교실을
자신의 가족이라고 이야기하는 경우가 있다. 아이들이 학교에서 안전하다고
느끼고 안심이 되는 경우, 아이들은 그들 자신에 대한 위험을 무릅쓰기도 하
고 그들 자신의 반경을 확장하기도 한다. 심지어 이 아이들은 가족들에게 돌
아갔을 때에도 그날의 기억과 숙제를 통해 이들의 학교, 교실과 여전히 친밀
한 결속을 유지하고 있을지도 모른다.

그러나 이러한 기본적인 신뢰의 분위기가 부족하거나 간과된다면 어떠한
일이 일어날까? 여기 홍콩 대학교(Hong Kong University)의 한 중견 교수가 전
한 이야기가 하나 있다.

난 어린 시절에 대한 기억이 많지 않지만, 1학년 때 겪은 한 사건은 여전히
선명하게 남아 있어요. 그 사건은 늘 나와 내 인생을 따라다녔어요. 15년도
넘게 말이죠.

때는 학년 말이었어요. 선생님께서는 그 해의 일들을 잘 해낸 모든 학생
에게 상을 주셨죠. 많은 학생이 상을 받았고, 선생님은 내게 곰돌이 모양의
달콤한 것을 주셨죠. 집에 돌아가 나는 아버지께 그 곰돌이를 보여 주며 내
가 잘해서 선생님께서 주셨다고 이야기했어요.

그러나 아버지는 미소를 짓지 않았어요. 침묵을 지키고 있었죠. 그러고는
말했어요. "아들아, 네가 이 상을 받은 이유는 너희 반에서 네가 6등이기 때
문이란다." 아버지는 나를 바라보고 부드럽게 물어보았어요. "어떤 학생이
가장 먼저 일어났는지 기억하니? 그(THAT) 학생이 바로 1등이란다."

나는 아버지의 얼굴을 들여다보며 매우 이상한 기분이 들었어요. 아버지가 나를 더 이상 사랑스러운 눈으로 바라보지 않는 것 같았죠.

그 이후로 내 상은 더 이상 달콤한 것이 아니었어요. 그날, 나는 학교와 배움에 대해 완전히 다르게 이해하게 되었습니다.

이 일화에서 아이에 대한 부모의 사랑은 아이에게 더 이상 무조건적인 것으로 느껴지지 않게 된다. 이제 아버지의 사랑은 아이가 학교에서 어떻게 수행하는지에 의해 좌우되는 것으로 보인다. 학교에서 뭔가 일이 잘 안 풀린다면, 교사가 신뢰의 교육적 분위기를 형성하지 못한다면, 친숙한 접촉의 결속은 무너질 것이며, 아이는 교실에서 그리고 아마도 가정에서도 친근한 돌봄의 부족함을 경험하는 위험의 지속적인 그늘에서 살아가게 될 것이다.

차별화된 접촉(deferential contact)은 아이가 자신이 존중받고 있다고 느낄 때 나타난다. 이는 존중을 촉발하는 관계의 한 형태이며, 이때 아이는 자신이 공정함과 동등한 대우를 받을 권리가 있다는 것을 알게 된다.

서른다섯 살인 교사 모나는 그녀가 12학년에 만난 과학 선생님과 있었던, 겉보기에는 사소한 사건 하나를 떠올린다. 방과 후 교실에 마지막까지 남아 있던 학생 중 하나인 모나가 교실 밖을 나서려 했을 때, 선생님이 그녀를 불렀다. "모나!" 모나는 멈춰서 말했다. "네?" "모나, 그게 말이지, 너의 있는 그대로를 내가 진심으로 존중한다는 걸 알았으면 좋겠다. 네가 내 학생이라는 게 정말이지 내게 큰 영광이야." 모나는 기억한다.

그건 고등학교에서 있었던 가장 멋진 일이었어요. 사실 난 굉장히 엉망인 상태였고, 어떤 선생님도 알코올 중독자인 엄마와 아빠와 함께 사는 원주민 소녀인 내게 눈길을 주지 않았죠. 선생님들은 나를 무시했어요. 그들에게 난 가망이 없었죠. 그러나 과학 선생님은 다정했고, 공평했어요. 그 어떤 선생님도 내게 그런 말을 한 적이 없었고, 그해 나는 과학을 사랑하는 법을 배웠죠. 그의 교실에서 나 자신을 존중하는 법을 배울 수 있었어요.

　많은 학생과 교사의 이야기들에 관해 내가 흥미롭게 여기는 점은 그것들이 정말 흥미로운 일이 아니라는 것이다. 그들의 이야기는 삶과 죽음의 문제에 관한 것이 아니며, 화려하거나 이색적이지도 않다. 그러한 사건들은 교사의 눈에 진부한 것으로 보이곤 한다. 그러나 나는 학생들과 교사들이 이야기하는 그러한 경험들이 그들의 성격을 형성하는 데 심오하고 잠재적인 결과를 가져온다는 것을 믿어 의심치 않는다. 종종 교사들은 자신이 무심코 한 행동이 학생들에게 자기 의심과 불안정함, 열등감, 심지어는 자기혐오라는 잠재적 잔기를 남기고 지속시키는 분위기를 형성할 수 있다는 것을 인식하지 못한다. 교사들이 정말 사소하다고 여기는 하나의 행동이 학생에게는 자기 자신을 손상시키는 확고부동한 억압의 분위기를 형성할 수 있다.

　가치 있는 접촉(valuing contact)은 아이가 자신의 가치를 경험할 때 나타난다. 가치 있는 접촉은 존경을 촉발하는 관계를 의미한다. 아이들은 이 접촉에서 전형적으로 성취감과 성공감을 느끼며, 자신이 가치 있고 유능하다는 것을 느끼게 된다. 때때로 교사는 그들이 가르치는 어떤 학생들이 굉장히 똑똑하거나, 매우 민감하거나, 예술적 재능을 지니거나, 음악이나 스포츠에 보기 드문 배경을 지녔다는 점에서 특이하다고 절묘하게 인식할지도 모른다. 그러나 당연히 대다수 학생은 그리 재능이 있지 않으며, 그로 인해 이들의 가치는 쉽게 무시되곤 한다. 그러나 그들 또한 그들의 존재와 가치를 인정받을 필요가 있다. 여기 한 학생의 이야기가 있다.

　미술 과제의 마무리 작업을 할 때였어요. 내 창작에 대해 대충 평가해 보았을 때, 난 내가 마침내 그 작품을 완성했다는 안도감에 어쩔 줄 몰랐죠. 그리고 어렴풋하게 자부심과 같은 감정이 솟아나는 것을 느꼈어요. 이거 꽤 좋은데! 한껏 기대에 찬 나는 교실을 순회하던 미술 선생님께 작품을 제출했어

요. 선생님은 "좋아(Nice)"라고 이야기했어요. 그냥 그거였죠. 그리고 그녀
는 나와 같은 테이블에서 내 작품보다 훨씬 더 복잡하고 더 아름다운 작품들
을 만들고 있던 다른 아이들에게로 눈길을 돌렸죠.

"그냥 좋다고?" 내 목구멍으로 혹이 하나 올라왔고, 당황스러움에 온몸
의 피가 달아올랐어요. 난 그녀의 반응에 정말 충격을 받았어요. 당시 나는
그녀의 제안을 듣고 싶었지만, 그와 동시에 그녀가 나의 작품에 대해 무언가
긍정적인 이야기를 먼저 하기를 남몰래 기대하고 있었어요. 나는 결코 그런
완전한 무관심을 기대한 게 아니었어요.

나는 크게 한 번 숨을 내쉬고 내 의자에 가라앉아 버렸죠. 그녀의 퉁명스
러운 말에 순간 나는 분개와 실망으로 가득 찼어요. 나는 성질을 부리고 싶
었고, 동시에 울고 싶었어요. 그녀가 나의 노력에 대해 보여 준 그 모호한 끄
덕임은 나를 묵살하는 독침이 되었어요. 그녀의 제스처는 나에게 갈등과 침
울함을 남겼죠. 나의 선생님이 내가 열심히 한 일을 '가치(value)' 있는 것으
로 여기지 않고 보통의 성취로 보았다는 사실에 나는 기가 꺾이고, 무기력해
졌어요. … 내가 무엇을 더 할 수 있을까?

마치 멀리에 있듯, 나는 같은 테이블에 앉은 내 친구에게 그녀가 이야기
하는 것을 보았어요. 마치 내가 뭔가를 놓친 것처럼, 마치 나는 선생님의 눈
길을 끌 가치가 없는 것처럼. 나의 선생님, 나의 친구들과의 접촉에서 완전
히 떨어져 나온 것처럼 느껴졌죠.

흥미롭게도, 많은 성인들 또한 그들이 행한 혹은 이제까지 쌓아 온 무언가
로 인정을 받는 종류의 접촉을 형성한다. 일 혹은 취미와 관련된 많은 활동에
서 사람들은 그들이 성취한 것으로 그들의 가치를 인정받고 싶어 한다. 실제
로, 많은 대학 교수들은 그들이 쓴 가치 있는 연구 논문이나 도서로서 인정을
받는 데 매우 민감하다.

감응적 접촉(responsive contact)은 우리가 타인과의 만남 혹은 관계에서 우

리의 고유함과 단일성을 경험할 때 나타난다. 성인의 경우에는 이러한 접촉
이 아이의 다름, 신비로움, 그리고 '얼굴'을 마주하는 순간을 의미할지도 모
른다. 아이들은 그들 자신의 독특함을 경험하는데, 이러한 경험은 단지 내
가 '무엇(what)'인가에 관한 경험이 아니라 '누구(who)'인가에 관한 경험이
다. 예를 들면, 감응적 접촉이 일어나는 순간 교사는 아이들의 이면과 신비
로움 혹은 연약함을 보고 이로 인해 마음이 동한다. 감응적 접촉은 반응성
(responsiveness)과 책임(responsibility)의 느낌을 촉발하는 관계이다.

   학생들이 교실로 걸어 들어올 때, 교사는 책상에 앉아 학생들의 숙제를
걷고 있었다. 그때 매트가 교사의 책상 앞을 슬쩍 통과한다.
   "매트, 네 작문 숙제를 가지고 왔니?"
   "네, 제출했어요."
   "아니, 제출하지 않았어." 교사가 말한다.
   "네, 이미 다른 것들하고 같이 제출했어요."
   "음, 모든 숙제들이 바로 여기 쌓여 있단다. 네 것을 한번 찾아보렴."
   매트는 당황한 듯 움직임이 없다.
   "넌 숙제를 하지 않았어, 그렇지?" 교사가 그를 바라보면서 직설적으로
이야기한다.
   교사는 무관심과 소극적인 반항으로 맞서는 소년을 바라본다. 그녀는 화
가 났고, 불쾌한 듯 그 소년을 바라본다.
   "음, 너의 부족한 책임감, 그리고 그 노골적인 거짓말이 정말 염려되는구
나. 방과 후에 다시 만나서 이야기하자."
   수업이 끝나고 매트는 기꺼이 대화를 나누려고 한다. 교사가 그에게 굉장
히 효과적인 기술을 발달시켰다고 하자, 매트는 미소를 짓는다. "넌 정말이
지 프로야! 넌 일하기를 피하는 데 훌륭하다니까." 매트는 수업시간이 늘 지
루하다고, 그리고 방과 후에는 숙제를 하고 싶지 않다고 고백한다. "요점이

뭔지 모르겠어요. 저는 집에 도착해서도 학교 일을 하는 것처럼 느껴지는 게 싫어요. 그래서 저는 컴퓨터를 하거나 기타를 치거나 숲에 가서 자전거를 타죠. 다음 해에는 아마도 일자리를 찾아보거나 뭐라도 할 거예요."

매트가 자전거 타기와 음악에 대해 이야기하는 동안 교사는 그를 바라본다. 그녀는 매트의 얼굴을 정면으로 바라보다가 한순간 그녀가 보는 것에 매료된다. 정서적 이면을 추측할 수 없는 약간 이상해 보이는 아이. 이 아이는 그녀가 수업을 시작할 때 보았던 그 학생보다 훨씬 더 복잡하다. 이 사람은 도대체 누구지? 그녀가 지금 이것을 궁금해하는 것이 얼마나 이상한가. 그녀는 마음이 동하는 것을 느낀다. 그녀가 그를 마치 처음 보듯 바라보고 있을 뿐 아니라 그의 연약함 또한 보고 있기 때문이다. 앞서 거짓말을 했던 것들은 무시한 채 여전히 현재에 갇혀서, 현재에 쫓기는 것처럼 보이는 복잡한 정서를 지닌 어린아이 같은 커다란 소년 하나가 여기 있다. 그녀는 이제 매트가 현재뿐 아니라 미래를 함께 생각하는 것을 시작할 수 있게 도와주어야 한다는 책임감을 느낀다. 그의 학업과 인생의 계획들을.

이 이야기에서 무슨 일이 벌어지고 있는가? 교사에게 어떤 일이 일어나고 있는가? 대화를 마치고 집으로 돌아갈 때 매트는 더 나은 노력을 해 보겠다고 선생님과 약속했다. 그러나 교사는 이러한 약속 대부분이 수명이 짧다는 것을 알고 있다. 이틀 즈음 지나면 좋은 다짐들은 잊히기 마련이다. 그러나 교사는 그녀가 매트와 접촉했음을 느낀다. 그리고 이러한 접촉에서 그들은 접촉성(in-touchness)을 경험했다. 그녀는 이제 매트와 함께, 매트에 대한 깊은 이해에 도달했을지도 모른다. 둘은 개인적인 것들에 대해 이야기했다. 매트가 바라는 것들과 관심 있는 것들, 그리고 그녀가 매트를 정말로 '보았다는/이해했다는(seen)' 것을 매트가 안다는 것을 교사는 알고 있다.

그러나 약속들은 잊힐 것이다. 그렇다면 이러한 이야기를 나눈 것에서 무엇이 좋았다는 것인가? 교사-학생의 대화가 이후의 접촉을 위한 기회, 이 아이를 혹은 이 어린 한 사람을 이해하는 기회, 그리고 인격적인 관계를 발전시킬 수 있는 기회를 제공한다면, 그러한 대화는 교육적으로 좋은 것이라고 교사는 이야기할 것이다. 좋은 대화는 공유된 역사를 만들어 낸다. 좋은 대화는 감정의 기억을 남긴다. 교사와의 감응적인 접촉을 경험한 학생들은 학교를 단순히 중퇴할 가능성이 낮아질 것이다.

교육적 접촉은 교사가 학생과 '접촉 안에(in touch)' 있다는 것, 격려와 존경을 경험하도록 하는 방식으로 교사가 학생을 '접촉한다(touches)'는 것 모두를 의미한다. 한 주가 흘러 교실에서는 숲에서 자전거를 타는 것에 관한 이야기를 읽고 있다. 이때 교사는 매트를 바라본다. 그녀는 매트에게 조용히 윙크하고, 매트는 미소로 답한다. 접촉의 도덕적 불씨를 당기는 행위이다. 교사는 접촉의 작은 순간들을 자신이 그와 함께 나눈 교육적 관계 안으로 '봉합(suturing)'하고 있다고 말한다. 결국 그 대화의 좋은 것이란 그러한 날들과 앞으로 올 날들 사이의 적절한 시점에서, 교사가 의미 있는 장면을—단지 매트에게 특별히 중요한 장면을—그녀가 그를 어떻게 바라보고, 그와 그의 존재, 그의 장래와 성장을 어떻게 바라보고 있는지를 내포하는 말과 바꾸어 이야기할 수 있다는 것이다. 매트만 자신이 이해받는다고 느끼는 것이 아니라, 교사 또한 접촉과 인정이라는 독특하고 복잡한 경험을 하게 된다.

선택적 접촉(elective contact)은 아이에게 '완전히 빠져들도록(falling)' 점화하기 때문에 아마도 훨씬 드물게 나타날 것이다. 아이는 선택되었다고, '선발(chosen)'되었다고 느낀다. 아이에게 빠져드는 것은 사랑에 빠지는 것과 다르지 않다. 이 책 제2장에서 교사가 시스케 쥐에게 빠져들었던 것처럼 당연히 로맨틱한 것이 아니라 교육적인 것을 의미한다. 이것은 교사의 염려를 사로잡은 아이를 위한 돌봄 혹은 교육적 사랑이다.

스테판은 앤더슨이 가르치는 9학년 영어 수업의 학생이다. 앤더슨은 종종 스테판에게 그녀의 친구들에 관한 이야기를 전해 준다. 아마도 부분적으로는 그녀가 스테판을 이해시키지 못한 것처럼 보이기 때문인 듯하다. 그러나 그녀는 교사로서는 스테판에게 꽤 매료되어 있다. 또는 그녀에게 무언가 문제 혹은 퍼즐처럼 느껴지기 때문에 이 젊은이에게 대단히 사로잡혔는지도 모른다. 그는 앤더슨의 교사 언어에 속박되는 것을 거부한다. 그의 교사로서 앤더슨은 스테판이 매우 지적이고, 그녀가 가르치는 모든 학생 중에 가장 총명하다는 것을 확신한다. 스테판은 그녀를 난처하게 하는 이상한 질문들을 제기하곤 한다. 작문 과제에서는 주제에서 벗어나 어두운 성찰로 탈선하기도 한다. 그는 (작문에서만큼은) 그가 관심이 없는 작문 활동은 하고 싶지 않다고 불평한다. 대신, 그는 놀랄 만큼 환기적인 시를 쓸지도 모른다. 그러나 이 총명한 학생은 수업에서 거의 말을 하지 않는다. 그는 내성적인 듯 보이고, 심지어 다른 학생들과 그리 달라 보이지 않는다. 그는 수업에서 교사를 직접적으로 언급하지 않는다. 그러나 꽤 자주 그의 삶과 가정에서 일어난 이야기와 성찰에 대해 그의 글에서 공유할 것이다. 그렇다. 교사는 그녀가 이 젊은이에게 빠져들었다는 것을 인정한다. 그녀는 그를 이해하기를, 그를 인정하기를, 그리고 그가 시인이자 작가가 되겠다는 약속을 실현하도록 돕기를 원한다. 그녀에게 스테판은 호기심과 경외의 대상이다.

한 아이에게 교육적으로 빠져드는 것은 이 젊은이에게 매료되는 것을 의미한다. 아마도 특별히 당혹스럽고 매혹적이고 흥미로운 존재는, 그리고 우리의 특별한 돌봄과 애정을 요구하는 이는 그러한 아이일지도 모른다.

단순히 학생들과 연결고리를 만드는 것을 접촉이라고 생각해서는 안 된다. 한편, 학생들은 교사와 '언제' 좋은 접촉을 하고 있는지 혹은 좋은 접촉을 '하고' 있는지 여부를 안다. 다른 한편, 접촉은 훈련되지 않은 눈에는 쉽게 보이지 않는다. 그보다도 교사와 학생 사이에 나타나는 접촉의 존재는 지지적인 교실 분위기처럼 느껴진다. 그것은 교사가 당신을 이해하고 인정하고 있다는 것을 아는 것 안에 존재하는 편안함의 교육적 분위기이다. 타인에게 빠져드는 것은 타인과의 접촉과 접촉 불가능성을 동시에 경험하는 형태의 접촉이다.

철학자 레비나스(Levinas)는 사랑은 궁극적으로 사람으로 향하는 것도, 사랑을 받는 이의 독특한 성질로 향하는 것도 아니라고 이야기한다. 그보다 사랑은 늘 우리를 피해 다니는 것과 함께 타인이라는 수수께끼로 향하여 이해할 수 없는 채로 남고, 우리를 하나로 만들면서도 심지어 가장 친밀한 순간에 서로를 분리시킨다. 사랑은 타인에게서 무엇을 인식하는 동시에 인식할 수 없는지, 즉 그/그녀의 익명성(incognito)을 인식하는 것이다. 교육적인 맥락에서 우리 또한 학생에게서 인식할 수 없는 것을 인식하는 경험을 하게 될지도 모른다.

내가 논의한 다양한 종류의 접촉들은 아마도 우리의 일상에서 절대 명확히 구분될 수 없을 것이다. 그렇다 하더라도 우리는 접촉의 다양한 측면들을 경험하게 된다. 아마도 아이에게 빠져드는 것은 우리가 접촉을 경험하는, 그러니까 아이 혹은 젊은이에게 접촉되는 가장 복잡하고 미묘한 방식일 것이다. 레비나스의 관점에서 볼 때 아이에게 빠져들었다는 것은 그 아이가 우리를 인질로 잡았다는 것을 의미한다. 정말로, 우리는 모든 아이에게 이 젊은이에게 빠진 부모 혹은 교사가 있기를 희망한다. 아이에게 빠져든 교사는 그 아이로 인해 그 아이에게 특별한 관심을 갖게 된다. 이 관심은 애정 어린 돌봄, 염려 그리고 주체성에 매료되는 것에 의해, 그리고 모든 아이에게서 찾아볼 수 있는 수수께끼에 의해 동기화된다. 이것은 아마 염려의 아이, 약속의 아이, 희망의 아이, 어리둥절함의 아이일 것이다.

배려 깊은 어른과의 의미 있는 교육적 접촉이 부재한 아이들은 현실에서 보이지 않는다. 그러한 아이는 보이지 않는다. 역설적이게도, 아이들이 눈에 보이지 않는 이 시대는 소셜 미디어의 시대이다. 교육 체계가 아이들 자체보다는 아이들의 학습 결과에만 관심이 있기 때문에 아이들은 보이지 않는다. 그리고 이들은 부모가 (물론 아이들도) 그들의 모바일 기기에 중독되어 보이지 않게 된다. 부모에게는 그들 아이들의 삶이 보이지 않는다. 그러나 교육적 접촉이 수행될 때 아이는 다시금 보이게 된다. 보다 정확히 말하면, 보이게 되는 것은 아이 내면의 보이지 않는 그것이다.

의미 있는 학습

우리의 말과 제스처, 행동을 통해 우리는 우리 학생들에게 교과목 내용과 기술을 가르치고, 이들을 시험과 평가에 준비시킨다. 이것은 가르치고 배우는 것에 관한 교육과정 혹은 교수법(Didaktik)이다. 그리고 우리는 우리가 하는 말의 조성(tonalities)을 통해, 우리가 보이는 제스처의 영향을 통해, 우리 존재의 감각성(심미성)을 통해, 그리고 우리 인식의 민감성을 통해 우리의 교사다운 기략과 사려 깊음을 행한다. 이것은 교육의 관계적 · 윤리적 차원으로서의 교육/페다고지(the pedagogy)이다. 교육적 민감성과 기략을 통해 우리는 재능과 지성, 연약함과 두려움, 행복과 희망과 접촉을 이룬다. 우리가 가르치는 아이와 젊은이들의 내적인 삶. 오직 진실된 접촉을 통해서만 교사는 교육적 만남의 장을 열 수 있다.

우리는 학생들에게 지식과 기술만을 가르치지 않는다. 그보다 더 중요하게, 우리는 그들이 자신이 누구인지 그리고 무엇인지를 인식하도록 가르친다. 우리는 그들에게 그들 자신에 대해 가르치고, 그들 자신을 성찰하도록 가르치며, 우리가 그들을 어떻게 바라보는지를 가르친다. 교육자들은 의미 있는 학습이 그러한 학습이 일어나는 순간의 관계적이고 상황적인 것들에 의해 늘 영향을 받는다는 사실을 성찰하지 않는 경우가 많다. 우리가 무엇을 배우든 그것은 늘 그러한 배움이 일어나는 살아 있는 상황과 관계를 둘러싼 상세한 맥락에 영향을 받는다. 동시에, 교사의 행위 혹은 학습이라는 사건은 지금 여기에서는 결코 파악될 수 없는 의미를 수반한다. 그러한 순간들은 잠재적인 특성을 지닌다. 이러한 상황 혹은 사건의 의미는 오직 그 일부만이 점진적으로 파악될 수 있으며, 심지어 이러한 부분적인 의미는 바로 나타나지 않을지도 모른다.

이른 9월 즈음이었다. 첫 학기가 이제 막 시작되었다. 새로운 과학 선생님이 교실로 걸어 들어올 때 창문 위에서 비치는 반짝이는 한 줄기의 빛이 교실 벽으로 내리쬐었다. 선생님은 즉각적으로 그것을 알아차렸다. 그는 천천히 교실로 들어와 그 빛살을 응시했다. 선생님은 여전히 교실 앞에 서서 팔짱을 끼고 의미심장한 미소로 그 현상을 대하고 있었다. 한 가닥 햇살이 무언가를 가리키는 거대한 손가락처럼 기다란 삼각형을 그렸다. 선생님은 반사와 프리즘에 대한 수업을 이어갔다.

몇 분 후, 마치 누군가가 불을 끈 듯 햇살이 갑자기 사라졌다. 선생님은 우리가 광선을 보게 될 다음 시점인 봄에 이 강좌는 끝날 것이고, 우리는 과학 시험을 보기 위해 1년간 배운 것들을 돌아볼 것이라고 이야기했다.

선생님은 "이 수업에서 우리는 우주의 시간으로 갈 겁니다."라고 조용히 말했다. 그의 입가와 눈가에 미소가 뛰노는 듯했다. 나는 그대로 얼어붙었다. 몇몇 아이들은 다 알고 있다는 듯이 웃었다. 나는 그가 무슨 말을 하는지 잘 이해할 수 없었으나 그가 수업에서 말하고 행한 거의 모든 것들이 그랬듯 흥미롭게 들렸다.

그 해는 빨리 지나갔다. 과학은 내가 가장 좋아하는 과목이 되었다. 한 해 동안 거의 매일 그의 수업에서 배움과 과제들을 즐겼다.

어느 날 과학실에서 믿을 수 없이 반짝이는 광선들이 우리를 맞아 주었을 때, 그것은 마치 저만치 위의 빛의 상자들에서 마술이 갑자기 떨어져 내려오는 것처럼 상당히 충격적이었다. 격렬하도록 밝은 그 빛은 벽 위의 정확히 같은 그 자리로 하강하였다. 그것은 나로 하여금 비밀의 표시와 같은 거대한 감탄사를 표하게 했다. 마치 그것이 우리에게 신비로운 메시지를 전해 주고 있는 것 같았다.

교실로 들어온 선생님은 칠판에 반사된 광선을 수수께끼처럼 바라보았다. 우리는 그와 함께 미소 짓지 않을 수 없었다. 마치 그 마술 같은 현상에 대해 선생님과 우리가 공모하고 있는 것 같았다. 그러더니 선생님은 조용히 머리를 끄덕이고, 한마디 말없이 그의 책상으로 다가가 복습 노트를 나누어 주기 시작했다.

마치 좋은 책을 다 읽었을 때처럼 조금 슬픈 느낌이 들었다.

이 이야기는 어린 시절의 일을 회상하며 50세 교사가 들려준 이야기이다. "내가 대학에서 과학을 공부하기로 결정하고, 나 스스로 과학 교사가 된 이유는 바로 그 고무적인 과학 선생님 때문이었죠."라고 그가 말한다. 이 이야기가 우리에게 보여 주는 것은 고무적인 교사들은 그들이 가르치는 교과목을 통해 학생들과 교육적 접촉을 한다는 것이다. 수학, 과학, 문학, 언어나 미술과 같은 교과목들은 단순히 그러한 교과목들을 가르치는 것이라기보다 그 교과목들을 가르치는 교사들 자체가 그들 존재로서 그 교과목의 전형적인 사례가 되는 그런 교사들에 의해 구성되는 방식에 의해 모방의 존재론(ontology of mimesis)으로 나타난다.

우리는 대화를 할 때 상대방이 말하는 것에 대한 지적 해석을 거치기보다 그러한 말을 즉각적으로 즉시 이해한다. 그 이야기에는 그러한 사건이 학생의 미래를 펼치는 데 필요한 교육적 중요성이 잠재해 있을 수도 있다. 이 과학 교사는 그의 고등학교 과학 수업에서 경험한 것의 잠재적인 의미와 중요함을 나중에서야 깨닫게 된다.

교육적 관점에서 볼 때, 학습은 디지털 저장소에 정보를 저장하는 것과 달리 학생이 배운 것이 무엇이든 그것이 그 학생 개인의 존재를 형성하는 일부가 되는 것을 의미한다. 우리가 가르치는 학생들과 함께 만들어 갈 수 있는 접촉의 본질과 종류를 성찰해 보는 것은 중요하다.

아주 어린아이들은 그들이 어떻게 여겨지는지를 그들의 신체를 통해 배운다. 그들의 신체는 접촉에 익숙해져 있으며, 그들이 교사와 다른 학생들과 함께 생활하는 학교와 교실의 분위기에 민감하다. 신뢰와 존중, 가치와 독자성, 교육적 사랑의 분위기 속에서 다양한 방식의 접촉이 주는 교육적 중요성은 접촉과 공존이 지닌 돌봄의 질에 있다. 오직 그러한 분위기에서 아이들은 그들 자신이 돌봄을 받고 있고, 염려의 대상이 되며, 존중받을 자격이 있고, 가치 있게 여겨지고, 독특하고, 사랑과 인정을 받는다고 느낀다. 그리고 관심과 돌봄의 대상이 된다고 느끼며, 그들이 살아가는 세상과 그들 안에 살아있는 세상에 대해 배우고 싶다는 동기가 부여된다.

교육적 관계

교육적 관계라는 개념은 교육적 사고에서 중요하고 근본적인 것으로 간주되어 왔다. 왜냐하면 교육적 관계는 훈육이나 교수, 보육과 같은 교육적 경험을 인류 태고의 경험으로 보고 교육학을 독립된 학문으로 여길 것인지, 혹은 그러한 교육적 경험을 단순히 젊은이들에게 사회적 질서와 그들을 둘러싼 문화적 생활세계를 전수하는 일반적인 사회화 과정의 한 측면으로 볼 것인지에 관한 질문 사이에서 중재 역할을 하기 때문이다. '교육과학(science of pedagogy)'을 처음 제안한 빌헬름 딜타이(Wilhelm Dilthey)는 그것의 출발점을 교육자가 그/그녀의 아이들 사이의 관계를 연구함으로써 발견하였다(Delthey, 1988). 딜타이의 학생이었던 놀(Nohl)은 1930년대 독일에서 교육적 관계 개념을 정교화하였다.

놀(1967)은 교육적 관계를 강력하게 경험된 관계로 묘사하였으며, 그 특성을 세 가지 측면으로 설명하였다. 첫째, 교육적 관계는 성인과 아동 사이에서 자연스럽게 드러나는 특유성에 의해 살아나는 매우 개인적인 관계이며, 그것은 관리나 훈련을 받는 것이 아니요, 그 밖의 다른 인간 상호작용으로 환원될 수 있는 것도 아니다. 둘째, 교육적 관계는 교사의 의도가 늘 두 방향으로 결정되는 의도적인 관계이다. 아이 자체로서 돌보는 방향과 아이가 장차 무엇이 될지를 위해 돌보는 방향으로 추동된다. 셋째, 교육적 관계는 관계 지향적이다. 이는 성인이 반드시 아동의 현재 상황과 경험을 지속적으로 이해하고 해석할 수 있어야 하며, 자기 책임(self-responsibility)으로 충만해진 아동이 문화에 참여할 수 있게 되는 순간을 예측할 수 있어야 한다는 것이다.

교육적 관계의 이와 같은 차원들은 당연히 모든 성인-아동의 관계에서 유효하다. 가정에서, 마을에서, 학교에서 등등. 학교에 다니는 학생들의 경우 교사와의 교육적 관계는 교육을 받고 성장하는 그 종착점에 이르기 위한 수단 이상을 의미하며, 그러한 관계는 그 자체로서, 그리고 그 내면에 중요성을 지니는 하나의 사건이다. 놀은 진정한 교사, 즉 그 존재가 우리로 하여금 실질적인 성장과 개인적인 되어 감(becoming)을 경험하도록 하는 누군가와의 관계는 우정, 사랑 등과 같은 관계의 경험보다 아마도 훨씬 심오하고 중대할 것이라는 사실을 역설하였다. 아마 그 이유의 일부는 우리가 훌륭한 교사로부터 '받았던' 것이 특정한 지식 혹은 기술의 집합체이기보다 이러한 교과 지식이 교사 개인과 그/그녀의 열정, 자기 훈련, 헌신, 관심, 개인적인 힘, 동기 안에 담기고 보이는 방식이기 때문일 것이다.

교육적 관계에서—아버지, 어머니, 교사가 되는 경험에 있어서—우리 삶의 일부는 그러한 경험의 성취감을 발견한다. 교육적 관계는 단순히 종착점을 향하는 수단이 아니며, 그 존재 자체로부터 그것의 의미를 찾는 것이다. 그것은 그 자체의 고통과 기쁨을 수반하는 열정이다. 마찬가지로, 아이에게 교육적 관계는 그 자체로 삶의 일부이며, 단순히 성장을 위한 수단이 아니다. 그로 인해 교육적 관계는 매우 오래 지속되지만, 많은 사람이 그러한 목적을 경험하지 못한다. 우정, 사랑, 직장에서의 동료애와 같이 우리가 살아

가는 동안 우리에게 주어진 몇몇의 관계들 중 아마 진정한 교사와의 관계는
가장 기본적인 것으로, 우리의 존재를 가장 강력하게 구현하고 실현하는 것
이리라(Nohl, 1967, p. 132).

교육적 관계에 대한 이러한 묘사는 왜 교실의 교사들이 가르침을 가족의
삶을 연상시키는 용어로서 쉽게 이야기하는지를 이해하게 해 준다. 또한 교
사-학생의 관계는 개인적 · 의도적 · 해석적인 경향이 있다. 볼노브(Bollnow,
1989)는 교육적 관계라는 개념이 (독일의 교육 문화에서) 너무도 당연하게 여
겨지기 때문에 교육자, 부모 그리고 아동들의 생활 세계를 특징짓는 환경과
질을 묘사하기 위한 용어로서 '교육적 분위기(pedagogical atmosphere)'라는
표현을 사용하는 것이 더 나을지 모른다고 제안한다. 아마도 관계와 관계성
의 의미를 단지 둘 혹은 그 이상의 사람들을 연결하는 기능을 하는 무언가로
이해해서는 안 될 것이다.

대개 아이가 태어나는 순간부터 어머니와 아버지는 여타의 인간관계와 다
른 방식으로 아이와 상호작용을 한다. 부모는 지속적으로 (언어와 지향성과 같
은) 아이의 능력과 행동을 이미 나타났으나 여전히 발현될 필요가 있는 것처
럼 여긴다. 예를 들면, 어머니는 마치 아이가 이미 언어적 능력을 획득한 것처
럼 어머니가 아이에게 쓰는 말투로 아이에게 이야기한다. 아마도 부모는 마
치 아이가 자신의 울음에 대한 부모의 해석(예, 배고픔, 고통, 짜증남, 화남과 같
은)을 기대하듯 이 아이의 울음을 해석할지도 모른다. 요컨대, 교육적 관계는
독특한 관계이며, 다른 인간관계로 환원되는 것에 저항한다(Spiecker, 1982).

관계는 단순히 사람들 사이에 존재하는 연결을 의미하는 것이 아니며, 사
람들이 간직하거나 이들을 둘러싼 무언가를 의미한다. 모종의 관계에 있다
는 것은 서로의 영역에 존재한다는 것을 의미하며, 서로의 풍경에서 여행을
하는 것을 의미한다. 교육적으로 풍부한 관계는 타인의 다름, 즉 그들의 독특
함과 단일성을 경험하는 것을 의미한다. 이것은 아이나 어른—어머니, 아버

지, 교사, 조부모, 삼촌, 이모, 전문 보육사 등—에게 진정 그렇다. 실제로 '관계(relation)'라는 용어의 어원은 '되돌림(carrying back)' '되돌아옴(retuning)'과 같은 의미를 내포하고 있다. 따라서 '관계한다(relate)'는 것은 '되돌리는, 회귀하는(to bring back, return)' 것을 의미하기도 한다(OED, online). 부모와 자녀의 관계는 그들이 지속적으로 되돌아가는 그 무언가를 의미한다. 이러한 점에서 본다면, 교육적 관계 역시 사람들이 다양한 정서적·신체적·인지적·내적 방식으로 그들의 단일성과 정체성을 경험하는 영역—세계—으로 개념화할 수 있다.

가르침의 교육학은 어린 이와 연장자 사이의 존중이 대칭을 이루는 관계 안에서, 그러나 교사가 학생들에게 선사하는 관계적 책임이 비대칭을 이루는 관계에서 일어나야 한다. 이러한 관계적 대칭과 비대칭이 어떻게 실현되고 경험되는가는 교육적 도전이 아닐 수 없다. 아이의 연약함에 의해, 혹은 우리의 헌신적인 관심과 주의를 필요로 하는 아이에 의해 우리가 '소환된다(called)'고 느끼는 상황에서 어른과 아이의 관계는 관계적이지 않은 관계로 보다 명확하게 묘사될 수 있다. 에마뉘엘 레비나스(Emmanuel Levinas)는 '타자'가 우리에게 요구를 하면, 우리는 이 세상의 자기중심적 존재 방식을 일시적으로 초월한다고 이야기하였다. 나는 단지 그 아이를 위해 거기에 있기에 관계의 양극성과 양면성은 유예된다.

아이들은 여전히 성장하고 있지만 가끔은 어려움에 직면한다. 이러한 아이들조차도 무시당하거나 폄하되는 것을 원치 않는다는 것을 어른들이 깨닫는 것이 매우 중요하다. 사려 깊은 교육적 관계는 인간 존엄성의 동등함 차원에서 사랑과 존중으로 아이를 대한다. 그러나 분노, 분개 혹은 비협조성을 보이는 아이들을 더 잘 대하는 부모, 교사, 심리학자. 사회복지사와 같은 성인들이 있다. 그들은 비록 아이와의 관계에서 성인이 동등하지 않은, 즉 더 많은 책임을 감당해야 할지라도, 그 아이를 동등한 인격체로 바라보는 태도를 견지할 수 있다. 이러한 교육적 관계에서는 대칭과 비대칭의 역동적인 긴장이 늘 존재한다.

마지막으로, 가르침(teaching)의 과정이 양육(parenting)과 혼동되어서는 안 된다. 그럼에도 너무나 많은 가족의 책임을 학교에 위임해 왔다는 사실은 가르침의 교육학과 양육의 교육학 사이의 긴밀한 연결성을 암시적으로 확인케 하는 듯하다. 서로 다른 방식이기는 하나, 부모와 교사 모두 아이들과 젊은이들을 길러 내고 이들과 함께 살아가는 데 관여한다(van Manen, 1991).

부모와 자녀 간의 교육적 관계가 애착의 정서들, 전형적으로 예견되는 행동들, 부모의 일부에 대한 개념화들로 특징지어진다는 것을 보여 주는 광범위한 심리학적 증거들이 존재한다. 건강한 애착과 관계적 정서의 발달을 이루지 못한 아이는 사회적·심리적 어려움에 처하기 쉽다.

교육의 성찰적 본질

우리가 연구하고자 하는 대상이 우리가 지닌 관찰적 입장이라는 틀(frame)에 의해 늘 영향을 받는다는 탐구의 원리는 이미 잘 알려져 있다. 이는 가르침에 관한 연구물들에서 쉽게 관찰된다. 만약 연구의 산출물 혹은 결과들이 연구자의 관점에 기반하고 있다면, 교사가 하는 모든 것은 교실의 효과와 관련하여 커다란 중요성을 지닐 것으로 보인다. 우리가 교사를 합리적인 행위자로 간주한다면, 우리는 아마 교사들이 의사결정을 통해 한 순간에서 다음 순간으로 나아가는 것을 우선적으로 보게 될 것이다. 만약 우리가 성찰적 가르침이라는 문제에 몰두하고 있다면, 우리는 교사들이 그들의 교실에서 다양한 차원의 성찰을 행하는 것을 볼 것이다. 만약 우리가 교실에서 도덕적 가치의 존재를 찾고 있다면, 교사가 하는 모든 것이 도덕적 의미(중요성)를 지니고 있는 것처럼 보일 것이다. 우리의 해석적 틀은 우리의 관념(앎)뿐 아니라 맹목(무지)까지도 설명해 내는 듯하다.

우리가 보는 것은 우리가 지닌 입장이 작용한 것이라는 사실을 수용할 때 우리는 우리 이해의 자기성찰적 혹은 발견적 한계에 노출될 수밖에 없다. 철학자 그론딘(Grondin, 1994)이 지적하듯, 이 같은 오늘날의 상황은 모든 지식과 이해가 해석적이라는 사실을 아는 것뿐만 아니라 우리가 이러한 상황을 반사적인 것으로 인식하는 것과도 같다. 따라서 우리의 과업은 단지 우리가 보는 것을 해석하는 것에 그치지 않으며, 우리의 이해가 몹시 해석적이라는 것을 해석적으로 인정하도록 도전을 받는다. 그러므로 우리가 제공하는 것이 해석이라는 설명을 단순히 받아들이는 것만으로는 충분하지 않다. 성찰의 조건이라는 것은 우리의 해석적 행위에 자기 인식의 수준을 더하는 것이며, 그것들은 이와 같은 특정한 해석들을 야기한 삶의 형식의 전형이 된다. 가르침의 의미에 대한 하이데거(Heidegger)의 설명을 보여 주는 다음의 유명한 인용구는 사고란 무엇인가를 배우는 것에 자리 잡고 있다.

> 그렇다. 가르치는 일은 배우는 일보다 훨씬 더 어렵다. 우리는 그것을 알지만, 그것에 대해 생각해 보는 경우는 드물다. 그렇다면 가르치는 것이 배우는 것보다 더 어려운 이유는 무엇인가? 단순히 교사가 더 큰 정보 저장소를 지니고 있어야 하고, 그것을 늘 준비된 상태로 지니고 있어야 하기 때문은 아니다. 가르침이 배움보다 더 어려운 이유는 가르침이 바로 이것을 요구하기 때문이다. 배우도록 하는 것이다. 사실 진정한 교사는 배움 이상의 다른 것을 배우도록 하지 않는다. 이러한 점에서 그의 수행(가르침)은 우리가 유용한 정보를 단순히 터득하게 된 것에 대해 우리가 그것을 갑자기 이해하게 되었다는 인상을 준다. 교사는 그의 제자들에 앞서 혼자 있고, 그는 여전히 그의 제자들보다 배울 것이 더 많다. 그는 제자들이 배우게 하기 위해 배워야 한다. 교사는 그의 제자들보다 더 많이 가르칠 수 있는 역량을 지니고 있어야 한다. 교사는 그의 것들을 배우는 이들보다도 그의 토대에 대한 확신이 덜 하다. 만약 교사와 배우는 이의 관계가 진솔하다면 말이다. 모든 것

을 안다는 그런 권위를 위한 공간이나 공식적인 권위적 지배는 존재하지 않
는다. 모든 것이 평가절하되고 밑바닥에서부터 평가되는(예: 비즈니스) 오
늘날의 사회에서 그 누구도 교사가 되는 데 더 많은 시간을 소요하기를 원
치 않는 것은 아마도 그 문제가 고도의 측면에서 상당히 높기 때문일 것이
다. 그리고 아마도 이러한 꺼림칙함은 우리의 사고를 불러일으키는 대부분
의 문제와 연결되어 있다. 우리는 반드시 교사와 가르쳐지는 것 사이의 진정
한 관계에 대해 단단히 지켜보아야 한다. 만약 정말로 배움이 일어난다면 말
이다(Heidegger, 1972, pp. 15-16).

　당연히 하이데거는 '배움(learning)'이라는 단어를 '학습결과(leaning out-
comes)'라는 문구보다 더욱 근본적이고 참된 방식으로 사용한다. 보다 근본
적인 관점에서 배움은 누군가가 '배웠다(learned)'라고 했을 때 우리가 의미하
는 것과 상통한다. 이러한 관점에서 배움은 한 인간이 그/그녀 자신을 만드
는 것을 의미하기도 한다.

　가르침 그리고 가르치는 방식은 무엇이며, 무엇이어야 하는지에 관한 우
리의 살아 있는 권고를 보여 주는 것과 같다. 우리가 그것을 좋아하든 아니든
간에 우리는 우리의 교육적 행위 안에서 교사가 된다는 것이 어떤 의미인지
에 대한 예시들을 세워 나간다. 여기가 바로 성찰의 원리가 중요한 지점이다.
우리는 우리가 아이들과의 상호작용에서 하거나 하지 않는 모든 것이, 말 그
대로 그 모든 작은 것들이 중요하다는 것을 안다. 왜 중요한가? 교사들과 같
이 우리가 우리 학생들에게 영향을 미치는 관계에 서 있기 때문이다. 그리고
우리는 그러한 영향을 성찰적으로 인식한다. 우리는 우리 아이들에게 영향
을 주는 관계에 서 있으며, 이러한 사실을 모른다고 주장할 수 없다.

　우리는 우리 아이들에게 영향을 미치지 않을 수 없다는 것을 안다. 문제는
우리가 아이들에게 영향을 주어야 하는가 혹은 주지 말아야 하는가가 아니
다. 우리는 늘 영향을 준다. 그리고 이러한 영향은 우리의 전적인 존재로부터

삼투하여 흘러나온다. 우리가 존재하고 느끼고 행동하고 이해하는 방식뿐 아니라 해석적 존재로서의 우리에 대한 우리 자신의 성찰적 인식으로부터 흘러온다. 달리 말해, 우리는 우리가 행하는 것뿐 아니라 우리가 아는 것에 대해, 그리고 이러한 앎으로부터 형성된 세계에 대한 관점과 세계에서의 존재 방식에 대해 책임이 있다.

심지어 이러한 것은 일차적으로 내가 학생들에게 이러한 방식으로 영향을 주어야 할지, 다른 방식으로 영향을 주어야 할지에 관한 문제도 아니다. 문제는 내가 행하는 것이 무엇이든 그것이 이 아이에게 적합한지, 다른 아이에게 적합한지, 혹은 이와 같은 어린아이들에게 적합한지에 관한 것이다. 실제로 교수의 실천은 어린아이들과 공존하고 상호작용하기 위한 더 적절한 방법들을 덜 적절한 방법들로부터 지속적으로 구별해 내는 과정으로 정의될지도 모른다. 우리가 가르치는 어린 친구들이 우리의 영향을 비롯한 여러 가지를 어떻게 경험하는지에 대한 이해를 발전시켜 나갈 때만이 교수적인 민감성과 통찰력을 갖추게 될 것이다. 이상하게도, 학생들이 교사와의 관계를 어떻게 경험하는지에 대한 교육학적 질문은 좀처럼 제기되지 않는다.

가르침의 역설적 성격

가르침의 세계는 긴장과 갈등으로 가득 차 있다. 아이들은 그들 나름대로 하고 싶은 무언가가 있지만, 부모는 위험하거나 바람직하지 못한 상황을 피하기 위해 아이를 돕거나 제한해야 한다는 책임감을 느낀다. 초임 교사나 처음 부모가 된 이들은 아이에게 절대로 "안 돼."라고 말하지 않겠다고 맹세하지만 그보다 나은 대책이 없다는 것을 깨닫는다. 어머니 혹은 아버지는 아이가 할 수 있기를(able to) 원하는 것과 현재 할 수 있는(capable of) 것 사이에 형성되는 긴장에 힘겨워한다. 아이는 아버지의 마음을 얻고 싶어 하지만 아버지의 책임에 대해서는 생각하지 못한다. 식탁 위에 저녁 식사가 차려져 있지만 아이는 정크 푸드를 먹으려 한다.

　이러한 것들은 교육적 경험의 현실을 괴롭게 하는 끊임없는 모순, 갈등, 양극화, 긴장, 반대의 예들이다. 대부분 부모나 교사들은 경험을 통해 이러한 모순이 아이들과 함께하는 일상의 실제적인 행위와 생활에 제기하는 도전들을 알고 있다.

　모순이라는 개념은 교육적 삶에 (혹은 그 자체로 일반적인 삶에) 매우 중요한 것으로서, 슐라이어마허(Schleiermacher, 1983)는 그의 중요한 1826년 강의에서 교육적 모순에 대해 논의함으로써 교육에 관한 그의 생각을 정교화하는 출발점으로 삼았다. 교육적 모순은 일상의 삶을 실천하는 가운데 우리의 삶에 도전을 제기할 뿐만 아니라 우리에게 성찰적 반응을 요구한다. 일상의 다양한 모순에 대한 관점을 제공하는 방법을 알려주지 못한다면 교수에 관한 그 어떠한 이론과 실천도 결코 만족스러울 수 없을 것이다.

　슐라이어마허와 딜타이를 기점으로 많은 교육학 저자들은 존재론과 실천의 수준에서 교육적 모순에 관한 질문을 강조해 왔다. 혹자는 교수 세계의 근본적이고 구조적인 모순의 의미를 규명하고 명확히 함으로써 보다 사려 깊은 교육적 삶의 기초를 제공하기를 희망한다. 슐라이어마허는 두 가지의 기본적인 모순에 대해 이야기한다. ① 교육적 행위의 개인적 결말 대 사회적 혹은 전지구적 결말의 양극성, 그리고 ② 아이를 격려하고, 자극하고, 제한하고, 훈련시키는 과정에서 드러나는 긍정적 부정, 좋고 나쁨의 이중성이다. 슐라이어마허에게 가르치는 일은 이처럼 대조적이지만 필요한 두 과업을 포함한다. 하나는 아이가 자신의 독특한 개인적 존재성을 형성하도록 돕는 것이며, 다른 하나는 아이의 이러한 형성적 과정을 커다란 지구적 가치를 실현하는 일로 삼는 것이다. 우리는 그와 함께 자연(Natur)과 이성(Vernunft), 생명과 도덕적 근거의 변증법이 작동하는 것을 볼 수 있다. 슐라이어마허에 따르면, 각각의 개인은 전체 공동체의 도덕적 환경에 참여하기 위한 그/그녀만의 방법을 찾아가는 것이 요구된다. 이러한 과업은 심히 윤리적이며, 신학적이기까지 하다. 부모 혹은 교육자는 아이들이 자라는 동안 바람직하지 못한 충동들을 억제하는 가운데 선함(the Good)을 일깨우는 방향으로 이끌 필요가 있다.

슐라이어마허가 설명한 그러한 기본적인 모순들은 이후 교육적 생활 세계의 모순적인 영역을 자세히 파헤쳐 나가도록 하는 자극제가 되어 왔다. 예를 들면, 이러한 관심은 아이를 그대로 두거나 기다려 주어야 한다는 요구에 민감해지면서도 아이의 삶에 적극적으로 방향을 제시해 주는 변증법적 방식을 논의한 독일의 유명한 교육학자인 리트(Litt)의 '이끌어 주거나 내버려 두거나 (Führen order Wachsenlassen, Leading or Letting to)'로 이어진다.

리트(1925/2967)는 이와 같은 대립적인 경향들을 부모와 교육자라는 두 형태의 후견인 위치에서 나타나는 표현으로 보았다. 아이들을 감독하고 보호하며 삶과 문화의 질을 지켜 주고자 하는 갈망과, 아이가 통제로부터 벗어나 독특한 개인적 삶을 살아가는 존재가 되기를 허용하고자 하는 갈망이다. 리트의 연구는 일상의 삶과 가치 및 사고체계의 수준에서 양극성이라는 용어에 도달할 필요성을 드러내기 위해 늘 모순적인 두 개념의 용접을 반영하는 노력으로 특징지어진다.

힌티에스(Hintjes, 1981)는 교육학 저자들의 연구에서 발생하는 주요한 모순의 종류를 세 가지로 규명한다. 주체와 대상의 문화-세계 사이의 모순, 자유와 통제 혹은 자유와 제한 사이의 모순, 그리고 이상과 현실 사이의 모순이다. 놀과 당대의 사람들은 교육적 책임을 행하기 위해 성인으로서 아동과의 삶에 내포된 많은 갈등과 긴장을 해결하는 방법을 적극적으로 아는 것이 요구된다고 생각하였다. 그러나 그에게 있어 '해결(resolve)'은 반드시 누군가가 '해결책 (solution)'에 도달하는 것이나 모순을 제거하는 것을 의미하지는 않았다.

자유와 통제, 자율성과 의존성 사이의 모순은 교육적 생활 세계의 피할 수 없는 특징이다. 몇몇 모순과 (혹은) 긴장은 해결될지도 모르나, 다른 것들은 그대로 남아 있을 수 있으며, 이러한 것들은 이제 보다 성찰적인 수준에서 더 잘 이해될 수 있다. 놀은 성찰의 과정을 발견적인 명료화로서, 그러한 교육적 생활 영역의 특징이라고 할 수 있는 내적 갈등과 양극성을 이해(verstehen)하는 과정으로서 설명하였다. 놀(1967)은 이러한 '실천(praxis)-이론(theory)-실천(praxis)'의 순환적 맥락에서 이야기하였다. 실천은 다음 실천을 준비하는 성찰을 이끈다.

예를 들면, 자유의 경험은 통제 훈련과 반대되지만 그것을 보다 높은 형식의 자유로 옮기기 위한 (자기) 통제와 훈련을 요구한다. 반대로 훈련의 경험에 있어서도 그렇다. 많은 교육학에서 의존의 방법을 통해 아이를 돌보아야 하는지, 혹은 아이가 독립심을 키우도록 그대로 두어야 하는지의 문제를 다룬다. 교육적 모순의 관점에서 볼 때, 의존과 독립 사이의 이러한 갈등은 잘못된 이분법이며, 이분법적 사고의 산물이다. 완전히 의존하는 것에 길들여진 아이들은 잘 자라나지 못하지만, 완전한 자유가 주어진 아이들도 잘 자라나지 못하기는 마찬가지다. 독립성과 의존성, 자유와 통제는 아이의 연령 및 성숙도와 관련하여 늘 특정한 조화를 이루어야 한다. 그러므로 문제는 의존성이냐 독립성이냐에 관한 것이라기보다는 점차 독립성을 키워 나가는 가운데 특정한 상황에서 아이에게 어떠한 종류의 의존이 필요한지에 관한 것이다. 그 어떤 인간도 아마 완전히 독립적일 수 없으며, 심지어 성인조차도 그들의 배우자와 연인, 친지, 친구 그리고 공동체 구성원들과 서로 의존의 관계를 유지한다.

교육적 분위기

아이들과의 관계에서 늘 지속적으로 교육적인 방식을 행한다는 것은 분명 불가능한 일이며, 이는 자신을 비난하며 괴로워할 일도 아니다. 아마도 우리는 우울하다고 느끼거나 그저 그런 기분이 아니라고 느끼는 날이 있을 수 있으며, 교실의 학생들과의 만남이 마지막인 것처럼 느껴지는 날이 있을 수도 있다. 또는 단순히 안 좋은 날이 있을 수 있고, 우리의 교육적 책임에 있어 실수하거나 실패하는 것 외에 별다른 도리가 없을 때도 있다. 한편, 우리는 우리가 최고라 할 수 있는 것을 한다고 생각할 때도 있고, 우리가 잘못 행한 것, 잘못 판단한 것, 부족했던 것, 모르고 행한 것에 대해 실망하고 있음을 발견할 때도 있다. 실제로 우리는 우리가 양육하거나 가르치거나 돌보는 아이들에게 실수를 하거나 잘못 행하는 것을 피할 수 없다. 양육과 교육은 결코 기술적인 과업이 아니다. 가르침의 교육적 영역은—양육도 마찬가지로—철저히 도덕적 · 정서적 · 관계적이며, 기분이나 어조 혹은 분위기에 의해 형성된다.

모든 가정과 모든 교실 그리고 모든 학교가 특정한 분위기를 지니고 있다. 문제는 그 학교에 만연한 분위기가 있는지 없는지에 관한 것이 아니라, 어떠한 분위기가 그 학교에 적절하며 가치 있는지에 관한 것이다. 교회의 분위기는 초월적인 특성을 지닐 것이다. 카바레나 바에는 아마도 에로틱한 감성이 물씬 풍겨날 것이다. 고층의 넓은 건축물은 경외심을 불러일으킨다. 심지어는 도시 전체에 특정한 분위기가 만연하기도 하고, 이러한 분위기는 특히 여행자들의 이목을 끈다.

단지 그렇게, 가정과 일터는 '분위기'를 지니고 있다. 이러한 분위기는 이들 안에 있는 작은 사물조차도 특별한 감정과 정취를 만들어 내도록 한다. 이 의자는 할아버지의 것이고, 할머니가 무언가를 만들 때 사용하곤 했던 램프 아래에 있다. 정취 혹은 분위기에 대한 감각은 우리 존재의 심오한 일부이다. 그것을 통해서 우리는 우리를 둘러싼 세계의 특징을 이해하게 된다.

학교 역시 분위기를 지니고 있다. 학부모들은 부모-교사 면담을 하는 동안 학교가 지닌 모종의 분위기를 느낀다. 어린아이에게 학교는 생경하고 위협적인 장소로 느껴질 수도 있고, 아이들을 보호하고 안전, 자신감과 함께 영감을 주는 분위기를 창출해 낼 수도 있다.

그러나 어떤 장소에 만연한 분위기, 그곳의 기운이라는 것은 복합적인 현상이다. 한 아이에게 위협적이고 험악한 곳으로 경험된 장소가 또 다른 아이에게는 모험적이고 도전적인 장소가 될 수 있다. 장소가 주는 분위기는 우리가 그곳에 가지고 들어가는 우리 자신의 성향이나 마음 상태에 의해 좌우되기도 한다. 그러나 그러한 풍경의 분위기, 예를 들면 저녁 빛의 아름다움이 전에 알지 못했던 고요함과 평화로운 감정으로 우리를 이끄는 것 또한 사실이다. 분위기는 인간 존재의 모든 면면에 스며들어 있다. (영감 있는 색으로 칠한 아담한 의자와 같은) 사물에, (평화로운 풍경과 행복한 해변과 같은) 장소에, (졸업 축제나 엄숙한 연설과 같은) 행사에, (행복한 추수와 감사한 연말과 같은) 시간에 스며 있다. 또는 더욱 좋은 것은 분위기 혹은 대기는 각각의 특정한 사물 혹은 질에 대해 인간이 세계를 경험하는 방식이라는 것이다.

그러므로 분위기라는 개념을 인식하는 것은 교육학적으로 긍정적인 현상이다. 교사와 부모는 일반적인 존재감과 아이의 긍정적인 안녕에 기여하는 분위기의 힘을 이해해야 한다. 민감성 있는 교사는 특정한 종류의 삶과 학습에 생산적인 분위기를 만들고 발전시켜 나갈 수 있다. 학교가 지녀야 하는 특정한 질적 특성들에 모든 교사가 동의하지는 않을 수도 있으나, 그 어떤 교사도 학교가 특별한 장소라는 것을 부인하지 않을 것이다. 따라서 교육적인 관점에서 볼 때 학생들은 학교의 그러한 물질적·일시적·공간적 영역들을 긍정적으로 인식할 필요가 있다.

대부분의 교사들은 이를 직관적으로 알고 있기 때문에 교실의 벽면을 다채로운 전시물과 흥미로운 자료들로 '꾸민다(dress-up)'. 그렇다 할지라도 사진으로 뒤덮인 벽면, 의무적인 조례에 대한 공지사항, 혹은 그 밖에 화려한 형형색색의 자료들은 어쩌면 비실제성과 단순한 비즈니스 혹은 얕은 신념의 분위기를 형성할지도 모른다. 어떤 교사들은 동료 교사와 학부모들에게 감명 깊은 인상을 남기는 것을 교실에 하루 종일 앉아 있는 아이들 각자의 마음을 고양하는 것보다 중시하는 것처럼 보이기도 한다. 지나치게 많은 보색과 전시물, 자료로 둘러싸인 교실 환경은 사실상 학습을 방해할 수 있으며, 조용히 작업을 하거나 주의집중을 위한 분위기를 형성하는 것을 방해할 수도 있다. 아마도 무언가 새로운 것을 이어가기 전에 우선 정리를 하고 이전 시간에 사용했던 책들을 한군데에 모아 두거나 치워 두는 것이 더 나을 것이다.

따라서 교사는 학교와 교실의 분위기에 기여하는 다양한 요소들의 복잡성을 아이들이 어떻게 경험하는지에 관해 보다 민감해질 필요가 있다. 집이 특별한 공간인 것처럼 학교라는 공간도 특별하다. 학교는 아이들이 세상의 일부가 되지 않고도 세상을 탐구할 수 있는 시간과 공간을 제공하는 곳이다. 다른 한편, 학교는 가정이라는 사적이고 개인적인 공간이 보다 넓은 공공 혹은 공동체로 확장되는 장소이다. 이러한 점에서 학교는 가정과 더 큰 세계를 연결한다.

우리는 교실로 들어갈 때 순전히 물리적인 공간일지라도 그 공간에서 친밀감과 안전, 보호의 요구에 민감한 분위기를 느끼길 원한다. 뿐만 아니라, 공적인 삶과 신비로운 비인격적(개인 수준을 넘어선) 요구들로 이루어진 커다란 세상의 매력적인 요구에 민감한 분위기를 느끼길 원한다. 우리는 교실로 들어갈 때 어떠한 교육이 거기에서 일어날지 곧바로 느끼게 된다. 그러한 분위기는 아이들에게 좋은 공간이란 무엇인지에 관한 교사의 비전이 무엇인지를 말해 준다.

교실이라는 살아 있는 공간, 그것의 내용적이고 영적인 특징은 무엇보다도 우리에게 학교가 무엇을 위한 것인지를 상기시킨다.

한 학생이 미술 교실에 들어갈 때, 그녀의 정향은 그녀가 방금 떠난 생물학 교실에서 갑작스럽게 전환된다. 생물학 교실에서 교사는 인간 손의 구조와 기능에 대해 이야기했다. 그녀는 영장류, 오스트랄로피테쿠스, 그리고 호모 사피엔스의 손 골격에 나타나는 진화의 특징들을 관찰했다. 그녀는 시간이 지남에 따라 손가락의 교정이 얼마나 더 확연해졌는지, 엄지손가락 뼈가 얼마나 넓고 길어졌는지, 마주보는 엄지와 그 관련된 근육계가 얼마나 유용한지 알게 되었다!

그러나 그녀가 미술 감상 교실에 들어갔을 때 그녀는 선생님의 책상 위에
놓인 로댕의 〈기도하는 손(Praying Hand)〉 조각상의 기묘한 모형을 발견한
다. 몇몇 학생은 그것을 보고 깜짝 놀란 듯 키득거린다. 헌신적인 애원에서
위로 뻗은, 세심하게 표현된 그 손가락들은 도구적인 기능을 초월한다. 지상
에 묶인 그들의 영성이 어쩜 이렇게 기적적으로 표현될 수 있을까. 이 교실
의 분위기는 어쩜 이렇게 다를 수 있을까.

서로 다른 두 세상은 각자의 가치와 느낌, 신념을 지니고 있다. 로댕의 손
에 안관절, 외전근, 엄지손가락 마지막 뼈의 진화 등과 같은 용어를 갖다 붙
이는 것이 얼마나 부적절한가. 어쩜 이렇게 친숙한 하나의 손이 그러한 상이
한 두 현실의 일부가 될 수 있다는 말인가? 나는 지금 이 글을 쓰면서 내 손
을 바라본다. 정말 이상한 대상이다. 나는 라이너 마리아 릴케(Rainer Maria
Rilke)의 시를 떠올린다. 한때 그는 무언가를 찾기 위해 테이블 아래를 손으로
더듬으며 잠시 이러한 '것(thing)'이 자신만의 생명을 지니고 있는 것처럼 보
였던 때를 떠올렸다. 그것들은 내 마음에 잊을 수 없는 인상을 남겼고, 그리
하여 나는 지금 이 섬세한 시의 이미지를 떠올린다. 나는 정확한 단어를 기억
해 내려고 노력하지만, 내 시선은 바로 전 문단을 응시한다. 그리고는 곧바로
다시 그 교실로 돌아와 두 손이 서로 다른 대기에 놓였을 때 느꼈던 분위기의
전환에 다시금 놀란다.

벽의 색을 고를 때, 가구들의 소재와 배치를 정할 때, 우리에게 너무도 익
숙해져서 오직 잃어버렸을 때만 알게 되는 그런 작은 것들의 자리를 정할 때,
우리는 조심스럽게 우리 집의 분위기를 만들어 간다. 교사들 역시 조심스럽
게, 섬세하게 그들의 교실을 정리한다.

어떤 게시물들은 아이들에게 학교에서 해야 할 것들을 이야기해 준다. 그
러한 것들은 삶이 특정한 순서를 요구한다는 것을 생각하게 한다. 학교는 체

험된 시간과 실제 시간, 여가시간과 과제 시간, 계획을 세우는 시간과 일을 마무리하기 위한 시간, 개인 시간과 집단 시간, 시작하는 시간과 끝낼 때의 호흡을 중재하는 것을 배우는 공간이다.

교실의 또 다른 측면은 가정과 이웃에서 부족할 법한 세상의 살아 있는 면면을 학생들에게 전해 주는 것이다. 도심 학교의 아이들에게는 교실 안의 지시물과 가구를 비롯한 모든 것이 학습한 것의 중요성을 재해석하도록 돕는 역할을 할지도 모른다. 루시는 교실에서 처음으로 거미에 대해 공부한다. 그러고는 집에 돌아가 자신의 방구석에 있는 작은 거미 한 마리를 발견한다. 루시는 이 작은 생명체를 어떻게 해야 할지 아빠와 의논한다. 잡아서 창문 밖으로 풀어 주어야 할까? 거기 그대로 둘까? 남겨 두는 게 좋겠다. 다음 날 거미는 천장 위 조명 근처에 자리를 잡았다. 창문을 약간 열어 두는 게 나을지, 아니면 머무를지 떠날지를 거미가 결정하도록 하는 것으로 충분할지 고민한다. 이제 학교에서 루시는 게시판 위에 걸린 거미 사진과 그림을 다시 한번 유심히 살펴본다. 집에 있는 그 작고 다리가 긴 친구는 루시가 그 그림들을 새로운 관심과 함께 바라보도록 가르쳤다. 오래된 질문들이 새로운 의미를 얻고, 다시금 새로운 질문들이 떠오른다. 거미는 무엇을 보고 있을까? 나를 보고 있는 걸까? 이 거미는 수컷일까, 암컷일까?

분위기는 장소가 체험되고 경험되는 방식이다. 그러나 분위기는 또한 교사가 아이들에게 존재하는 방식이자 아이들이 그들 자신과 교사에게 존재하는 방식이다. 분위기는 신체적인 동작과 목소리 톤을 통해 만들어진다. 교사가 오스카 와일드(Oscar Wilde)의 『행복한 왕자(The Happy Prince)』를 읽을 때 영적인 아름다움과 섬세함의 분위기가 이야기 그 자체의 분위기와 서로 엮인다. 이야기의 결말에 도달할수록 교사의 목소리는 약간 갈라지고, 그것은 몇몇 아이들의 카타르시스를 고조시킨다. 사랑이라는 것은 어떻게 그 작은 제비를 위해 자신을 그토록 아름답게, 그러나 슬프게 희생하도록 할 수 있을까?

교사가 천천히 책을 덮을 때, 교실에는 고요함이 감돈다. 이야기에 그다지 감동을 받지 않은 아이들조차 잠시 말하는 것을 멈춘다. 이러한 침묵 또한 분위기를 지닌다. 그것은 단지 소리 혹은 목소리의 부재가 아니다. 그것은 오롯이 자신만의 음색적 질을 지니고 있다. 책을 덮은 이후 시간이 지속되어도 그 이야기는 그대로 남아 사색이 깃든 침묵이 이어진다. 그것은 성찰의 침묵이자 생각의 침묵이다. 이 침묵은 교실의 모든 아이가 개별적으로 수학 문제를 풀 때를 다스리는 침묵과는 다른 분위기를 지니고 있다.

표상되고 재현되는 접촉

몰렌하우어(Mollenhauer, 1986)는 초기 문화에서는 아이들이 그들의 부모와 공동체 구성원들의 삶에 직접적으로 참여하면서 그들의 연장자들로부터 지식과 기술, 가치 등을 직접적인 혹은 '표상적인(presentive)' 방식으로 배웠다고 지적한다. 젊은이들은 그들에게 지식을 보여 줄 수 있는 성인들(농부, 장인, 방아꾼)의 옆에서 생계를 이어가는 방법을 배울 수 있게 해 준 이들과 함께 생활하며 일할 것으로 기대되었다. 현대 사회에서 대부분의 아이들은 학교에서 교과서, 전자 매체 그리고 학교 교육과정 활동에 담긴 지식과 기술을 배우게 된다. 그리하여 몰렌하우어(1986)는 성인과 아이들 사이에서 나타나는 비공식적인 관계를 초기 교육의 표상으로 지칭한 반면, 비교적 현대의 공식적인 학교교육은 재현성(representative)을 띠는 것으로 보았다. 학교는 젊은이들에게 전수할 만한 가치가 있다고 판단되는 문화와 지식을 선정하고 구조화한다. 이러한 지식은 재현의 방식으로 학교 교육과정에 나타난다. 오늘날의 용어를 빌리면, 우리는 교육과정 내용과 교수학적 혹은 훈화적인 내용을 구분할 수 있다. 먼저, 보다 거시적인 문화로부터 위임되고 처방된 (학문적이고 비학문적인 내용으로서의) 교육과정 내용이 있다. 또한 교사가 그러한 교육과정으로부터 (교육적인 내용으로서의 적절성, 교수 가능성 등의 기준을 사용하여) 선택한 내용이 있다.

학교 교육과정은 문화의 선택적인 요소들을 재현하는 교수-학습 목표와 자료들의 구조화된 복합체와 같다. 그러나 무엇을 재현의 대상으로 선택할 것인가는 우리 일상의 삶과 동떨어져 있다. 그러한 표상들의 현실과 의미를 그대로 경험하지 않는 아이들에게 그것들은 의미 없고 생소한 것으로 경험될지도 모른다. 학교는 이제까지 가정(사적)과 세상 밖(공적)의 영역 사이에 존재해 왔다. 그러므로 우리는 경험적으로 표상(presentation)과 재현(representation), 무언가를 보여 주는 것과 재현하는 것, 표현적인 언어와 재현성을 띤 담화를 구분할 수 있다. 무언가를 경험하는 것의 표상적인 방식은 즉각적·직접적인 반면, 재현을 통해 경험하는 방식은 매개적·간접적이다. 예를 들어, 젊은이들이 정치적 투쟁에 적극적으로 참여하는 것은 역사책에서 정치적인 투쟁에 관해 읽는 것과 전혀 다른 경험이다. 무언가를 직접적으로 경험하는 것은 그러한 사안에 대해 간접적으로 알게 되는 것과는 다른 종류의 학습을 포함한다.

몰렌하우어가 언급하지 않은 중요한 점은 교사가 자신이 가르치는 그러한 재현들을 구체화하는 방식들은 또 한편 상황적으로는 표상적인 교수로서 경험된다는 것이다. 교사-학생 경험의 교육적인 관계와 상황, 그리고 (상호)작용들의 미묘함에는 살아 있는 감성이 있다. 우리가 교실 내 토의에서 공유되는 분위기와 온라인 토의에서 공유되는 분위기를 비교할 때, 신체적이고 개인적인 이야기를 면대면으로 전하는 상황과 화자의 이야기를 팟캐스트(podcast)에서 듣는 상황을 비교할 때, 우리는 비로소 이와 같은 표상적인 교수의 실재를 인식하게 된다.

그러나 이러한 방식으로 학교는 자신만의 이차적인 표상적 실재를 만들어 낸다. 학교에서 행해지는 교육은 그 학교의 교육 프로그램과 교육과정이라는 매체를 통해 구체화된 재현적인 의미들의 이차적인 실재가 표상적인 접촉의 실재와 결합된 것이다. 교육과 양육 그리고 성장에서 나타나는 재현적이면서도 표상적인, 즉각적이면서도 매개된 형태의 접촉은 우리가 살아가는 새로운 공학 환경에서 더욱 복잡해진다. 현재 맥락에서 여행, 텔레비전, 인터넷, 디지털 기기, 지속적으로 변화하는 사회관계망 과학기술의 경험들은 표상과 재현, 직간접적인 참여, 실제와 가상의 경험, 즉각적인 혹은 매개된 실재 등의 경계를 흐릴지도 모른다.

아이들은 우리의 존재를 어떻게 경험하는가

우리가 무엇을 말하고 행동하는지와 실제 우리가 어떠한지 사이에 나타나는 불일치를 발견하는 어린아이들의 예리함은 놀라울 정도이다. 진정한 연인이 상대방의 눈속임에 오래 속지 않는 것처럼, 아이 또한 교사의 가짜 열정이나 위조된 전문성에 오도되지 않는다. 자신이 무엇에 대해 이야기하고 있는지 잘 알지 못하는 교사는 (스스로 그것을 인식하든 못하든 간에) 그리 진지하게 대할 필요가 없는 사람으로서 그 베일이 벗겨진다. "아무개 교사는 진짜가 아니야."라고 학생들은 말한다.

자신감에 넘치는 분위기를 가장하고자 필사적으로 노력하는 젊고 불안정한 교사는 이내 그/그녀의 실제 상태를 내비치고 만다. 교사의 어색한 제스처와 가장된 포즈, 눈동자를 통해 아이들은 그것을 빠르게 알아챌 것이다. 표정과 눈빛을 통해 교사와 학생 사이에 그러한 일들은 정말 많이 일어난다. 영향력 있는 교사는 영향력을 보여 주는 사람이다. 교사로서 아이와 어른에게 보여 준다(present)는 것은 무엇을 의미하는지 살펴보자. 우리는 종종 어떤 이를 그/그녀의 행위로서 안다고 이야기한다. 그러나 우리가 무엇을 하는지(do)를 관찰하고 설명하는 것은 우리가 어떤 존재인지(are)를 관찰하고 설명하는 것보다 쉬울지도 모른다.

만약 교사가 교육과정상에 제시된 일련의 목표를 합법적으로 고수하고 있으나 자신이 어디로 향하고 있는지 깊이 있는 수준에서 알지 못한다면, 책임에 관하여 이야기하고 있으나 자신은 책임감 있는 삶을 살아가고 있지 않다면, 지속적으로 학생들의 점수를 매기고 있으나 자신의 노력에 대한 성취 기준에 온전히 도달하지 못한다면, 학생들이 좋아하는 교사가 되기 위해 열심히 노력하나 진정한 가르침의 의미를 모른다면, 학생들을 즐겁게 하기 위한 많은 농담을 알고 있지만 학생들 존재 자체에서 오는 즐거움을 진정 느끼지 못한다면, 언어적으로 유창한 지시들을 보여 주지만 알맹이가 없는 대화만을 생산하고 있다면, 교육과정 개별화를 효과적으로 수행하지만 아이들에 대해 진정 알지 못한다면, 세상을 알아 간다는 것이 무엇인지를 보여 주지만 그러한 행위에 대해 책임지지 않는다면, 중요한 교육적 목적과 목표를 인용할 수 있지만 아이들 하나하나의 희망을 깊이 이해하며 살아가지 않는다면, 자신이 가르치는 교과목을 다른 교과목들과 통합하지만 그 전체를 관망하는 능력이 부족하다면, 학생들에게 많은 질문을 던지지만 진정한 질문은 어떻게 제시되어야 하는지를 모른다면, 권위를 갖고 행동하지만 그 자신을 교육적으로 권위 있게 하는 것이 무엇인지를 모른다면…, 만약 교사가 늘 평생 그렇게 간다고 한다면, 그러한 관찰 가능한 교사의 행동, 즉 교사가 표면적으로 하는 행동은 그가 실제 세상에 존재하는 방식과 근본적으로 모순되고, 세상에 있을 때보다는 학생들과 학교와 교실에 있을 때 더 나은 사람이 된다. 또는 교사 자신이 보여 주는 행동(does)으로서 존재(be)하는 것에 실패할 때 그 교사는 진정한 의미에서 부재하는 것이 되며, 그의 학생들에게 참되게 보여 주는 것은 없는 것이 된다.

우리 존재에 무언가 핵심적인 것이 부재한다면, 그동안 우리는 아마도 아이들에게 물리적으로만 존재할 것이다. 마찬가지로 다른 맥락에서 생각해 보면, 방과 후 우리는 아이들에게 물리적으로는 부재하지만, 우리 삶에 아이들이 여전히 남아 있고 우리가 그들에게 존재할 수 있다. 이러한 경우는 아이들이 과제를 하면서 선생님이 어깨 너머로 자신을 바라보고 있다고 느끼는 경우이다. 또는 교사가 낮 동안에 일어난 어떤 일에 사로잡혀 그 아이에 대한 생각을 떨쳐버릴 수 없는 경우이다.

우리가 원하든 원하지 않든 간에 어른들은 아이들에게 긍정적 혹은 부정적 예로 존재할 수밖에 없다. 아이들이 "왜 자기는 그렇게 안 하면서 나한테만 늘 그렇게 하라고 이야기해요?" 혹은 "왜 내가 하는 일에 그 어떤 관심도 없으면서 내 통지표에 대해서만 그렇게 신경을 써요?" 혹은 "새 차를 살 돈은 있으면서 왜 할머니를 만나기 위한 비행기 표를 살 돈은 없어요?"라고 이야기할 때 아이들은 어른들을 일종의 예시로 들고 있는 것이다.

단순히 아이들에게 행동을 모방하게 하는 살아 있는 실례에서 나아가 어른이 아이들에게 전하는 위대한 가치들이 살아 숨 쉬게 될 때, 그 어른은 아이들의 삶에 교육적으로 중요한 의미를 지니게 된다. 그러한 어른은 이제 더 이상 단지 재미있는 부모, 단순히 지식이나 정보를 지닌 교사, 텔레비전 속의 피상적인 영웅, 인기 있는 운동선수가 아니다. 그/그녀는 이제 교육적으로 중요한 어른이 된 것이다. 사려 깊은 부모나 교사는 어린아이에게 어떠한 삶이 가치 있고, 어떠한 성인의 삶을 추구해 나가야 하는지에 관한 비전을 전해 준다.

물론 모방이라는 것이 늘 우리에게 교육적인 것으로 즉각적으로 인식되는 형태로 존재하지는 않는다. 그러한 순간들은 실제 삶에서 무언가 정돈되지 않거나 이상한 것으로 보이다가 이내 긍정적인 것으로 보이게 될 수 있다. 대학에서 바이올린을 연주하는 다음의 한 학생이 전하는 것처럼 말이다.

세계적으로 유명한 바이올리니스트가 순회공연을 하던 중 우리 마을에 왔어요. 우리 음악과는 매우 흥분해 있었어요. 그가 공연 전 우리 대학에서 한 시간 동안 마스터 클래스(master class)를 진행해 주기로 수락했기 때문이었죠. 우리 셋은 콘보케이션 홀에서 그를 위해 연주할 것을 요청받았어요. 마스터 클래스에 대한 소식은 우리 도시의 음악 커뮤니티에 산불처럼 번져

나갔어요. 마침내 그날이 왔을 때, 현악기를 다루는 교사들과 심포니 구성원들, 그리고 이 유명한 음악가에 대해 알고 있는 꽤 많은 사람이 홀을 가득 메웠어요. 청중은 도시의 가장 비판적이고 지적인 음악가들로 채워졌죠. 내가 첫 번째 연주자였어요. 나는 무대공포증이라는 것을 한 번도 겪어 본 적이 없었지만 세계에서 가장 유명한 바이올리니스트에게 배운 미니어처 레슨에 대한 생각에 홀을 가득 메우고 나를 바라보고 있는 날카로운 음악가들과 교사들이 더해져 마침내 긴장한 초보 연주자가 되고 말았죠.

나는 내가 할 수 있는 한 잘 연주할 수 있을 거라고 단순히 생각했어요. 한 주 내내 플래티넘 소니 음악사에서 그의 풍부한 소리에 부응하려는 처량한 시도들에 대해 들어 왔죠. 나는 '아마도 그와 내가 같이 연주할 수 있다면, 그는 나에게 매몰차게 굴지 않을 텐데.'라고 생각했어요. 턱시도를 입은 나는 마스터의 레슨을 기다리는 바이올린 연주자라기보다는 결혼식장의 신랑처럼 보였죠. 문이 열리고, 교수님 중의 한 분이 들어오셨어요. 교수님 뒤로 방송사 사람들과 함께 지저분한 반바지와 후드티 세트를 입은 작은 남자 한 명이 있었어요. 이 사람이 그 유명한 마스터라고?

레슨이 시작되었어요. 나는 연주를 시작하기 위해 활을 현에 댔어요. 마스터 클래스에서는 대개 학생이 연주를 끝내기 전에는 교사가 비평을 하지 않는다는 관례가 있어요. 뭐, 세계적인 마스터는 관례 이상의 위치에 있지만요. 단지 10초 만에 그는 내 연주를 멈추게 했어요. "잡았다가, 풀어요!" 그가 끼어들었죠. 당황하여 어리둥절한 나는 잠시 멈추었다가, 이내 곧 작품을 다시 연주했어요. 그가 내 연주를 멈추게 한지 5초 정도 지나, 다시 그는 약간 불만스러운 톤으로 말했어요. "잡았다가, 풀어요!" 이 같은 말이 몇 번 더 있었고, 나는 완전히 허둥지둥하게 되었죠. 나는 단순히 그가 원하는 것이 무엇인지 알지 못했어요. 관중석에 있는 사람들이 키득거리고 귓속말을 하기 시작했죠. 나는 그 구간을 한 번 더 연주해 보았어요. 그리고 그때 가장 놀라운 순간이 발생했죠.

그가 바이올린 케이스를 열어 그의 아름다운 안토니오 스트라바디 바이올린을 꺼냈고, 그가 원하는 것이 무엇이었는지를 보여 주었죠. 그가 만든 소리는 마법 같았어요. 그 소리는 홀 전체를 가득 채웠고, 몇 초 후 객석 전체가 경외심으로 고요해졌죠. 그를 바라보며, 나는 그가 의미했던 것이 무엇인지 즉각적으로 알아차렸어요. 그는 더 이상 다른 말을 할 필요가 없었죠. 나는 그가 보여 준 그대로 현에 활을 댔어요. 비록 내 소리가 그의 소리만큼 또렷하지는 않았지만, 나는 내가 그의 말을 알아들었다는 것을 알았죠. 그는 내게 미소를 지으며 윙크를 지어 보였어요. 그러고는 그의 활로 내 어깨를 가볍게 토닥거렸죠. "연주해 보게." 그가 말했어요. 그게 다였어요. 그리고 몇 달 후 나는 그에게서 전화 한 통을 받았어요. 그 유명한 바이올리스트와 함께 그의 여름 음악학교에서 공부할 수 있도록 초청한다는 전화였죠.

그러나 그 이후의 몇 주 동안 나는 바이올린을 들고 그 어디에도 갈 수 없었어요. 사람들이 늘 놀려댔죠. "이봐, 마크. '잡았다가, 풀어요!'" 나는 미소를 지었어요. 나는 그 위대한 마스터로부터 진정 가치를 매길 수 없을 만큼 귀중한 무언가를 배웠는데, 그것은 "잡았다가 풀어요."라는 말보다 결과적으로 더 중요한 것이었어요. 내가 배운 것은 말하기(saying)를 뛰어넘는 보여 주기(showing)의 힘이었죠.

이러한 모방의 과정(mimesis, 미메시스)은 진정 학습을 의미한다. 초기 영어에서 '학습'을 한다는 것은 가르치는 것 혹은 배우도록 하는 것뿐만 아니라 배우는 것을 의미했다. 그렇다면, 누군가가 무언가를 배우기 위해 누군가를 '배울(learn)' 수 있다고 말하는 것은 옳은 것이다. 네덜란드어로 '배우다(leren)'는 여전히 가르침과 배움 사이에 호환 가능한 의미로 사용된다. '선생님'에게는 leraar, '학생'에게는 leering이라는 용어가 사용된다. 어원학적으로 배운다는 것은 이전에 다녀온 사람의 흔적이나 발자국을 따라가는 것을 의미한다. 그런 의미에서 '배움'을 할 수 있는 교사나 부모는 '배움'을 받고 있는 아이

보다 훨씬 더 나은 학습자여야 한다.

존재의 교육학(무엇을 가르칠 것인가)

우리가 모든 아이에게 모든 것이 될 수는 없다. 내가 나 자신을 수학 교사, 문학 교사, 역사 교사 혹은 과학 교사로 부를 때에는, 내가 직업적으로 다양한 교육적 가능성과 책임을 지니고 있다는 것을 선언하는 것이다. 그렇다면, 아이들에게 문학이나 역사를 가르친다는 것은 어떤 의미인가? 역사나 문학 교과의 교사가 된다는 것은 시나 위대한 시인들의 작품들에 대한 많은 이야기들을 전하거나 이들에 대해 끊임없이 이야기할 수 있다는 것을 의미할지도 모른다. 어떠한 것에 대해 분명하게 안다는 것은 인간 지식의 영역에서 내가 무언가를 안다는 것을 의미한다. 그러나 무언가를 안다는 것이 무언가에 대한 그 어떤 것도 알고 있다는 것을 의미하지는 않는다. 무언가를 알고 있다는 것은 그것이 우리에게 이야기하는 방식으로, 그것이 우리와, 또 우리가 그것과 관계를 맺고 있는 방식으로 이해한다는 것을 의미한다. 어떠한 것에 대해 분명하게 안다는 것은 인간 지식의 영역에서 내가 무언가를 안다는 것을 의미한다.

무언가를 안다는 것은 단순히 그것을 잘 안다는 것이나 그것이 제기하는 근본적인 질문과 관련하여 그것을 진지하게 알고 있다는 것을 의미하지 않는다. 무언가를 안다는 것은 그것이 무엇인지가 존중되고 사랑받는다는 것을 보여 주는 방식으로, 그리고 그것이 그 자신을 알리는 방식으로 그것에 대한 지식을 지니고 있다는 것을 의미하기도 한다. 우리는 학교 교육과정에 편제된 교과목들에 관해 배운다. 그것은 우리로 하여금 그러한 교과목들이 진정한 교과목이라는 것을 인식하도록 한다. 우리와 관계를 맺고 있는 교과목이라는 것이다. 우리의 반응, 우리가 그러한 교과목을 '듣는' 것은 학생과 교과목 간 관계의 핵심이 된다. 물(H_2O)이 화학적·물리적 성질을 지니고 있는 것은 자명하다. 그러나 그것은 우리 몸을 적시는 차가운(혹은 불편한) 빗물이기도 하고, 물고기와 새의 서식지이기도 하며, 우리의 음식이 되는 것들이 성장하는 데 필수적인 요소, 이윤을 창출하는 기회, 전쟁의 원인, 아름다움의 폭포, 종교적 은총에 대한 눈에 보이는 성사이기도 하다.

무언가에 대한 이와 같은 주의 깊은 관심은 의미를 해석하는 행위이기도 하다. 그리고 해석의 모든 행위가 우리의 주의력 및 돌봄과 관계된 행위라는 것을 인정할 때 우리는 한 가지 놀라운 결론에 도달한다. 우리가 아는(know) 것을 우리가 행하는(do) 것으로서 설명할 수 있어야 한다는 것이다. 지식의 도덕성, 인식론의 윤리로 말할 수 있을 것이다. 예를 들면, 희귀 동물을 카메라를 가지고 연구한 결과로서 아는 것과 사냥이나 총격으로 죽인 결과로서 아는 것은 윤리적으로 매우 다른 종류의 앎이다. 지식 중에는 개인이나 보다 넓은 맥락의 자연환경 혹은 인간성에 어떠한 혜택도 주지 않는 종류의 지식도 있다. 그러나 인간의 잔혹성을 보여 주는 지독한 이미지를 보고 나서 그것을 잊을 수 없는 것처럼, 우리는 그러한 잊을 수 없는 것들을 결코 지워 버릴 수 없으며, 우리가 아는 것을 알지 못할 수 없다.

우리의 전문적 지식 또한 윤리적인 영역을 지니고 있다. 교수(teaching) 실행을 행동적·기술적으로 인식하는 교사가 학생 개개인과 교실을 이해하는 방식은 그러한 실행을 교육적·관계적으로 인식하는 교사가 학생과 교실을 이해하는 방식과 다르다. 또한 무엇을 가르치는지와 어떻게 가르치는지 사이에는 복잡하고 미묘한 관계가 존재한다.

어떤 사람들은 교사들이 그들이 가르치는 교과목에 대해 대단히 잘 알고 있는지 여부가 중요하지 않다고 생각하기도 한다. 심지어 이들은 좋은 가르침이란 무엇(내용)을 가르치는지보다는 어떻게(교수 방법 혹은 스타일) 가르치는지에 의해 결정된다고 생각하기도 한다. 실제 우리는 영어 교실에서 체육 교사를 마주하기도 하고, 과학을 가르치는 역사 교사를 보기도 한다. 그러나

"당신이 가르치는 것이 바로 당신이다(you are what you teach)."라는 진술 또한 부정할 수 없다. 수학 교사는 어쩌다 보니 수학을 가르치게 된 어떤 누군가가 아니며 그런 누군가여서도 안 된다. 진정한 수학 교사는 수학을 구현하고, 수학을 살며, 그 정체성 자체로서 수학인(is) 사람이다. 우리는 종종 교사 자신이 가르치는 것을 스타일링하는 방식에 따라 그 교사가 '진짜' 교사인지 혹은 '가짜' 교사인지를 이야기할 수 있다. 실제로, 우선 가짜는 자신이 상징하지 않는 그것을 스타일링할 수 없다. 누군가가 "그건 내 스타일이 아니야."라고 이야기할 때, 그 진술은 "그건 나 자신이 아니야. 그건 내가 아니야."라는 것을 의미한다.

우리가 교과목을 스타일링하는 방식은 우리가 그것에 대해 우리의 견해가 숨길 없이 표현되는 것과도 같다. 문학이나 수학 혹은 과학에 대한 일정한 양의 정보를 가지고 있을지 모르나, 오로지 우리가 구체화할 수 있는 지식만이 우리 존재의 일부가 된다. '진정한' 영어 교사는 커피 타임에도 읽고 쓰고, 팔에 시집을 끼고 다니길 좋아하는 것만이 아니다. '진정한' 영어 교사는 세상을 시화(poetize)하지 않을 수 없다. 달리 말해, 마술의 주문과도 같은 말의 힘을 통해 인간의 경험을 깊이 생각하는 것이다.

학생들이 만난 훌륭한 교사들에 대해 이야기하는 것으로부터도 배울 것이 많다. 또는 학생들이 가장 잘 배웠다고 하는 교사들을—그들처럼 되고 싶었다고 하는 그런 교사들을—이들이 어떻게 묘사하는지 들어 봄으로써 배울 수 있다. 이야기와 일화 뒤에 숨겨진 특정한 주제들이 수면 위로 떠오를 것이다. 그것들은 공정한, 인내심 있는, 돌봄의, 소통할 수 있는, 원칙을 잘 지키는, 유머감각이 있는, 아이들에게 관심이 있고 아이들을 잘 아는, 가르치는 것에 대해서 잘 아는 등으로 일반화될 수 있을 것이다.

이러한 일반화 뒤에 숨겨진 주제들은 말로 설명하기 어려운 것들이다. 보다 깊은 수준에서 교사 역량은 교육적 기략 그 이상을 의미하며, 무엇이 아이들 각자에 가장 좋은 것인지에 대한 민감성, 아이들 각자의 삶과 이들이 각자 무엇에 심취해 있는지 느낄 수 있는 것을 포함한다. 그 밖에도 수학, 영어, 사회, 미술 혹은 과학 교육과정을 그 자체로서 삶의 교육과정으로 그려 낼 수 있는 감각의 측면을 포함한다.

아이가 교사에게 어떠한 방식으로 신임을 얻기를 바라는지에 관한 실제 삶의 이야기를 전할 때, 교사는 더 이상 교육자가 아닐지라도 그 아이는 믿음과 신념에 대한 깊은 인식에 닿아 있다고 할 수 있다. 학생들이 교사는 반드시 자신이 가르치는 것을 좋아해야 하며 유머감각이 있어야 하지만 "늘 학생들을 웃기려고 노력하거나 멍청한 농담을 해서는" 안 된다고 이야기할 때, 학생들은 교사가 말하고 해야 하는 것이 진정 무엇을 의미하는지를 알려 주는 것과도 같다. 세상에 대한, 그리고 교사와 학생들을 세상으로 이끄는 그 과목에 대해 기쁨과 깊은 몰입을 느끼는 것이다. 학생들이 교사는 반드시 학생들과 '연결되는' 법을 알아야 한다고 이야기할 때, 그것은 학생들이 교사로 하여금 학생들에게 인격적으로 보이기를, 그리고 학생들에게 인격체로서 다가오기를 바라는 것이다. 학생들이 교사는 반드시 '학생들이 필요한 것이 무엇인지를 알고' '학생들의 숙제를 도와주며' '학생들을 위해 무언가 할 수 있고' '학생들에게 과제를 나누어 준 후에 교실 밖을 걸어 다녀서는 안 된다'고 이야기하는 것은 교사는 반드시 '인내심이 있어야 하며' '아이들을 포기해서는 안 된다'는 것을 의미하며, 이는 교육적 기략의 핵심을 다시 한번 꼬집는 것이다. 아이들을 포기하는 교사나 그러한 아이들을 위한 희망을 감지하는 법을 더 이상 알지 못하는 교사는 곧 교사라는 존재로부터 퇴일보하는 것이다.

학생들이 "좋은 교사들은 당신이 학습하게 하는 방법을 안다." "좋은 교사들은 당신이 수학이나 과학 또는 영어를 늘 싫어했을지라도 그 과목들을 좋아하게 하는 방법을 안다." "좋은 교사들은 그들이 가르치는 것에 대한 열정을 지니고 있다."고 이야기할 때, 이들은 가르침의 또 다른 핵심을 이야기하고 있는 것이다. 좋은 교사는 단순히 수학이나 시를 가르치지 않는다. 좋은 교사는 수학이나 시를 구현한다. 교사 그 존재로서의 교육학이란, 좋은 교사들은 그들이 무엇을 어떻게 가르치는지 그 자체라는 것을 의미한다.

가상의 접촉

교사가 그들의 학생들과 '연결'되고, 그들에게 나타나며, 그들에게 도움을
주는 존재가 된다는 것은 상대적으로 이해하기 쉽다. 그러나 이러한 접촉과
존재가 새로운 미디어나 과학기술에 의해 매개될 때 학생들은 교사가 그들과
'연결되어' 있고, 그가 '존재한다'는 것을 어떻게 경험할 것인가? 또는 스마트
보드나 아이패드, 컴퓨터나 스마트폰의 화면과 같은 테크놀로지상에 구현된
교과목들을 학생들이 경험하는 방식의 '접촉'은 어떠한가? 이러닝과 온라인
교실이 강력한 매체와 테크놀로지를 갖추고 있다고 하더라도 이러한 것들이
교육적 접촉 방식에 변형을 가지고 온다는 것은 의심할 여지가 없다. 우리는
이러한 새로운 미디어가 제공하는 '접촉'을 피상적으로만 이해하고 있을 뿐
이다.

교사가 실제 존재하는 면대면 수업 상황에서 교사의 신체는 공시적·비공
시적인 관계에서 경험되는 가상의 상황과 달리 여러 다른 역할을 수행하게
된다. 온라인 수업 참여는 교사와 직접 만나는 방식일 수도 있고 그렇지 않을
수도 있으나, 화면상에서 면대면 접촉이 이루어지는 경우라도 우리가 타인을
실제 눈으로 보는 것과는 질적으로 다르다. 우리는 타인과 실제로 눈을 맞추
는 대면(eye-to-eye) 접촉을 경험할 때 비로소 서로의 눈을 가로지르게 된다.

실시간 수업에 있어서도 교사가 미리 준비하고 구조화한 파워포인트(또는
이와 유사한 슬라이드웨어나 스마트보드 기기)를 통해 교과를 학습하는 것은 강
렬한 이야기를 즉흥적으로 전하는 데 재능이 있는 교사와 즉각적인 대면 접
촉을 통해 학습하는 것과 다르다.

파워포인트를 사용하는 어두운 교실에서 교사와 학생 사이의 교육적 관계

는 극적으로 변화한다. 학생들의 눈은 교사의 존재보다는 화면상의 이미지로 끌린다. 그리고 파워포인트를 통해 전달된 지식은 더 혹은 덜 인지적이고 논리적인 일관성을 지닌, 학생들에게 더 혹은 덜 정당화될 수 있는 사실 및 가치를 전달하는 그 '지점들(points)'로 전환된다. 파워포인트는 유의미한 질문들이 제기될 가능성, 대화를 보다 명확하게 할 수 있는 가능성에 대해 덜 유연하고 덜 개방적인, 그 자체로서 미리 결정된 수업 구조를 강요하는 경향이 있다.

존경하는 교사가 가르쳐 주는 지식에 대한 내적 신뢰를 지닌 학생들은 교사와의 면대면 상황에 매료되어 이미 동기화된 관심을 가지고 교사에게서 배우는 내용들을 내면화할 것이다. 그러나 이러한 지식의 내면화가 지닌 영향력은 그러한 지식이 온라인 매체를 통해 화면상에 제공되고 '전달될(delivered)' 때 줄어들게 될 것이다.

그러나 다른 한편, 비디오와 관련 매체를 통해 전달되는 강좌인 무크(Massive Online Open Course: MOOCs)는 국제적으로 매우 유명하거나 유창한 연설가의 발표를 시청하는 학생들을 고도로 동기화하고 매료시킬 수도 있다. 그러나 그러한 맥락에서는 학생들이 비판적 관점이나 건강한 의심을 가지고 그들이 배우는 내용과 상호작용하는 기회가 줄어들 수도 있다.

역사적으로나 문화적으로 세계는 삶과 존재의 많은 가능성을 지니고 있다. 아이들은 이러한 세계를 친구와 학교, 미디어, 이웃, 교사의 매개를 통해 만나게 된다. 그리고 이러한 만남은 서로가 서로를 만나게 되는 양면의 만남들로 구성된다. 이는 모방 혹은 모사의 자연적인 과정이다. 이것은 우리가 우리 아버지, 어머니, 선생님 혹은 존경할 만한 벗의 제스처를 만들어 온 방식이며, 우리 자신이 존재하는 방식이기도 하다.

모방은 타인이 나를 엮는 것이자, 타인이 나를 침범하는 것이다. 그것은 내가 만난 그들의 제스처와 그들이 만든 산물들, 그들이 좋아하는 단어와 행위의 방식 등에 대해 추정하는 일종의 태도라 할 수 있다. … 그것은 나의 신체와 타인의 신체 그리고 타인 그 자체를 연합하는 독특한 체계를 명백히 보여 준다(Merleau-Ponty, 1964, p. 145).

이러한 사회적 환경의 맥락에서, 아이들은 개별적인 탐험, 선택, 의지를 통해 그들 자신의 독특함과 정체성을 찾아 나가야 한다.

중요한 질문은 "우리가 교사로서 혹은 부모로서 그러한 환경과 가능한 대안들을 만드는 데 어떠한 도움을 줄 수 있을 것인가?"이다. 표상과 재현에 대한 우리의 노력을 가치 있게 하는 세계는 어떠한 세계인가? 아이들은 단순히 삶을 발견하는(discover) 존재가 아니다. 그들은 또한 행동하고 실험하며, 그들 자신을 창조해 갈 수 있어야 한다.

—
8장
교육적 존중과 인정
—

아이들이라면 누구나 '알아 주고(seen)' '존중받기를(regarded)' 바란다. 존중받는 이는 소중히 여겨지고, 보이고, 알려지며, 또한 소중하게 보호받고 보살핌을 받는다. '인정받는다(recognized)'는 것은 상호 간의 만남이 생성적인 것으로 경험되는 상황을 의미한다. 타인과의 관계와 자신과의 관계, 나아가 이러한 두 관계는 정체성과 주관성, 의식, 자기 인식을 형성하고, 자아를 발달시키며, 인간이 되는 것과 같은 일반적인 방식으로 상호작용한다. 아동과 청소년, 그리고 심지어 성인들조차도 그들의 삶에 관여하는 이들에게 보이고, 존중되고, 알려지고, 인정받지 않고서는 잘 자라날 수 없다. 모종의 '존중(regard)'과 '보임(being seen)' '인정됨(being recognized)'은 자신에 대한 인식을 발달시키고, 관계를 다루며, 건강한 (상호) 독립 상태로의 성장을 가능하게 하는 조건이라 할 수 있다.

인정을 받는다는 것이 늘 긍정적이지만은 않다. 잘못된 인정도 있는데, 이는 아이를 개인적 · 심리적 · 사회적 (성별이나 인종) 편견에 기초하여 바라볼 때처럼, 교사 혹은 부모가 공허한 칭찬으로 아이의 자존감을 높여 주려 할 때이다. 또는 아이들이 시험이나 테스트에서 1등을 두고 경쟁하는 과정에서 그들이 지닌 최상의 능력을 넘어서는 수행을 함으로써 교사나 부모의 인정을 받고자 필사적으로 노력할 때와 같이 긍정적인 인정이 유예되는 경우, 아이들은 인정에 대한 결핍을 느낄 수 있다. 존중과 인정의 교육학은 묻는다. 어떠한 방법으로, 그리고 어떠한 조건에서 아동·청소년들은 개인적이고, 사적이며, 상호 주관적이고, 실존적인 수준에서 그들 자신을 실현할 수 있는가.

　교육적 존중 혹은 인정이라는 개념은 정서적이고 윤리적인 교육적 상황과 관계, 행동을 설명해 주기 때문에 무엇이 교육적 언어를 구성하는지를 보여 주는 특정한 사례가 된다. 교육적 인정의 중요성을 인정하는 것은 배움을 경험하고 가르침과 양육을 실천하는 데 있어 정서적 측면이 지니는 의미와 중요성을 회복시키고 중점화하는 것이다.

　　무대가 아주 작다. 이는 내가 나의 낡은 학교의 체육관에 슬그머니 들어갔을 때 시끄럽게 축제를 즐기는 학생들을 바라보며 가장 처음 들었던 생각이다. 7년 동안 나는 반 친구들과 함께 이 체육관에 줄지어 들어가 먼지 가득한 바닥 위에 앉았고, 6학년 행사 진행자들이 손을 들어 조용히 하라고 할 때까지 기다리곤 했다. 이러한 의식을 정말 여러 번 반복했기 때문에 나는 눈을 감고도 할 수 있었다. 하지만 나는 이제 더 이상 학생이 아니다. 나는 외부인이며, 한때는 내 집처럼 친근하게 느껴졌던 이곳에서 이제는 낯선 이가 되었다.

　　오래전 같은 반이었던 한 친구의 어머니와 잘 알지 못하는 한 남자 사이에 불편하게 자리를 잡고 앉았을 때, 나는 내가 왜 여기에 왔는지 상기해 보려 했다. 이곳에서 내가 사랑하고 매우 존경하는 선생님, 내가 글을 쓰는 것을 얼마나 좋아하는지를 나에게 보여 주신 선생님인 로즈 여사의 은퇴 기념식이 진행된다. 나는 오늘 그녀를 정말 보고 싶지만 … 뭐랄까, 이렇게 소외

당한 느낌, 한때 나의 가족이었던 그들로부터 배제되는 이 경험이 과연 가치
있는 것인지 궁금해지기 시작한다.

조회 시간이 지나간다. 삶에서 로즈 선생님께 감명을 받은 학생들, 교사
들, 학부모들의 발표가 이어진다. 그러는 동안 은퇴자는 학교 교사들이 주
로 입는 보수적이고 표준화된 의복과는 매우 대비되는 스포티한 자켓과 카
키색 물결의 바지를 입고 체육관 한켠에 조용히 앉아 있다. 나는 그녀의 눈에
고인 눈물, 사랑하는 무언가를 포기하려고 하는 한 여인의 눈물을 본다. 그
녀가 지난 1년간 가르쳤던 학생들을 사랑스럽게 둘러보는 그 눈을 볼 때 나
는 울 것만 같다. 당연히, 그녀의 잘못은 아니다. 내가 돌아왔다는 것을 그녀
가 어떻게 알 수 있단 말인가? 그러나 여전히, 나는 궁금하다. 로즈 선생님이
4년 전의 나를 기억이나 하고 있을까? 또는 그녀에게 나는 그저 군중 속 한
얼굴일 뿐인 걸까?

마침내 은퇴식이 끝난다. 나는 차오르는 눈물을 멈추기 위해 노력하면서
잠시 남아 앉아 있다. 마침내 나는 그 방에 남아 있는 유일한 사람이 된다.
왜 이토록 우울한 걸까? 낙심하며 일어나 학교 후문, 학생들이 지나다니는
문으로 고개를 돌린다. 나는 이제 방문자이기 때문에 정문을 이용할 수 있다
는 사실에 도무지 익숙해지지 않는다. 나는 아스팔트로 포장된 곳으로 걸어
간다. 내 주변은 온통 놀이하는 아이들로 둘러싸여 있다. 하늘의 태양은 밝
고, 맑은 봄날의 걱정 없는 학교 마당은 마치 그림 같다. 모두가 행복하다.
나를 제외한 모두가. 나는 주머니에 손을 넣고, 깊은 외로움을 느끼며, 초록
빛의 싱그러운 넓은 지대를 가로질러 집으로 향한다. 그러고는 친숙한 프로
필 하나를 발견한다. '로즈 여사, 마지막 감독을 위해 밖을 나가다.' 나는 내
의지와 상관없이, 집으로 향하는 잘 짜인 경로에서 느슨하게 풀어져 나가듯
조용히 그녀에게 다가간다. 이상하게도 긴장된다.

"로즈 선생님?" 내 목소리는 작고, 조용하며, 소심하다. 그녀가 돌아보자,
내 심장은 멎을 것만 같다. 그녀가 나를 기억할까?

걱정할 필요가 없었다. 그녀는 즉각적으로 환한 미소를 보였다. 그녀의 눈가에 살짝 진 잔주름들이 그 친근한 미소의 선들을 더욱 깊게 보여 주었다. 그 눈. 나는 그 눈을 존경하고, 사랑하며, 신뢰한다. 그 눈이 지닌 존중과 사랑은 나에게 이 세상 전부를 의미한다. "앨리사!" 그녀가 나를 보고는 진정 기쁘게 외친다. 그녀의 또렷하고 친숙한 목소리에 내 심장이 따뜻해진다. "어떻게 지냈니? 굉장히 멋져 보이는구나. 요즘 어떻게 지내니? 최근에 좋은 책은 좀 읽었니? 아니면 이제 막 네 자신만의 글을 쓸 준비가 된 거니?"

이 이야기는 9학년 앨리사가 학교에서 '보였던(seen)' 혹은 '존중받았던(regarded)' 순간에 대해 즉각적으로 묘사해 보라는 요청에 대한 답으로 쓴 글이다. 이 학생이 묘사한 것은 단지 교사에 의해 '보이고(seen)' '기억되고(remembered)' 싶은 바람만을 의미하지 않는다. 이러한 경험적 이야기를 써 내려갈 때 또 다른 무언가가 벌어진다. 앨리사는 대개 소리 없이 남게 되는 그런 전략에 대한 이해를 그녀 자신의 언어로 표현하고 있는 것이다. 그녀는 학교 생활의 몇몇 측면들을 언어로 표현한다. 그 살아 있는 공간의 정서적 질감, 안전과 친숙함의 분위기, 소속되어 있다는 기분, 기대하지 않은 새로운 낯선 느낌뿐 아니라 의자, 문, 그리고 이제 그녀의 몸이 자랐음을 느끼게 해 주는 '아주 작은' 무대의 형질까지. 이러한 정서적인 민감함 역시 보이고(seen) 인식되는(known) 경험에 속해 있다. 그것들은 나와 세계의 관계에 대한 나의 이해를 내가 인식하도록 한다. 앨리사는 그녀가 그녀의 오래된 학교에서 재인식(re-cognizes)한 것들에서 그녀 자신을 보게 된다. 뿐만 아니라 그 가구들과 벽, 교실, 복도가 그녀를 '바라본다(see)'. 그녀는 학교에서 신체적으로 그녀에 속했던 것들에 의해 '인식된다(regarded)'. 그러나 그렇게 바라보이는 가운데 그녀 또한 그녀가 어떻게 변화했으며, 그녀가 지금은 어떻게 다른지를 인식한다.

'보임(being seen)'의 의미는 헤겔(Hegel, 1977)의 인정의 현상학에서 윤리적·정치적인 중요성을 지니고 있다. 인간 개인은 자신 밖에 무엇이 놓여 있는가에 대한 인식을 통해 존재의 영역으로 들어오고, 누군가 혹은 무언가에게 보임을 통해 그 존재가 형성된다. 인정은 무엇이 타자인지를 인식함으로써 자신에게 다가가는 것을 의미한다(Im Andern zu sich selber kommen). 개인은 오직 자신의 밖에 있는 것에 의해 보이고 인식되는 과정을 통해 자신을 인식하게 되고 완전한 인간이 된다. 즉, 타자와의, 자신과 다른 것과의 관계를 통해서 말이다. 존중되고 인정된다는 의미는 되어 가는 것과 배우는 것의 복잡 미묘한 현상학에 대한 풍부한 통찰을 제공하는데, 특히 배움이 인지적인 습득이나 측정 가능한 결과와 같은 것으로 편협하게 동일시되곤 하는 오늘날의 맥락에서 그러하다(Saevi, 2015 참조).

'보이는 것'의 경험에 대한 교육학적 성찰은 의미 있고 형성적인 성장으로서의 배움에 있어 자신과 타인, 그리고 관계라는 개념이 얼마나 서로 복잡하게 얽혀 있는지를 보여 준다(이를 독일어로 Bildung이라 한다). '타자(other)'와 '다름(difference)'의 관계적 적합성은 자아(self)와 동일함(sameness)에 있다. 바로 여기에 자신이 보이고 인식되는 경험이 지닌 교육학적 힘이 있다. 형성적인 배움은 자신과 타자 사이의 관계적인 맥락에서 발생한다.

학생에 대한 교육적 바라봄과 인정은 교육에 관한 연구에서 틀림없이 가장 중대하지만 가장 평가절하되고 탐구되지 않는 현상이기도 하다. 교육 분야에서 '존중(regard)'과 '인정(recognition)'의 가치가 이토록 주목을 받지 못하는 이유는 무엇일까? 이러한 질문은 12년 전과 비교하여 더욱 긴급한 질문일 것이다. 아이들은 언제나 인정을 필요로 하고, 보이고 인식되고자 한다고 느끼지 않는가? 이는 의심할 여지가 없는 진실이다. 다른 이들에 의해 보인다는 것은 우리를 가시적인 존재가 되게 하며, 우리의 존재와 가치를 확인케 한다. 그러나 이렇게 보이고 인식되는 것이 이전 시대에서는 덜 문제가 되었을지도 모른다. 인간은 자신의 가족, 이웃, 교회, 그리고 그 밖의 제도적·사회적인 구조로부터 자기 자신에 대한 인식을 끌어낸다. 오늘날 보이고 인식되는 것

은 의사소통 기술의 경험적 과정의 영역에 속한다. 따라서 누군가가 보이고
인식된다는 느낌은 기술적으로 매개되며, 새롭고 다른 방식의 경험과 정체성
을 형성한다.

학생들이 전하는 많은 이야기에 대한 수용과 인식, 그리고 그러한 이야기들
을 특별하게 느끼는 것은 놀라운 일이 아닐 것이다. 격려와 긍정적인 피드백
을 제공하는 것은 교실의 교사들에게 기대되는 가장 일반적인 제스처 중 하나
이다. 이것은 우리가 무언가에 대해 누군가를 칭찬하고, 가치있게 여기며, 평
가한다는 것을 의미한다. 게다가 지지적인 인정은 학생들이 자아 존중감을 기
를 수 있도록 한다. 그러나 분명 칭찬에 위험이 전혀 없는 것은 아니다.

보이고 인식되는 것의 교육적 측면

교사가 학생을 칭찬하는 것의 긍정적인 결과와 함께 부정적인 결과를 초래
할 가능성을 이해하는 것이 중요하다. 칭찬은 반드시 의미 있어야 하며, 무차
별적으로 주어져서는 안 된다. 왜냐하면 칭찬이 너무 손쉽게, 거리낌 없이 주
어지면 자칫 그 중요성을 잃을 수 있기 때문이다. 그러나 많은 학생이 다양한
이유에서 마땅히 칭찬받을 자격이 있다는 것에는 의심의 여지가 없다. 종종
한 명의 혹은 정해진 몇 명의 학생들만이 두드러진 성취를 보여 주는 경우도
있다. 이러한 이유에서 칭찬은 딜레마를 불러온다. 교사들은 모든 학생을 인
정하고자 하며, 특히 그들이 좋은 노력을 했을 때 더욱 그러하다. 그러나 모
든 학생을 모든 상황에서 동등하게 칭찬하는 행위는 오히려 문제를 키울 수
있다. 또한 교사들은 가끔 한 학생을 칭찬하길 원하는데, 그러한 칭찬이 해당
학생에게 난처한 상황을 만들 수 있다는 것을 깨닫지 못하는 경우가 있다. 다
음은 이와 관련한 한 고등학생의 상황을 설명한 것이다.

잭슨 선생님은 커다란 실망감을 내보였어요. 그는 계속해서 학생들이 과학 시험에서 저지른 실수들에 대한 놀라움을 외쳐 댔죠. "오 하느님, 내가 이 친구들한테 이것을 설명한 게 그토록 형편없었단 말입니까? 난 여러분의 뇌에 이상이 없다는 것을 알아요. 그리고, 웬디…? 켄…? 도대체 무슨 일인가요?"

그가 결코 그 물음에 대한 답을 기대하는 것이 아니라는 것은 분명했다. 그리고 아무도 답하기를 시도하지 않았다. 교실은 완벽하게 조용했다. 그 누구도 농담할 엄두를 못 냈다. 대부분 아이들이 낙제점 혹은 낙제와 가까운 점수를 받았다. 60% 이상을 달성한 학생이 두세 명도 채 되지 않았다. 잭슨 선생님은 교실을 걸어 다니며 한숨을 내쉬고, 깊은 혐오감을 드러냈다. 마치 그것을 도저히 믿을 수 없다는 듯이, 하나씩 증명이라도 해 보고 싶다는 듯이, 학생 한 명 한 명의 시험지를 그들 앞에 보란 듯이 올려놓았다. 대부분의 학생들이 위축된 것 같았다. 나는 내 차례가 돌아오는 것이 두려웠고, 이미 창피함을 느끼고 있었다. 파멸의 기운이 교실 전체를 뒤덮는 것처럼 느껴졌다. 나는 이것이 세상의 종말은 아님을 속으로 되뇌기 위해 노력했다. 다음에는 더 잘할 수 있을 것이다. 마침내 선생님이 내 책상 앞으로 다가왔을 때, 그는 갑자기 멈춰서서 목소리 톤을 바꾸었다.

그 전환은 너무도 드라마틱해서 나는 교실에 있는 모두가 놀랐다는 것을 알 수 있었다. 모든 시선이 나를 향하고 있었다. 그러나 선생님의 얼굴은 잔뜩 빛나고 있었으며, 나는 그가 인정의 분위기와 함께 이렇게 말하는 것을 들었다. "오, 하느님, 감사합니다. 여러분 중에 제대로 이해한 한 사람이 있군요. 여전히 희망이 존재한다는 걸 보여 주네요…."

그는 내 시험지를 내 손에 엄숙히 건네 주기 전에 마치 깃발처럼 그 시험지를 그의 머리 위로 흔들어 보였다. "잘했다. 사라, 한 개도 실수하지 않았구나. 완벽한 점수다!"

나는 간신히 평정을 유지할 수 있었다. 나는 최악을 예상했으나, 최고의 상을 받았다. 나는 내 얼굴이 붉게 달아오른 것을 보기 위한 거울조차 필요 없었다. 이상하게도 교실은 여전히 조용했다. 선생님이 교탁 앞으로 걸어 돌아가는 동안 아무도 말을 하지 않았다.

나는 고개를 숙이고 내 시험지를 쳐다보았다. 나는 희미한 미소를 완전히 숨길 수는 없었다. 그것은 안도였을까? 자만이었을까? 아니면 당황스러움? 나는 친구들을 바라볼 용기가 없었다. 나는 내 눈을 믿을 수가 없었다.

나는 내가 영리하다고 느꼈어야 할 그때 왜 그리 내가 멍청하다고 느껴졌던 걸까?

이것은 (반 전체를) 창피하게 하고 (한 학생을) 칭찬한 이야기로 보인다. 교사는 한 학생을 뽑아내 인정하지만, 그 학생은 혼란을 느낀다. 교사에게는 긍정적인 몸짓으로 보였던 것(훌륭한 수행에 대해 학생을 칭찬하는 것)이 잠재적으로는 양가적인 의미를 지니고 있었던 것이다. 여기서 제기되는 교육적 질문은 "교사의 행동이 적절했는가?" 그리고 "인정의 경험이란 무엇인가?"이다.

인정을 받는 것은 문자 그대로 인식되는(known) 것을 의미한다. 나를 인정하는 누군가는 나의 존재, 나의 실존을 인정한다. 이것은 분주한 거리에서 지나쳐간 누군가를 덧없이 인식하는 것과는 차원이 다르다. 인정은 자아 및 개인의 정체성과 불가분하게 상호 연결되어 있다. 그리고 자아정체성은 자신의 존재함(being)과 되어감(becoming) 사이의, 우리가 누구인지와 누가 무엇이 될 것인지 사이의 긴장을 자각하는 것이기도 하다. 그리고 그것이 바로 인정이 교수학습에서 강력한 역할을 하는 방식이다.

인정과 그것이 불러오는 느낌(자신에 대한 긍정적인 인식)은 공적 현상이다. 그것은 관계의 장을 여는 무언가다. 한 교사가 한 학생을 사적으로 칭찬할지라도, 그 칭찬이 공적인 상황, 즉 다른 이들이 존재하는 상황에서 주어지면 더욱 강렬하게 느껴진다. 왜일까? 그 타인들이 칭찬에 따르는 자부심에 연루되어 있거나 목격하고 있기 때문이다.

그러나 인정을 선사하는 것이 지닌 문제는 그것이 불평등하다는 느낌으로 연결될 수 있다는 것이다. 인정은 특정한 누군가에게 특별한 가치와 특별한 지위를 허락하는 것처럼 보인다. 그래서 그러한 칭찬을 받아들이는 학생은 자신이 우월하다고 주장할지도 모른다. 부끄러움을 느끼는 사람에게는 당연히 그러한 제스처가 필시 자만의 신호로 여겨질 수 있다.

얼굴이 붉어지는 것은 당황스러움을 보여 주는 것이다. 그러나 당황스러움을 보여 줌으로써, 그 학생은 그러한 칭찬과 자부심의 효과와 불평등을 축소시킬 수 있다. 그래서 우리는 이 이야기에서 학생이 꽤 복합적인 감정을 느끼며 혼란스러워하는 것을 볼 수 있다. 사라는 자신이 특별하다고 느끼지만, 또 한편 그렇게 특별하다고 느끼는 것으로부터 당황스러움을 느끼는 것으로 보인다. 교사들은 이러한 상황들을 보다 적극적으로 이해할 필요가 있다. 재차 이야기하건대, 교육은 아동·청소년과 상호작용하는 데 있어 덜 적절한 것으로부터 적절한 것을 구별해 내는 것이다.

오늘날에는 인정을 얻기 위한 사회적·정치적 투쟁의 장으로 널리 인식되는 사회적·영적 영역들이 존재한다. 소수자, 민족 및 성별 집단, 그 밖에 불리한 삶을 살아가는 이들은 동등한 인정과 동등한 대우를 요구한다. 이러한 요구들에 긴장과 갈등이 존재한다는 것은 의심할 여지가 없다. 예를 들면, 이론적으로 모든 개인과 집단은 법 앞에서 공정하고 동등한 대우를 받아야 하지만, 현실에서 이러한 공정성은 타협을 통해 달성되는 경우가 많다. 나아가, 개인과 집단은 가끔 동등한 대우를 받기보다는 특혜를 누리기를 요구한다.

존중의 영역과 자신과의 관계

가르침이라는 맥락 안에는 가르침의 특정한 민감성을 촉진하는 '존중'의 영역이 존재한다. 예를 들면, 가정의 영역에서 아이들은 바라건대, 사랑과 애정으로 존중을 인식한다. 일반적인 공적 영역에서 이러한 것들은 존엄성, 평등, 공정, 존중으로서 인식될 필요가 있다. 제도적·교육적 영역 안에서 아이들은 그들이 성취한 것과 할 수 있는 것으로서 누군가에게 인식된다. 그리고 그러한 관계적이고 윤리적인 영역에서 바라건대, 그들은 (단지 그들이 무엇이며 무엇을 할 수 있는지보다는) 그들이 지닌 독특함으로 그들이 누구(who)인지가 인식되어야 한다. 각각의 '인식되는(being perceived)' 방식은 자신과의 실제적인 관계를 떠받들고 있다. 자신에 대한 인정의 여러 경험적 관계들, 즉 자신감, 자기존중, 자존감, 자아정체성, 이러한 것들은 자아실현의 감정적인 형태들이라 할 수 있다.

- **자신감**은 사랑과 돌봄을 받는 것에서 비롯된다. 세상을 안전하고, 안심할 수 있으며, 보호되며, 그리하여 위험을 감수할 만한 것으로 경험하는 것에서 비롯되는 것이다. 모든 아이는 자신을 가장 그리고 조건 없이 사랑한다고 여기는 이가 적어도 한 사람은 필요하다.
- **자기존중**은 자신에게 타인과 동등한 권리와 대우, 지위가 부여된다는 것을 아는 것에 달려 있다.
- **자존감**은 타인과의 관계에서 자신의 가치를 인정받는 것, 그래서 자신이 믿을 만한 사람이라는 것을 인정받는 것에 달려 있다. 개인은 자신과 타인의 수행을 비교하는 가운데 자신이 드러남으로써 자부심을 얻게 된다. 자부심은 편협하고 '기분 좋은(feel-good)' 칭찬 같은 교수 실행에 의문을 제기하게끔 하는 그런 낡아 빠진 자부심에 비해 훨씬 복잡한 현상이다.
- **자아정체성**은 자기 '자신(self)'이 다른 누구의 판단이나 분류로 환원될 수 없다는 것을 인식하는 것에 달려 있다. 개인은 실제 (자신과 다른) 타인을 경험함으로써 자신이 다르다는 것을 인지하게 된다.

아이들은 단순히 그들이 무엇인지에 의해서가 아니라 그들의 독특함과 관련하여 그들이 누구인지를 보이고 싶어 한다. 자아정체성은 존재와 생성 사이의 형성적인 잠재성을 인식하는 것을 의미한다. 그것은 우리의 삶과 자신의 발전에 담긴 과거와 현재 그리고 미래의 일시성이 만드는 차이를 인식하는 것에서 만들어지는 개방적인 것이다. 현재의 나는 내일의 나이다. 또한 다음의 젊은 여성이 보여 주듯, 자신에 대한 인식은 매우 의미 있는 방식으로 경험된다.

정오 무렵, 나는 계곡을 떠나 스키를 타고 권곡벽에 힘겹게 다다랐다. 경사가 매우 가팔랐다. 눈은 얼음 위에 얼어붙었고, 나는 스키를 타는 그 어떤 이들도 모험을 감행하지 않는다는 이곳에 내가 혼자 있다는 것이 정말 멍청하게 느껴진다. 나는 잠시 멈춰 서서 얼어붙은 계곡 아래 'U'자 모양 슬로프를 돌아보았다. 이 각도에서 나는 위쪽 활주로에서 엄청난 눈사태가 내려오는 것을 볼 수 있다. 나는 슬로프의 마지막 몇 발을 떼어 가장자리에 붙어 서 있다. 산 정상이 내 위로 장엄하게 떠오르는 것 같다.

내 앞에는 마치 엄청난 원형 극장이 펼쳐져 있는 것처럼 보인다. 태양은 더할 나위 없는 빛을 선사하며 이미 눈부시게 빛나고 있는 눈을 내리쬐고 있다. 나는 앞에 높인 가파른 벽의 분지, 얼어붙은 아름다움 속의 좀처럼 믿을 수 없는 그것을 보며 카메라를 이리저리 움직여 본다. 너무도 고요하고 조용하여 나는 나 자신을, 나의 물리적인 존재를 강렬하게 인식하게 된다. 아무 것도 걸치지 않는 나의 앞 팔이 이상하게 벗어나 있는 것처럼 보이며, 스키도 내 앞에 그렇게 튀어나와 있다. 내 보기 흉한 것들이 눈에 띄기 시작하고, 무언가 엄청난 것이 조용히 나를 응시하며 거칠게 뛰는 나의 심장 소리를 듣고 있는 것 같다. 그러나 나는 이 장엄한 곳에 그 누구도 있을 수 없다는 것을 알고 있다.

내가 다시 정상에 오르기 시작할 때, 내 위로 솟은 바위산이 흐릿하게 보이고, 나는 내가 유일무이한 경험을 했다는 것을 알게 된다. 그리고 다시는 그러한 순간에 있지 못하리라는 것을 알게 된다. 그런 날에, 그런 장소에.

자아정체성에 대한 심오한 인식은 인간이 장대한 혹은 어마어마한 무언가에게 보이거나 연결되어 있다는 인식에서 느끼는 깊은 경외심과 경이로움을 경험하는 것에서 일어날지도 모른다.

존중과 인정의 가르침은 묻는다. 학생들은 어떤 방법으로 그리고 어떤 조건하에 자아정체성의 다양한 영역, 즉 사적인, 개인적인, 상호 주관적인, 사회적인, 존재론적인 영역에 나타나는 그들 자신을 '깨닫게' 되는가. 이러한 다양한 영역들은 무대 혹은 위계질서와 같이 구조화되어 있는 것이 아니다. 그것들은 서로 교차하거나, 중첩되거나, 섞여 있거나, 한 개인의 경험적 · 관계적 삶의 반경 안팎에서 움직이는 것들일 수 있다.

'보이고 인식되는' 자신을 느끼고 인식하는 것은 그것이 교육, 배움, 개인적인 성장에 깊숙이 관여하는 방식이자 교사와 학생 사이의 교육적 관계를 형성하는 방식이라는 점에서 연구될 필요가 있다. 학교와 교육 체계의 교육학적 틀이나 질서는 사회적 · 개인적 정체성의 복잡하고 중첩적인 관계들의 섬세한 구조로 볼 수 있다.

보인다는 것은 인정받는다는 것 이상을 의미한다. 어린아이에게 그것은 어머니, 아버지 혹은 선생님에 의해 보이는 것을 경험하는 것이다. 그것은 존재로서, 유일한 사람으로서 확인되는 것을 의미한다. 당연히 보임의 모든 경험이 질 높은 경험일 수는 없다. 교육적인 안목에서 비롯되는 정기적인 보임을 경험하는 아이는 운이 좋은 것이다.

진정한 교사는 아이들을 어떻게 보는지를 알고, 부끄러움이나 일종의 분위기, 기대의 느낌을 알아챈다. 이러한 의미에서 진정한 바라봄(seeing)은 두 눈보다 더 많은 것을 사용한다. 내가 책임감을 느끼고 있는 아이를 바라볼 때 나는 나의 신체로 그 아이를 바라본다. 내 제스처의 감각적인 질, 내 머리의 기울임, 내 발의 특정한 움직임, 나의 몸으로 아이가 하루를 시작하는 방법을 바라보고, 그 아이는 보임을 경험한다. 따라서 매일의 시작과 끝에 아이를 진정으로 바라본다는 것은 특정한 시간과 공간에 그 아이에게 장소를 제공해 주는 것과 같다.

　그러한 교사는 학교에서의 일상이 특정한 전체(wholeness), 색깔, 아이들 각각의 중요함을 지니고 있다는 것을 안다. 학교에서의 그 어느 하루도 반복적인 것이 없다. 아이들 한 명 한 명과 하루에 두 번 악수하는 것은 번거로운 의식처럼 보일 수도 있고, 또 어떤 교사들은 실제 한 명 한 명의 아이들을 따뜻한 미소와 인사말로 맞이할 수도 있다. 그러나 그러한 인사가 신체적이든 혹은 구두의 악수든, 그러한 노력을 하는 교사는 아이들 한 명 한 명과 접촉한다. 조용하고 '쉬운' 아이는 꽤 자주 접촉이 부재한 채로 남겨질 수 있다.

　마찬가지로 어려운 혹은 '문제'가 있는 아이의 성가신 행동은 종종 그 아이에게 관심이 필요하다는 것과 관련된다. 특히 우리의 거대하고 광범위한 고등학교에서는 많은 학생이 교사들에게 '보이지' 않은 채 이 교실에서 저 교실로 해마다 이동한다. 교사들은 이 아이들을 정말로 알지 못하며 그 아이들이 누구인지도 말하지 못한다. 이 거대한 교육 기관에서 어떤 교사들은 매일 수백 명의 청소년들에 대한 책임을 감당하고 있다. 학생들의 흥미를 돋우고 영감을 주고자 노력하는 교사들조차도 그들의 학생들에게 흥미가 어떤 방식으로 경험되고 체화되는지 발견할 수 있는 기회가 거의 없다. 그러한 교사는 신자들이 없는 목사와도 같다. 그들 학생의 실제 '가정'을 방문하는 교사들도 거의 없다

　'보임(being seen)'과 '인식됨(being known)'의 중요한 교육학적 의미는 아이가 부모/교사 등을 통해 자기 자신을 해방시키는 것을 의미한다. 자신을 형성한다는 것은 자기-형성적 과정일 뿐 아니라, 자기 자신을 개방하고 선사하는 타인과의 매개를 통해 일어나는 것이다. 교육자로서 교사들은 그들의 학생들이 세상에 접근하도록 하고, 그보다 더 중요하게는 그들 자신이 세상과 타인과 나누는 대화에 학생들이 접근할 수 있도록 한다. 따라서 교육적으로

역량이 강화된 교사들은 학생들에게 자기 자신을 선사할 뿐 아니라 자신을 아낌없이 바친다.

사려 깊은 부모나 효과적인 교사는 결코 아이의 모든 가능한 경험을 구조화하거나 통제하지 않는다. 사려 깊은 교육자는 질문을 포착하고, 조용한 제스처와 함께 그 질문을 깊이 파고들지도 모른다. "마이클이 염려하고 있는, 그리고 그 아이를 사로잡은 질문들에 대해 마이클과 몇몇 대화를 나누었어요."라고 유치원 선생님이 이야기한다. "오늘 아침에 그 아이가 '지구는 어디에서 오나요?'라고 물었죠. 그래서 내가 그 아이한테 사람들은 오랫동안 그 질문에 대해 궁금증을 품어 왔다고 이야기해 주었어요. 그리고 그 질문에 대해 가능한 답변을 주었던 사람들의 이야기를 들려 주었죠. 난 그 질문을 정답에 묶어 두기보다는 그 아이에게 질문을 열어 두고 싶었어요."

아이의 질문에 답하기 위한 좋은 이야기는 무엇일까? 좋은 이야기는 아이를 현대과학의 자연적 질서에 기계적으로 안내하지 않는다. 아이는 반드시 자연 현상의 인과관계에 대한 설명을 묻는 것이 아니다. "잎의 색깔은 왜 변하나요?"라는 질문에는 많은 답변이 가능하다. "그건 나무에게 쉼이 필요하다고 자연이 말하는 방식이란다." "겨울이 오기 전에 단풍잎들이 세상을 아름답게 하는 거란다." "가을로 물든 잎들의 냄새를 맡고 그 잎들을 가로지르며 걷는 것이 얼마나 멋진지 보렴." 어떤 아이에 대한 적절한 답변은 그 아이의 내면에 있다. 좋은 이야기는 질문에 대한 아이의 흥미를 기억하도록 하는 답변을 제공한다. 기략 있는 교육자는 아이의 질문을 만들어 낸 그 흥미가 살아 숨 쉬도록 할 것이다.

나는 누구인가

"나는 누구인가?" "나는 무엇인가?"가 아닌 "나는 누구인가?"라는 질문은
매우 교육적인 질문이다. "나는 누구인가?"라는 질문은 복잡하고도 모호한
방법으로 경험하게 된다. 그것은 '나'의 존재에 대한 성찰적 경험에서 비롯되
는 자기 인식의 순간적인 경험보다 '더 깊은' 경험이다. "나는 누구인가?"라는
질문에 대한 궁금증은 "내가 존재한다." 혹은 "내가 여기에 있다."는 자각을
가정하고 있다. 대부분의 사람들은 거울을 통해 자신을 본 적이 있으며, 세상
속에 있다는 실존적인 사실에 대한 갑작스럽고도 혼란스러운 인식을 경험한
적도 있을 것이다. "내가 여기 왜 있는가?"라는 질문이나 "내가 지금 여기에
서 무엇을 하고 있는가?"라는 질문에는 사실상 정답이 없다. 그러므로 이러
한 것들은 진정한 호기심을 경험하게 하는 질문이라 할 수 있다.

　그래도 "나는 누구인가?"라는 질문은 답이 필요한 궁금증처럼 보인다. 그러
나 무엇이 답이 될 수 있을까? 나 같은 사람들은 슈퍼트램프(Supertramp, 역자
주: 영국의 록 밴드)의 음악적 매력에 매우 흥분한다. 학교에 관한 노래인 〈The
Logical Song〉의 감성적으로 매우 매력적인 가사에 대해서는 나는 누구인지
에 대한 질문이 매우 구슬프고 심지어 비난하는 듯이 들릴지도 모른다. 이제
까지 교육학적으로 섬세한 교육이 어떠했는지에 관한 질문을 희생시키면서
아이들에게 논리적이기를 가르치는 근대 학교의 모습을 반영하고 있기 때문
이다.

> 내가 어렸을 적, 세상은 참 멋진 곳으로 보였죠.
> 기적, 오, 그것은 아름답고, 신비하고 … 그러나 그때 그들은 나를 어떻게
> 하면 민감해지고, 논리적이고, 책임감 있으며, 실천적인 사람이 될 수 있는
> 지를 가르치는 곳으로 보냈죠. 그리고 그들은 내가 매우 믿을 만하고, 임상

적이며, 지적이고, 냉소적일 수 있는 세상을 내게 보여 주었죠.

우리는 이 노래의 강력한 교육적 비난과 호소를 포착하기 위해 자기 존재의 정적 안에서 적절한 크기로 노래를 연주해야만 한다.

밤에, 모든 세상이 잠들 때, 질문은 깊어집니다 … 나는 이 질문이 섣부르게 들린다는 것을 알고 있어요. 그러나 내가 누군지 말해 주세요, 나는 누구인가요, 나는 누구인가요, 나는 누구인가요?

'내가 누구인지'를 나에게 이야기해 달라는 요구가 정말 터무니없기는 하다. 그러한 질문에 그 누구도 교육학적으로 적절한 답을 전해 줄 수 없다. 가장 내적인 것은 가장 비밀스럽기 때문이다. 사르트르(Sartre)는 그의 유명한 초기 에세이 『자아의 초월(The Transcendence of the Ego)』에서, 일상적 경험의 중심에 놓인 자아와 동일시될 수 있는 '나'는 존재하지 않는다는 설득력 있는 주장을 펼쳤다. "나는 …라고 생각한다."라고 말할 때 여기서 '나'는 그 생각을 하고 있던 주체와 존재론적으로 절대 같을 수 없다. "나는 누구인가?"라고 내가 물을 때, 그러한 질문을 하는 '나'는 그 질문을 받은 '나'와 같은 존재가 아니다. 마찬가지로, 〈The Logical Song〉에서의 '나'는 주체성의 흐름에서 이미 객체화된다. 이것은 그 자체에 반영된 '나'인 것이다. 그것은 "제발 내가 누군지 말해 주세요."라고 묻는다. 그리고 그 코러스 부분의 애처로운 반복인 "제발 내가 누군지 말해 주세요."는 학교라는 곳이 원래는 교육과정으로부터 호기심과 의미를 금기하는 그런 기관이 아니었음을 상기시킨다.

〈어린 시절에 머물다(Dauer der Kindheit)〉라는 시에서 라이너 마리아 릴케(Rainer Maria Rilke, 2015)는 거울 속에 자신을 응시하고 그의 이름과 존재의 퍼즐을 맞닥뜨린 아이가 미약하게 경험한 호기심에 대해 묘사한다. 릴케의 시는 호기심 많은 아이에 대한 현상학을 슈퍼트램프 노래보다 더 민감하게 다루고 있다. 릴케의 시에 등장하는 그 아이는 단순히 궁금하다. "누구라고? 누구라고?" 하지만 이내 부모님이 다시 집에 돌아오고 자기 발견의 마술 같은 순간을 방해한다. 릴케에게 그 타인들(부모)은 자기 자신을 찾아 나선, 자기 자신에게 다가가고 있는 아이에게 일종의 장애물이 된다. "다시 한번 그는 그들에게 속하게 된다." (1982, pp. 264, 265; 2015)

『자기 환상(The Self Illusion)』에서 브루스 후드(Bruce Hood, 2012)는 자기 경험에 대한 우리의 자각을 시험하며, 자아는 환상이라고 이야기한다. 그것은 결코 자아가 존재하지 않는다는 의미가 아니다. 자아가 우리가 생각하는 그것—무언가 우리의 몸 안에서 살아가는 한 개인—이 아니라는 것이다. 그는 〈주랜더(Zoolander)〉라는 유치한 영화에서 일어난 한 사건을 "나는 누구인가?"라는 질문을 던지는 것에 대한 예로 활용한다.

> 그의 커리어가 불안정해진 이후, 남자보다 남자다운 모델인 데릭 주랜더는 보도 옆 진흙 웅덩이에 비친 자신을 보고는 자신에게 묻는다. "나는 누구인가?" 이 질문에 답하기 위해 그는 집으로의 긴 여행을 떠나야겠다고 결심한다. 이것은 자기 발견에 관한 친숙한 이야기이다. 바로 우리의 어린 시절로 돌아가는 증거의 철로를 따라가면서 우리가 누구인가에 대한 답을 찾는 곳 … 우리는 우리 자신에 대해 생각하고, 우리에게 영향을 미친, 우리가 누구인지를 형상화한 인생의 사건과 사람들에 구두점을 찍어 가며 어린 시절에서부터 어른이 되는 시간의 경로를 여행한다(p. 71).

그러나 우리 과거에 대한 기억의 내러티브를 따라 다시 여행에서 돌아오는 이 자아는 누구인가? 후드는 그것이 타인들에 의해 우리에게 반사되어 되돌아온 그 존재로부터 동떨어진 자아는 존재하지 않는다고 주장한 사회학자 찰스 호튼 쿨리(Charles Horton Cooley)가 말하는 불가사의한 '영상적 자아(looking glass self)'라고 제안한다. "배우자, 가족, 상사, 동료, 연인, 친애하는

팬들 그리고 거리의 빈민들은 각각 우리와 교류할 때마다, 그리고 우리가 다른 자아를 보여 줄 때마다 우리에게 영상적 자아를 하나의 예로 제시한다."(Hood, 2012, p. 72) 그러나 우리 과거로부터 그리고 우리가 현재 상호작용하는 모든 시간으로부터 모든 이들에 의해 우리에게 다시금 반영된 그 자아는 안정적인 자아가 아니다. 그것은 다른 자아다. 즉, 타인으로서 그들은 나를 안다고 생각할 수 있지만, 그들은 내가 존재하는 모든 맥락을 알지 못한다. 그래서 역설적으로, 나는 내가 생각하는 그것이 아니며 당신이 생각하는 그것도 아니다. 그보다는, 후드가 말하는 것처럼, "나는 당신이 생각하는 내가 생각하는 그것이다."(p. 72) 그러나 후드의 내러티브에서 그가 알아채지 못한 것이 있으니, 이러한 누구로서의 자아가 무엇으로서의 자아로 미끄러져 들어간다는 것이다. 당연히 그 질문은 "내가 무엇인가?"가 아닌 "내가 누구인가?"에 관한 질문이다. 그리고 누구라는 질문은 당혹스럽다.

주의 깊게 생각하기를 결코 저버리지 않은 작가들이 우리에게 영감을 줄지도 모른다. "나는 누구인가?"라는 질문에 답하려고 노력한 유명한 시인이자 작가인 커밍스(E. E. Commings)는 이러한 질문이 자기 발견을 나타내는 전적으로 신비스러운 순간과 연결된 두 가지 문제를 불러오는 것을 관찰하였다. "이 신비스러운 순간까지" 그는 말한다. "나는 단지 우연히 작가(writer)이다. 일차적으로 나는 나의 부모님의 아들이고, 나에게 일어나는 그 어떤 것들도 나이다. 이 순간 이후 '나는 누구인가?'라는 질문에 대한 답은 내가 쓰는(write) 것이다. 이보다 중요한 것은 '나는 누구인가?'라는 질문이 모종의 신비로움에 영원히 덮여 있다는 것이다." 그러나 우리는 이러한 신비를 관통하기 위해 노력해야만 한다. '그래서' 커밍스가 말하길, "우리는 이 부모의 아이라고 하는, 오랫동안 보지 못한 저명인사의 부모에게 도달한다."(1953/2014)

릴케의 시에 등장하는 그 아이에게 주어진 "나는 누구인가?"라는 질문은 완전히 신비로운 자기 인식의 순간을 나타낸다. 커밍스 역시, 개인적 존재의 시작점에 놓여 있지만 단 한 번도 개념적인 심리학적 방법으로 설명되지 않는, 그리고 학교가 학생들의 시험 점수, 성취 프로파일, 학습 결과의 측면에서 학생의 정체성을 설명하는 그러한 방식에서는 더욱이 설명되지 않는, 그 질문이 애초에 지닌 교육학적 중요성을 논한다. 그렇게 해 봤자 그 답변은 자아 그 자체에 대한 신비로움이라는 의미 있는 접점에서 떠오르는 것에 지나지 않는다. 자아정체성을 찾아 나가는 것이 매력적인 이유는 답을 결정하는 것에 있는 것이 아니라 그 질문을 궁금해하는 것 자체가 지닌 성찰적 경험에 있다. 섬세하게 다가가 본다면, "나는 누구인가?"라는 질문은 우리 각자를 단일한 개인들이 되도록 허락하며, 우리가 우리 자신의 독자성(singularity)에 관한 진실을 경험하도록 한다. 커밍스는 그의 아버지와 어머니에 관한 섬세한 기억에서 자아정체성에 관한 그의 질문이 지닌 교육학적 영역을 논한다. 그는 오직 이러한 시작점에서만 '당신이 이제까지 존재해 온 미스터리와, 앞으로 당신이 존재하게 될 미스터리, 그리고 당신이라는 미스터리'를 드러내 보일 수 있다고 제안한다.

"나는 누구인가?"라는 질문은 온라인 블로그나 페이스북, 트위터와 같은 소셜 네트워크 기술의 가상 환경에서, 숙고되기보다는 '구성된' 자아에 관한 질문과 분명히 구별되는 자기 경험이다. 가상적 혹은 디지털 자기 표현을 구성하는 것은 건강하고 성찰적인 자아가 되어 가는 과정에 도움을 줄 수도 있고 방해가 될 수도 있다. 단지 그렇게 짤막한 셀피(selfie) 혹은 여타의 디지털 셀프이미지를 찍거나 공유하는 행위는 자신에 대한 긍정적이고 성숙한 이해를 실현하는 데 혼란을 줄 수도 있고 기여할 수도 있다.

비밀의 자아

아이는 자기 발견을 위해 특별한 '장소'를 경험할 필요가 있다고 랑에펠트(Langeveld)는 말한다. 이러한 '비밀의 장소(secret place)'는 아이가 타인들의 존재에서 물러난 장소이다. 랑에펠트는 어른이 주목하지 않는 이 장소에 아이가 조용히 앉아 있는 것이 의미하는 바를 섬세하게 묘사한다. 이 특별한 공간에서의 경험은 아이가 타인으로부터 자신을 숨기거나 찾는 것, 타인을 감시하는 것, 나쁜 짓을 하는 것, 혹은 장난감을 가지고 노는 것과 같은 활동을 이야기하는 것이 아니다. 당신은 아마도 아이가 이러한 것들을 꿈꾸듯이 응시하면서 그 장소에 앉아 있는 것을 보게 될 것이다. 여기서 무슨 일이 일어나고 있는 걸까?

  랑에펠트는 이 장소에 대한 경험을 성장이 일어나는 곳으로 묘사한다. 아이는 식탁 아래에서, 두터운 커튼 뒤에서, 버려진 박스 안에서, 또는 자신을 숨기거나 빼낼 수 있는 구석이 있는 그 어디에서든 그러한 경험을 위한 장소를 찾을 수 있다. 말하자면, 이는 아이가 '자기 이해(self-understanding)'로 다가오는 경험이다. 임상아동심리학자이자 교육학자인 랑에펠트는 자라나는 아이들이 이러한 비밀스러운 장소를 경험하는 것이 형성적인 교육적 가치를 지니고 있음을 보여 주고자 했다. 그는 그것을 "어린아이가 자신을 내뺄 수 있는 대개 위협적이지 않은 장소"(1983, p. 13)로 묘사한다. 랑에펠트는 다음과 같이 말한다. "비밀 장소에 대한 경험은 늘 평온함과 평화로움의 분위기를 토대로 한다. 그곳은 우리가 안전하다고, 쉴 곳이라고 느끼는 장소이며, 우리가 친숙하다고, 매우 친근하다고 느끼는 그곳과 가까운 장소이다."(1983, p. 13) 그는 아이가 경험할 수 있는 비밀 장소의 다양한 양상을 묘사한다. 당연히 아이들은 종종 어두운 지하 창고, 으스스한 다락방, 신비스러운 옷장과 같은 공간들을 불편하고 위험이 다가오는 공간으로 경험할지도 모른다.

  아이의 비밀 장소에 대한 현상학적 분석은 세상 안과 밖의 구별된 공간들이 하나의, 독특한, 사적인 세계로 녹아 들어간다는 것을 보여 준다. 장소, 빈 곳, 어두움 또한 아이의 영혼이 거주하는 영역과 같은 영역에 함께 살고 있다. 그러한 영역을 삶으로 가져옴으로써 그것들이 이 공간에 펼쳐지고, 아이는 이를 인식하게 된다. 그러나 우리를 둘러싼 이러한 공간은 종종 실망이 가득 찬 움푹 팬 눈으로 우리를 바라본다. 여기서 우리는 존재하지 않음과의 대화를 경험한다. 우리는 공허에 휘말려 심취하게 되어 자신에 대한 감각이 상실되는 것을 경험하게 된다. 이것은 또한 우리가 두려움과 불안을 경험하는 곳이다. 커튼의 신비로운 여전함, 닫힌 문의 불가사의한 형체, 작은 동굴의 깊은 흑암, 올려다볼 수 없을 만큼 높아 시선을 사로잡는 창문, 이 모든 것이 불안을 경험하도록 한다. 그것들은 진입로나 통로를 보호하거나 가리는 것으로 보일지도 모른다. 끝이 없는 계단, 스스로 움직이는 커튼들, 수상하게도 삐걱거리는 문, 또는 천천히 열리는 문, 창문가의 정체 모를 실루엣 등은 모두 두려움을 상징한다. 그들 안에서 우리는 두려움의 인간성을 발견한다(1983, p. 16).

그러나 네다섯 살을 거치며 그러한 '나'는 점차 세상에 대해 그 자신을 확고히 하게 되고, 그러한 불안들은 점차 사라진다. 랑에펠트는 이러한 것들이 바로 독특한 인성이 발달하는 시작점이며, 그 안에서 세상과 '나' 사이의 첫 겨루기를 의식하게 되고, 세상이 '타자'로서 경험된다고 말한다. 이제 그 비밀 공간은 초대의 공간이 된다.

말하자면, 쉽게 가늠할 수 없는 그 장소가 우리에게 이야기한다. 어떤 의미에서 그것은 그 자신을 우리에게 이용 가능한 것으로 만든다. 그 자신을 우리에게 개방한다는 점에서 그것은 우리에게 그 자신을 선사한다. 그것은 그것 스스로가 공허하다는 사실에도 불구하고, 그러한 이유로 우리를 바라본다. 부름(call)과 이용 가능성을 선사함으로써 이러한 비인격적인 공간을 자신만의 매우 특별한 장소로 만드는 아이의 능력에 호소한다. 그리고 이러한 공간의 비밀성은 '나의 소유함(my-own-ness)'이 지닌 비밀성에 대한 첫 번째 경험이 된다. 이러한 공허함과 이용 가능성 안에서 아이는 '세상'과 만

난다. 그러한 만남은 아이가 여러 다른 상황을 만나기 이전에 경험한 만남일
지도 모른다. 그러나 이 시간 아이는 그러한 세상을 보다 설명 가능한 형태
로 만나게 된다. 이러한 개방성과 이용 가능성 안에서 발생하는 모든 것, 아
이는 분명 그것들을 적극적으로 빚어 내거나 적어도 그것들을 일종의 가능
성으로서 적극 허용할 것이다(1983, p. 17).

앞에서 랑에펠트의 문장을 인용했지만, 사실 그의 텍스트를 요약하거나 재
진술하는 것만으로는 충분하지 않다. 왜냐하면 (이러한 인용과 요약, 재진술은)
아이에게 그러한 경험이 어떠한지를 성찰적으로 인식하도록 이끄는 그의 전
체 텍스트가 지닌 질에 미치지 못하기 때문이다. 그의 학술 논문 「아이의 삶
속 비밀 장소(The Secret Place in the Life of the Child)」에서 우리는 랑에펠트가
그러한 규범적인 것들을 비밀 장소의 경험에 대한 현상학적 설명에 어떻게
위치시키는지를 볼 수 있다. 그는 그러한 경험이 어떠한 모습인지를 보여 줄
뿐 아니라, 그것이 어떻게 아이에게 교육적으로 의미 있는 경험이 되는지를
보여 준다.

그 비밀의 장소에서 아이는 고독을 발견한다. 이것은 또한 아이에게 비밀
의 장소를 허락해야 하는 좋은 교육학적 이유가 된다. … 그 비밀의 장소에
서 자라나는 긍정적인 무언가들, 아이의 내적이고 영적인 삶으로부터 솟아
오르는 무언가들. 그것이 바로 아이가 그러한 비밀의 장소를 그토록 적극적
으로 열망하는 이유이다.
성인으로 가는 모든 장면에서 비밀의 장소는 성숙한 성격이 형성되는 일
종의 망명지가 되며, 그러한 자기 창안 과정은 타인들과의 일정한 거리 두
기, 자기에 대한 실험, 자라나는 자신에 대한 인식, 창조적 평화와 절대적인
친밀함을 요구한다. 이러한 것들은 오직 혼자 됨에서만 가능하기 때문이다
(1983, p. 17).

랑에펠트는 아이들의 경험에 관한 우리의 이해와 규범적인 것들이 어떻게 직접 연결되는지 목격하는 일을 결코 피할 수 없다고 말한다. 그것은 우리가 행동해야만 하는 실제 삶의 상황에 늘 직면하기 때문이다. 우리는 아이들과의 상호작용에서 늘 적절한 것만을 해야 한다. 실천의 현상학이 성인의 입장에서 그 자신을 기략적인 방식으로 표현하는 교육학적 민감성을 떠받들고 있다고 말할 수도 있다. 랑에펠트의 텍스트는 종종 통찰적일 뿐 아니라 좋은 생각을 떠올리게 한다. 그의 텍스트들은 체험을 분석하고 입증할 뿐 아니라, 우리에게 '말하며(speak)', 우리의 교육학적·심리학적·전문적 민감성을 움직일지도 모른다. (실천의 현상학과 환기의 언어에 대한 기나긴 논의에 관해서는 van Manen, 2014, pp. 240-297 참조; Tyler, 1986 참조)

현상학적 교육학

현상학적 교육학은 이 책이 취하는 일반적인 관점을 말하는 용어이다. 현상학적 교육학은 우리가 가르치거나 돌보는 아이들 혹은 젊은이들의 경험에 일차적인 초점을 두는 교육학의 접근을 의미한다. 부모와 교사들의 교육학적 경험을 이해하는 것 또한 일차적인 중요성을 지니고 있다. 그러나 첫 번째 질문은 늘 다음과 같아야 한다. 이 아이 혹은 이 아이들이 이러한 상황이나 사건을 어떻게 경험하였는가? 성인으로서 우리는 아이들이 경험하는 것을 안다고 생각할지 모르나, 단순히 그렇다고 가정해서는 안 된다.

만약 우리가 시간을 내어 아이들에게 교육학적으로 섬세하게 다가가고 싶다면, 이러한 아이들의 사적인 삶들을 이해하는 것이 중요하다. 당연히 우리가 가르치는 모든 학생을 진정으로 '아는(know)' 것은 불가능하지만, 우리는 쉬는 시간과 같은 비공식적인 상황에서 많은 아이를 관찰할 수 있다. 또한 우리는 종종 우리가 가르치는 학생들의 경험에 대한 현상학과 심리학을 반드시 이해해야만 하는 특정한 상황이나 곤경에 처할 수 있다. 모든 교사가 종종 특별한 어려움이나 중요한 사건을 경험하는 젊은이들의 삶에 이끌려 들어갈 수 있다는 것에는 의심의 여지가 없다.

　때는 쉬는 시간이었고, 나는 우리 초등학교 운동장을 감독하고 있다. 운동장은 직선으로 뻗은 콘크리트로 되어 있으며, 부분적으로는 도심의 낡은 학교 건물에 의해 그림자가 드리워져 있다. 의무적으로 감독을 해야 한다는 것은 내가 충분히 즐길 자격이 있는 한 잔의 커피와 쉬는 시간을 포기해야 한다는 것을 의미한다. 그러나 이러한 업무에는 이점도 있다. 학교 마당을 가로지르는 아이들 사이를 앞서거니 뒤서거니 걷는 동안 아이들은 나에게 그들의 삶에 대해 이야기해 준다. 그들의 기쁨, 기분, 필요, 강점 그리고 갈등. 당신이 거기에 있으면서 단순히 '보는(see)' 무언가에는 이런 것들이 있다. 누가 누구와 노는가? 칼은 왜 혼자 한가로이 걷고 있는 걸까? 그와 대화를 시작해 보아야 할까? 혹은 그가 혼자 있고 싶어 하는 것처럼 보이는가? 작은 아이들을 또 괴롭히고 있는 제프도 보인다. 나는 그를 노려보고, 그는 희생양들을 놓아 준다. 몇몇 아이들은 긴 줄넘기 줄을 묶어 달라고 요청하기도 한다. 남자아이들도 줄넘기를 하기 시작하고 나는 격려의 말을 전하며, 이단 줄넘기를 어떻게 하는지 보여 준다. 아이들이 웃는다. 놀린다. 내가 줄넘기하는 법을 어디에서 배웠을까? 나는 아이들에게 내가 한때 권투선수였다는 농담을 한다. 그리고 내 길을 간다.

　이미 내 옆을 걷고 있는 몇몇 아이들이 있다. 매리는 조용히 걷고 있다. 데이비드도 함께 거닌다. 그는 어슬렁거리는 것을 좋아한다. 그 아이는 주머니에 손을 넣고, 걷는 길에 놓인 작은 조약돌들을 교묘히 발로 판다. 그러다가 크리스탈이 노닥거리기 시작한다. 그 아이는 나의 팔을 끌어당겨, 내 앞에 반걸음 정도 다가와, 내 얼굴을 쳐다본다. 내가 듣고 있는 건가? 그녀의 목소리는 수다스럽다.

"그녀의 부모님들은 늘 싸워요." 크리스탈이 말한다.

나는 크리스탈이 그녀의 가장 친한 6학년 친구인 니콜에 대해 이야기하고 있다는 것을 알아차린다. 나는 니콜이 오늘 아침에 학교에 오지 않았음을 상기한다. 그 아이는 결석하는 일이 거의 없다.

"니콜은 어디 있니?" 나는 묻는다. "아픈 거니?" 그러나 크리스탈은 내 질문을 무시한다.

"그리고 니콜이 자기는 엄마와 곧 도망칠지도 모른다는 비밀을 이야기해 주었어요. 내가 이 비밀을 이야기했다는 걸 그 아이한테는 절대 말하면 안 돼요." (나는 교사로서 명예의 서약으로 그것을 약속한다.)

"정말 이상했어요." 그녀가 이어서 이야기한다. "우리가 공원에서 놀고 있는데 두 대의 차가 앞에 멈춰 섰어요. 동시에 차창이 열렸죠. 니콜의 엄마는 그중 한 차에 타고 있었어요. 아빠는 또 다른 차 안에 있었죠. 둘은 니콜에게 자기 차에 타라고 외치고 있었어요."

크리스탈은 잠시 조용해진다. 그녀의 얼굴은 이상하게도 평온을 띄고 있다. 크리스탈과 니콜은 정말 닮았다. 두 아이 모두 저소득층 아이이고, 가정에서 학대와 폭력의 경험이 있다. 그리고 둘은 모두 좋은 아이이다. 다정하고, 상냥하며, 밝고, 배우고자 하는 열망이 있다. 꽃들은 늘 가장 믿기 힘든 예상 밖의 장소에서 자라난다.

"알다시피 난 그 애가 정말 끔찍해요." 크리스탈이 말한다. "난 니콜이 자신을 때린 아빠보다는 엄마를 더 사랑한다는 걸 알아요. 니콜은 아빠를 정말로 무서워해요. 그는 엄마도 때리죠. 어쨌든, 니콜의 엄마는 자기 차에 타라고 했어요. 정말 크게 '빨리! 어서 와!'라고 외치고 있었죠. 어쩜, 니콜도 몸을 움츠리기 시작했어요. 잠시 동안 그 애는 거기 서 있었죠. 그들을 바라보고 눈물을 흘리면서요. 그 아이는 정말로 소리를 지르고 있었어요. … 엄마와 아빠 둘 중 하나를 선택해야 한다는 것은 정말 끔찍하지 않나요?"

크리스탈은 어제의 기억들을 떠올리며 감정적으로 괴로워하는 것처럼 보였다. "그리고 정말 이상했던 건 뭔지 아세요?" 크리스탈은 극적인 사건을 더하려는 듯 잠시 멈춰 섰다. "니콜이 향한 차가 … 아빠의 차라는 거예요."

이 이야기는 경험적으로 매우 풍부하다. 학교 운동장에서 만난 아이에게 교육적으로 관심을 기울이고 있는 교사의 경험을 보여 줄 뿐 아니라 그러한 교사에게 이야기를 공유하는 학생의 경험을 수반하기 때문이다. 이제 (독자로서) 우리가 이 사건을 통해 인식할 수 있는 것은 우리 자신이 지닌 개인적인 교육학의 모습이다. 크리스탈이 왜 이러한 비밀을 공유한다고 생각하는가? 그리고 니콜은 왜 엄마 대신 아빠를 선택했는가? 엄마는 이미 아버지로부터의 폭력에 노출되어 있기 때문에 안전과 평온함을 제공해 줄 수 없다고 생각한 걸까? 이러한 상황에서 교사는 크리스탈에게 어떻게 응답하는가? 뭐라고 말해야 할까? 무엇을 해야 할까? 크리스탈이 필요한 건 무엇일까? 그리고 교사는 니콜을 위해 무엇을 할 수 있을까?

이렇게 접근하는 것을 현상학적이라고 한다. 이러한 경험들의 기저에 놓인 살아 있는 혹은 성찰적인 의미를 이해하길 요구하기 때문이다. 예를 들면, 앞의 이야기에서 크리스탈과 같은 아이는 교사에게 심적 부담을 준다. 교사는 자신이 신뢰하는 교사에게 반드시 그 비밀을 이야기해야만 한다고 학생이 느끼는 것이 과연 무엇을 의미하는지를 이해해야 하는 도전적인 과제에 직면해 있다. 동시에 교사는 자신의 친구인 니콜이 엄마와 아빠 사이에서의 선택이 두려움으로 물든 그 순간에 둘 중 한 명을 선택해야 하는 극적 상황을 멀리서 지켜보았던 것이 정서적으로 얼마나 복잡한 일인지 인식해야 한다. 그러한 물리적 두려움, 버려지는 것에 대한 두려움, 엄마에 대한 염려 등을 말이다. 그러나 불가능한 선택을 해야 하는 것, 처벌에 대한 두려움, 위험에 대한 두려움 등 어린 시절의 비밀에 대한 이와 같은 현상학적 통찰은 반드시 크리스탈과 니콜의 실제 삶의 맥락에서 해석되어야 한다. 그리하여 현상학적 교육학에서는 두 종류의 통찰을 가동시켜야 한다. 하나는 특정한 삶의 경험

(현상)이 지니는 의미에 대한 현상학적 통찰이고, 다른 하나는 크리스탈, 니콜이라는 특정한 아이들의 삶을 둘러싼 구체적인 상황에 대한 통찰이다. 교사가 무엇을 말해야 하는지, 무엇을 해야 하는지, 기략 있게 행동하는 방법은 무엇인지를 알아야 한다는, 그러니까 경험적 실재에 대한 교사의 이러한 통찰은 일종의 긴장을 형성한다.

이러한 현상학적 · 심리학적 고려에 더하여 교육학적 판단이나 행동에 필요한 윤리적 · 존재론적인 고려가 추가로 필요할 것이다. 한 고등학생이 전한 다음의 이야기는 보다 넓은 차원의 윤리적 관점이 필요함을 보여 준다. 이것은 교사가 전한 교실 수준의 평가 결과에 관한 이야기이다.

　　"어제 우리가 본 시험을 아직 채점하지 않으셨나요?" 몇몇 아이들이 교사에게 묻는다. "했지, 채점을 끝냈지만 돌려줄 수는 없단다. 그것들을 우선 파일에 저장해 둘 필요가 있거든. 너희가 원한다면, 너희가 받은 점수를 지금 바로 알려 줄게. 그러고 싶은 사람 있니?"

　　몇몇 아이가 즉각적으로 교사를 재촉한다. 수업이 끝나갈 무렵이었다. 그러나 나는 그가 정말 학생들에게 점수를 알려 주기를 원하는지 확실치 않았다. 그것은 당혹스러울 수도 있다. 교실을 둘러보았을 때 다른 학생들도 자신의 점수를 공개하는 것을 탐탁지 않게 여기는 것 같았다.

　　교사 또한 그러한 불확실성을 분명 감지했을 것이다. "너희 점수를 크게 읽는 것을 원치 않으면 손을 들어 보렴."이라고 말한 것을 보면 알 수 있다.

　　즉각적으로 반 이상의 학생들이 손을 들었다. 그러나 교사는 다른 해결책을 제시하기보다는 화가 난 것처럼 보였다. 그는 책을 덮고는 이야기했다. "음, 점수는 별로 문제될 게 없어. 너희 점수가 생활기록부에 기재된 성적에 반영된 걸 곧 보게 될 거야."

　　이제 많은 아이가 따지기 시작했다. 몇몇 학생은 급우들에게 등을 돌렸다. 또 다른 학생들은 교사의 마음을 바꾸기 위해 노력하고 있었다. 물론 진짜 영리한 아이들은 다른 아이들이 얼마나 잘 이야기하고 있는지를 들으며 그 상황을 즐기고 있었다. 나는 처음에는 이렇게 생각했다. '음, 좋았어, 그렇다면.' 왜냐하면 나는 내가 얼마나 잘했는지를 정말로 알고 싶었기 때문이다. 어쨌든 내 점수는 늘 80점대에 있었다. 그러나 내 주위를 둘러보았을 때, 제인이 매우 긴장하고 있음을 알 수 있었다. 그녀는 상위 수준의 학생이 아니었고, 낮은 시험 점수 때문에 늘 심각한 고통을 받고 있었다. 난 그녀가 시험 점수를 보고 울었던 것도 기억하고 있다.

교사는 자신의 점수를 공개하길 원하는 학생이 여전히 없는지 마지막으로 물었다. 아무도 손을 들지 않았다. 아무도. … 제인을 제외하고는!

그 순간 나는 그녀가 모든 이들의 희생양이 되는 것이 그녀에게 매우 힘들 것 같았다. 생각할 틈도 없이 나도 곧이어 손을 들었다.

교사는 그녀와 나를 차례로 바라보았다. 정말 끔찍했다. 다른 아이들의 야유 소리도 거의 듣지 못했다.

교사는 어깨를 으쓱하더니, 그의 책을 쾅 하고 덮었다. 그리고는 교실을 나갔다.

이 이야기에서 학생은 중요한 교육적 시사점을 지닌 고도의 민감성을 보여 준다. 비록 학생들에게 교육적 책임을 지워서는 안 되지만, 가끔은 분명 학생들이 그러한 역할을 감당해야만 하는 상황이 전개되기도 한다. 가정에서 나이가 많은 아이가 어린아이들을 돌봐야 하는 것처럼 말이다. 그러나 이러한 교실 일화는 성적에 대한 경쟁, 학생들의 점수, 그리고 그것들이 초래할 당혹스러움을 강조하는 교육적 접근이 지닌 잠재적인 파괴력을 보여 준다는 점에서 중요하다. 우리는 이 교사가 학생들에게 어떠한 자질을 길러 주고자 했으며, 그러한 교수 전략이 학생들의 성격을 형성하는 데 어떠한 효과가 있었을지에 대해 질문해 보아야 한다. 동료 학생이 공감에 힘입어 자기희생의 가치를 실현한 것도 바로 이 지점이다. 이와 같은 경험적인 이야기들은 초임 교사들의 교육적 민감성을 준비하는 과정의 일부로서 중요하게 다뤄져야 한다. 이러한 것들은 기략 있는 교수를 준비하는 데 커다란 영향을 끼치는 굉장히 사려 깊은 교육적 요소들이다.

9장
학생 경험의 현상학

앞 장에서는 현상학적 교육학의 본질을 설명하고, 현상학적 교육학의 중요한 요소들이 실제적 체험에서 출발한다는 점을 관찰하는 것으로 막을 내렸다. 교육자들은 흔히 학생들의 경험에 관해 이야기한다. 그리고 교사들은 학생들의 경험을 계획한다. 그러나 어떠한 학생이 모종의 경험을 할 때 실제 무슨 일이 일어나는지 우리는 진정 알고 있는가? 예를 들면, 학생들이 그들의 이름을 경험한다는 것이 무엇과 같은지 아는가? 이것은 단순한 질문처럼 보이지만, 그보다 더 많은 것을 내포할 수도 있다(van Manen, McClelland, & Plihal, 2007).

일상의 삶에서, 학교와 교실에서, 교사들은 학생들을 부르고, 그들의 이름을 부르며, 그들의 이름을 발음하거나 잘못 발음하기도 하고, 혼동하기도 하며, 가끔은 그들의 이름을 모두 잊어버리기도 한다. 성인인 우리는 이름을 부르거나, 잘못 부르거나, 잊어버린 경험이 많이 있을 것이다. 우리가 지금의 이름을 어떻게 갖게 되었는지에 관한 이야기를 들었을지도 모른다. 이름은 우리가 태어나기 전에 선택이 되기도 하고, 부모님이 우리를 만날 때까지 기다렸다가 그 이후에 이름을 결정하기도 한다. 여자아이의 경우에는 어머니의 이름을 따르기도 하고, 남자아이의 경우 아버지의 이름을 따르기도 하며, 때에 따라서는 성인식을 치르기 전까지 영구적인 이름이 주어지지 않는 경우도 있다. 우리 중 몇몇은 짧은 버전의 이름, 또는 명예롭거나 불명예스러운, 혹은 유머러스하거나 애정 어린 별명을 부여받기도 한다. 누군가가 이름을 선사할 때 어떠한 일이 일어나는가? 데리다(Derrida, 1995b)는 묻는다. 그것이 선사하는 것은 무엇인가? 그것은 어떠한 것(thing)을 제공하는 것이 아니다. 그것은 아무것도 전달하지 않는다. 그러나 무언가가 된다. 이름을 부르는 행위는 정말이지 대단한 현상이다.

누가 우리의 이름을 지어 주었는지, 왜 그 이름이 선택되었는지에 관한 이야기는 우리의 근원과 연결되어 있으며, 우리에게 중요한 의미를 지닌다. 누군가가 우리의 이름을 부를 때 (특히 이 누군가가 중요한 사람일 때), 우리는 자신의 단일성이 인정되는 것을 느낄지도 모른다. 한 사람을 그/그녀의 이름으로 부르는 것은 친밀감과 신뢰를 형성하도록 도울지도 모른다. 모든 업계의 판매원들이 이와 같은 이름 부르기의 현상학적 특징을 잘 알고 있다. 그리고 우리는 누군가가 친근한 톤으로 말을 걸어도 이름을 잘못 부르면 짜증이 날지도 모른다. 교사들 또한 이름을 부르는 것이 학생들과의 관계를 유지하는 데 중요하다는 점을 알고 있다. 많은 교사가 학년 초 학생들의 이름을 외우기 위해 노력한다. 그들은 자신이 학생들을 인식하고 제대로 된 이름으로 학생들을 부르는 것이 중요하다는 것을 인식한다.

이름을 부르는 것은 곧 인식하는 것을 의미한다. 우리는 세상의 여러 측면을 그것들의 이름을 부름으로써 인식할 수 있다. 우리는 그것들의 이름을 부름으로써 그것들을 인식할 뿐 아니라 그것들을 무언가 실재하는 것으로 만든다. 그것이 바로 구스도르프(Gusdorf)가 "이름을 부르는 것은 존재 안으로 불러들이는 것이다(to name is to call into existence)."(1965, p. 38)라고 말한 이유이다. 우리가 어떠한 것들의 이름을 부름으로써 그것들을 존재로 불러들이는 것처럼, 우리 자신 또한 타인과 자신의 존재를 위해 이름이 불려야 할 필요가 있다. 우리의 언어적 반경 밖으로 떨어진 것들은 쉽게 가늠할 수 없는 상태에 놓이게 될지도 모른다. 이것은 사람들을 적절한 이름으로 부르는 것에도 적용된다. 한 가지 이상한 것은 우리가 안다고 생각하는 사람들조차도 우리가 그들의 이름을 기억하기 전까지는 어느 정도 쉽게 가늠할 수 없는 상태에 놓이게 된다는 것이다. 무언가 그들의 이름으로 그들을 부를 수 있음으로써 우리는 그들에게 닿을 수 있고, 그들과 의미 있는 관계에 서게 되는 듯하다. 교사로서 우리가 학생들의 이름을 부를 때 우리는 특정 학생의 단일성을 암시하게 되며, 그렇게 이름을 부르는 것이 그 학생을 우리와의 관계로 불러들인다는 것을 당연하게 생각하게 될지도 모른다.

내 이름으로 불린다는 것은 인정을 받는 것을 의미하며, 인정을 받는다는 것은 말 그대로 인식이 된다는 것을 의미한다. 그러므로 나를 인식하는 누군가는 나의 존재, 바로 그 존재를 인정하는 것이다. 이것은 분주한 길거리에서 지나친 누군가를 빠르게 알아차리는 것과는 다른 것이다. 인지(cognize)한다는 것은 안다는 것을 의미하지만, 인식/재-인지(re-cognize)한다는 것은 기억의 일부가 된다는 차원에서 볼 때 다시금 알게 되는 것을 의미한다. 내가 누군가를 인식할 때, 나는 나의 인지적 경험을 다시금 부활시킨다. 이 사람은 나의 경험, 내 생애사의 일부가 되었다. 그/그녀는 나를 위해 존재하며, 이 사람은 이제 내가 기억할 수 있는 사람이다. 그러므로 이름을 부르고 인식하는 것은 사람들의 삶에서 매우 중요한 역할을 한다. 한 사람의 실존은 호명되고 인식되는 것에 의해 좌우된다. 데카르트(Descartes)의 말을 바꾸어 표현하자면 다음과 같다. "나는 인식된다, 고로 존재한다." 인식의 경험은 개성, 정체성, 자기 존재의 인식과 불가분하게 연결되어 있다.

이러한 예비적 성찰에 비추어 볼 때, 이름을 부르는 것과 관련한 학생들의 경험이 지닌 교육학적 중요성이 이제까지 거의 주목을 받지 못해 왔다는 것이 이상하다. 학생들은 자신의 이름이 불리는 것을 실제 어떻게 경험하는가? 그들의 이름이 잘못 불리는 것, 별명으로 불리는 것은 그들에게 어떠한 경험 인가? 또는 그들의 이름이 잊혀질 때 학생들은 그러한 사건을 어떻게 경험하는가? 학생들에게 이름에 관해 그들이 학교와 교실에서 경험한 것을 물어보는 것이 반드시 어떠한 경험적 결과를 초래하는 것은 아니다. 우리가 개별 학생들에게 그들의 이름에 관한 경험을 물어볼 때, 그들은 "당신이 누구인지를 선생님이 아는 것은 중요하죠." "과학 선생님은 크리스마스가 될 때까지 내 이름을 여전히 몰랐어요!" "선생님이 내 성으로 나를 부르는 게 싫어요."와 같이 말할지도 모른다. 이와 같은 이야기들은 이름에 관한 경험이 학생들에게 중요하며, 우리가 그들에게 그러한 기회를 줄 때에만 그들이 이러한 경험에 다가올 수 있다는 것을 보여 준다. 그러나 이름을 둘러싼 경험에 대해 학생들이 해석과 관점 혹은 신념을 그대로 전달하는 것과 그들이 실제 경험한 것을 합리적으로 가능한 수준에서 묘사하는 것은 구별될 필요가 있다. 현상학적 탐구는 성찰을 위한 데이터로서 '살아 있는 경험'으로서의 이야기를 요구한다(van Manen, 1997; 2014). 이를 위하여 학생들은 그들의 경험적 순간들 그 자체를 묘사해 달라는 요구를 받는다. 따라서 현상학적인 교육학적 질문은 어떻게 학생들의 경험으로 향할 것인가가 된다.

학생의 경험으로 향하는 것

내러티브 혹은 민속지학적 접근을 취하는 연구자들은 살아 있는 경험, 즉 살아낸 것으로서의 경험에 민감한 경향이 있다. 경험을 환원적인 개념, 철학적인 생각 혹은 추상적인 변인으로 다루는 것의 위험을 인식한 연구자의 예를 통해 알 수 있다. 학생들의 초기 읽기와 글쓰기 활동에 관심이 있는 카린 달(Karin Dahl, 1995)은 "우리는 그들의 이야기를 들을 필요가 있고, 그들이 그들 자신과 그들의 관점에 대해 우리에게 보여 주는 것에 주목할 필요가 있다."(p. 124)는 말을 통해 학생들의 경험에 초점을 두는 것이 중요하다고 설명한다. 달은 학생들의 경험을 진지하게 받아들이는 것이 교사에게 가르침에 대한 보다 적절한 이해와 통찰을 제공할지도 모른다고 제안한다. "학생들의 목소리로부터 배우는 것은 우리가 학습자로서의 아이들을 깊이 이해할 수 있도록 한다. 아이들에 대한 그러한 지식을 우리가 지니게 되기 때문이다. 그리고 그것은 가르침의 의미에 대한 우리의 이해를 확장하고 풍부하게 한다."(p. 130) 달은 그녀의 민속지학 연구에서 애디라는 1학년의 '성난 소녀(angry girl)'를 다음과 같이 묘사한다.

> 이 선생님은 '명령을 했고(called the shots)' 애디에게는 수행을 멈추거나 행할 시간이 없었다. 애디는 곧바로 저항을 했다. d라는 글자를 바르게 수정하거나 문장을 정확하게 읽어야 한다는 요구에 성질을 부린 것이다. 그녀는 그것이 글자를 만드는 것이든, 단어를 인식하는 것이든, 혹은 다음 활동을 결정하는 것이든 자신의 방식대로 하고 싶어 했다. 그녀가 커다란 반항의 신음 소리를 냈지만, 선생님은 수업을 이어 갔다. 그것은 각자의 의지에 대한 전투였다. 이러한 시간은 교사와 학습자 모두에게 힘든 시간이었다(p. 128).

달은 학생의 경험을 무언가 가변적이거나 일반적인 개념으로 축소하기보다 교실의 현실과 애디의 기분 혹은 성격을 우리가 인식하도록 해 준다. 그러나 이러한 묘사는 한 걸음 더 나아갈 수 있는데, 애디 자신이 이러한 교실에 있는 것이 어떤지 이야기하도록 하는 것이다. 아마도 달은 1학년 아이가 어떠한 상황에서 자신이 느끼는 것을 이야기하지 못한다고 생각하는지도 모른다. 달은 애디가 아닌 성인의 시각에서 묘사하고 있다. 게다가 그러한 관찰적 설명은 구체성과 실제성이 부족하다. 우리는 애디가 이러한 상황에서 어떻게 저항했는지 들었지만, 애디가 관찰이 행해지는 이 특정한 순간에 어떻게

'저항했는지(rebelled)'는 알지 못한다. 그러나 보다 조심스럽게 들여다보면, 이러한 상황에서 이 아이의 경험은 사실상 훨씬 더 복잡하고 다면적이라는 것을 알 수 있을 것이다. 애디의 행동에 나타난 '저항(rebell)'과 '의지의 투쟁(battle of wills)'은 아이의 실제적인 체험이 장면에서 사라졌음을 의미한다. 애디가 실제 경험한 것은 무엇일까? 그리고 이러한 경험을 가장 잘 묘사하는 방법은 무엇일까? 우리는 가까이에서 관찰하기를 연습했으며, 그녀의 몸짓과 표정, 말과 눈빛 등에서 나타나는 미묘한 것들을 이해하고자 노력했다.

  애디에게 매우 중요한 날 그가 이러한 읽기부진 교실에 있어야 한다는 것은 무엇을 의미하는가? 그가 그 밖에 다른 어떤 곳에 있지는 않았을까? 혹은 그 교실 안의 다른 곳에 있지는 않았을까? 애디는 교사의 존재를 어떻게 경험했을까? 연구자의 존재는? 그들의 몸짓과 눈빛, 목소리 톤은? 그들의 가르침들은? 그들의 주목, 무관심, 오해는? 분명 초등학교 저학년 아이에게 설명을 요구하는 것은 특별한 어려움을 지니고 있으나, 관찰에만 의지하는 것은 외부에서 바라보는 경험에만 의지하게 한다. 일과에 대한 달의 이와 같은 예시는 그 자체로는 비판할 것이 못되지만, 질적 연구방법론들이 연구자들로 하여금 학생들이 그들 스스로에 대해 이야기하도록 허락하기보다 학생들을 대신하여 자신의 이야기를 하도록 이끄는 과정을 보여 준다.

  그리고 연구자들이 학생들 스스로 자신의 이야기를 하도록 허락하는 경우에도 이러한 이야기들은 그들의 경험에 대한 것일지 모른다. 학생들이 그들의 학교에 대해 이야기해 보라는 요구를 받았을 때, 그들은 "저는 친구가 열 명쯤 있고요, 쉬는 시간에는 주로 축구를 해요. … 우리 학교는 원래 초록색이었는데 지금은 붉은색이에요. … 우리는 밖에서 놀 수도 있고, 그림을 그릴 수도 있고, 레고를 가지고 놀 수도 있어요. 과학 시간에는 밖에 나가서 여러 과일을 맛보고요. 공예 시간에는 양모 털실을 만들 수 있어요. 우리는 주로 몇 가지 모양을 색칠하기도 해요."(Allodi, 2002, pp.188, 189)라고 이야기한다. 앨로디(Allodi)와 같은 연구자들이 학생들에게 학교에서의 경험을 이야기해 달라고 요청할 때, 연구자들은 대개 학생들에게 일어난, 그들이 실제 그것들을 통해 겪었던 경험에 관한 묘사보다는 경험에 대한 일반적인 묘사들을 듣게 된다.

이름에 대한 경험을 이름 짓기

고학년 아동이나 청소년들의 경우에도 이들의 설명을 듣는 것은 결코 쉽지 않다. 어떤 연구자들은 학생들을 면담하거나 그들의 경험에 대해 적어 보라고 함으로써 학생들의 경험적 설명을 수집한다고 느낄지 모른다. 그러나 앞에서 제시했듯이, 그들이 실제 수집한 것은 학생들의 의견과 견해, 관점, 설명일 뿐 경험 그 자체에 대한 설명이 아니다. 학생 경험의 개념에 대한 보다 풍부한 의미를 취하는 행위가 무엇을 의미하는지에 관한 예를 제공하기 위해 지금부터 학생들의 몇몇 이야기를 제시하고자 한다.

여기서의 초점은 교실 생활의 가장 기본적·기초적인 측면에 대한 학생들의 경험에 있다. 교사에 의해 인식되고 알려지게 되는 것이자, 이름이 불리게 되는 것을 포함한다. 여기 9학년 학생의 이야기가 있다. 이 학생은 어떠한 사건이 벌어졌을 때의 경험을 회상함으로써 그 사건을 경험적으로—있는 그대로 안에서 밖으로—묘사한다.

  "제곱근입니다, 여러분!" 리차드 선생님은 흥분하며 외쳤다. "제곱근들을 보는 정말 많은 방법이 있지요."

  이른 월요일 아침 수학 수업시간에 앉아 있는 것은 절대 신나는 경험이 아니다. 그러나 나는 아무런 선택권이 없다. 우리는 필기를 하고 있으며, 모든 교사가 그러하듯 리차드 선생님은 우리가 토론에 활발히 참여할 수 있도록 노력하고 있다. 개인적으로 나는 과연 누가 제곱근에 관심이 있을지 도무지 알 수가 없다(그래도 그 말은 하지 말자).

의무적으로 나는 그녀의 첫 번째 질문에 대한 나의 통찰을 공유하기 위해 손을 든다.

나의 눈을 포착한 리차드 선생님이 나를 부른다. "그래, 스티파니!"

나는 잠시 멈추고 내가 지금 잘못 이해했는지 생각해 본다. 그녀는 아마도 방금 내 이름을 "스테파니"라고 불렀을 것이다. 교실을 둘러보며 나는 나에게 그 '외현(the look)'을 보이는 티파니를 본다. "그녀가-말했다고-내가-생각하는-그것을-방금-그녀가-말한 거니?"라는 표정이다. 나는 티파니를 잘 모르지만, 그녀는 성격이 시원시원하다.

순간적인 정적이 지나가고 교실 안에 모든 사람에게 방금 무슨 일이 일어났는지 분명해진다. 그리고 즉각적으로 웃음이 터진다.

그러나 리차드 선생님은 내 이름을 티파니의 이름과 섞어서 부른 그녀의 실수를 인식하지 못한 것처럼 보인다. 나는 그 갑작스러운 소란에 대해 전혀 알지 못하는 것처럼 보이려고 절망적으로 노력하며 웃음을 억제하고 제곱근 문제에 대한 나의 생각을 공유한다.

우리는 다시 노트 필기를 시작했지만 나는 집중을 할 수 없었다. 나는 그 경미한 이름의 혼동이 전혀 언짢지 않으며, 오히려 기쁘다.

이제 복도에서 티파니와 마주칠 때마다 우리는 서로를 스티파니 또는 스티피라고 부른다. 나는 그것이 꽤 귀엽고 웃기다고 느꼈다. 우리는 서로 친구가 되었다. 이 새로운 별명은 단순하지만 중요한 방식으로 나와 티파니를 연결하는 것 같다.

애디에 대한 설명에서 볼 수 없었던 무엇을 여기서 볼 수 있는가? 스테파니가 그녀의 실제 경험을 묘사의 형태로 연결시킬 때, 그것은 다른 어떤 방식의 묘사로도 보여 줄 수 없는 것을 우리에게 보여 준다. 이러한 묘사는 달이 관찰자로서 작성한 그것과 어떻게 다른가? 그녀(달)는 이름을 혼동한 것에 대해 알아들었을까? 그녀는 과연 이름을 부르는 것, 잘못 부르는 것과 관련한 이 미묘한 시사점들을 묘사할 수 있을까? 물론 우리는 스테파니의 경험이 무엇이었는지 확신할 수 없으며, 그것을 완전히 이해할 수도 없다(그것은 여기서 우리의 관심사가 아니다). 그러나 이와 같은 경험적 이야기에서 우리는 그녀에게 이 상황이 어떠했을지에 대한 힌트를 얻을 수 있다. 우리는 이름이 잘못 불리는 경험이 스테파니와 티파니 사이에 결속을 만들어 냈음을 알 수 있다. 스테파니가 묘사한 그 순간은 단순한 것이며, 우리는 그러한 순간이 매년 많은 교실에서 다양한 형태로 반복되는 것을 본다. 비록 스테파니가 스티파니로 불린 것에 대해 언짢아하지 않았더라도, 리차드 선생님이 그들의 이름을 섞어서 부른 것에는 약간의 잘못이 있다. 교실 안에 웃음이 퍼진 것과 수업이 제곱근에 관한 것으로 돌아갔음에도 스테파니가 그 에피소드를 계속 생각하고 있었던 것 모두 이름을 잘못 부르는 것이 어떤 면에서는 문제가 있다는 것을 보여 준다.

이러한 경험적 이야기들을 통해 우리는 이름이라는 것이 학생들에게 얼마나 중요한지를 깨닫게 된다. 무엇보다도, 학생의 이름을 부를 때, 무언가를 존재의 영역으로 불러들이게 된다. 그 학생은 독특한 사람이 된다. 그러나 교사의 가벼운 습관 혹은 그러한 미묘함에 대한 무관심 때문에 학생들은 종종 개인의 정체성과 독특성을 인식하는 경험에서 밀려나게 된다.

"가지고 와, 맥!" 그가 말한다. 나는 한숨을 쉬면서도 어쨌든 벤치에 머물러 있다. 왜 그가 너의 별명을 부르는 것을 보고만 있니? 별명을 부를 때 좋은 사람이 있니? 벤자민이라는 이름은 충분히 짧지 않니? 그는 나를 벤이라고 부를 수도 있었다. 아니면 내 이름을 기억하지 못하는 걸까? 그렇다, 아마도 그런 것 같다. 그는 그저 내 이름을 기억하지 못하는 것일 수도 있다. 이렇게 생각하고 있을 때, 나는 내 가랑이 사이로 미끄러져 지나가는 퍽을 놓칠 뻔했다. 나는 재빠르게 돌아와 포워드에 있는 선수 중 한 명이 있는 빙판으로 그것을 날렸다. 바로 코치가 철자를 거꾸로 사용하는 그 선수이다.

나는 조금 화가 났다. 이후 이러한 상황은 모든 세션에서 계속되었다. "이
봐, 맥. 게임에 집중해." 그는 분명 알고 있다. 그러니까 내 말은, 어떻게 하
키 팀을 코치하면서 자기 팀 선수들의 이름을 모를 수 있냐는 것이다. 호루
라기 소리가 들리고, 나는 벤치로 돌아와 코치가 잊어버린 또 다른 선수들의
이름은 없는지 생각하기 위해 노력하고 있다. 바비라고 불리는 한 아이가 있
지만, 내가 알기로 그의 이름은 바비 오르이다. 위대한 옛 하키 선수들인 퓌
르, 웨인, 로켓처럼 말이다. 맥이라는 이름을 가진 유명한 하키 선수가 있던
가? 아니면 맥이라는 별명을 가진 선수라도? 하키와 하키 선수들에 대해 많
이 알고 있는 나조차도 그들 중 맥이라는 이름은 한 번도 들어본 적이 없다.

　　그래서 난 뭘 해야만 하는가? 뭘 할 수 있는가? 나는 그가 내 이름을 제대
로 부르게 해야 한다. 어떻게 다음 해에 또 맥이라고 부르도록 놔둘 수 있겠
는가? 나는 코치에게 걸어간다. "안녕, 맥." "선생님, 제 이름은 벤자민입니
다. 기억하십시오!" "음, 당연히 기억하지," 그가 말한다. 나는 약간의 당혹
스러움으로 그 이름에 관한 모든 일이 해결되었다는 것에 기뻐하며, 붙들고
있던 안도의 숨을 마침내 내쉰다.

　　"교실 옮길 시간이다. 이제 밖으로 나가, 맥!"

이 이야기에서 벤자민은 자신의 성이 맥퍼슨이라는 이야기를 하지 않았
다. 아마도 그는 체육 선생님이 그의 성으로 부른다는 것을 깨닫지 못했을 수
도 있다. 또는 그가 성으로 불리는 것, 특히 그의 성을 별명 버전으로 부르는
것을 좋아하지 않았을 수도 있다. 그러나 중요한 것은 벤자민이 자신을 맥이
라고 부르는 것을 좋아하지 않는다는 것이다.

　　이름을 부르는 것은 관계적인 경험이지만, 학생의 이름을 잘못 부른 스테파
니와 티파니의 선생님은 학생들에게 표면적으로 어떤 일이 벌어졌는지도 인
식하지 못한 채 학생들에 대해 실수를 한다. 반대로, 벤자민의 코치는 실수하
기를 바라는 것처럼 보인다. 코치는 엄하게 다루고자 하는데, 이는 코치와 선

수들 사이의 활기가 넘치곤 하는 체육 교과에서 그리 놀라운 일도 아니다. 중요한 것은 오직 학생들의 이야기를 들을 때만이 실제 어떠한 경험이 일어났고, 그러한 경험이 무엇을 의미하는지 알 수 있다는 것이다.

이 장의 초점이 학생들의 이름을 부르거나 그들에 의해 이름이 불리게 되는 교사의 경험에 있지는 않지만, 교사들의 경험에 주목하는 것이 학생들의 경험에 대한 성찰을 촉진한다는 점은 주목할 만하다. 여기 교사 경험의 예가 있다.

내가 가르치는 모든 학생의 이름을 알고 있는지 확인하기 위해 첫 학기 수업에서는 몇 번간 학생들의 명단을 쭉 훑어봅니다. 이름들을 반복해서 읽으면서 그 이름들을 가진 학생들과 연결시켜 보기 위해 노력하죠. 곧 이들 학생의 몇몇을 나는 굉장히 잘 알게 되고, 비로소 그들의 이름을 외울 필요가 없게 됩니다. 단순히 그들을 알아차릴 수 있죠. 꽤 종종 다른 학생들의 이름을 기억하는 데 어려움을 겪기도 해요.

예를 들면, 9학년 수업에서 내가 작년에 가르쳤던 학생과 매우 닮은 그의 동생이 있었어요. 초기 몇 주 동안 나는 여전히 혼동이 되었고, 그를 팀이 아닌 형의 이름인 돈으로 불렀답니다. 이 일이 또 일어났던 어느 날, 물론 팀은 아무 말도 하지 않았지만 나는 그 아이가 분명히 화가 났다는 것을 알 수 있었어요. 나는 자연스럽게 공식적으로 그에게 사과했어요. 물론 이런 일을 하는 것이 당혹스럽기는 했죠. 내 고백이 무언가 자기 처벌 같기도 했고요. 그래도 나는 이것이 내게도 문제가 되는 것임을 팀이 아는 게 중요하다고 생각했어요. 나는 그에게 그의 형의 이름과 혼동하는 것이 얼마나 미안스러운지, 내가 얼마나 그의 있는 그대로의 존재를 감사해하는지를 이야기했어요.

비록 이 교사는 이름이 불리는 것에 대한, 이 경우에는 이름을 잘못 부른 것에 대한 학생들의 경험이 지닌 현상학적 중요성에 대해 성찰한 것은 아닐

지도 모른다. 그러나 교사는 이것이 중요하지 않은 문제가 아님을 인식하고 있는 것처럼 보인다. 교사는 학생의 이름을 형의 이름으로 잘못 부르는 것이 그의 자아 인식과 자아정체성에 대한 모종의 폭력이라고 인식하고 있다. 그가 누구인지를 인식하고 정의하는 것은 그 자신의 권리이기 때문이다. 다음의 이야기는 형제의 이름으로 불리는 경험을 했던 한 학생의 묘사이다.

> "샐리 틸번?" "네." 드디어 새 학기의 첫날이 다가왔다. 라슨 선생님은 출석을 부르고 있다. 우리 오빠 벤은 지난 3년 간 이 학교를 다녔다. 그가 나를 위해 대단한 명성을 쌓고 간 셈이다. 우선 그가 선생님이 가장 좋아하는 학생이 아니었다는 점을 확실히 해 두자. 복도 벤치에는 벤이 학교를 다니면서 남긴 많은 흔적을 볼 수 있다. 이 신선한 9월 아침에 대해 나와 이야기를 나눈 모든 교사는 그것을 벤과 연결시켰다. 내 이름이 샐리 틸번이라고 말할 때 나는 그들의 눈에서 희망의 빛을 본다. 내가 우리 오빠와 같지 않기를 바라는 희망이다. "틸번, 벤 틸번의 그 틸번이니?" "네," 하고 나는 대답한다. "오, 그렇구나,"라고 말하는 라슨 선생님은 목소리를 낮추었다. 그녀가 2년 전쯤 벤과 가졌던 시간들을 떠올리고 있는 게 틀림없다. 모든 이의 시선이 나를 향했다. 라슨 선생님의 표정에 드러난 못마땅한 표정 때문에 교실의 모든 학생은 벤이 어떤 유형의 학생이었는지를 눈치챌 수 있었다. 나는 그녀를 바라본다. 그녀는 벤이 누구였는지를 어렵지 않게 기억해 내고 있는 것으로 보인다. 고개를 숙이며 나는 앞으로 몇 년 간의 학교 생활이 어떨 것인지 상상할 뿐이다.

라슨 선생님이 벤을 샐리와 연결한 것이 교사와 학생이라는 이들 관계에 어떠한 영향을 미치는가? 교실의 다른 학생들이 라슨 선생님의 못마땅한 표정을 보고 이어서 샐리를 바라볼 때 샐리는 그녀의 친구들과 어떠한 관계를 맺게 될 것인가? 교사가 학생의 이름을 정확하게 부르지 않을 때, 학생은 즉각적인 경험을 하고, 또 가끔은 강력한 느낌과 생각을 갖게 될 것이다.

우울한 월요일 아침, 스미스 선생님은 유난히 기분이 안 좋은 상태였다. 그러니까 내 말은 그녀가 늘 나를 괴롭히는 것처럼 보였는데, 오늘은 특별히 더 안 좋아 보였다는 것이다. 과학은 나에게 두려운 과목이었지만 올해 최악이었으며, 모두 그녀 때문이었다. 그녀의 질문에 답하기 위해 나는 손을 든다. 그리고 나는 내가 들으려고 하는 것을 실제 기대하지는 않는다. 왜냐하면 나는 8개월 전부터 그녀의 수업에 있었기 때문이다. 그러나 그녀는 끔찍하게 날카로운 목소리로 말한다. "맞아, 알렉산드리아, 네가 무엇을 말해야 하지?"

잠시 동안 나는 내가 답해야 하는 것에 대해 생각하고는 이야기한다. "죄송해요, 스미스 선생님, 그런데 그건 제 이름이 아니네요."(나는 그녀가 방금 저지른 실수에 대해 꽤 적절한 방식으로 답했다고 생각한다. 그녀의 수업을 8개월 동안 들었음에도 말이다.)

"오 그래, 음, 계속 해 보자, 그럼, 알렉시스," 그녀는 끔찍이 퉁명스러운 말투로 대답한다.

교실은 웃음이 폭발한다. 우리 반 재간둥이 제레미아는 역시나 야유를 보내며 소리친다. "걔 이름은 알렉사예요." 그러고는 다시 한번 이야기한다. "알렉사라고요!"

음, 그것은 스미스 선생님의 인내를 두 동강나게 했을 뿐이다. "닥쳐! 너희 모두!" 그녀는 소리친다. 그녀는 분명 당황한다. 우리는 수업을 이어 가지만 나는 수업 내내 그녀의 볼에 비치는 붉은 기를 무시할 수 없다. 나는 그녀가 분명 그녀에게 마땅한 당혹감을 얻게 된 것에 행복해해야 하나, 아니면 행복해하면 안 되는 것인가?

이따금 학생들의 이름을 혼동하는 교사의 실수를 비난할 수는 없다. 가르침의 행위는 본질적으로 즉흥적이다. 교사는 우발적인 돌발 상황에 즉각적으로 (상호)작용하며, 가끔은 순간적인 결정을 반드시 내려야 하는, 그리고 기대하지 않은 학생들의 응답과 행동이 종종 출현하는 과거 시점의 환경에서 수많은 활동들을 통해 자신의 학생들을 이끌어야 한다. 따라서 교사들이 때때로 학생들의 이름에 실수를 하게 되는 것은 그리 놀랄 일이 아니다. 여기에서 우리가 논의하고자 하는 것은 교사를 비판하고자 함이 아니며, 그러한 일이 발생했을 때 학생들이 어떠한 경험을 하는지, 학생이 그러한 경험을 하는 것이 과연 무엇과 같은지를 판단하기 위해 노력할 때 그것이 무엇을 의미하는지에 주목하고자 하는 것이다. 대학생조차도 교수와의 관계에서 이름을 혼동하는 것에 민감할 수 있다.

> 지난 학기 내가 정말 좋아하는 베르그 교수님의 철학 강의를 들었어요. 그도 저를 좋아하는 것 같았죠. 왜냐하면 그는 나를 자주 호명했고, "프리다는 정말 훌륭한 점을 이야기하는군요." 또는 "프리다, 이 문제에 대해 어떻게 생각하니?" 등과 같은 말을 했기 때문이죠. 내 친구 몇몇은 베르그 교수님이 나를 프리다라고 부를 때 키득거리며 웃곤 했죠. 그래도 나는 크게 개의치 않았어요. 그가 나를 존중한다고 생각했기 때문이죠. 학기말 작문 시험이 끝나고 나는 그에게 다가가 말했어요. "교수님의 수업들이 정말 좋았어요. 그리고 저는 당신이 정말 멋진 선생님이라고 생각해요. 당신의 철학 강의들에서 정말 많은 것을 배웠습니다. 하지만 제 이름이 프리다가 아니라는 걸 알아 주셨으면 좋겠어요. 제 이름은 제인이에요."
>
> 베르그 교수님은 내가 감사의 인사를 했을 때 내게 미소를 지어 보였지만, 곧이어 큰 충격을 받은 것 같았어요. "오, 말도 안 돼. 정말 미안하구나!" 그러나 나는 말했어요. "염려마세요. 일부는 맞거든요. 제 이름은 제인 프리드먼이에요."

프리다와 알렉사에 관한 이야기에는 일종의 역설이 있는 것처럼 보인다. 우리가 누군가의 이름을 모른다면, 우리는 그/그녀를 진정 알지 못하는 것이지만, 그/그녀의 이름은 알지만 그/그녀를 진정 알지 못할 수도 있다. 마찬가지로 우리는 이름을 모르는 누군가와 짧은 만남 이후 그의 어떠한 면을 친밀히 알게 될지도 모른다. 제인과 알렉사 모두 교사의 잘못을 바로잡는 데 주저함을 보인다. 아마도 그들은 한 사람이 누군가의 이름을 잊어버리는 것이 그 사람에게 당혹스러운 일일 수 있음을 직관적으로 알았는지도 모른다. 물론 우리가 만나는 모든 사람의 이름을 기억하는 것이 쉽지 않다는 실질적인 어려움이 있기도 하다.

많은 교사는 교육자들이 자신에게 늘 물어보아야 할 첫 번째 질문에 대해 동의할 것이다. 우리가 교육자로서 아이들이 경험한 것을 말하는 것이 사실상 학생들이 실제로 경험하는 것이 무엇인지에 관한 것보다 덜 중요하다는 것이다. 예를 들면, 교사는 그가 가르치는 학생들을 돌보고 있다고 믿지만, 학생이 교사의 행위를 돌봄으로 경험하지 않는다면, 그러한 교사의 신념은 학생이 경험한 것과 관련이 적다고 할 수 있는 것이다.

학생들의 경험에 접근하는 방법

그렇다면, 우리는 어떻게 학생들 스스로가 어떤 일을 경험하는지 이해하기 위해 어떠한 노력을 할 수 있을까? 우리는 학생들이 그들의 경험에 대한 구체적인 예를 가능한 한 상세하게 묘사하도록 할 수 있다. 학생들에게 일화, 즉 하나의 사건에 대한 짧은 이야기를 쓰도록 함으로써 가능하다. 학생들이 교사의 이름 부르기 행위를 어떻게 경험하는지 이해하기 위해, 우리는 그들에게 다음과 같은 질문을 할 수 있다.

당신은 이름과 관련한 경험을 기억할 수 있나요? 선생님이 여러분의 이름을 잘못된 이름으로 불렀을 때를 생각해 보세요. 혹은 아마도 선생님이 여러분을 어떤 이름으로 부르는 것을 회피하는 것 같았을 때를 생각해 보세요. 무슨 일이 있었는지 설명하거나 의견을 말하기보다 그냥 당신이 겪은 경험을 묘사해 보세요.

선생님과 다른 이들이 했던 말을 기억해 보세요. 선생님은 어떻게 행동하고, 말하고, 어떤 제스처를 사용했나요? 상호작용의 어조나 느낌은 어땠나요? 무슨 말을 하셨나요? (이 사건은 최근에 일어났을 수도 있고 몇 년 전에 일어났을 수도 있습니다.) 교사나 학생의 실명을 사용하지 말고 이야기해 보세요.

학생들과 작업을 할 때에는 그들의 작문에 반드시 관심을 보여 주어야 한다. 또한 교사와의 협력하에 학생들에게 선명한 경험적 이야기를 작성해 보라고 가르쳐 주어야 할지도 모른다. 학생들에게는 일화의 서사적 힘을 강화할 수 있는 다음의 제안이 주어진다(van Manen, 1999, p. 20; 2014, pp. 249-259). 일화는 다음과 같은 특징이 있다.

① 매우 짧고 단순한 이야기이다.
② 대개는 하나의 사건과 연결된다.
③ 그 경험의 가장 중요한 순간과 가깝다.
④ 중요하고 구체적인 디테일을 포함한다.
⑤ 가끔 몇몇의 인용구를 수반한다(무엇을 말하고 행동했는지 등등).
⑥ 절정에 도달한 이후나 그 사건이 지나갔을 때 막을 내린다.
⑦ 종종 실질적이거나 '아주 효과적인(punchy)' 결말을 지니고 있다.

사건 그 자체, 그리고 학생들이 그러한 사건들을 얼마만큼 상세히, 구체적인 단어로 표현하는지에 따라 일화는 그 복잡성과 깊이에 있어 다양할 수 있다. 예를 들면, 다음의 일화는 학생들이 점심을 먹으러 가기 위해 복도에서

한 줄로 서 있었던 3학년 당시의 경험을 떠올리며 한 학생이 작성한 것이다.

　　폴랜스키 선생님은 우리에게 두 줄로 정렬하라고 이야기하고 있었어요. "서로 밀치면 안 되고, 술래잡기를 해서도 안 돼요." 선생님이 줄 가까이로 왔지만 나는 거의 알아차리지 못하고 있었어요. 공상을 하고 있었죠. 순간 무언가가 내 얼굴을 스치고 지나가는 것을 느꼈어요. 나는 약간 놀랐고 자동적으로 내 머리를 돌렸죠. … 그러고는 그것이 선생님이었다는 것을 알았죠. 선생님은 내 머리를 쓰다듬으면서 그대로 멈춰서 나를 바라보았어요. "모니카." 이게 그녀가 말한 전부였죠. 단지 내 이름이요. 그리고 그녀는 줄을 따라 걸어 내려갔어요. 나는 여전히 그녀가 허락하기 전까지 급식실을 떠나면 안 된다는 것을 말하고 있다고 생각했지만, 확실하진 않았어요. 단지 내가 굉장히 특별하다고 느꼈죠!

　조금 전 스테파니의 일화와 비교할 때 모니카의 일화는 더욱 단순하지만 풍부한 의미를 지니고 있다. 일화가 의미 있는 이유는 일화를 작성하라고 했을 때 학생들은 그들 자신에게 생생하고 의미 있는 경험들을 떠올리기 때문이다. 그리고 그 생생한 경험을 기억하고 의미를 부여하는 사람은 바로 그들 자신이다. 학생들은 그 상황에서 자신이 어떻게 느끼고, 생각하고, 무엇을 했는지를 묘사한다. 어떤 면에서 보면 학생은 그러한 것을 작성함으로써 자신만의 경험을 발견할 수 있으며, 그러한 경험에 실제성을 부여하고, 그것의 의미를 성찰하도록 유도될 수 있다.

　연구자의 관점에서 보면, 자신들의 경험을 실제 경험한대로 작성하는 학생들을 통해 연구자들은 교실 생활의 주관성에 접근할 수 있게 된다. 일화와 같은 체험적 묘사는 연구자가 방금 전 이름과 관련한 경험과 같은 특정한 현상의 내재적인 의미가 무엇인지를 탐구하기 위해 빌릴 수 있는 기록된 경험과 같다. 연구자는 이제 처음에는 보이지 않았을지도 모르는 것을 보게 되고, 학생들에게 일어난 상황과 사건의 의미를 깊게 이해하기 위해 파고들며 그 일화를 탐구한다. 예를 들면, 모니카의 일화에서 우리는 초등학교의 일상에서 언제든 일어날 수 있는 상황을 본다. 급식실이나 도서관, 체육관, 버스 혹은 운동장으로 가는 길에 학생들이 줄을 서는 것에는 특별할 게 없다. 그리고 우리는 아마도 교사가 보여 준 제스처와 비슷한 제스처를 보게 될지도 모른다. 그렇다면 이 일화가 모니카에게 특별한 이유는 무엇인가? 이름이 불린 것의 무엇이 모니카로 하여금 그렇게 느끼도록 이끌었는가? 아마도 그것은 교사가 명백한 이유 없이 모니카를 선택한 것에 있을지도 모른다. 학생을 쓰다듬고 그 이름을 부르는 것은 평범한 상황에서 친밀감의 순간을 만들어 낸다. 이러한 교육적 접촉의 순간에 모니카는 선생님에게 '보이는(seen)' 경험을 한 것으로 이해된다.

그러나 자신의 경험에 대한 모니카의 묘사는 경험 자체가 지닌 모호한 본질에 대한 성찰을 위해 사용될지도 모른다. 이러한 성찰은 우리가 경험의 본질에 대한 이론적 이해뿐 아니라 상식적인 이해에 주의를 기울여야 한다는 점을 인식하도록 한다. 달리 말해, 우리가 묘사하고자 하는 학생 경험이라는 개념이 여전히 너무도 단순하다는 것이다. 우리가 경험을 데이터라고 할 때, 그 데이터의 본질은 무엇인가? 우리가 무언가를 경험이라고 부를 때 무엇을 의미하는가? 우리는 이렇게 물을지도 모른다. 경험된 경험은 어떠한가? 또는 그것들은 어떠한가?

우리가 '경험'이라고 할 때 그것은 무엇을 지칭하는가

경험은 일상적 존재의 살아 있는 흐름으로부터 생겨나는 것으로 보인다. 독일어로 'Erlebnis'라는 용어는 이러한 살아 있는 지각을 내포하고 있으며, '체험(lived experience)'이라고 번역된다. 가다머(Gadamer)는 체험이 두 영역의 의미를 지니고 있다고 제시하는데, 하나는 경험의 즉각성이고, 다른 하나는 경험된 것의 내용이다(1975, p. 61). 두 영역 모두 질적 연구를 위한 방법론적 중요성을 지니고 있다. 이러한 생각은 우리가 잘 알 고 있는 메를로-퐁티(Merleau-Ponty)의 구절에도 표현되어 있다. "세상은 내가 생각하는 것이 아니라, 내가 살아내는 것이다 … 세상을 살아낸 것으로서 배우기를 원한다면, 우리 경험을 있는 그대로 묘사하는 것에서부터 시작해야 한다."(1962, pp. xvi-xvii)

경험의 '내용(contents)'은 우리가 그것의 이름을 지을 수 있고 묘사할 수 있다는 점에서, 또는 우리가 그것의 이름을 짓고 묘사할 때 비로소 경험으로서 존재하게 된다는 점에서 우리에게 인식 가능한 것이라 할 수 있다. 앞서 제시한 학생들의 설명을 통해 우리가 그러한 경험을 생각보다 많이 식별할 수 있다는 것이 분명해 보인다. 예를 들면, 모니카의 묘사에서 우리는 기다림의 경험, 놀람의 경험, 교사의 표정, 교사의 손이 닿음, 특정한 톤의 목소리로 불린 이름을 듣는 것, 급식실의 분위기 등과 같은 것을 식별할 수 있다. 이름을 붙일 수 있는 모든 경험은 다른 경험으로부터 잠재적으로 식별 가능한 정체성을 획득하는 것으로 보인다. 우리는 우리가 명명한 그 어떤 순간을 집어 물어볼 수 있다. "그 경험의 현상학적 의미는 무엇인가?" 우리의 얼굴을 만지는 무언가를 느끼고 놀라는 것의 현상학은 무엇인가? 다음으로, 접촉의 본질에 집중하여 보다 신중하게 묻는다. 어떠한 물건에 닿는 혹은 치인 경험은 사람의 손에 닿는 경험과 어떻게 다른가? 친구 혹은 교사에 의해 접촉되는 것은 낯선 이의 손에 접촉되는 것과 경험적으로 어떻게 다른가?

현상학은 늘 그러한 종류의 질문들을 던진다. 이러한 경험 혹은 우리가-그것을-살아낸-것으로서의-경험의 본질과 의미는 무엇인가? 이러한 현상은 그 자체로 식별 가능한 경험으로서 어떻게 존재하는가? 가끔은 언어상의 용법에 대한 탐구를 통해 알 수 있는 개념적 의미보다 그러한 것들이 경험적으로 지닌 의미를 이해하는 것이 훨씬 더 어렵다. 가다머는 모든 체험이 영속

적인 의미를 판단하는 것을 어렵게 만드는 일종의 즉각성을 지니고 있다고
이야기한다. 왜? 기억이나 반성을 통해 우리가 경험한 내용을 되찾고자 노력
할 때 우리는 늘 너무 늦었다고 느끼기 때문이다. 우리는 즉각적인 순간에 일
어났던 경험을 있는 그대로 되찾을 수 없다. 또한 가다머는 경험된 모든 것이
"그 스스로 경험된 것이며, 그 자체로서의 총체에 속한 그 의미의 일부는 하
나의 생명을 지닌 그 전체와 대체 불가능한 관계에 놓인다."(1975, p. 67)고 설
명한다. 실제로, 특정한 경험에 속한 것은 그것에 대해 발화된 것 혹은 그것
의 의미를 파악한 것과 완전히 같을 수 없다(Jay, 2005).

현상학적 관심은 우리 존재의 한 측면으로서의 현상에 집중되어 있다. 우
리는 그것을 인지적 · 개념적 · 이론적 판단이나 명료화의 영역으로 옮기기
전 그 순간의 살아 있는 지각을 이해하기 위해 노력한다. 실제로, 이러한 개
념적 · 이론적 명료성은 오도된 것이거나 적어도 완전히 가정된 것일 수 있
다. 따라서 우리는 현상에 대한 이해에 도달하기 위해 이러한 (심리적 · 개인
적 · 문화적 · 이론적) 가정들에 대해 끊임없이 탐구하고, 질문한다. 우리는 "우
리가 그것에 대해 반성적으로 성찰하기 전, 개념화하기 전, 그것을 명명하고
해석하기 전, 그러니까 그것이 일어난 그때 그 순간 우리는 무엇을 경험하는
가?"라고 묻는다. 우리가 학생 경험에 대해 말할 때, 오직 이러한 질문을 통해
서만 경험의 그 복잡하고 미묘한 본질을 식별할 수 있다.

우리가 학생 경험을 명명할 때 우리는 그것이 이미 인간 존재의 날 것이라
는 현실에서 다른 곳으로 옮겨졌다는 것을 인정할 필요가 있다. 즉, 무언가
명명된 개념이 아닌 반성 이전의 존재를—우리가 언어적인 것으로 초점을
옮긴 그 존재의 날 것의 순간이나 측면을—이해하기 위해 노력해야 함을 우
리 자신에게 상기시켜야 하는 이유이다. 경험은 궁극적으로 언어적인 현상
인가? 우리가 시시각각 그것을 살아낼 때 우리의 경험에 관여한 신체는 어떠
한가? 경험은 우리가 그것을 의식적으로 인식하기 이전에 이미 의미를 지니
고 있는가? 혹은 이러한 경험들은 보다 태고의 현상인가? 이러한 반성 이전

의 경험은 어떻게 이미 우리 체험의 일부가 되었는가? 여기서의 초점은 우리
가 이러한 질문들에 대한 철학적인 답변을 발전시키기 위해 노력해야 한다는
것이 아니라 그러한 것들의 개방성과 궁극적인 도달점에 대한 인식을 놓지
말아야 한다는 것이다.

학생 경험에 대한 정향이 지닌 교육적 중요성

그래서 우리가 어떠한 경험에 관해, 특히 이름 부르기의 경험에 관해 배운
다는 것(이해에 도달한다는 것)은 그 경험의 본질을 해치는 것임을 깨달을 필
요가 있다. 심지어 그 경험을 명명하는 것에 의해서도 시시각각 그것을 살아
내는 경험이 지녔던 반성 이전의 본질을 해치는 것임을 깨달을 필요가 있다
는 것이다. 그럼에도 불구하고 우리는 그 불가능한 것을 하기 위해, 우리가
살아낸 그 경험의 가능한 의미들을 성찰하기 위해 노력해야 한다.

　　나는 불과 몇 달 전 캐나다에 온 유학생입니다. 내 중국 이름 후이시아 링
　　호는 캐나다인들이 발음하기 어려운 이름입니다. 나는 영어 실력이 부족하
　　기 때문에 수업 시간에 조용히 앉아 있습니다. 모든 것이 내가 교실 안에서
　　보이지 않는 존재라고 느끼게 만듭니다. 한 수업에서 나는 학생들이 토론
　　에 참여하도록 동기를 부여하는 선생님의 능력에 감동을 받았습니다. 그 선
　　생님은 학급당 학생 수가 많았음에도 불구하고 모든 학생의 이름을 정말 빨
　　리 외웠습니다. 그는 늘 학생들의 이름으로 학생들을 불렀습니다. 그러나 그
　　는 내 이름을 거의 언급하지 않았죠. 나는 내가 그것을 크게 개의치 않는다
　　고 생각했어요. 그런데 어느 날, 그가 각각의 팀 프로젝트에 대해 논의하면
　　서 마치 팀 구성원들 모두의 노력을 인정하는 듯 각 학생의 이름을 불렀고,
　　나는 내 이름이 불리기를 기다리고 있는 나 자신을 보게 되었죠. 마지막으로

우리 팀의 차례가 되었어요. 우리 팀에는 4명의 학생이 있었죠. 나는 선생님에게 집중했어요. 그는 우리 팀의 첫 번째 두 학생의 이름을 부르기 시작했죠. 그리고 그는 잠시 주저하더니 나를 지나쳐 네 번째 학생의 이름을 불렀죠. 나는 인식되지 않았어요. 나는 내 자신에게 잠시 놀랐죠. 나는 내가 실망할 것이라고 생각하지 않았었거든요. 나는 당황스러웠어요. 나는 나를 나이게 하는 나의 중국 이름을 고통스럽게 인식했어요. 나는 교실 안에서 내가 이름이 없는, 아무도 아닌 사람이 되었다는 것을 깨달았습니다.

고등학생 후이시아는 그녀의 경험에 관한 놀라운 통찰력을 보여 준다. 그러나 우리는 그녀가 그녀의 경험을 언어로 표현했기 때문에 이러한 인식이 가능했다는 점을 알아야 한다. 그녀는 그녀의 중국 이름이 그녀에게 특정한 집단 정체성을 부여한다는 것을 인식하고 있을 뿐 아니라, 개인적인 수준에서도 그녀의 이름이 그녀의 단일성과 독특성을 의미한다는 것을 인식하고 있는 것처럼 보인다. 한편, 그녀의 독특성은 그녀의 이름을 포함시키지 않은 선생님에 의해 부정된다. 그녀의 이름을 잊어버렸거나 지나친 교사로 인해 그녀는 인정받는다고 느끼지 못한다. 그녀는 자신이 이름이 없다고 느낀다. 다른 한편, 그녀의 이름을 잊은 교사 안에서 그녀의 문화적 정체성 또한 위기에 처하게 된다. 후이시아는 주체성의 두 수준 모두에서 인정을 받지 못한 상처를 경험한 것으로 보인다. 그녀의 보편적인 주체성(중국인으로서 존재하는 것)과 단일한 주체성(독특한 그녀 자신으로서 존재하는 것) 모두에서 말이다.

후이시아의 삶과 그 이전에 등장한 모니카의 내적 삶을 우리가 나름 짐작하고 있는 것처럼 보일지라도, 이것이 현상학의 목적은 아니라는 점을 짚고 넘어 갈 필요가 있다. 연구자로서 우리는 이러한 특정 학생들의 교사가 아니며, 모니카와 후이시아의 교사가 그들을 아는 것처럼 그들을 실제 '알(know)' 수는 없다. 현상학자로서 우리는 이름 부르기의 경험을 독자들에게 인식 가능한 것으로 만들어 주는 질적 텍스트를 구성하기 위해 노력 중이다. 이러한 인식에 모니카, 스테파니, 알렉사, 제인, 후이시아와 같은 개별 학생들의 경험에 대해 교육학적으로 더욱 민감해질 수 있는 가능성이 놓여 있다. 실천가로서 교사는 자신이 가르치는 개별 학생들의 경험뿐 아니라 이름 부르기 경험의 현상학에 관심을 가져야 한다. 구체적인 교실 상황에서 이러한 현상학적 · 개인적 이해는 현상학적으로 더욱 완전한 교육학적 이해로 융합된다. 이러한 접근이 현상학적 교육학으로 묘사되는 이유이다.

전문적 실행가의 관점에서 보면, 이름에 대한 학생 경험과 같은 현상학적 관심에는 늘 두 가지의 교육적 측면이 존재한다. 하나는 이름에 관한 경험이 인간의 현상으로서 존재한다는 것이며, 다른 하나는 실제 교수-학습 상황에서 학생의 이러한 혹은 그러한 내적 경험이 존재한다는 것이다. 물론 철학적 방법론으로서의 현상학이 특정한 학생들의 내적 삶을 이해하도록 도와주는 것은 아니다. 연구자로서 우리는 단지 현상학적 이해에 초점을 둘 수 있을 뿐이다. 그러나 교사들이 실제 아이들의 사회심리학적 삶을 다루어야 하는 실세계의 커다란 맥락은 늘 존재한다. 교사들은 그러한 일반적인 수준에서 이름 부르기의 현상학적 의미와 중요성을 성찰함으로써 그들의 사려를 높일 수 있다. 또한 일상의 수준에서는 어떠한 학생이 특정한 학습의 순간 혹은 교실에서의 특정한 사건을 어떻게 경험하는지와 관련하여 교사가 교육학적으로 최소한 알아야 하는 사고와 행동에 대해 사려 깊게 접근할 수 있다. 구체적이고 실제적인 교육학적 관계와 상황에 관여하는 두 종류의 이해, 즉 현상학과 교육학은 실제 분리될 수 없다. 교육학적 사려와 기략이 그러하듯, 각각의 교수 장면에 나타나는 현재적인(present) 즉시성(instant) 안에서 이 둘은 함께 인식되고 행해진다.

10장
온라인 교육

　가정과 일터, 길거리, 학교의 케이블과 무선연결망(Wi-Fi network)을 통해, 호텔과 카페, 광장에서의 와이파이와 무선 핫스팟을 통해 우리는 서로에게, 그리고 서로의 삶에 연결되어 있다. 그러나 우리는 이러한 연결을 어떻게 경험하는가? 페이스북, 링크드인, 트위터, 메시징과 같은 (그리고 그 밖에 수많은) 소셜 네트워크 기술은 사용자로 하여금 서로 연락을 지속하게 하고, 삶에서 일어난 일들을 게시하도록 하며, 자신의 내적 생각과 느낌을 드러내도록 한다. 소셜 네트워크는 사용자의 삶에서, 특히 젊은이들의 삶에서 개인적이고 사적이며 비밀스럽게 감추어졌던 것들에 접근할 수 있도록 한다.

　어린아이들은 이라이프(e-life), 즉 전자 스크린과 디지털데이터에 의해 매개되고 살아나는 삶을 접하게 된다. 걸음마를 배우는 아이는 이미 부모의 스마트폰과 태블릿을 가지고 놀지도 모른다. 텔레비전은 상호작용적으로 변화하였다. 학교에서 교사들은 학생들의 주의집중을 두고 시각매체, 스마트 보드, 파워포인트와 같은 소프트웨어 기술들과 경쟁한다. 학생들은 각자의 디

바이스를 가지고 서로 메시지를 주고받거나 온라인상에서 사람들의 접속과 관심을 확인하고 있다. 컴퓨터상의 교수-학습 프로그램들을 통해 교사들은 학생들의 이워크(e-work)에 접근할 수 있으며, 학생들의 수행과 활동에 대한 전자상의 감독을 할 수 있을지도 모른다. 달리 말해, 교사는 학생들이 그들의 키보드나 스크린을 사용할 때 학생들이 행하는 모든 움직임을 전자상에서 모니터링할 수 있다. 어떤 면에서 보면, 교사들은 그들의 학생들이 스크린과 상호작용할 때 무엇을 어떻게 생각하는지를 '볼(see)' 수 있다.

내면의 자아

개인적인 생각과 느낌이 모종의 내적 공간 혹은 내적 자아에 존재한다는 생각은 서구 문화권에서 기묘한 내력을 지니고 있으며, 적어도 그리스 신화의 조롱과 풍자의 신 모무스와 불, 대장장이, 수공예의 신 헤파이스토스 간의 갈등으로 거슬러 올라간다. 헤파이스토스는 제우스를 위한 여러 가지 가운데 벼락을 만들었고, 아킬레스를 위한 무적의 갑옷을 만들었으며, 사랑의 신 에로스를 위한 화살을 만들었다. 또한 프로메테우스가 오직 하나의 젠더, 즉 남성만을 포함시켰다는 이유로 제우스가 새로운 종의 인간을 명령하자 헤파이스토스는 첫 번째 여성을 만들었다. 헤파이스토스는 진흙으로 첫 번째 여자를 형상화하였으며, 제우스는 그녀에게 생기를 불어넣었다. 그 여성의 이름은 판도라였다.

이러한 전설에 따르면, 어느 날 헤파이스토스는 집을 상상했던 아테나와 황소를 만들었던 포세이돈과 논쟁을 벌이게 된다. 그들은 어떤 것이 우월한 창조물인가를 두고 논쟁을 벌이고 있었다. 닉스(밤 혹은 어둠의 신)의 아들 모무스는 그들의 분쟁을 중재하고 그들의 창조물들을 평가할 것을 요청받았다. 이제, 비판의 능력자로 잘 알려진 모무스는 즉각적으로 그 집을 조롱하기 시작했다. 왜냐하면 그것은 움직일 수 없게 만들어져 여행을 하거나 나쁜 이웃들 옆에 사는 것을 피할 수 없었기 때문이다. 그는 또한 황소를 조롱했는데, 뿔이 눈 위에 있어 무언가를 들이받을 때 정조준하기 어렵다는 이유에서였다. 그는 여성이라는 창조물을 비판했는데, 그녀의 가슴으로 들어가는 곳에 창문이나 문을 두지 않아 누군가 그녀의 비밀스러운 생각과 감정들을 볼 수 있다는 점에서였다.

그래서 시인과 작가의 신이었던 모무스는 감시의 기술로 인간의 마음에 감추어진 것에 접근하고 싶은 욕망을 표한 첫 번째 신이 되었다. 제우스는 그 조롱으로 인해 모무스를 올림푸스 산에서 추방하였다. 지나가는 말로, 모무스가 여성스러운 창조물들에 대한 제우스의 악명 높은 탐욕을 조롱하는 실수를 저질렀다는 이야기가 있는데, 이를 주목할 만하다. 그러나 내적 삶의 감추어진 본질에 대한 모무스의 관심에 관해서는 두 가지 보다 정확한 관찰이 필요하다.

첫째, 일상에 관한 일반적인 심리학은 여전히 내적 삶을 공감 기술이 있을 때만 열어 보일 수 있는 인간의 가슴 혹은 심장 내에 위치한 공간으로 개념화하는 모무스의 생각을 따르고 있다. 비밀을 지킨다는 것은 모무스의 날카로운 눈빛으로부터 영혼의 내적 공간을 지켜 내는 것이다. 둘째, 모무스가 작가와 시인의 후원자, 즉 감추어진 내면성 혹은 내적인 비밀스러움이 작가적 시선의 중심을 이루고 있는 이들의 후원자로 알려져 있었다는 사실을 간과해서는 안 된다. 문학적 허구는 진정 비밀스러운 내면성에 대한 서사적 탐구로 간주될지도 모른다. 개인의 독특함 혹은 단일성, 즉 머리와 가슴의 내적인 삶에 접근하기에 안성맞춤인 형태로서 서사나 탐구만 한 것이 없다.

온라인 교육과 자아정체성 찾기

젊은이들의 삶에서 사생활과 비밀성, 내면성은 이들의 자아정체성, 자율성, 친밀감, 사회적 관계에서의 멀고 가까움을 타협하는 방법 등을 배우는 능력을 발달시키는 데 중요한 역할을 한다(Levering & van Manen, 1996). 사생활과 개인적인 비밀에 대한 경험은 내성 혹은 내적 공간의 출현에 따르는 피할 수 없는 부산물과 같다. 비밀을 지킨다는 것은 숨기는 것을 의미한다.

사적인 비밀 안에 감추어진 것은 한 사람의 단일성 혹은 이타성을 품어 주는 내부성의 반향이다. 젊은이들은 그것들을 언제 그리고 어떻게 내부에 둘 것인지, 혹은 언제 공유할 것인지를 배우는 가운데 그들의 정체성과 독립성, 독특함, 자율성을 인지하게 된다. 사이버 교육학은 다음과 같이 묻는다. "모

그림 10-1 〈신의 창조를 비판하는 모무스(Momus criticizes the God's creation)〉,
마르텐 반 헴스케르크(Maarten van Heemskerck, 1561), 베를린 미술관

무스의 기술이 사회적 관계의 질과 본질, 특히 자아정체성과 고독, 친밀감의 요구와 가능성을 근본적으로 변화시키는가?" "이것이 젊은이들에게 어떠한 영향을 미치는가?" "성인들은 아이들의 삶에 관여하는 디지털 영향들을 어떻게 이해하고 다루어야 하는가?"

젊은이들은 친밀감과 가까움을 갈망하며, 소속되기를 간절히 원한다. 그리고 친밀성은 숨겨진 것, 즉 자신과 타인의 내면성에 매료되는 방식으로 길러진다. 그러나 그렇게 숨겨진 것은 내적인 삶의 내면성이 외부로 드러나는 것이 사생활이라는 것에 의해 보호될 때만 그 모습을 드러낸다. 중요한 것은 다양한 소셜 네트워크 기술에서 이들의 사생활이 위태로운 상태에 있다는 것이다. 이러한 기술들에서 나타나는 모무스 효과는 가장 내적인 것에 대한 직접적인 접근을 가능하게 하며, 동시에 그것들이 사적인 것을 하찮게 만들고 대중의 흩어진 계획들을 향해 널리 퍼뜨린다는 것이다.

소셜 네트워크는 '친구들과 함께 시간을 보내도록' 사람들을 초대하며, 이는 핸드폰이나 컴퓨터 키보드상에서 엄지손가락이나 손가락들을 누르는 것으로 번역된다. 늘 변화하는 소셜 네트워크 사이트는 (나이 든 사람들뿐 아니라) 많은 젊은이에게 새로운 공동의 공간이 된다. 친구들과 함께 시간을 보내고, 위로를 표하며, 가십거리를 만들어 내는 공간으로서 말이다. 우리가 디지털 친밀성이라 할 때 그것은 무엇을 의미하는가? 사람들이 온라인상에서 의식적으로 혹은 무의식적으로 그들의 정체성을 실험할 때 그들은 무엇을 경험하는가? 바로 이러한 맥락에서 소셜 네트워크 기술이 젊은이들의 삶에 어떠한 결과를 초래하는지에 관한 교육학적 질문이 제기된다.

사적인 정보를 공유하는 것은 기대와 다르게 위험할 수 있는데, 그 일부는 성범죄자와 소아성애자들이 보통 이상한 낌새를 잘 인식하지 못하는 소셜 네트워크 사용자들을 노리고 있기 때문이다. 예를 들면, 젊은이들끼리 공유하는 언어를 어떻게 사용하는지, 그들의 관심사와 문화가 어떠한지를 잘 아는 글을 잘 쓰는 소아성애자들이 있다. 그들은 어떤 면에서 보면 젊은이들을 동요시키고, 겉으로 보기에 친밀하고 가까우며 믿을 만한 영역으로 이들을 가두기 위한 언어를 매혹적으로 사용하는 법을 알고 있다. 또한 사적인 감정을 공유하는 것은 자신에 대한 잘못된 표현을 통해서나 사이버 공간에서의 따돌림을 통해 온라인상에서의 친밀감이 무너졌을 때 결국 위태로운 상태에 놓이게 된다. 그러한 사회적 영향은 친밀감을 갈망하는 혹은 사랑받고 소속되기를 간절히 원하는 젊은이들에게 파괴적일 수 있다.

어떤 사람들은 무방비 상태로 혹은 부지불식간에 자신에 대한 사적인 정보와 심지어는 가장 깊숙한 감정들을 기든스(Giddens)가 말하는 "순수한 관계(pure relationship)"(1993, p. 2), 즉 순전하게 정서적으로 동질적인 관계의 상호성 안에서 타인에게 흘리는 위험을 무릅쓰게 된다. 심지어는 우리가 실제 한 번도 만나 본 적이 없는 사람들과도 서로 가깝게 느껴지는 묘한 감정을 경험할지도 모른다. (진실이든 거짓이든) 좋은 생각을 떠올리게 하는 문자 메시지와 이미지에 의해 강화된 환상을 통해 우리는 멀리에 있는 사람과 "시각적으로 마법에 걸릴(virtually enchanted)"(Ihde, 2002, p. 82) 수도 있다. 우리는 우리 주변의 사람들과는 쉽게 나눌 수 없는 것들을 온라인상에서 이야기하면서 우리의 친밀성을 보여 줄지도 모른다. 많은 젊은이가 그들이 온라인에서 이야기한 것들이 더 이상 취소할 수 없는 것들이 되고, 통제를 당하며, 사이버 공간에서 영원히 떠돌아다니는 보물이나 쓰레기, 잔해가 될 수 있다는 것을 깨닫지 못하거나, 젊은 날의 현 시점에서는 상관하지 않을지도 모른다.

핸드폰이나 여러 의사소통 과학기술상의 문자 메시지는 전통적인 서술의 측면에서 볼 때 축약되고 암호화되며, 깊이가 부족한 경향이 있다. 연락을 주고받는 말이 서술적으로 획일화된다. 손에 들고 다니는 무선기기와 관련해서 누군가는 축약된 메시지로 문자를 하는 것의 천박함이 의미 있는 대화를 위한 좋은 방안이 되지 못한다고 생각할지도 모른다. 그리고 당연히 문자 메시지는 대개 간단한 메시지를 보내거나 약속을 정할 때, 혹은 단순히 함께 있다고 느끼고 싶다는 목적으로 사용된다. 역설적이게도, 온라인상에서의 얕은 의사소통이 참여자들에게 모종의 깊은 감정과 친밀감을 전해 줄 수도 있다. 그러므로 더욱 중요한 질문은 과학기술이 친밀감, 사회적인 멀고 가까움, 사적인 근접성에 대한 경험을 변화시키는 방식에서 잃는 것뿐 아니라 얻는 것은 무엇인가에 관한 질문이다.

젊은이들은 그들의 문자 메시지 사용 방식의 일부가 되는 온라인 의사소통의 문화적 코드로 전향되어 있다. 한 영어 교사는 문자 메시지 사용에서 나타나는 언어적 습관과 코드에 대해 여러 주관적 인식들이 존재하며, 이로 인해 사람들은 자신의 코드에 의해 낯선 사람에게 사생활이 노출될 수 있다는 생각을 쉽게 망각한다는 점을 발견하였다.

> 나는 문자 메시지를 빨리 쓰기 위해 영숫자 약칭을 사용하지만 내가 수업에서 소통하는 많은 십대는 그렇게 하지 않아요. 그들은 그들이 사용하는 핸드폰의 직관적인 텍스트 특징들을 사용하죠. 하루는 내가 장난으로 내 친구 딸의 핸드폰을 빼앗아서 좀 멍청한 문자를 그 딸의 친구에게 보냈는데, 그 딸은 내 유머를 비웃었죠. "그 아이는 (문자를 보낸 게) 내가 아니라는 것 알 거예요. 왜냐면 나는 약칭을 그런 식으로 쓰지 않거든요." 그 아이 말이 맞았어요. 답장이 왔는데, 영숫자 약칭은 하나도 없더라구요. "뭐야? 누가 네 폰을 쓰고 있는 거야?" 그리고 그 여자아이가 쓴 부호(')는 내가 격식을 차린 글을 쓸 때도 볼 수 없었던 것이었죠.

머리글자, 상징, 독창적이기까지 한 신조어들은 약칭으로서 사용되기도 하지만, 온라인 의사소통상에서 사적인 감정이나 내적 생각을 가장하기 위한 비밀의 언어로 사용되기도 한다. 윙크나 경고를 나타내는 상징들은 누군가가 그들의 대화를 보고 있거나 감시하고 있다는 것을 서로에게 알리기 위해, 그들의 숨겨진 관계를 덮어 둠으로써 그들만의 배타적인 단결을 제안하기 위해 사용된다. 그러나 이러한 것은 시각적인 부르카를 착용함으로써 자신의 정체성을 숨기면서도 특정한 친밀감에 도달하고자 하는 것으로 경험될 수도 있다. 거짓된 겉모습을 담은 사진과 함께 친밀감을 나타내는 단어들을 게시하는 것이다. 그러한 것들은 베일과 눈을 대신한다.

지속적인 접촉과 디지털 친밀성

청소년들은 부모로부터 받은 스마트폰으로 집 밖에 있을 때에도 연락할 수 있고, 안전할 수 있으며, 따라서 부모의 통제하에 있을 수 있다. 하지만 역설적이게도, 이러한 모바일 기술은 청소년들을 부모의 감시로부터 해방시키고 그들에게 특정한 독립성과 자율성을 부여하는 반대의 효과를 지니고 있기도 하다. 그러한 기기를 통해 가상뿐 아니라 현실에서 배회할 수 있는 더 많은 권한을 갖게 되기 때문이다. 사춘기 자녀들이 어디에 있는지, 어디를 돌아다니는지를 추적하기 위한 앱을 사용하는 부모들은 과학기술에 능통한 청소년들이 그러한 추적을 피해 그들의 메시지를 숨기기 위한 방법들을 알고 있다는 것을 깨닫지 못할 것이다.

많은 십대가 온종일 핸드폰 문자 메시지를 통해 다른 이들과 지속적으로 연락을 주고받는다고 보고한다. 학교 안에서든 밖에서든 말이다. 이러한 것이 없을 때 그들은 '발가벗은(naked)' 느낌을 갖게 된다. 수줍음이 많고 말수가 적은 청소년들에게 핸드폰 문자 메시지를 통해 소통하는 것은 서로 정확하게 의사소통할 수 있도록 돕는 심리적으로 매력적인 방법이다. 문자 메시지로 소통하는 것은 전화상으로 이야기할 때 요구되는 확장된 대화를 필요로 하지 않기 때문이다. 문자 메시지를 사용하는 것은 친구나 지인들과 적당한 거리를 두고 연락을 유지한다는 느낌을 주는 듯하다. 문자 메시지를 통해 경험하는 근접성은 어느 정도 거리가 있는 친밀성이라 할 수 있다. 물론 거리가 가깝다고 반드시 친밀한 것은 아니다. 컴퓨터 매개 기술과 무선 기술이 사람

사이의 물리적 거리를 극복하기는 하지만, 이러한 기술들이 아니어도 반드시 서로 가까이 다가갈 필요는 없다. 젊은이들과의 인터뷰에서 한 젊은 여성은 다음과 같이 말한다.

> 당신의 친구가 어떻게 지내고 있는지, 또한 지금 어떤 기분인지 지속적으로 확인하는 경향을 비롯해서 그가 어떤 샌드위치를 먹고 있는지, 당신의 친구가 오전 10시쯤 그날의 세 번째 커피를 마시고 있는지, 그녀가 라디오에서 어떤 노래를 싫어하는지, 그가 냉장고에서 곰팡이 핀 음식을 어떻게 찾아냈는지, 오늘 당신의 친구가 어떤 옷을 입고 있는지, 그녀가 남자친구의 어떤 생각에 동의하지 않는지, 그녀가 장을 본 뒤에 기분이 어떠한지, 이 모든 일상의 사소한 것들이 나를 지루하게 만들죠.

그리고 날이 지남에 따라 당신의 친구가 어떻게 하는지를 지속적으로 모니터링하는 것은 (단지 몇몇뿐이라고 해도) 어떤 이에게는 최면 효과를 보일 수 있다. 소셜 네트워크들이 지속적인 연락과 짧은 메시지, 셀피, 사진선택을 촉진하는 이상한 방식은 당신으로 하여금 기대와는 다른 사적이고 '친밀한' 방식으로 당신의 친구를 '알게' 한다. 마치 당신이 그 사람과 함께하는 것처럼 말이다. 그리고 이러한 종류의 친밀감은 대체로 스크린에 의해 매개된 친밀감이며, 아마도 그가 사용하는 핸드폰 기기에 내장된 카메라로 찍은 스냅 샷이나 셀피에 의해 강화될 것이다. 물론 문자 메시지, 스카이프, 즉석 메시지를 통해 경험하는 친밀감이 새로운 현상은 아니다. 우리는 물리적으로는 멀리 있어도 온라인상의 의사소통에서는 가깝게 있다고 느낄지 모른다. 애매하게도, 친밀감(closeness)은 가까움(nearness)과는 다르다.

디지털 친밀성은 비디지털 친밀성과 어떻게 다른가? 먼저, 디지털 친밀성은 원거리의 친밀성이라는 점에서 분명 물리적인 친밀감과는 다르다. 그것은 멀리에 있으면서도 문자 메시지에 의해 매개되는 친밀성이다. 그러나 원거리의 친밀성이라는 것은 어법상 뭔가 모순적이다. 가까이 있다는 것을 경험하기 위해 가까이에 있을 필요는 없는 것일까? 그렇다, 그러나 그 반대도 맞는 말이다. 사람은 거리 없이는 친밀감을 경험할 수 없다. 그것은 또한 누군가가 멀고 가까움을 어떻게 이해하는지에 달려 있다. 디지털 친밀성은 일대일 친밀감을 느끼도록 해 줄지도 모르나, 그러한 일대일은 '실제'일 수도 있고, 환상에 불과한 것일 수도 있다. 자신과 화면 사이에 형성되는 친밀감의 두 영역 안에서 (많은 다른 사람들이 당신의 글을 읽고, 내가 느끼는 그 친밀감을 느낄 수 있을지라도) 당신은 나를, 그러니까 오직 당신과 오직 나만을 상정할 수 있다. 그러나 당신의 게시물을 읽는 순간, 나는 이것을 '알지(know)' 못하거나 타인들의 존재를 알고 싶지 않을지도 모른다.

경험적 현상학의 관점에서 볼 때, 스크린상의 단순한 단어나 사진을 통한 접촉은 친밀감이나 근접성에 대한 모호함을 느끼게 할 수도 있다. 당신의 존재를 단지 나에게만 보여 주고 있지 않다는 것을 인정하는 것은 오직 내 자신이 디지털 스크린에서 빠져나온 이후가 될 것이다. 의식적으로든 혹은 무의식적으로든, 디지털상의 친밀감은 일부다처제식의 친밀감일 수 있다. 나는 당신에게 가까워졌다고 느꼈지만 그것이 당신이 아니라는 것을 깨닫지는 못했다는 것이다. 나는 또한 당신이 준비된 게시물이나 사적인 사진들로 당신의 온라인 독자들에게 스스로를 돋보이게 하거나 '가식적으로 행동하는 것'처럼 보일 때 그것이 실제의 당신이 아니라는 것을 알게 될지도 모른다.

타인에 대해 그렇게 매개된 경험이 즉각적인 혹은 직접적인 존재보다 더 선호되는 것도 가능한 일이다. 예를 들면, 내가 누군가에게 문자나 이메일을 보낼 때, 나는 그 사람이 물리적으로 내 앞에 존재할 때에는 경험할 수 없는 모종의 개방성을 경험하게 될 수도 있다. 감시하는 시선 혹은 관상학적이고 신체적인 표현들에 의해 내가 숨겨졌다고 느끼지 못하는 경우, 그것은 글을 쓸 때 나를 더 취약하게 만들지도 모른다. 반대로 타인의 글을 읽는 경우에 나는 기록된 단어들에 의해 주목하게 되거나 동요된다고 느끼거나 감동을 받을 수도 있다. 나는 기록된 단어들을 매우 깊게 경험하는데, 그렇게 기록된 단어들은 발화된 단어들이 쉽게 동반하지 못하거나 동일한 방식으로 소유할 수 없는 것들이다.

역설적이게도, 어떤 애플리케이션들은 물리적으로 가깝게 있는 낯선 이들, 혹은 디지털상에서 간단히 이야기를 나눈 후 기꺼이 만나고자 하는 특정한 연령대의 낯선 이들의 면대면 만남을 촉진한다. 이 경우 디지털 친밀성은 눈 맞춤의 친밀성에서 자라날지 모른다. 바로 내가 타인의 검은 눈동자를 볼 때, 이는 나의 검은 눈동자를 바라보고 있는 타인의 가장 깊은 자아에 실제 연결되어 있다고 느끼게 되는 때를 의미한다. 친구 혹은 사랑하는 사람과의 면대면 만남에서 그들의 비어 있는 검은 눈동자를 들여다볼 때, 그러니까 정말 이상하게도 아무것도 보이지 않는 그곳을 볼 때 우리가 그들과 가장 친밀한 상태에 있다고 느끼는 것은 정말 역설적이다(Marion, 2002, p. 115). 중요한 것은 소셜 미디어를 통한 면대면 접촉에서 상대방의 검은 눈동자를 그대로 볼 수 없다는 것이다. 그 앞에 놓인 소프트웨어와 함께 늘 상대방의 과거를 볼 뿐이다.

문자 메시지상의 친밀감은 내 생각들에 대한 특정한 성찰(reflectiveness)이라는 긍정적인 면을 선사하기도 하는데, 이는 직접적인 만남에서는 어려울지도 모른다. 타인에게 글을 쓸 때 나는 단어들에 무게를 실을 수 있고, 그 단어들의 조성을 음미할 수 있다. 또한 문자상 접촉의 언어적 친밀감이 지닌 힘에서 비롯되어 면대면 접촉에서는 결코 정확히 성취할 수 없는 그런 정서적 친밀감의 미묘함과 감각이 소환되는 것을 느낄 수 있다. 글쓰기의 대화적 본질은 종종 그 글을 읽는 사람이 그 대화가 이끄는 지점을 향하여 가까이 다가가도록 한다. 친구에게 어떠한 주제, 도서 혹은 영화에 관하여 글을 쓸 때, 우리는 그러한 글쓰기에 깊숙이 빠져들어 일시적으로는 우리가 누군가에게 글을 쓰고 있는 것인지, 아니면 다른 이들을 위해 쓰고 있는 것인지를 잊어버린 것처럼 보이기도 한다.

온라인상의 친밀감은 자신만을 생각하게 하거나 자신과의 나르시스적인 친밀감에 빠져들게 할 수도 있다. 친밀감의 반성적 영역이다. 나는 지난날 다이어리에 글을 쓸 때 그러한 것을 느꼈던 것 같다. 인터넷상에서 사람들이 느꼈던 친밀감이 다음 날 아침 환상 혹은 가장된 친밀감이었음을 느끼게 되는 경우도 있다. 그것은 자신의 글을 통해 자신을 세상에 드러내는 것에서 만들어진 친밀감이었을지도 모른다. 우리 자신의 단어에 감동하고, 동요되는 것이다. 마치 그 단어들이 밖에서부터 온 것처럼 말이다. 이것은 온라인상의 글쓰기가 가져오는 기대치 못한 득일 수도 실일 수도 있으며, 소득일 수도 고통일 수도 있다.

비밀성과 친밀성의 현상학은 서로 직접적인 관계에 있으며, 그들이 관여하는 관계들과 직접적인 관계에 있다(Thompson, 2008). 친밀성은 비밀 혹은 내적 친밀감의 내면성이 외면화될 때 생겨나는 것이며, 신뢰하는 타인의 내면성과 적나라한 접촉이 이루어질 때 단란함이 생겨나는 것과 같다. 비밀성과 친밀성 모두 내적 공간에 대한 권리를 주장한다. 비밀을 공유하는 것은 신중하고 기략적인 행위이다. 타인과 접촉하는 것이다. 관계적 기략은 타인과 접촉하거나 접촉되는 것을 의미한다. 접촉은 친밀한 내적 접촉이며, 친밀성은 감추어진 것을 노출시키고, 드러내며, 알려 주고, 보여 주는 관계적 분위기를 의미한다. 타인과 친밀한 접촉에 있다는 것은 타인의 비밀에 접촉하는 것을 의미한다. 그리고 그것은 그/그녀의 독특함과 단일성이다.

성인의 성적 접촉 맥락에서의 친밀성은 사랑하는 이와 옷을 걸치지 않은 관계적 상태에서 우리가 경험하는 것을 의미한다. 옷을 벗고, 체현된 우리 존재의 비밀성에 깊이 닿도록 우리를 타인에게 맡기기 위해서는 그 타인이 존경심과 수용, 적극성과 가능성을 기략적으로 보여 주며, 이러한 내적 공간에 머무는 법을 반드시 알고 있어야 한다. 친밀성은 의미상 선택적이고 배타적이다. 정확히 말하면, 친밀성은 이항관계이다. 한 사람이 자신의 내면에 존재하는 고유함을 다른 이와 공유할 때라야 비로소 친밀성이 성립한다. 여

기서 제기되는 질문은 디지털상의 삶의 방식과 과학기술상의 관계가 친밀성
의 그러한 섬세함과 의미, 관계를 풍부하게 해 줄 것인지, 부식시킬 것인지,
더욱 깊게 할 것인지, 변화시킬 것인지, 또 어떻게 그렇게 할 것인지에 관한
것이다.

11장
교육적인 앎과 삶

    교육의 과제는 아동과 청소년을 대할 때 민감하고 현명하게 행동하는 것이다. 이는 올바른 지식과 이해를 바탕으로 아동과 청소년을 길러 내고 교육함에 있어 잘못된 방식으로부터 옳은 방식을, 악한 것으로부터 선함을, 비윤리적인 방법으로부터 윤리적인 방법을 구별하여 행동하는 것을 의미한다. 여기에서 윤리란 특정 아동과 관련하여 특수한 상황에서 무엇이 적절한지에 대한 실제적이고 세심한 배려와 관련이 있다. 본질적으로 교육자는 교육적인 상황, 관계 및 행동과 관련된 질문과 고민을 전문적으로 다루는 윤리학자로 간주될 수 있다. 교육은 다음과 같이 질문한다. 아이에게 가장 유익한 것은 무엇인가? 그리고 그것이 아이에게 좋은지 어떻게 알 수 있는가?

    교육의 합리적이고 윤리적인 감수성을 실천하는 성인에게 필요한 것은 무엇인가? 첫째, 성인은 이 복잡한 세상에서 인간이 된다는 것은 무엇을 의미하는지, 그리고 각 개인이 고유한 인간 존재가 되기 위해 어떤 과정을 거치게 되는지에 대해 성찰할 필요가 있다. 둘째, 성인은 아동의 (최선의) 이익이 무엇인지에 대해 계속해서 질문을 던져야 한다. 셋째, 성인은 아동이 독립적인 존재로 살아가도록 함에 있어 자신의 책임이 무엇인지 이해할 필요가 있다. 넷째, 성인은 아동과 상호작용하고 가르칠 때 그렇지 못한 방법으로부터 선한 방법이 무엇인지를 구별하는 데에 사용되는 교육적이고 윤리적인 관점이 무엇인지 적극적으로 이해해야 한다. 다섯째, 성인은 자신이 돌보는 아이들을 깊이 돌보아야 한다. 이러한 염려로서의 돌봄(care-as-worry)을 부모나 교사에게 강요하거나 부과할 수는 없어도 이와 같은 관심 없이 교육을 한다는 것은 불가능하다.

물론 이외에도 훨씬 더 많은 것이 필요하다. 예를 들어, 아이들은 교사를 신뢰해야 한다. 수잔 트레니는 10학년 역사 교사이며, 그녀가 속한 교사학습공동체 모임에서 그녀는 학교에서 지난 한 해 겪었던 어려운 일들을 나누었다. 수잔이 학생들과 경험한 염려와 우려에 대해 다음과 같이 언급했을 때 우리는 교육학 연구 주제에 대한 토론을 멈출 수밖에 없었다.

> 내가 가르친 아이 한 명이 또 죽음을 맞이했어요. 지금 나는 루이스라는 아이를 생각하고 있어요. 그를 어떻게 알게 되었는지, 그를 어떻게 기억해야 할지. 올해 초에 … 그 아이가 쓴 자서전은 다음과 같이 시작해요. "우리 아빠의 물건을 엄마의 물건에 집어넣었고, 그렇게 나는 이 세상에 튀어나왔다". 일종의 자서전을 이렇게 시작하고 있는데 뭐랄까 우스꽝스러운 문장이지요. 그는 아버지가 물에 빠져 죽음을 맞이했을 때 얼마나 절망적이었는지도 이야기했어요. 그 아이의 자서전은 고통으로 가득 차 있었고, 아직도 보관하고 있어요.
>
> 아무튼 지난 주말 학교에 가는 길이었지요. 성적 처리 기간이라서 일요일 아침 식사를 마친 후 학교에 가서 마무리를 지어야겠다고 생각을 했어요. 그리고 식당으로 걸어가는데 식당 앞에 신문 판매대가 있었어요. 그리고 신문 1면에 "루이스, 생을 마감하다"라는 기사를 보았어요. 어떤 일이 있었냐면,

루이스와 또 다른 급우 두 명이 술에 취해 지프를 훔쳤고, 베이 가(街) 다리를 향해 차를 몰고 가다가 충돌한 다음 내달리기 시작한 것이지요. 루이스는 얼어붙은 강을 건너려고 하다가 그만 심연으로 사라지고 말았어요. 그렇게 물에 빠져 죽음을 맞이했습니다.

내가 알고 있는 이 모든 일이 어제 일어났어요. 참 이상한 일이죠. 아이들을 가르치고 앞으로 다가올 일에 대해 걱정하는 힘든 시간이었습니다. 루이스는 그 상황에 있는 여러 사람 중 하나였어요.

그러니까, 실비아 워렌이라는 학생이 지난 가을 레이크사이드에서 죽임을 당했을 때도 참 힘든 시간이었어요.

저는 그날 밤 집으로 돌아와 학생 명부를 꺼내 전화를 걸었어요. "토미, 음, 나 트레니 선생님이야. 네가 실비아를 죽였니?" 모든 정황이 그 아이를 향하고 있었거든요. 그런데 그는 "아니요. 선생님. 제가 아니라 소니가 그랬어요." 그리고 그는 "그런데 저는 아무에게도 말할 수가 없었어요."라고 했습니다.

수잔 트레니가 토미와 실비아 워렌의 죽음에 대해 매우 담담하게 이야기하는 모습은 우리 모두를 놀라게 했다. 물론 우리는 토미가 그녀에게 털어 놓은 내용이 무엇이었는지 곧바로 알고 싶어졌다. 그녀는 토미에게 기분이 어떤지 물었고, 그는 잠을 이루지 못했다고 말했음을 전했다. 그녀는 그에게 잠을 못 잔 것이 당연하다고 말한 뒤, 그렇게 살아갈 수 없고 소니와 이야기를 해야 한다고 말했다. 그는 부모에게 알리고 경찰에 가서 어떤 일이 있었는지 자수해야 한다. 분명히 이 죽음은 살인이라기보다 사고였다. 어쨌든 그 일이 일어났다. 트레니 선생님은 토미를 은근슬쩍 독려했다. 이는 넛지 교육의 좋은 사례라고 할 수 있다.

다양한 윤리적 관점은 교육적 행동, 경험, 주장, 판단에 있어 무엇이 중요한지 이해하는 데 도움이 된다(부록 A 참조). 그러나 윤리에 관한 매우 광범위한 문헌이 있다는 사실은 도리어 우리를 합리적으로 인도하여 선한 행위와 교육적 조언을 할 수 있는 능력으로 인도하는 명백한 관점과 이론이 존재하지 않다는 증거이기도 하다. 서로 다른 윤리적 관점을 명확하게 구분하는 일도 쉽지 않다. 서로 다른 가족과 학교는 저마다의 독특한 기풍(ethos)을 가지고 있다.

특정한 윤리 용어는 구체적이거나 폭넓게 적용된다. 예를 들어, 생명 윤리는 의학과 생물학의 기술적·과학적 발전으로 인한 특정 윤리 문제와 논쟁에 윤리를 적용하는 일을 말한다. 직업 윤리(예, 기업 윤리)는 일반적으로 직업 분야 및 문화에서 바람직한 관행과 행동의 강령을 개발하고 발전시키는 것과 관련이 있다. 페미니스트 윤리는 사회와 직업 생활에서 여성의 도덕적 이익과 역할에 윤리적인 관점을 적용한다.

기본적인 윤리 용어는 도덕적 규범, 원리, 가치 및 미덕이다. 에토스(ethos)라는 용어는 원래 '서식지' 또는 '공간'뿐만 아니라 그 공간의 내적 근원을 나타내는 '존재의 상태'를 가리키는 그리스어이다. 어떤 공간에 대한 공동의 에토스는 경쟁적이거나 협력적이고, 권위주의적이거나 민주적이고, 위험하거나 안전한 방식으로 경험된다. 공간의 에토스는 그곳을 지배하는 교육적 분위기에 비유될 수 있다. 에토스는 한 공간에서 만나고 경험하는 교육적 행동과 가치의 성격에 영향을 미치기도 하고 영향을 받기도 한다. 따라서 우리는 교육적 에토스를 삶의 공간과 그곳에 거하는 사람들이 아이와의 관계에서 소유하거나 공유하는 신념, 분위기, 감성, 가치, 규범 및 행동 규칙의 총체로 정의할 수 있다. 우리는 학교와 사회의 에토스, 즉 공간의 윤리적 정신을 이야기할 수 있다.

책임의 윤리

책임(responsibility)이란 책임이 있는 상태를 말한다. 그것은 '서약하다, 약속하다, 대답하다, 응답하다'라는 뜻을 가진 라틴어 'respondere'에서 파생되었다. 윤리적으로 부과된 상황에 대한 도덕적 대응에서 우리는 책임을 경험한다. 책임에는 세 가지 자격이 따른다. 첫째, 책임은 그것을 지는 사람이 자유롭게 행동하거나 선택할 수 있다고 가정한다. 자유롭지 못한 사람은 자신의 행동에 대해 책임을 질 수 없다. 둘째, 책임에는 무게가 있다. 어떤 행위나 상대에 대해 어떤 이는 더 많은 책임을, 다른 이는 상대적으로 적은 책임을 갖는다. 셋째, 책임에는 시간이라는 차원이 있다. 책무(accountability)로서의 책임은 과거에 있었던 일과 관련이 있다. 과업(task)으로서의 책임은 미래와 관련되어 있다. 덕(virtue)으로서의 책임은 현재와 관련이 있다.

과거의 행동에 대해 책임을 진다는 것은 그 행동에 관련이 있거나 책무를 가진다는 의미로 간주된다. 그렇게 되면 자신이 과거에 한 일이나 하지 않은 일에 대해 책임을 질 수 있다. 교사는 자신의 전문적인 행위와 교수 능력의 효과에 대해 책임을 가져야 한다. 과업으로서의 책임은 미래의 의무, 과제, 기대와 관련하여 수행할 수 있을 것으로 예상되는 일을 말한다. 그리고 덕으로서의 책임은 그 사람의 성품과 존재와 관련이 있다. 유덕하게 책임 있는 사람은 지혜롭고 독립적이며 균형 잡힌 판단을 하는 사람이다.

종종 어떤 이는 책임이 줄거나 특정 책임으로부터 완전히 면제될 수 있다. 예를 들어, 어떤 행동의 본질과 결과에 대해 무지하거나 혼란스러울 때, 특정한 방식으로 행동하도록 강요당할 때(즉, 자율적으로 선택하거나 행동할 수 없다는 긴장 아래서), 자신이 통제할 수 없는 상황(예, 질병이나 부재)으로 인해 적절한 행동을 하지 못하는 경우, 특정 상황에 대처할 능력이 없을 때, 또는 특정 행동의 가능한 의미에 대해 알지 못하는 경우 책임은 면제된다.

실천적 지식의 내재성과 시의성

학교를 방문한 나는 교사를 따라 교실로 들어간다. 나는 그 교사가 얼마나 능숙하게 이리저리 움직이는지 눈치 채지 않을 수 없었다. 방문자이기에 교실이 다소 낯설고 어색하다고 느끼는 동안, 교사는 책상 사이를 부딪치지 않고 이리저리 오가다 자신의 자리로 돌아오며, 교실로 들어오는 학생들을 위해 문을 잡아 주고, 한 학생에게 이야기를 건네며, 이어서 다른 학생들과도 대화를 나눈다. 나는 이런저런 일을 하면서도 동시에 교사가 어떻게 수업에 집중하는지 살펴볼 수 있었다. 교사는 학급 전체의 주의를 끌어 가며 그렇게 세심한 노력이 요구되기에 눈에 띄지는 않지만 자신감 있고 수월한 방식으로 수업을 이끌어 간다. 교사는 교실을 돌아다니며, 조용한 몸짓으로 학생을 재촉하기도 하고, 한 곳에 멈추어 거기서 아이의 활동에 개입하며, 어떤 소란이나 질문에 응답하는 등의 일을 한다.

분명 이 교사는 교실에서 안정감을 느끼며, 자신감과 자신을 망각할 정도의 편안함으로 행동할 수 있다. 실제로 이 교사는 자신을 잊고 학생들과 함께 수업 상황에 완전히 몰두할 수 있기에 매우 효과적이다. 만일 우리가 교사에게 그의 행동 하나하나에 대해 설명하도록 요청한다면 아마도 그는 당황할 것이다. 교실의 교수-학습 상황을 정의하는 것은 수업의 전반적인 의도와 패턴뿐만 아니라 모든 미시적인 상황의 총체이다. 가르침의 행위에 대한 연구는 실천적 지식의 경험적 질에 민감해야 한다. 이 기략의 많은 부분, 즉 무엇을 해야 할지를 즉각적으로 아는 기략은 누군가의 신체, 세상의 사물과 분위기로부터 비롯된다는 것을 인정해야 한다. 우리는 가르침의 실천적 지식이 우리를 둘러싸고 있는 것들, 내 신체가 적응하고 있는 나의 공간으로 내가 받아들이는 교실의 물리적 측면과 관계가 있다고 말할 수 있다. 교사로서 내가 가진 실천적 지식이란 교실에 대한 나의 감각, 교사로서 내가 가지는 감정, 학생에 대해 내가 느끼는 이해, 내가 가르치는 것에 대해 내가 느끼는 인식, 학교와 복도, 교직원실과 교실에서 내가 속하여 살고 있는 세계의 분위기이다.

　이 실천적 지식은 인지적으로 명시적이거나 비판적으로 성찰하는 것이라기보다, 나의 세계와 행동에 내재된 암묵적인 지식과 같다. 이러한 암묵적 지식은 반드시 명제적 담론으로 다시 번역되지는 않는다. 사실 어떤 명제의 궁극적 근거는 명제 그 자체가 아니다. 정당한 신념이나 지식을 주장하는 근거는 어떤 궁극적인 근거가 없는 명제가 아니라, 오히려 그것은 근거 없는 행위의 방식이다(Molander, 1992). 근거가 없는 행위에 대한 합리주의적 염려는 실제로 이론과 도덕 원칙으로 확장되어야 한다. 이론과 신념조차도 결국 특정한 기본 가정이나 기본 진리에 기초할 수 없다. 신념, 명제 또는 이론을 뒷받침하는 주장은 결국 어딘가에서 끝이 나야 한다. 그리고 우리에게 남은 것은 근거 없는 전제가 아니라 근거 없는 행동의 방식이다.

　우리가 세상에서 일반적으로 존재하고 행동하는 방식은 암묵적인 지식과 앎, 심지어 우리의 행동을 어떤 방식으로 인도하는 암묵적인 이론으로 개념화되어서는 안 된다. 오히려 교사로서 학생들에게 관여할 때 우리는 우리가 교사로서 알고 있는 것을 실천하는 이 교실, 이 세상의 일부가 된다. 다시 말해, 우리의 교육적 실천은 특정한 의도, 감정, 열정, 성향, 태도 및 선입견을 가진 교사로서 여기에서 우리 자신을 찾아가는 방법에 대한 적극적인 이해로 드러난다. 그러나 이러한 적극적인 카이로스적 이해는 반드시 반성적이거나 직접적인 개념적 방식으로 표현될 수 있는 것은 아니다. 실천적 지식이 작동하려면 우리는 가르침의 삶이 살아 있는 의미를 지니도록 그에 맞는 어휘를 사용해야 할 수도 있다. 이것은 현상학적이고 내러티브적인 인간 과학의 과제이다.

　만일 가르침이 이와 같이 내재적이고 어떤 이가 살아가는 세계의 현상학과 연결되어 있다면, 실제적인 교수 및 실습 경험이 교사의 교육적인 준비에 있어 매우 중요하다는 사실은 놀라운 일이 아니다. 예비 교사는 숙련된 교사를 따라하거나 인격적인 관계를 맺음으로써 어떻게든 이 지식을 습득해야 한다. 교사가 학생들에게 생기를 불어넣고, 교실을 돌아다니며, 칠판을 사용하는 등의 방식을 관찰하고 모방함으로써 예비 교사는 말하자면 학생들과 함께 교실 속에서 자신감을 갖는 방법을 체득한다. 이 '자신감'은 가르침을 좀 더 쉽게 만드는 일종의 정서적인 특성이 아니다. 오히려 이런 확신은 적극적인 지식 그 자체, 다시 말해 무엇을 해야 할지 하지 말아야 할지, 무엇을 말해야 할지 말하지 말아야 할지를 아는 기략이다.

교육 실습을 대학에서 생성된 이론적 지식으로 보기보다, 그 자체로 고유한 무결성을 가지고 있음을 볼 필요가 있다. 구성주의적 지식과 같은 암묵적 이론이 우리가 수행하는 행동에 의미를 부여한다고 말하기보다는 우리의 행동이 우리가 사용하는 단어에 의미를 부여한다고 가정하는 것이 더 정확하지는 않더라도 동등하게 유효하다고 볼 수 있다. 비트겐슈타인(Wittgenstein, 1968, 1972)은 궁극적으로 어떤 행위는 명제(합리적인 설명과 원칙)에 기초하지 않고, 다른 행위에 기초한다고 말한다. 그렇기 때문에 훌륭한 교사는 종종 그 일이 자신에게 잘 맞는 이유(또는 가르치는 일이 어려운 이유)를 식별해 내는 데에 어려움을 겪는다. 교사에게 자신의 성공에 대해 설명해야 하거나 그의 행동을 말로 설명해 보라는 요청은 일반적으로 교사에게 기대되는 추상적인 원리나 이론으로 환원하려는 의도이다. 이런 것 말고 다른 방법은 무엇일까? 우리의 몸과 주위의 여러 사물에 내재된 지식을 언어로 포착하는 일은 매우 어렵다.

미시적 수준에서 개별 행위의 구성 요소가 무엇인지 정의하고, 그 행위를 맥락과 여타의 관련 행위와 구별하도록 경계를 짓는 일은 쉽지 않다. 예를 들어, 교사의 제스처는 개인적인 이해, 격려, 비밀의 공유, 특정인의 배제의 의미를 전달하거나, 아니면 문제가 해결되었는지 확인하거나, 또는 수업의 과정이나 교수 방식과 같이 더 큰 어떤 것의 일부로 볼 수 있다. 언뜻 보기에 어떤 특정한 행동이 의미나 의도, 구조 면에서 단수로 보일 수 있지만, 인간의 행위는 실제로 다충적 · 다차원적이며 관계와 관점의 측면에서 복합적이다. 따라서 모든 교육 행위의 의미는 다양한 방식으로 경험하고 해석할 수 있다. 예를 들어, 교사의 농담은 어떤 상황에서 우위를 점하기 위한 것일 수도 있지만, 학생들이 자신을 좋아하고, 너무 딱딱하지 않고, 유연하고, 친근하게 보이고, 영리하게 보이고 싶은 교사의 바람을 나타내는 것일 수도 있다. 학생은 자신의 입장에서 교사의 유머를 어떨 때는 초대로, 비판으로, 거짓으로, 힌트로, 비밀스러운 메시지로 다양하게 경험한다.

　가르침의 실천적 기략에 대한 나의 생각이 실제로 사려 깊은 교사가 그들의 실천을 경험하는 방식과 다르지 않다면, 교사는 자신의 행위에 대해 끊임없이 비판적으로 성찰해야 하는 요구 사항에 대해 재고해야 할 수도 있다. 교사로서 우리는 어떤 이유에서 우리가 하는 모든 일에 비판적인 성찰, 이유, 또는 정당화가 필요한가? 아마도 그와 정반대일 것이다. 이유나 정당화가 필요하다는 것은 특정 관행에 대한 의심과 불신의 산물이다. 실제로 우리는 가르침에 있어 비판적인 성찰을 잘못 강조하는 경우가 있다. 비판적 성찰의 목적은 지금 하고 있는 행동에 대한 의심과 비판을 유발한다. 그러나 자신을 의심하면서 동시에 신중하고 자신 있게 행동하는 일은 불가능하다. 교사들이 자신이 무엇을 하고 있는지, 왜 이렇게 하는지를 끊임없이 비판적으로 인식하려고 하면 그들은 필연적으로 인위적이고 허무하게 될 것이다. 그것은 교사의 존재와 그들이 하는 모든 일에 생기를 불어넣는 실천의 존재론을 교란시킨다.

무엇을 해야 할지 알지 못할 때 해야 할 일을 알기

　교육적 책임을 지닌 성인에게는 일반적으로 바람직하다고 여겨지는 어떤 특성이 있다. 예를 들면, 아동에 대한 교육적인 사랑, 존중, 신뢰하고 신뢰받는 관계(아동은 의미 있는 성인과의 관계에서 연속성이 필요함), 의지, 믿음, 격려, 안전, 인내, 희망, 유머, 언제라도 준비되어 있는 상태 등과 같은 특성들 말이다.

학교 종이 울리며 개학을 알렸다. 그러나 이 학교의 교사인 터너 선생님은 여전히 자신의 책상에서 물건을 분류하고 있으며, 속으로 중얼거리면서 좌절하고 있다. 그는 무언가를 찾고 있는 듯하다. 가까이 앉아 있는 아이들 중 일부는 우습다는 듯이 그의 모습을 쳐다본다. 앞자리에 앉은 한 소년은 옆 친구들의 시선과 웃음을 자아내기 위해 선생님을 흉내 내기 시작한다. 선생님은 조용히 말한다. "이런 젠장⋯." 그는 책으로 책상을 두드리고, 욕설을 내뱉으면서 성급한 몸짓으로 흩어진 책들을 모은다. F라는 단어가 실제로 크게 들린다. 그제야 교사는 자신을 흉내 내는 아이를 알아차린다.

그의 얼굴에 먹구름이 드리운다. 긴장이 시작되고 앞자리에 앉은 아이들에게로 빠르게 퍼진다. 아이들은 심각하고 순수한 척하며 교사의 눈을 피한다. 그러나 교사는 화를 내는 대신 그들을 유심히 바라보며, 천천히 그리고 의도적으로 무뚝뚝한 표정으로 말한다. "음, 오늘 아침에 하려고 했던 예고치 않은 시험지를 도저히 못 찾겠다. 내가 지금 무얼 하고 있는 거지?" 그의 말을 들은 아이들은 소리를 질러댔다. "시험 싫어요." 그제야 나머지 아이들도 소리를 듣는다. "뭐? 시험이라고? 뭐야?" 교사는 여전히 굳은 얼굴을 하고 있다. 그러나 학생들은 그를 안다. 아이들은 정확한 얼굴 판독기이다. 그들은 이것이 단지 거짓이었음을 감지한다. 그들은 야유를 보내고, 농담을 하며, 폭동의 위험까지도 감수한다. 가식이 사방을 에워싼다.

그 사이 교사는 교과서를 펴고 칠판으로 이동한다. 그는 책을 흔들며 은밀히 새어나오는 미소를 억누르며 무언가를 쓰기 시작한다. 그는 무엇을 하고 있는 것일까? 그가 칠판에 쓰는 글을 집중해서 지켜보던 교실에는 침묵이 흘렀다. 긴장감. 결국 시험일까? 그러나 그들에게 주어진 일의 본질을 깨

닫는 순간, 책과 바인더가 날아가는 기러기 떼의 날갯짓처럼 펼쳐진다. 안도
감. 즐거운 일상의 감각이 수업을 감돈다.

이 모든 일이 벌어지는 데에는 채 몇 분이 지나지 않았다. 그러나 이 상황
에 도움이 되는 보이지 않는 분위기는 이토록 사소해 보이는 혼란스러운 교
실의 순간으로부터 비롯되었다는 점을 부인할 수 없다.

이 교실 장면에는 눈에 띄는 재미가 있다. 교사의 입장에서 볼 때, 이 장면
에는 어색함과 재치 있는 말의 순간이 포함되어 있기에 교실에서의 삶은 우
연이자 모든 순간은 상황에 따라 달라진다는 사실을 보여 준다. 즉, 카이로스
의 순간이다. 학교 생활은 교사, 학생 개개인, 집단으로서의 학급, 그들이 함
께 형성하는 사회적 영역의 특징에 따라 크게 좌우된다. 이 관계의 영역에 담
긴 의미는 '교육적 상황(pedagogical situation)'이라는 용어로 정의된다. 교육
적 상황은 성인과 아이가 공유하는 상황에 드러나거나 드러나지 않는 것을
설명하여 교육, 가르침 또는 배움이 발생할 수 있는 상황의 조건이 무엇인지
밝힌다. 어떤 교사는 수업에 특정 영역의 성질을 담아냄으로써 각각의 아이
가 교사와 인격적인 관계를 경험할 수 있도록 한다. 그러나 그 어떤 것도 가
르침과 배움의 본질이 무엇인지를 보장하지는 않는다.

저는 여러 학년을 20년 이상 가르쳤기 때문에 수업 계획을 자세하게 작
성하는 경우가 거의 없습니다. 그러나 오스카 와일드의 『행복한 왕자』를 읽
는 수업이 내 의도를 이룰 수 있는지 확인하고 싶습니다. 나는 그날의 학년
담임교사를 대신해 달라는 요청을 받았습니다. 그래서 나는 학생들이 이야
기를 읽으면서 접하게 될 관련 어휘와 서사적 특징을 확인하고 토론하는 수
업을 열심히 준비했어요. 학생들 중 누구도 이 이야기를 읽어 보지는 않았지
만 어떤 아이들은 TV에서 애니메이션으로 방영된 행복한 왕자를 봤을 거라
생각해요. 내가 읽은 오스카 와일드의 이야기가 학생들에게 감동을 주고 희

생의 개념에 대해 논의할 수 있기를 기대했지요.

내가 이야기를 읽기 시작하자 학생들은 조용히 하면서 주의를 기울였어요. 나는 작은 제비가 행복한 왕자의 동상 발치에서 잠이 들려고 할 때, "그가 머리를 날개 아래에 두는데 커다란 물방울이 그 위에 떨어졌다."는 부분을 읽었습니다. 내가 별 다른 말을 하지 않았는데도 아이들은 마치 기괴한 농담을 들은 것 마냥 서로를 힐끔거리며 킥킥거리기 시작했어요. 어리석게도 나는 아이들이 왜 그러는지 눈치를 채지 못했습니다. "뭐가 그렇게 웃긴 거지?" 이제 거의 모든 학생이 큰소리로 웃기 시작했지요. "왕자가 새 머리에 오줌을 싸는 거예요!" "알았어, 알았다고. 그렇지만 유치하게 굴지 마라. 좀 들어 보라고." 나는 필사적으로 상황을 되돌리려고 노력했어요. 이야기의 중요한 흐름이 깨지는 것을 원치 않았던 거죠.

나는 다시금 부드러운 목소리로 읽기 시작했습니다. "행복한 왕자의 눈에는 눈물이 가득했고, 눈물은 황금빛 뺨을 타고 흘러내렸다." 예전에 이 이야기를 읽어 줄 때 나는 감정적으로 상당히 동요되었었죠. 그런데 이번에 일이 생기고 만 거예요. 작은 제비가 "왕자의 눈을 뽑았다."는 이야기를 들었을 때, 어떤 아이들은 "징그러워."라고 말했습니다. 그리고 그들은 작은 새의 '울음'을 비웃었지요. 안절부절못하는 다른 아이들은 눈짓으로 계속 읽어 줄 것을 내게 알립니다. 왕자는 "당신은 내게 입맞춤을 해야 합니다. 당신을 사랑하기 때문에요."라고 말했어요. 이 문장을 읽자 몇몇 학생들이 얼굴을 찡그리기 시작했어요. 그리고 내가 말을 이어가기 전에 재키는 이렇게 외쳤죠. "그는 게이야. 둘 다 게이라고!" 팀은 "동성애자겠지."라고 정정합니다. 테레사는 "역겨워."라고 했어요.

저는 이 이야기의 감성이 깨져 버렸음을 이내 깨달았어요.

경험이 없거나 순진한 교사는 교실에서 그가 계획한 수업을 가르칠 준비가 되었다고 느끼는 정도와 완전히 상반되는 비합리적인 일이 벌어질 때 당황하곤 한다. 초임 교사는 그가 아주 잘 준비되어 있다면 그냥 교실에 들어가서 교과 내용을 가르칠 수 있다고 생각할 것이다. 그리고 자신이 모든 것을 알고, 표현하고, 학생들을 수업에 참여시키는 한, 그의 책임을 다했다고 생각한다. 수업이 얼마나 잘 이루어졌는지의 척도는 그가 말하고 행동해야 할 것을 정확히 생각하고, 학생들이 교사가 하고자 하는 의도를 파악하여 얼마나 잘 따라왔는지에 달려 있다고 여긴다. 그러나 경력 교사들은 진정한 가르침이 단순히 기술이 아니라는 점을 알고 있다. 아이들은 이해할 수 있긴 해도 궁극적으로 예측할 수 있는 대상이 아니다. 이는 교사가 수업 중에 학생들에게 영향을 미치려 해서는 안 된다는 의미가 아니다. 영향, 습관, 일상, 심지어 어떤 의도를 가지고 하는 일도 교실 안팎의 일상에 담긴 관계적 현실의 일부이다. 그러나 교육이라는 이름의 반복과 의도적인 조작마저도 항상 사려 깊음에 뿌리를 두고 있어야 한다. 즉, 순간이 지닌 독특함과 학생들의 경험이라는 현실의 특수성에 주의를 기울여야 한다.

코미디언이 첫 공연을 하는 것과 달리, 교사는 그가 제대로 준비하지 못하고, 수업이 효과가 없으며, 교수-학습 상황이 희망했던 반짝임과 영감이 부족할 수 있음을 깨닫는다. '일어서서 전달하기'라는 말은 무대에 서서 공연을 하는 코미디언이 그들의 연기를 테스트하는 말인데, 이는 순간의 상황과 청중의 분위기에 맞게 대사를 전달하는 해석 능력을 말한다. 훌륭한 교사는 교실 생활에 있어 가르침의 실천적이고 윤리적인 측면이 부수적이지 않고 본질에 속한다는 점을 알고 있다.

가르침의 본질은 무대 연기의 본질보다 훨씬 더 까다롭다. 왜냐하면 가르침은 리허설을 할 수 있는 공연이 아니라, 역동적인 개인 및 대인 관계, 능동적으로 상호작용하는 과정이기 때문이다. 공연을 하는 배우와 달리 교사는 다음 대사가 무엇인지 정해져 있지 않다. 가르침의 실천은 끊임없이 변화하는 상황 속에서 어떻게 행동해야 하는지, 무엇을 어떻게 말해야 하는지, 어떻게 제시하거나 억눌러야 하는지 즉각적으로 아는 즉흥적인 기략이 필요하다. 여기에는 올바른 어조로 말하는 방법, 텍스트로 전환하는 방법, 과학기술이나 미디어를 사용해야 하는 작업이 무엇이며 언제 사용해야 하는지 등이 포함된다. 아무리 좋은 강의라 할지라도 강사는 청중과의 공감과 교감, 제스처, 자세, 목소리의 톤, 잠시 중지할 때와 장소, 의미 있는 표정을 주고받기, 주의를 끄는 방법 등을 알아야 한다.

교육에 대한 이러한 요청을 '미학적인' 차원이라고 부르는 일은 매혹적이다. 실제로 가르침의 '예술' 또는 '기예'에 대한 글이 많다. 훌륭한 교사는 때때로 배우와 같아야 한다. 즉, 설득력 있게 이야기를 전달하고, 가르침의 과정을 극화하고, 연주를 즉흥적으로 수행하고, 학급이라는 오케스트라를 지휘하는 법을 알고 있어야 한다. 그러나 가르침을 예술과 기예로 보면 쉽게 간과되는 것이 있는데, 그것은 미학적인 측면이 아니라 교육의 윤리적인 측면이다. 아이들과 함께 교사를 본다는 것은 광범위한 윤리적 장면을 식별해 내는 일이다. 우리는 이런 질문을 할 수 있다. "교사는 이렇게 제스처를 취해야 하나요?" "목소리 톤은 이게 맞나요?" "토론을 시작하는 방식이 적절했나요?" "교사는 웃음을 보여도 괜찮은가요, 아니면 진지해 보여야 하나요?" 등등. 교육은 아동과 청소년을 대할 때 좋은 것과 그렇지 않은 일, 적절한 것과 적절하지 않은 일을 즉각적으로 구별해야 하는 윤리적 요구를 제기한다. 이러한 의미에서 매 순간 가르치는 행위는 윤리적이다. 교육적인 질문은 항상 다음과 같다. "교사는 바로 이 순간에 이 아이에게 또는 이 아이들에게 어떻게 행동해야 할까?"

의심할 여지없이 교사는 내용 지식, 교육과정 자료, 정책 및 프로그램에 대한 이해, 학습의 과정과 결과를 효과적으로 평가하고 계획하기 위한 전문적인 지식과 교육적 역량, 교수 및 학급 관리 기술을 갖추어야 한다. 실제로 이론, 지식, 지침, 기술 및 역량이 한데 모이면 교육의 합리적인 차원을 구성하게 된다. 그러나 현대의 맥락에서 교육의 모든 측면에 대하여 이러한 합리화는 점점 더 도구적이고 기술적인 관행으로 해석된다.

존재신론(ontotheology)은 칸트(Kant)와 특히 하이데거(Heidegger, 1977, 2002)가 모든 유형의 인간 연구의 기술적 특징을 조건화하는 서구 문화의 형이상학적 저류를 설명하기 위해 사용한 용어이다. 전문 지식의 기술화를 뒷받침하는 존재론적 뿌리는 사라지지 않았다. 오히려 학교와 교육 체계의 행정에서 의사소통, 정보 기술 및 시장 경제의 영향은 기술존재론을 서구 문화의 형이상학적 감수성으로 훨씬 더 깊이 밀어 넣었다(Gumbrecht, 2014; Thomson, 2005).

이안 톰슨(Iain Thomson)과 같은 현대 교육 비평가들은 존재에 대한 우리의 기술적 이해가 어떻게 모든 질적인 관계를 정량화하는 계산적 사고방식을 생산함으로써 개체를 이가(二價, bivalent)의 프로그래밍이 가능한 정보로 축소하는지를 지적한다. 전문 분야에서 질적 연구의 위상이 높아지고 있음에도 불구하고, 여전히 실상은 어떤 기관의 순위 측면에서 효율성을 측정하고, 연구 프로그램을 지배하는 윤리를 성문화(成文化, codification)하는 등, 결과의 생산성, 실무 기준의 책무성에 관한 계량적 정책 및 기술적 해결 방안에 함몰되어 있는 현상을 개선하지 못했다는 사실은 참으로 역설적이다.

윤리적인 곤경에 처했다는 말은 바로 어떤 특정 순간에 무엇을 말하고 행동해야 하는지를 아는 적절한 지식이 없다는 뜻이다. 그러한 지식을 사용할 수 있다면 그 순간의 교육은 실제로 더 이상 윤리적이지 않다. 순간순간의 행동에서 규칙, 처방 또는 방법에 의존하는 교사는 교육이 본질적으로 요구하는 윤리적 측면을 상실하고 만다. 가르침은 교사가 학생들에게 접근하고 그들과 상호작용하는 비기술적이고 비도구적인 방법을 요청한다.

학생: 숙제 내기로 한 날인데 다하지 못했어요. 하루만 더 주실 수 있어요?
교사: 글쎄다. 규칙은 알고 있지? 날짜를 넘기면 받아 줄 수가 없어. 0점을 부여해야 할 것 같은데.

교사가 실제로 이 상황에서 규칙을 '맹목적으로' 적용하는 경우, 학생의 요
청에 대한 이 교사의 반응은 윤리적 재량권이 부족하다고 말할 수 있다. 여기
에서의 초점은 학생이 하루 더 연장할 수 기회를 가질 자격이 있는지, 마감일
을 연기해야 하는 상황이 불가피한지가 아니다. 이와 달리 교사는 일상적인
규칙에 의존하기보다 교육적으로 더 세심한 반응을 보일 수도 있다. 물론 교
사가 이렇게 특정한 상황에서 규칙을 참조하는 일은 적절하다고 볼 수 있다.
따라서 이 시점에서의 윤리 기준은 교사의 능동적인 사려 깊음에 달려 있다.

우리가 말하고 행동하는 것, 우리가 수행하는 일들, 우리가 조성해 내는 분
위기, 목소리의 톤, 자세와 몸짓, 시선 등이 윤리적 진정성을 잃지 않는다면
기계화되거나 도구화되지 않는다. 그렇게 말하는 것이 규칙이기 때문에 내
가 무언가를 말한다면, 나는 기술 관료적인 행위에 굴복하게 되어 더는 윤리
적으로 사고하지 않는다. 현실은 예측 불가능한 상황에 있는 아이에게 무엇
이 적절한지를 결정하거나 규정할 수 있는 지시문이나 체크리스트가 없다는
사실이다. 그러나 교육적으로 민감한 상황에 있어 규칙이나 루틴이 없다면
무엇을 해야 할지 '알 수' 없다. 따라서 가르침이라는 행위는 역설적이다. 교
사는 무엇을 해야 할지 모르면서 무엇을 해야 하는지 알아야 한다.

교육의 난제는 시시각각 무엇을 말하거나 행동해야 할지 결정하는 데에 적
절한 지식을 갖지 못한다는 데에 있다. 이는 우리가 우리의 행동에서 무력감
을 느낄 수밖에 없음을 의미하지 않는다. 우리는 보통 특정한 기략, 자신감,
사려 깊은 태도로 행동하기를 바란다. 그러나 중요한 사실은 우리가 어떤 상
황에서 우리의 행동에 대해 특정한 방식으로 합리적 정당성을 부여해야 한다
면 그렇게 할 수 없다는 사실을 깨닫게 되리라는 점이다. 우리는 규칙, 원칙,
전략, 단계, 방법, 이론 등과 같은 가르침의 기술에 의존하여 교육적으로 행
동할 수 없다. 가르치는 기술만 따르는 교사는 단지 '강의자'일 뿐이다.

교육의 난제는 이중적이다. 한편으로, 교육적 상황과 관계는 윤리적인 방
법과 기술적인 방법으로 동시에 접근하거나 처리할 수 없다. 다른 한편으로,

상호작용에서 일어나는 즉각적인 상황 속에서 자신이 말하거나 행동해야 할 것에 대해 숙고하는 능력은 시간적이고 관계적인 의미에서 제한적이다. 시간의 신 카이로스가 우리에게 적시에 적절한 것을 요구한다는 사실을 기억하라. 바로 그 순간에 어울리는 적합한 행동이 있다.

교수-학습 상황의 본질적인 윤리적 우연성을 설명하는 여러 방법이 있다. 순간순간 준비가 충분하지 않을 수 있고, 과제가 어려울 수 있으며, 모둠 활동이 예상치 못한 문제로 이어질 수 있고, 수업 중 토론이 중단되거나, 발표가 초점을 잃거나, 교실 밖으로부터 오는 방해도 있다. 이러한 사례는 동시에 긍정적으로 생각될 수도 있다. 수업이나 학습 상황에 대한 학생들의 반응은 도전적인 새로운 방향을 제시하기도 하고, 이를 통해 교사는 수업의 주도권을 다른 방식으로 쥐어야 할 필요를 감지하는 등의 방식으로 진행된다. 가르침과 배움의 삶은 끊임없이 교사의 기략 있는 행동을 요구하는 교육적 순간의 지속적인 흐름으로 구성되어 있는 듯하다. 그러나 가르침과 배움의 과정에 담긴 즉각성은 설명하기가 쉽지 않다. 왜냐하면 실제 경험과 그에 대한 생각 사이에는 성찰이라는 거리가 발생하기 때문에 재구성된 논리의 단순화로 인해 설명이 어렵게 된다.

교사가 분명히 깨달아야 할 것은 그 순간의 윤리적 우연성, 수업 분위기, 관계의 역동성, 학생의 준비 상태가 교사의 입장에서 특정한 즉흥적 능력, 준비된 적합성을 요구한다는 사실이다. 나는 이 적합성이야말로 기략이라는 개념으로 가장 잘 포착될 수 있다고 이미 제안하였다. 교육적 기략은 교사가 일상적인 교육 상황에서 청소년을 대할 때 보여 주는 적극적인 경계심, 윤리적인 민감성, 그리고 실용적인 유연성을 말한다. 높은 수준의 기략을 지닌 교사는 항상 특별하고, 섬세하며, 항상 독특하고, 결코 똑같지 않은 상황에서 학생들에게 올바른 말과 행동을 할 수 있다는 점에서 차별화된다. 머뭇거리면 카이로스의 순간은 지나가 버리고 후회만 남는다. 기략 있는 교사는 무엇을 해야 할지 알지 못할 때 무엇을 해야 하는지를 안다.

따라서 교육적 기략의 실질적인 중요성은 결코 도구적 조치, 효율성 또는 기술적인 효과에 의해 추구될 수 없다. 오히려 교육적 기략의 의미는 우리의 생생한 경험에 대한 현상학적 성찰의 감각적 효과와 영향으로 인해 형성되는 힘에 있다. 현상학적 이해는 우리의 체화된 존재와 실제 행동의 감각과 감성, 다른 사람과의 만남, 그리고 우리의 몸이 이 세계를 이루는 사물과 우리 자신을 발견하는 상황 및 관계에 반응하는 방식에 내재되어 있다(van Manen, 1997, 2014). 실천의 현상학은 현대 생활의 기술적 · 계산적 양식에 대한 윤리적 교정 작업이다. 그것은 존재와 행동, 자아와 타자, 내재성과 외연성, 우리가 누구이고 어떻게 행동하는지 사이에 형성적인 관계를 생성할 가능성을 열어 주는 현상학적 성찰에서 그 근원과 원동력을 찾는다.

불확실한 세계 속에서의 존재와 희망

점점 더 많은 사람이 우리가 스스로 멸망할 운명에 처한 세상 속에서 살아가고 있다고 생각한다. 기후 변화, 환경오염, 죽어 가는 바다, 녹아 내리는 북극의 빙하는 이제 멈출 수 없는 사건이라고 여긴다. 종교 전쟁, 잔혹한 테러, 탐욕스러운 자본주의, 극심한 빈부 격차, 세계적인 빈곤은 우리가 사는 현대 사회를 정의하는 현실이다. 재난의 그늘 아래서는 어떤 바람직한 프로그램에도 냉소적인 웃음을 짓지 않기란 어려운 일이다. 운명적으로 어깨를 한번 으쓱하고, 절망한 다음, 한숨을 내쉬는 일이 차라리 쉬울지 모른다.

희망이 없는 세상에는 아이들을 위한 공간도 없다. 그러나 여러분의 삶에, 집에 그리고 교실에 아이들이 있는 한 우리는 교육의 시선으로 잘 보아야 한다. 여러분이 보는 것은 희망이다. 자녀를 '보았다'면 이제 당신의 삶에는 희망이 존재한다. 자녀와 함께 살아가며 부모는 세상이 계속 존재해야 한다는 갑작스러운 확신을 얻는 경우가 많다. 이제 한 아이의 아버지이자 할아버지가 된 나는 세상을 위협하는 정치적 광기를 더 이상 외면할 수 없다. 나는 내 아이들을 살아 있는 희망으로 경험한다. 따라서 나는 행동한다. 희망이 나를 움직이게 한다. 희망은 태초부터, 태아가 처음 요동할 때부터 존재한다. 부모의 엇갈리고 혼란스러운 감정이 있기도 하지만, 가장 먼저 느끼는 깊은 감정 중 하나는 '이 아이가 건강하기를 바라요.'와 같은 생각으로 구체화되는 희망의 경험이다. 아이를 기대하며 기다리는 여성은 말 그대로 희망으로 가득 차 있다.

　교육적 희망은 부모나 교사가 자녀와 함께 살아가는 삶의 방식에 생기를 불어넣는다. 그것은 성인이 세상 속에 존재하는 방식에 의미를 부여하고, 어린이에게 이 세상을 대표하며, 세계에 대한 책임을 지고, 이 세계가 아이에게 알려지고, 보이고, 설명되는 지식의 형태를 구현하거나 양식화한다. 희망이 있는 사람들은 '참' 아버지, '참' 어머니, 아이들에게 '참' 교사이다. 우리가 희망의 삶을 사는 방법을 보여 주지 않거나 보여 주기를 거부할 때 이는 우리의 책임을 저버리는 행위이다. 우리가 무책임해지면 모든 세대의 젊은이들을 냉소주의자, 희망이 없는 성인, 희생정신이 없는 어른, 어떻게 살아야 하는지 좋은 모델을 찾기를 거부하는 성인으로 만들 수 있다. 독일의 작가 귄터 그라스(Gunter Grass)는 이런 사실을 잘 알고 있었다. 『양철북(Tin Drum)』(2010)의 주인공인 오스카는 성장을 거부할 이유가 전혀 없었다.

　희망은 결국 어떻게든 일이 잘 해결될 거라는 수동적인 낙관주의가 아니다. 희망은 헌신과 노력을 의미한다. 가장 불합리하고 고통스러운 상황 속에서도 우리는 아이들을 포기할 수 없고 포기해서도 안 된다. 이 얼마나 역설적인가! 우리의 삶, 특히 오늘날에는 어려움이 도처에 도사리고 있지만, 우리 아이들의 연약함으로 하여금 희망을 가능케 하고, 없어서는 안 될 인간 경험으로 삼는 일은 절망감을 인식하는 바로 그 지점에서 시작된다.

　부모나 교사가 된다는 것은 아이에게 기대와 희망을 품는 일이다. 그러나 희망은 말에 불과하고, 진부하고 피상적이며 공허한 말이 넘쳐나기도 한다.

그러므로 우리는 아이들과 함께 살아가는 일이 우리가 무엇을 희망하고 어떻게 그 희망을 경험하는지 살펴볼 필요가 있다. 우리의 살아 있는 희망의 가장 중요한 측면은 아이들과 함께하는 방식이다. 무엇보다 우리가 말하고 행동하는 방식이 아닌, 아이에게 존재하는 방식이 중요하다. 우리는 특정한 기대와 희망과 관련하여 "나는 내 아이가 학교에서 잘 지내기를 바란다." "나는 아이가 숙제를 잘할 수 있기를 바란다." "아이가 잘 적응하기를 바란다."라고 말할 수 있다. 그러나 이런 바람은 시간이 지나면 사라지는 희망이다. 아이들은 어른들이 그 자신을 초월하여 "나는 희망한다." "나는 희망을 품고 산다." "나는 아이들을 희망으로 경험하는 그런 삶을 살고 있다."고 말할 수 있게 한다.

이러한 희망의 경험은 교육적 삶과 비교육적 삶을 구별한다. 또한 교육적인 의미에서 우리가 진정으로 사랑하는 아이들에게만 희망을 줄 수 있다는 사실을 분명히 한다. 희망이 우리에게 주는 것은 "나는 너를 포기하지 않을 거야. 나는 네 인생을 가꾸어 갈 거라는 걸 알아."라는 분명한 확신이다. 희망은 인내와 관용, 그리고 아이의 가능성에 대한 믿음을 주는 모든 것을 말한다. 희망은 아이의 가능성에 대한 우리의 경험이다. 우리가 얼마나 많은 실망을 겪었는지와 상관없이 아이가 우리에게 인생을 어떻게 살아야 하는지를 보여 줄 것이라는 사실은 우리의 자신감의 경험이다. 따라서 희망은 교육을 가능케 한다. 반대로 교육이 희망하게 하지 않는가?

'지식의 생산' '프로그램의 시행' '성과 기반의 교육' 또는 '목표에 의한 관리'라는 말들에 잠시 주목해 보자. 산업 모델, 컴퓨터 기술, 정보 처리 및 시장 중심의 사고방식은 학교 교육에 깊숙이 침투했으며, 교육 이론가와 관리자가 교육이 무엇인지를 정의하는 데 사용하고 있음을 우리는 끊임없이 듣고 있다. 가르침을 설명하기 위해 이런 종류의 담론을 어떻게 만들 것인가?

이들로부터 우리는 심오한 모순을 발견할 수 있다. 한편으로 이런 말들은 교사가 교육적 삶에 변화를 가져오도록 격려하기 위한 차원으로 사용된다. 그러나 그 용어들은 기껏해야 모호한 희망으로 가득 차 있을 뿐이다. 자세히 들여다보면 현재가 아닌 미래를 지향하는 언어이다. 이런 말들은 우리가 아이들과 함께하며 희망을 품는 '존재'로 묘사되는 것을 허용하지 않는다. 결과, 전달, 평가, 투입, 소비자 만족도와 같은 언어는 희망 자체가 체계적으로 제거된, 희망이 체화되지 않은 언어이다. 희망이 없는 희망의 언어라는 말이다. 진정으로 깨어 있지 않은, 어찌 보면 참을성 없는 언어이다. 그것은 찬란했던 왕의 말들과 호위 군단으로도 희망을 품지 못할 정도로 그 희망을 작은 조각들로 쪼개는 언어이다.[1]

 '측정 가능한 목표를 세우는 일'은 '희망을 품는 일'과 다르다. 물론 교사는 기대치를 갖고 목적과 목표를 설정하고, 진행 과정과 성장을 평가해야 한다. 그러나 동시에 교사는 가르침의 힘, 배움과 성장의 경이로움에 대해 더 깊은 신뢰와 더 큰 안목을 가져야 한다. 기대와 예상은 욕망과 욕구, 확실성, 예측으로 쉽게 변질된다. 따라서 교사는 이러한 기대의 직간접적인 시선 밖에 있는 가능성으로부터 자기 스스로를 제한할 우려가 있다. 희망한다는 것은 가능성을 신뢰하는 일이다. 이를 통해 희망은 견고해지고 세워져 간다.

 요점은 프로그램의 실행, 관리 목표 또는 학습 결과와 같은 교육과정 언어가 잘못되었다는 말이 아니다. 이런 언어는 아마도 관리상의 편의에서 비롯되었다고 보아야 한다. 교사는 항상 특정한 코스, 수업, 프로그램에서 무엇을 할지를 계획해 왔다. 문제는 '행정적'이고 '기술 관료적'인 가치와 관행이 우리 존재의 생명줄 내부에 지나치게 깊숙이 침투하여 부모와 교사가 다른 유형의 이해가 가능하다는 사실을 망각할 위험이 있다는 점이다. 이처럼 잊혀버린 것과 같이 보이는 것을 다시 생각해 내는 일이야말로 부모나 교사가 되

---

1) 역자 주: 이 문장은 루이스 캐럴(Lewis Carrol)의 동화 『거울 나라의 앨리스』에 등장하는 달걀 캐릭터 험프티 덤프티(Humpty-Dumpty)를 묘사하는 부분에서 가져왔다. 높은 담벼락 위에 앉아 있는 험프티 덤프티는 자만과 권위의식에 빠져 있지만 담에서 떨어져 깨져 버리면 그 어떤 방법으로도 되돌릴 수 없다. 저자는 교육의 희망을 깨뜨리는 현대 교육의 언어들이 지닌 위험성을 이 캐릭터에 빗대어 설명하고 있다.

는 길이다(Saevi, 2015).

　이렇게 하지 않으면 끔찍한 결과가 벌어진다. 예를 들어, 교사의 소진은 허무주의의 현대적 예이다. 더 높은 가치는 사람의 마음을 잃을 뿐이다. "그게 무슨 소용이 있나요?"와 같은 질문에 대한 답은 없다. 사실 허무주의적인 "무슨 소용이 있어?"라는 질문은 한숨 섞인 질문이라기보다 어쩌면 희망의 근거가 있음을 암시하기도 한다. 교사의 소진은 반드시 과도한 일이나 노력 때문에 일어나지 않는다. 우리가 하고 있는 일을 왜 해야 하는지 더 이상 알지 못하는 상태가 바로 소진이다. 소진은 "무슨 소용이 있겠어?"라는 한숨에 대해 더 이상의 긍정적인 답을 찾을 수 없다는 절망의 증거이다.

　"다시 젊어졌으면 좋겠지만 지금 내가 무엇을 아는지를 알고 있다." 우리 중 많은 이는 젊은 시절을 그리워할 뿐, 다시 아이로 돌아가고 싶은 사람은 많지 않다. 우리가 정말로 하고 싶은 것은 아이가 하는 방식으로 세상을 경험하는 것이다. 우리는 가능성과 개방감, 즉 거의 모든 것이 가능하다는 확신을 되찾기를 갈망하고 있다.

　어린아이는 자신이 실제로 초인적인 위업을 수행할 수 없음을 알고 있지만, 놀이를 통해 그 가능성을 경험한다. 어려서는 온갖 일이 가능하기에 그들이 부모와 교사에게 줄 수 있는 보상은 희망이 현존한다는 사실이다. 그것이 아이가 우리에게 가르쳐 주는 것이다. 우리가 참되고 좋은 부모, 조부모, 교사가 되려면 아이가 우리를 가르치도록 해야 한다.

　우리가 아이를 이해하는 방식은 명백하게 우리 자신을 이해하는 방식과 다르지 않다. 우리 스스로 개방성을 경험할 수 있을 때라야 우리는 진정으로 아이의 존재 방식에 우리 자신을 개방한다. 아이는 자신의 무언가를 만들기 위해 그러한 개방성이 필요하다. 부모와 교사로서 우리는 자신이 어떤 존재인지 살펴보고 우리 자신을 들여다보기 위해 그러한 열린 마음이 필요하다. 우리는 아이들 앞에서 자신을 공개적으로 돌아보아야 한다. 왜냐하면 우리는 삶을 어떻게 살아야 하는지 스스로에게 묻는 모범을 보여, 질문에 익숙해진

아이들이 스스로에게 자유롭게 질문할 수 있도록 해야 하기 때문이다. 어른
으로서 책임감 있게 산다는 것은 인생을 어떻게 살아야 하는지에 대한 질문
에 항상 열린 자세를 유지하는 일이다. "나는 최선의 삶을 살고 있는가?" 그
렇게 나의 삶은 아이에게 끊임없는 본보기가 된다. 좋든 싫든 내 삶은 이렇게
말할 것이다. 아이에 대한 나의 책임은 끊임없이 나에게 행동해야 할 필요성
과 직면하게 하고, 아이가 나에게서 그리고 나를 통해 성숙한 성인의 이미지
를 인식하도록 요청받는 방식으로 나 자신을 표현하고 행동하게 한다.

이것이 바로 우리가 아이들에게서 배워야 할 삶의 방식이다. 그들은 우리
에게서 배워야 하기 때문에 우리는 그들보다 훨씬 더 나은 학습자여야 한다.

상처

교육자로서 우리는 아이들과 함께 생활하면서 지속적으로 무언가를 해야
한다. 우리에게 잠시 개인적인 시간이 날 때도 있고 아이들에게서 떨어져 있
을 때도 있다. 그러나 그렇다고 해도 삶 자체에서 아이들로부터 멀어질 수 있
는 시간은 많지 않다. 한 번 부모는 영원한 부모이다. 마찬가지로 한 번 교사
는 영원한 교사이다. 우리는 아이들을 사랑하고 존중하지만, 때로 그들에게
상처를 입히는 일이 발생하기도 한다.

그렇다면 불완전한 부모, 교사, 조부모로서 갖게 되는 죄책감에 대해 우리
는 어떻게 해야 할까? 우리는 이 책 전체에 걸쳐 내가 강조한 바를 따라야 한
다. 우리 아이들을 자세히 살펴보라. 아이들은 용서의 본능을 타고난다. 물
론 그렇기 때문에 어떤 의미에서는 '좋은' 부모와 교사가 되어야 하는 우리의
책임이 훨씬 더 중요하다. 교사이자 부모로서 우리는 이 무조건적인 용서를
너무도 잘 알고 있기 때문에 오히려 그것이 우리가 느끼는 죄책감의 핵심이
되기도 한다. 우리는 진정한 교육자로서 아이들이 우리에게 준 가치와 신뢰

에 부응하기 위해 늘 노력해야 한다는 사실을 알고 있다. 우리는 그들의 용서를 남용해서는 안 된다.

아이들은 참으로 타고난 용서자이다. 아이들은 부모를 사랑함으로써 부모를 용서한다. 부모에 대한 자녀의 애착의 중요성을 과대평가하기란 어렵다. 자녀가 부모로 인해 신체적으로나 감정적으로 상처를 받는 한이 있더라도 항상 부모와 사랑의 관계를 회복할 필요가 있다. 아이들이 자라면서 한동안 멀어지기도 하고 부모의 결점과 한계를 판단하려는 경향을 보일 때가 종종 있다. 그러나 일반적으로 이러한 감정은 결국 해결될 것이며, 이러한 용서는 '이해'에 기반한다.

교사도 마찬가지이다. 부모와 동일한 책임을 갖는(in loco parentis) 교사는 아이가 부모를 기쁘게 하고자 하는 원초적 부모-자녀 관계를 교육적 관계를 만들어 가기 위한 자원으로 사용한다. 어떤 면에서 교사는 부모와 같다. 아이들에게는 그들을 인정하고 믿어 주는 교사가 필요하다. 아이의 정체성, 학습 및 발달에 대한 교사의 인정과 신뢰의 힘은 정말로 헤아릴 수가 없다.

그렇다. 가르침은 교육적인 일이다. 따라서 교사는 때때로 학생과의 관계에서 잘못된 행동을 하거나 그른 판단을 할 수밖에 없다. 그러나 중요한 질문은 "학생은 교사의 돌봄을 어떻게 경험하는가?"이다. 자신이 가르치는 학생들을 책임지고 적극적으로 보살피는 교사는 그들과 함께 은총의 상태에 선다.

일반적인 생각과 달리, 용서한다고 해서 반드시 잊히는 것은 아니다. 그러나 용서에는 고유한 교육적 가치가 있다. 즉, 사랑과 이해를 통해 어머니/아버지와 아들/딸 사이, 교사와 학생 사이, 돌봄을 받는 노인과 아동·청소년 사이의 관계를 회복한다.

부록 **A**

윤리적 관점에서 본 교육

    교육(학)은 아이의 본질에 대한 세심한 이해가 필요한 실천이자 이론이다. 다양한 사회, 문화, 가족이라는 환경 속에서 아이들이 어떤 삶을 살고 있는지, 그리고 아동 · 청소년에게 노출되어 있는, 그래서 그들을 사로잡고 있는 관심사, 놀이 공간, 과학기술 및 미디어가 무엇인지 이해해야 한다. 따라서 교육의 이론과 실천은 아동 심리학, 사회학, 민속지학, 철학에 대한 깊은 이해를 전제로 한다. 그러나 이러한 생각의 중심에는 교육(학)이 본질적으로 언제나 관계를 중심으로 한 윤리라는 인식이 담겨 있다. 그렇지 않은 것으로부터 선함을 구별하는 윤리, 부모, 교사, 보육 전문가, 가족, 이웃 등으로서 우리의 돌봄을 필요로 하는 아동 · 청소년에게 적절치 않은 것을 구분해 내는 윤리이다. 실천적으로는, 우리 앞에 서 있는 한 아이 또는 아이들에게 최선의 유익을 위해 행동하는 방법을 아는 윤리적 요구가 있다. 게다가, 우리의 행동을 성찰하거나 우리의 행동에 대해 책임을 질 때, 이미 교육 그 자체에 포함된 윤리의 외적인 의미에서 윤리적으로 고려해야 할 사항에 의존해야 할 때가 있다.

때때로 우리는 아이에게 문제가 있거나 도움이 필요하다고 느낄 때, 그 아이를 대함에 있어 특정한 윤리적 접근을 선택할 수 있다. 다시 말해, 교육은 우리의 교육적 사려 깊음에 도움이 되는 특정한 윤리를 제안하거나 요청한다. 이러한 윤리적이고 도덕적인 사려 깊음과 기략은 기존 윤리 이론과 도덕 철학의 명료한 개념적 틀에 의해 쉽게 포착되지 않는다. 그러나 다양한 윤리적·도덕적 철학이 어떻게 교육의 윤리적인 관점으로 전환될 수 있는지 탐색하는 것은 의미가 있다.

초점이 의료인과 환자나 아픈 사람 사이의 윤리적 관계가 아니라 성인과 아동·청소년 간의 윤리적 관계에 있다는 점을 제외한다면 교육 윤리는 생명 윤리와 다르지 않다. 특히 소아과나 신생아를 대상으로 하는 의료 분야에서 질병이 있는 아이, 미숙아 또는 신생아에 대한 의사결정을 해야 할 때에 있어서의 윤리는 추상적인 이론이 아니라 오히려 의료인과 영유아의 부모 사이에 구체적으로 얼굴을 맞대는 만남에 있다. 마이클 반 매넌(Michael van Manen)이 신생아 중환자실에서 일어나는 의사결정에 대한 연구에서 설명했듯이, "현상학적으로 봤을 때 윤리적 결정이라는 말의 의미는 전적으로 주관적이지도, 전적으로 객관적이지도 않다."(2014, p. 1)

이어지는 내용에서는 의무주의(원칙 윤리), 공리주의(쾌락주의 윤리), 결과주의(목적론 윤리), 계약주의(합의 윤리), 덕 윤리(도덕적 인격 윤리), 상황 윤리(실존 윤리), 관계 윤리(타자 지향적 윤리)의 교육적 의미에 대해 간략히 살펴보려고 한다. 이 일곱 가지 윤리적 관점들은 다음 질문에 대해 서로 다른 답을 내놓는다. 어른이 어떤 상황에서 이런저런 방법으로 행동하는 것이 선하거나 윤리적으로 적절한가? 의무주의, 공리주의, 결과주의, 계약주의 등의 윤리적 관점은 각각의 도덕적 추론, 이론화 그리고 도덕적 판단 방식을 가지고 있다. 덕 윤리, 상황 윤리, 관계 윤리는 성인의 교육 실천에서 윤리적 경험, 균형, 직관, 사려 깊음 및 기략을 이해하는 데에 더 적합할 것이다.

의무주의 관점에서 본 교육

　　의무주의에 입각한 교육적 행동과 성찰은 주로 도덕적 규범, 의무, 행위의 규칙 그리고 범주적 명령과 같은 원칙에 의해 이루어진다. 이마누엘 칸트(Immanuel Kant)는 "보편 법칙이 될 수 있거나 되어야 할 준칙(maxim)에 따라서만 행동"해야 한다고 주장하였다. 의무주의 윤리는 그것이 옳은지 그른지, 정당한지 부당한지를 결정하는 기준이 행동의 결과 아니라 행동 그 자체라고 본다. 의무주의란 의무(deon)에 대한 사상(logos)을 의미한다. 의무주의 윤리는 원칙 윤리라고도 한다.

　　황금률의 원칙은 "자신이 원하지 않는 일은 다른 사람에게도 하지 말라."는 말로 공식화할 수 있다. 다른 사람을 대할 때 우리는 그것이 우리 자신을 대할 때 그렇게 해 주기를 원하는 방식인지 항상 자문해야 한다. 또는 아이들과 상호작용할 때에도 우리는 같은 방식으로 자신의 아이들을 대할 것인지 물어봐야 한다. 철학자 칸트는 행동의 기반이 되는 생각을 합리적으로 검토함으로써 좋은 행동과 나쁜 행동을 구별할 수 있다고 본다. 그는 사람들이 옳고 좋은 것이 무엇인지를 안다면 그런 일을 하는 경향이 있다고 말한다.

　　의무주의 윤리에는 의무에 기반을 둔 윤리와 권리에 기반을 둔 윤리가 있다. 의무 기반 윤리는 구속력이 있는 것으로 받아들여지는 도덕적 규범과 원칙을 고수한다고 가정한다. 칸트는 항상 정직하고 진실을 말하며 거짓을 말해서는 안 된다고 주장했다. 사람은 수단(다른 이의 이익을 위한)으로 사용해서는 안 되고 언제나 그 자체가 목적이어야 한다. 의무론적 관점에서 볼 때, 도덕적으로 올바른 행동은 무엇이 좋은가의 문제보다 우선한다. 특정 행동이 결과론의 관점에서 좋고 바람직한 결과를 낼 수는 있어도, 의무론의 관점에서 본다면 그 행위는 도덕적으로 잘못일 수 있다. 예를 들어, 의무론 윤리학자는 거짓말을 거부하는 것에서 유익을 취할 수 있는 적에게조차 거짓을 말해서는 안 된다고 주장한다.

　그러나 문제는 실제로 구체적인 상황에서 옳고 그름이 무엇으로, 책임과 의무가 무엇으로 구성되어 있는지가 반드시 명확하지 않다는 점이다. 예를 들어, 의무론 윤리에 따라 우리가 항상 아동을 존중해야 한다고 말할 때, 아동과의 관계 및 특정 상황에서 그 존중이 의미하는 바는 반드시 명확하지는 않다.

공리주의 관점에서 본 교육

　공리주의는 어떤 행동이 행복이나 쾌락을 가져다 줄 때 좋은 것으로 판단한다는 점에서 쾌락주의 윤리라고도 한다. 제러미 벤담(Jeremy Bentham)은 좋은 행동이란 유용해야 하며, 특정 목표와 목적에 있어 쓸모가 있어야 한다고 주장했다(Bentham & Mill, 1987). 벤담은 인생의 궁극적인 목적은 가능한 한 많은 즐거움과 행복을 누리는 것이라고 생각했다. 사실, 과거의 가정과 학교생활을 되돌아보면 어떤 사람들은 자신이 주로 행복한 어린 시절을 누렸다고 느낀다. 그러나 어떤 이들은 자신의 어린 시절이 부모의 방임과 학대, 또는 교사나 타인의 무감각과 무정함에 의해 손상되었다고 생각한다. 많은 부모는 자신의 행동이 자녀에게 좋은 일이 되기를 분명 바라고 있다. 자녀들에게 행복한 어린 시절을 만들어 주고 행복한 삶을 영위하기를 원한다.

　공리주의에 입각한 교육은 학생들에게 행복을 주는 일을 지향하고, 고통을 주는 일은 피하려고 한다. 어떤 행동이 더 많은 행복과 웰빙으로 이어지고 고통과 절망이 줄어든다면, 그 행동은 도덕적으로 선한 것이다. 교사는 시험 결과를 전체 학급 아이들 앞에서 공개해야 할까? 어떤 학생들은 친구들 앞에서 얼마나 잘했는지 듣는 것을 즐거워할 수 있지만, 다른 학생들은 성적이 공개되는 것을 원치 않을 수 있다. 이런 특징에 따라 행동하는 공리주의적 기준은 때때로 문제를 야기한다. 대다수의 학생들이 자신의 성적을 공개적으로 듣고 싶어 하는 반면, 소수의 학생들은 자신의 학업 성취 수준이 드러나면 상처를 받는다면 어떻게 해야 할까?

현재 우리가 가르치는 아이들과 함께하는 모든 일이 아이들에게 즐겁지만은 않을 수 있다. 학교에서 아이들은 학습 활동에 참여하고 자신의 능력을 평가받아야 하는데, 이는 어려운 일일 수 있다. 음악을 공부하는 아이는 결국 좋은 음악성을 이끌어 내기 위한 특정 기술을 연습하는 데에 많은 시간을 소비해야 하지만, 그 순간 자체는 그다지 즐겁지 않을 수 있다. 따라서 최대 다수에게 즐거움을 가져다준다면 그것은 좋은 행동이라고 보는 공리주의적 생각이 반드시 옳다고 보기는 어렵다.

결과주의 관점에서 본 교육

결과주의는 때때로 목적론적(teleological) 윤리라고 불리는 공리주의 윤리의 현대적 변형이다[텔로스(telos)는 그리스어로 목적과 목표를 의미함]. 용어에서 알 수 있듯이, 결과주의는 효과의 중요성과 행동의 결과를 강조한다. 어떤 행위가 도덕적으로 옳고 그른지에 대한 질문은 그 행위 자체의 결과에만 달려 있다. 그러나 자세히 살펴보면 도덕적 결과와 함께 어떤 행위의 도덕적 선을 식별하는 것과 관련하여 많은 윤리적인 이슈가 발생한다. 그러므로 철학은 결과의 도덕적 가치, 자신의 행동의 의도된 결과와 반대되는 실제적 관점, 또는 이 세계에서 행동의 선함을 극대화하는 결과에 따라 여러 가지 결과론적 관점을 만들어 냈다. 마사 누스바움(Martha Nussbaum, 2000)은 '감각적 결과주의(sensible consequentialism)'라는 표현을 사용하여, 도덕적 상태와 결과의 가치 간 균형을 견지해야 함을 이야기한다. 예를 들어, 교육적 행동은 아이들의 행복과 능력을 극대화할 때 바람직한 일이 된다.

따라서 교육적 관점에서의 행동은 그것의 관련 효과와 그 결과로 나타나는 상황의 상태를 기반으로 선택되어야 하며, 아동이나 그들의 이익과 관련이 있다. 부모와 교사는 항상 자녀를 돌보는 일이 가져오는 결과의 유익을 극대화하도록 해야 한다. 그리고 선(善)은 아이들의 현재와 미래의 삶과 관련이 있어야 한다.

일반적으로 우리는 아이들의 삶과 미래가 행복하기를 바란다. 따라서 결과주의 교육은 특정 행동에서 오는 행복과 기쁨의 중요성과 의미를 이해하고자 한다. 예를 들어, 아이들이 성공의 즐거움과 긍정적인 인식을 경험하는 것은 좋다. 그러나 다른 사람들을 희생시키면서까지 어떤 사람들에게 즐거움을 주는 것은 선한 일인가? 칭찬을 하면 학생의 자존감이 높아질 수는 있지만, 지나친 칭찬은 자신의 능력이나 재능에 대한 비현실적 자신감으로 이어질 수 있다. 즐겁다고 해서 모든 것이 우리에게 좋은 것은 분명 아니다. 부모는 텔레비전, 컴퓨터 또는 모바일 기기들을 제한 없이 사용하도록 허용해야 할까? 아이들에게 즐거움을 줄 수 있다는 이유로 인스턴트 음식을 마음껏 먹도록 허용해야 하는가? 결코 아니다. 그럼에도 어떤 아이들은 건강에 해로운 생활 방식에 처해 있기도 하다.

계약주의 관점에서 본 교육

계약주의는 합의에 의한 윤리이다. 합의에 근거를 둔, 합리적이면서 정서적 동의에 따라 정당화될 수 있는 행동은 옳다. 의료 연구 목적으로 행해지는 실험에서 참가자 또는 환자는 일반적으로 예상되는 곤경이나 결과를 수반할 수 있는 특정한 의료 개입에 동의하겠다는 정보가 담긴 문서에 서명을 해야 한다. 교육적 맥락에서도 아이가 문제를 이해하기에 나이가 너무 어릴 때 부모의 동의가 필요할 수 있다. 그러나 아이들이 자라감에 따라 그들도 동의 결정에 참여해야 한다.

어려운 점은 같은 나이의 젊은이들이 위험하거나 도덕적으로 문제가 될 수 있는 상황에 참여하거나 행동에 대한 동의를 구해야 할 때 그에 합당한 성숙함이나 지혜를 반드시 가지고 있지는 않다는 사실이다. 따라서 부모는 종종 자녀에 대한 대리 책임을 져야 한다. 예를 들어, 학교는 부모에게 사회적 또는 건강상의 문제를 제기하거나 상충되는 가치에서 오는 위험을 초래할 수 있는 활동(예, 성교육, 교실에서 수행되는 연구 참여, 현장 학습 등)에 참여하는 데에 동의하도록 동의 양식에 서명할 것을 요청한다.

교사도 특정 교육적 책임에 관해서는 종종 부모의 역할을 하는 것으로 간주된다. 계약주의에 입각한 교육은 아동이 참여하는 특정 교육 활동이 아동 자신 또는 책임감 있는 부모 또는 교사의 동의 및 합의 측면에서 정당화될 수 있는지의 여부에 달려 있다.

덕 윤리 관점에서 본 교육

덕 윤리는 성인의 교육적 자질, 도덕적 성격과 지혜, 교육적 동기 및 의도를 말한다. 덕(德)은 우수함을 뜻하는 그리스어 'arete'를 번역한 것이다. 우수성 또는 덕을 의미하는 'aretai'는 간단히 말해 특정한 삶을 모범적이고, 훌륭하고, 존경할 만하며, 뛰어나게 하는 특성이 있다. 선, 평등, 정의와 같이 추상적이고 의무론적인 도덕 개념은 우리의 일상생활에서 일어나는 수많은 일에 대해 모든 이야기를 들려주지 않는다. 따라서 교육자는 사려 깊고, 기략이 있으며, 아동의 경험에 세심한, 보다 풍부하고 구체적인 형태의 행동을 보일 필요가 있다.

덕 윤리는 학습자의 어려움을 이해하고, 귀 기울이는 방법을 알며, 각각의 아이를 고유하고 다른 존재로 간주하고, 그들의 염려와 연약함을 이해하며,

잘 해낼 수 있도록 돕고, 인내심 있게 지원하며, 의지하고 신뢰하며 도울 준비가 되어 있는 교육적 특성을 촉진한다. 덕과 관련하여 흥미로운 사실은 그것이 규칙이나 도덕 원칙으로 환원될 수 없다는 점이다. 덕은 교육적 실천의 윤리적 온전함을 지원한다. 『덕의 상실(After Virtue)』에서 알래스데어 매킨타이어(Alasdair MacIntyre, 1981)는 교육과 같은 실천이 내적 선을 확보하기 위해서는 덕이 필요하다고 본다. 또한 덕은 우발적인 사회적 · 역사적 맥락에서 적합한 교육적 실천을 가능케 하는 관습, 일과 및 전통을 유지한다.

고대 그리스 시대 이후로 특정한 덕은 이야기, 시, 일화, 비유, 신화 또는 연극의 내러티브를 통해 도덕적인 개인과 행동이 무엇인지를 예로 들면서 설명되었다. 현대 사회에서도 좋은 부모는 인내심을 가져야 하고, 좋은 교사는 자녀를 '알아야' 한다고 설명할 때, 이야기와 일화를 사용하는 경우가 많다. 우리는 교육적으로 기략 있는 사람이 갖추어야 할 자질과 취해야 할 행동에 대해 설명하는 일화를 종종 만나게 된다. 덕은 사람의 윤리적 특성을 나타낸다. 덕은 어떤 이에게 주어진 삶의 과업과 책임에 대해 잘 준비되어 있는지에 대한 질문에 답을 들려준다. 이것은 성인과 아동 모두에게 해당된다. 덕은 일반적으로 부모가 자녀에게 심어 주는 좋은 습관이나 관습을 통해 형성된다. 또한 덕은 교사와 기타 보육 전문가, 그리고 당연히 부모가 갖추고 다듬어야 할 교육적 특성이다.

따라서 덕의 관점에서 바라보는 교육은 규칙과 규정보다 교사의 '존재' 자체를 더 중요하게 여긴다. 교사의 교육적 덕목(자질)은 많은 교육 관련 문헌을 통해 논의되었다. 여기에는 지식에 대한 사랑, 그리고 학생과 지식 사이에서 해야 하는 중재자의 역할, 말과 행동에서 오는 신뢰감, 어린이와 학생들이 언제든지 다가올 수 있는 열린 마음, 비록 자신감과 믿음이 비합리적으로 보일지라도 자신감을 갖고 아이들을 신뢰할 수 있는 믿음, 교사 자신이 신뢰적이면서 아이들을 신뢰하는 마음, 아이들을 향한 인내심, 적극적인 희망, 헌신과 부지런함으로 하는 행동, 아이들에 대한 균형 잡힌 기대, 교사, 부모 또는 보육 전문가로서 우리는 전지전능한 존재가 아니기 때문에 모든 것을 다 할 수도, 모두를 위해 할 수도 없다는 한계를 인정하고 받아들일 수 있는 분석 능력과 교육적으로 세심한 기질이 포함된다.

상황 윤리 관점에서 본 교육

상황 윤리에 입각한 교육은 구체적인 상황 그 자체에서 요구되는 내재적 옳음과 선함에 초점을 둔다. 따라서 어떤 추상적인 원리나 행동의 최종 결과와는 관련이 없다. 선한 행동의 교육적 윤리, 즉 선한 것이나 아이들에게 최선의 이익이 되는 일은 우리가 그 아이들과 함께 있는 구체적인 상황에서 찾을 수 있다. 또한 모든 상황에는 고유한 문화적 · 사회적 · 개인적 맥락이 있기 마련이다. 상황 윤리는 제2차 세계대전 이후에 등장한 실존주의적 윤리에 뿌리를 두고 있으며, 홀로코스트의 잔학함과 오늘날의 테러리즘, 부족이나 민족주의의 갈등에서 오는 공포 앞에 무력했던 전통적인 의무주의적 가치와 도덕에 대한 환멸로부터 등장했다.

또한 상황 윤리는 아가페의 이타적 윤리에 뿌리를 두고 있다. 모든 윤리적 상황에서 우리에게 기대되는 것은 사랑으로 행동하는 일이다. 우리는 우리의 잘못에 대한 상급자의 지적을 비난할 수 없다. 우리는 소위 국가에 봉사한다는 더 높은 가치를 비난할 수 없다. 마찬가지로 우리는 우리가 속한 더 큰 체계의 명령이나 정책을 단순히 따르고 있다고 말함으로써 우리의 행위에 대한 면죄부를 얻을 수 없다. 상황 윤리는 모든 구체적인 상황에서 우리의 행동에 대해 개인적으로 책임이 있음을 강조한다. 교육과정을 무시하거나 학교 정책을 위반하는 일을 감수하고서라도 아동과 학생에게 최선을 다해야 할 때가 있다. 교사로서 우리는 어떤 특정 상황에서 한 아이와 아이들 집단에 대해 어떤 일을 하거나 하지 말아야 할 책임을 가지고 있다.

상황주의는 우리가 무엇을 하든 우리 돌봄의 대상이 되는 아이들에 대한 교육적 '사랑'으로부터 벗어나야 한다는 입장을 취한다. 그러나 여기서 말하는 사랑이란 규범이나 규칙이 아니다. 그것은 무엇을 해야 할지 구체적으로 알려 주지 않는다. 상황에 적합한 교육은 우리를 책임감 있게 행동할 수 있는 우리 자신의 책임과 자유로 되돌아가게 한다. 책임과 자유는 본질적으로 연결되어 있다. 자유 없이는 책임도 없다. 우리는 자유 안에서만 책임 있게 행동할 수 있다. 우리는 우리가 해야 할 일을 하는 데 있어 여러 한계가 있다는 말로 우리의 책임을 미룰 수 없다. 장-폴 사르트르(Jean-Paul Sartre)의 유명한 말을 빌리면, 우리는 자유에 대한 정죄를 받았다고 말할 수 있다. 즉, 이는 우리가 취한 방식으로 행동하는 것에 대해 외부의 규칙, 원칙 또는 변명에 굴복할 수 없다는 뜻이다. 우리는 우리가 책임져야 할 일에 대한 개인적 책임을 가지고 있다. 그 책임을 다할 수 있는 가능성과 기준은 우리가 돌보는 아이와 학생이 처한 각각의 실존적 상황에 있다.

관계 윤리 관점에서 본 교육

관계 윤리는 우리가 만나고 도덕적 책임을 경험하는 타인의 필요, 취약함, 약점에 대해 윤리적으로 책임 있게 반응하는 것을 기반으로 한다. 관계 윤리는 인간과 함께 자연스럽게 오는 세상에 대한 관점, 만물의 중심에서 자신을 보는 태도를 극복할 수 있어야 한다고 본다. 에마뉘엘 레비나스(Emmanuel Levinas, 1998, 2003)에 따르면, 나는 나의 세계에서 자아 중심성을 극복할 수 있을 때까지 상대방의 주체성을 실제로 경험할 수 없다. 매력적인 사실은 다른 사람의 타자성을 경험할 수 있는 가능성이 타자의 취약성에 대한 나의 경험에서 비롯된다는 점이다. 상대방이 상처나 괴로움, 고통, 고난, 고뇌, 연약함, 슬픔, 절망을 경험하는 존재라는 사실을 알게 될 때, 나는 그의 고유함에 대해 개방적인 태도를 갖게 된다.

이상하게 들리겠지만, 진정한 나-타인 사이의 관계에서 내가 다른 사람을 만날 때 윤리적 관계는 관계적인 비관계(relational nonrelation)로 전환된다. 이러한 비관계에서 타인은 이제 자신에 대한 관계적 우위를 지닌다. 관계 윤리의 관점에서 다른 사람의 취약성은 자기 중심적인 세계라는 갑옷에 있어서 약한 부분이 된다. 예를 들어, 나는 상처를 받거나 괴로워하는 아이를 보고, 적어도 일시적으로나마 현재 집착하고 있는 문제를 망각한다. 더 이상 내 개인적인 문제에만 함몰되지 않는다. 순간 나는 이 아이를 위해, 이 타인을 위해 거기 존재한다. 그리고 다른 사람에 대한 이러한 인식으로 타인을 위해 윤리적으로 행동할 가능성이 있다.

따라서 내가 아이와 윤리적 관계를 맺고 그 아이의 고유함과 취약함을 실제로 '볼' 때, 나는 이 아이를 위해 좋은 일을 할 수 있는 교육적 위치에 서게 된다. 사실, 관계로 맺어지는 상황은 내가 생각을 하기도 전에 아이에게 반응하고 행동하며 방향을 설정한다고 볼 수 있다. 윌프리드 리피츠(Wilfried Lippitz)는 교육의 원초적인 내적 의미가 어떤 점에서 이미 윤리적이고 관계적인 의미를 담고 있는지를 다음과 같이 설명한다.

> 나의 책임은 나의 주인(maitre) 역할을 하는 타인이 가져온 의무에서 비롯된다. 그/그녀는 내가 할 수 없는 일을 할 수 있게 한다. 타자에 대한 나의 책임 속에서 나 자신을 발견하고, 내 자신의 경제적 존재의 소용돌이에서 벗어날 수 있게 해 준다. 따라서 교육적 책임을 다지는 일은 윤리적 관계라는 내적이고 교육적인 차원에서 일어난다. 즉, 타자, 낯선 사람, 아이는 나의 교육적 활동 가능성의 조건이 된다(Lippitz, 1990, p. 59).

실제로 모든 인간은 연약함을 가지고 있다. 모든 인간은 필멸의 존재이며, 두려움과 위험에 처해 있다. 그래서 모든 인간은 나의 다른 존재이다. 타인은 실제로 또는 잠재적으로 약하고 취약하다(내가 실제로 또는 잠재적으로 약하고 취약하다는 사실을 알고 있는 것처럼). 그러나 타인의 존재는 단순히 그의 상처나 고통에 대한 나의 동정심이 발휘되는 수준의 것이 아니다. 관계 윤리의 관점에서 나는 타인의 얼굴을 도덕적 요구로, 타인의 음성을 나에 대한 호소로 경험한다. 그리고 이것은 우리가 아이들과 함께 사는 삶을 소명, 즉 부르심이라고 이야기할 때 우리가 의미하는 바이다.

부록 B

역사적 고찰

   Pedagogy라는 단어의 어원은 두 부분으로 이루어져 있음을 기억할 필요가 있다. 'payes'는 아동 또는 청소년을 의미하고, 'agogy'는 안내, 동반, 도움또는 인도를 의미한다. 따라서 교육학(pedagogy)이라는 용어의 어원은 어린사람들을 지원한다는 뜻이다. 문헌의 범위를 넓혀 보면, 교육학이라는 용어는 사회문화적 교육학(다양한 사회문화적 맥락에서 아동을 어떻게 인식하고 대해야 하는지에 대한 연구와 논의), 학교 교육학(교사나 행정가와 같은 교육자들과 그들의 학생에 초점을 둔), 역사적 교육학(아동기와 아동이 시대의 흐름에 따라 어떻게 인식되고, 이해되고, 다루어졌는지를 탐색), 정치적 교육학(시민교육과 같이 젊은이들에게 영향을 미치는 정부·제도·정책에 주로 관심을 두는), 보육으로서의교육학(아동심리, 상담, 사회복지, 건강 관리와 같은 다양한 직업에서의 보육 실습과 관련된 연구), 교정 교육학(장애 아동을 위한 특수교육), 기술 교육학(뉴미디어와 기술 발전이 아이들의 성장 방식에 미치는 영향), 성인 교육학(성인 및 성인교육문제를 다루는 윤리적 실천) 등과 같이 사용된다.

이 책에서 교육학(특히 교육적 사려 깊음과 기략이라는 주제의 측면에서 본)은 주로 성인이 아동·청소년을 가르치고 양육하는 영역과 관계적 실재에 초점을 맞추고 있다. 교육적으로 행동한다는 것은 항상 (어린) 사람을 지원하고 강화하는 것을 의미하며, 교육적 책임의 대상이 되는 사람들을 넘어뜨리거나 제한하지 않는다. 따라서 교육학이라는 용어는 부모, 교사 및 여타의 성인이 아동 또는 청소년과 상호작용할 때 일어나는 일을 말하지만, 보다 높은 차원에서의 교육과 실습, 멘토링, 그리고 대학에서의 연구 등에서 말하는 성인과 학생 간의 관계를 설명하는 데에도 적합하다.

공식적인 용어로서의 교육(학)과 동등한 비공식적 용어에는 육아, 양육, 돌봄, 자녀 양육, 청소년이 자립하고 성숙한 성인으로 자라도록 하는 지원 등이 있다. 그러나 이러한 영어 단어 중 그 어느 것도 opvoeding(네덜란드어), bildung(독일어), utbildning(스웨덴어), utdanning(노르웨이어), élever(프랑스어), allevare(이탈리아어) 등과 같이 일반적으로 타 언어에서 교육을 지칭하는 단어들과 딱 들어맞지 않는다. 네덜란드어나 독일어에서는 교육을 의미하는 onderwijs(네덜란드어), unterrichtung이나 unterweisung(독일어)과 양육을 뜻하는 opvoeding(네덜란드어), erziehung이나 bildung(독일어)이 구분된다. 그러나 이들 단어를 영어로 번역하면 모두 교육이 된다. 더 혼란스러운 일은 '교육'이라는 용어가 '교육학' 또는 '자녀 양육이나 보살핌'보다는 주로 '학교교육'이라는 의미로 사용된다는 데에 있다. 따라서 우리는 pedagogy라는 용어가 '더 풍성하고', 교육 그 이상의 의미를 가지고 있다는 사실을 기억해야 한다. pedagogy는 교육을 의미하지만, bildung, utbildning, utdanning, élever 및 allevare의 뜻도 가지고 있다.

학교교육의 맥락에서 pedagogy라는 용어가 현재의 의미로 사용되기 시작한 것은 적어도 1495년 프랑스어 pedagogie로 거슬러 올라간다. 이 말은 학교, 대학 또는 종합대학과 같이 가르치는 장소를 가리키는 데 사용되었다. 예를 들어, 15세기에 글래스고 대학교(The University of Glasgow)는 글래스고 페다고지(The Pedagogy of Glasgow)라고 불렸다. 영국에서(pedagogue, pedagogical 등) 'pedagogy'라는 단어는 주로 예술, 실습, 가르치는 직업이나 이론, 원칙, 방법 등을 언급할 때 제한적으로 사용되었다. 근래 들어 영어에서 pedagogy는 현학적인 의미로 쓰이기도 했다.

인문과학 교육학

교육학은 초기 그리스 철학과 유럽 철학에서 오랜 역사를 가지고 있다. 교육학의 저명한 사상가에는 일반적으로 플라톤, 세네카, 에라스무스, 아우구스티누스, 몽테뉴, 코메니우스, 로크, 루소, 페스탈로치, 헤르바르트 등이 있다. 이후 딜타이(Dilthey), 놀(Nohl), 리트(Litt), 플리트너(Flitner)를 계기로 교육학 연구는 인문과학(Geisteswissenschaften)의 철학적 시기에 들어섰다. 인문과학은 대륙 사상으로서 그 이전 시대를 지배했던 계몽적 합리주의에 대한 문화적 반향이었다.

최근 교육학의 발전에 기여한 사람들 중 일부는 심리학자였으며, 또 다른 부류로는 철학자들이 있었는데 이는 종종 서유럽 대학에서 철학과 학과장이 교육학을 담당했기 때문이다. 그러나 Geisteswissenschaftliche Pädagogik은 적어도 북미와 영국에서 사용하는 '교육 철학'과 같은 의미로 혼동되어서는 안 된다. 대륙에서 일어난 움직임은 이후 영국과 북미에서 등장한 교육의 분석 철학과는 달랐다. 독일, 네덜란드, 스칸디나비아 전통에서 교육학 연구는 철학적 관심이나 개념을 교육에 적용하는 것이 아니라, 그 자체로 이론적이면서 실천적인 학문으로 여겨졌다.

독일에서는 대략 1910년부터 1950년대 후반까지, 그리고 네덜란드에서는 제2차 세계대전 직후부터 1960년대 중반까지 여러 세대의 교육학자들이 Geisteswissenschaftliche Pädagogik(독일)이나 fenomenologische pedagogiek(네덜란드)로 알려진 새로운 형태의 연구와 사상에 참여했다. 이러한 용어가 시사하듯이, 독일의 전통은 해석학적인 경향이 두드러진 반면, 네덜란드 전통은 생활 세계에서 나타난 교육의 현상학에 초점을 둔다. 독일 Geisteswissenschaftliche 전통에는 선두 주자인 헤르만 놀(Herman Nohl, 1879~1960), 그와 동시대 인물인 리트(Theodor Litt, 1880~1962), 슈프랑거(Eduard Spranger, 1882~1963), 프리쉬아이젠-쾰러(Max Frischeisen-Köhler, 1878~1923), 그리고 다소 독립적인 페테르센(Peter Petersen, 1884~1952) 등이 있다.

빌헬름 딜타이(Wilhelm Dilthey, 1833~1911)의 제자였던 헤르만 놀은 딜타이 사상의 기초와 공식을 기반으로 교육학 이론을 정립하는 일을 담당했다. 2세대 그룹에는 에리히 베니거(Erich Weniger, 1894~1961), 빌헬름 플리트너(Wilhelm Flitner, 1889~1990), 오토 프리드리히 볼노(Otto Friedrich Bollnow, 1903-1999), 요제프 데르볼라프(Josef Derbolav, 1912~1987), 테오도르 발라우프(Theodor Ballauf, 1911~1985), 클라우스 샬러(Klaus Schaller, 1925) 등이 있다. 이렇게 이들의 사상은 딜타이-놀 학파로 알려지게 되었다. 이들의 사상은 주로 인간 생활에서 교육(학)의 의미를 설명하는 데에 주목했다. 교육(학)은 무엇보다도 Geisteswissenschaftliche Pädagogik의 두 가지 의미, 즉 원시 인간 현상으로서의 교육과 문화 현상으로서의 교육이라는 서로 구분되는 표현 방식을 기반으로 접근한 개념이었다(Hintjes, 1981).

이렇게 교육학은 연구와 이론화의 새로운 분야로 자리매김하게 되었다. 최초의 교육학은 딜타이, 놀, 리트의 해석학적 인문과학의 주제였다. 이후 초점은 랑에펠트(Langeveld), 볼노, 베르메르(Vermeer), 비트(Beet)와 같은 학자들을 통해 현상학적 교육으로 옮겨 갔다. 그리고 이 둘은 모두 독일의 볼프강 클라프키(Wolfgang Klafki, 1927~)와 클라우스 몰렌하우어(Klaus Mollenhauer, 1928~1998), 그리고 브라질의 파울로 프레이리(Paulo Freire, 1921~1997)의 비판적 교육학으로 대체되었다.

18, 19세기에 교회의 규범과 가치(가톨릭, 개신교 및 기타 교파의 신앙 체계)는 아동의 교육과 양육에 지대한 영향을 미쳤다. 인문과학(Geisteswissen-schaften)의 출현으로 기존의 규범적 교육학에서 당연시되었던 신념과 관행에 대해 의문과 철학적 질문이 제기되었다. 이러한 맥락에서 현상학과 해석학은 이들이 작동하는 상황의 규범성과 관습화된 추정 및 편견으로부터 자유로운 교육학적 접근을 개발하려는 시도를 위한 강력한 철학적 기반을 마련해주었다.

볼프강 클라프키

북미에서 교육 분야는 '교육과정과 수업(curriculum and instruction)'의 결합이라는 측면에서 논의되는 경향이 있는 반면, 유럽 대륙의 교육 담론에서의 공통된 결합은 '교육과 교수(pedagogy and didactics)'이다. 최근 몇 년 동안 이안 웨스트버리(Ian Westbury), 스테판 호프만(Stefan Hopmann), 커트 리콰르츠(Kurt Riquarts)(2010)와 같은 교육과정 학자들은 교육과정의 담론과 Didaktik(교수법)의 담론 간 대화를 연결하고 발전시키는 것을 목표로 삼았다. 그러나 교육학 개념의 의미는 북미 중심의 교육과정 이론과 독일 또는 유럽 대륙의 Didaktik 간 비교 논의에서 충분히 탐구되지 않은 채로 남아 있다.

문제는 교육의 개념이 Didaktik 개념과 부분적으로 얽혀 있다는 점이다. 처음에 클라프키(1964)는 자신의 Didaktik을 페스탈로치, 헤르바르트, 프뢰벨, 슐라이어마허의 교육학 전통에 두었다. 교육학은 인간의 형성적 성장, 교육적 발달, 윤리적 성숙을 뜻하는 Bildung으로 논의된다. Bildung과 Didaktik은 서로를 전제로 한다. Didaktik의 모든 결정은 Bildung에 대해 무언가를 전제로 한다. 따라서 클라프키는 교육적 형성(bildung) 교수법의 일곱 가지 기본 원칙을 다음과 같이 제시한다. ① 형성은 개인성과 사회성 사이의 변증법적 긴장 관계를 포함한다. ② 형성은 (주체의) 내면과 (세계의) 외연을 구분하지 않는 통합적인 과정이다. 사람과 세계는 상호 영향을 미친다. ③ 형성은 긴장과 불완전함을 견디고 극복하는 것을 가능하게 해야 한다. ④ 형성은 정적이지 않고, 개방성, 유연성, 변화의 태도를 요구한다. ⑤ 형성은 사회적 불평등과 불의에 반대하는 사회적 양심을 만들어 낸다. ⑥ 형성은 자아 중심적이거나 민족 중심적이지 않고 의도적으로 세계를 지향한다. ⑦ 형성에는 충성, 신뢰, 정직, 의지, 용기, 개방성 등과 같은 도덕적 가치에 대한 책임과 의식적인 수용이 포함된다. 클라프키에게 Pedagogik과 Didaktik의 결합이 교육적 성장과 학생의 인격 발달에 영향을 미친다는 것은 자명하다.

클라프키는 Didaktik의 목적과 내용을 다룰 때 중요한 차원을 구분한다. 예를 들어, 학생들의 특정 연령/단계에서 각 교과가 갖는 형성적 가능성이 무엇인지를 물어야 한다. 클라프키는 가르칠 내용을 결정하는 데 있어 기본(또는 기초)이 무엇인지 자세히 설명한다. 모든 것이 학습 내용으로 포함될 수는 없으므로 일반적인 통찰력, 합법적 관계 및 구조에 초점을 둘 필요가 있다. Didaktik은 특수성을 일반성과 연관시키고, 특별함을 보편성과 연결해야 한다. 일반과 특수의 이런 관계는 다양한 기본적 형태를 취할 수 있다(1964, pp. 441-451).

- 예시적 내용: 예를 들어, 물리학에서 중력의 법칙은 떨어지는 돌과 같은 구체적인 사례에 의해 설명된다. 역사에서 전체주의는 스페인의 프랑코 (Franco)를 예로 들 수 있다.
- 전형적 내용: 전형이란 다른 유사한 사례들의 특성을 가장 잘 나타내는 사례를 말한다. 예를 들어, 지리학에서 우리는 생태, 식물, 동물 등에 영향을 미치는 사막의 전형적인 사례로 사하라 사막을 다룬다.
- 고전적 내용: 예를 들어, 특정한 도덕적 특성은 단일 개인의 차원에서 가르친다.

• 재현적 내용: 예를 들어, 오늘날의 사건과 관련이 있는 과거 역사의 측면
  을 가르친다.

교사는 Didaktik 결정의 형성적(bildung) 가치를 결정해야 한다(Klafki, 1985). 예를 들어, 교사는 예시적 · 전형적 · 고전적 · 재현적 내용이 보다 큰 교육 주제 또는 목표와 어떻게 관련되어 있는지를 물어야 한다. "이 내용과 관련된 지식이나 역량이 특정 연령과 수준의 아이의 삶의 경험에 어떤 자리를 차지하거나 중요한 의미를 갖는가?" "아이의 미래를 위한 이 교육적 주제의 중요성은 무엇인가?"와 같은 질문 말이다.

존 듀이

대륙의 역사적 맥락에서는 학교교육과 아동 양육에 관한 교육적 질문과 아이가 가족 · 학교 · 지역사회에서 어떤 돌봄을 받아야 하는지에 대한 윤리적 질문에 주목한 루소, 페스탈로치, 프뢰벨, 몬테소리와 같은 과거의 학자들에 의해 많은 연구가 수행되었다. 대륙의 문화적 맥락에서 이러한 과거의 전통은 오늘날에도 많은 지지를 받고 있다. 영국과 북미 간에는 이상하게도 비교할 수 있는 교육학 문헌과 연구가 많지 않다. 비판적 교육학만이 교육과정 연구에서 뜨거운 논쟁거리였을 뿐이다.

북미의 중요한 교육 사상가는 의심할 여지 없이 방대한 연구를 수행한 작가이자 교육 철학자인 존 듀이였다. 그의 잘 알려진 「나의 교육적 신조(Credo)」(Dewey, 1929)에서 듀이는 교육이 무엇인지, 학교가 무엇인지, 교과는 무엇인지, 방법의 본질은 무엇인지, 그리고 학교와 사회적 진보가 무엇인지 설명한다. 다른 글에서 그는 교사의 지적이고 개인적인 자질에 대해 설명하기도 한다. 그러나 어디에서도 듀이는 아동의 교육적 경험을 수반하는 관

계적 특성에 대해 언급하지 않는다. 교육의 정치적 맥락과 민주적 교실의 개념에 대해 이야기할 때 그는 교육적 관계의 개념에 가장 가깝다. 물론 행간의 의미를 읽어 넬 때 독자는 듀이에게 특정한 관심을 돌릴 수 있다. 예를 들어, 그는 다음과 같이 설명한다.

> 아이는 개인적인 접촉이라는 다소 좁은 세계에 살고 있다. 친밀하고 분명하게 자신의 행복이나 가족과 친구들의 안녕을 접하지 않는 한 그의 경험에는 모든 것이 들어맞지 않는다. 그의 세계는 사실과 법의 영역이 아니라, 개인의 유익을 가진 사람들의 세계이다. 외적 사실에 부합한다는 의미에서 진리가 아니라 애정과 공감이 그 기조에 있다(Dewey, 1902, p. 5).

그러나 이는 듀이의 글에서 덜 분명해 보이는 교육적 순간에 아동의 경험과 우리가 아동을 어떻게 대해야 하는지에 대한 교육적 세심함이다. 물론 이는 듀이에 대한 비판이 아니라 교육적 사상과 실천의 모든 측면에 대한 듀이의 막대한 영향에도 불구하고, 실제로 이 책의 주요 초점인 성인과 아동 사이의 교육적 관계는 깊이 다루지 않았다는 말이다.

헤르바르트와 교육적 기략

헤르바르트(Herbart)의 1802년 강의는 독일의 교육 문헌을 제외하고는 헤르바르트 학파의 학자들 사이에서도 거의 알려지지 않았다(Metz, 1995). 야콥 무스(Jakob Muth, 1962)는 독일에서 헤르바르트의 기략 개념을 정련하고 발전시킨 최초의 학자이다.

헤르바르트는 그의 '교육학 강의'에서, 일상적인 교수-학습 상황에서 교수와 학습 이론은 교육적 행동에 대한 효과적이고 적절한 지침이 아니라고 주장한다. 그러나 매 순간 교사는 무언가를 해야 하고, 무엇을 말하거나 해야 하는지 또는 하지 말아야 하는지 알아야 한다. 헤르바르트는 이 즉각적인 행동이 기략으로 가장 잘 설명될 수 있다고 말한다. 그러나 이상하게도, 아마 이 최초의 강의 이후에 헤르바르트는 그의 많은 후속 연구물에서 교육적 기략의 개념을 다시 언급하지 않은 것으로 보인다.

따라서 헤르바르트의 첫 번째 교육학 강의(Herbart, 1851, pp. 63-74)의 일부 발췌문을 검토하는 것이 도움이 된다. 나는 동료의 도움을 받아 이 발췌문을 번역했다. 이 글은 헤르바르트가 1802년 괴팅겐 대학교(University of Göttingen)에서 교육학을 전공하는 학생들에게 두 번의 연설을 했을 때, 대학 강의자로서의 경력이 시작된 초기로 거슬러 올라간다. 그러나 헤르바르트의 교육학 강의 원고는 1841년 그가 세상을 떠난 후에야 출판되었다. 강의의 후반부는 그 일부가 단편으로 남아 있을 뿐이다. 오늘날의 관점에서 교육학 강의는 헤르바르트의 후속 저작들과 연속성이 별로 없거나, 적어도 우리가 알고 있는 '체계적인' 학문을 정립한 학자로서의 헤르바르트와 양립하지 않는 것처럼 보일 수 있다.

헤르바르트는 철학자이자 심리학자, 교육학자였다. 그는 스위스의 교육자인 페스탈로치와 함께 공부했으며, 초기에는 괴팅겐에서 강의를 했다. 1809년 그는 저명한 철학자 임마누엘 칸트가 앞서 역임했던 쾨니히스베르크(Königsberg)의 철학 교수로 임명되었다. 헤르바르트는 그의 저서 『보편 교육학(Allgemeine Pädagogik)』(2005)에서 교육학이라는 학문은 윤리학과 심리학의 융합으로 이루어져 있다고 주장한다. 헤르바르트의 주요 연구 주제는 청소년의 인성과 인성교육의 의미에 관한 것이었다. 따라서 교사와 학생 모두의 인성 개발에 대한 헤르바르트의 관심은 그가 초기에 관심을 두었던 교사의 교육 기법에 대한 후속 조치라고 말할 수 있다. 헤르바르트의 심리학 및 철학 연구는 유럽 대륙과 북미의 교육 이론에 지대한 영향을 미쳤으며, 그로 인해 등장한 헤르바르트 교육 체계는 현대 교육 풍조에도 여전히 남아 있다.

그러나 헤르바르트의 교육적 기략 개념에 대한 논의는 독일의 교육 연구 문헌에 일부 남아 있을 뿐이다(Metz, 1995).

헤르바르트는 그의 '교육학 강의'에서 교육적 기략의 개념에 대해 설명한다. 그는 인식론적 용어로 실천의 문제를 제기함으로써 논의를 시작한다. 그는 과학적 지식이 교수법의 실천을 위한 자원이 아니라고 주장한다. 왜냐하면 어떤 특정 과학 이론은 일반적으로 지엽적이며, 현실의 작은 부분과 제한된 측면에만 초점을 두는 경향이 있기 때문이다. 그러나 이론은 물리적·사회적 세계의 보편적·일반적인 법칙의 차원을 설명하는 것을 목표로 한다는 점에서 광범위하기도 하다. 헤르바르트는 다음과 같이 말한다.

> 그러므로 과학의 영역에서 우리는 너무 많은 것을 배우는 동시에 실천하기에는 너무도 적게 배운다.

이론에 깊이 관여하는 과학자는 좋은 실천가는 아닐 수 있다. 아동 심리학에 대한 이론적 지식은 많지만 아동과 상호작용하는 방법을 잘 모르는 학자를 생각해 보라. 그러나 일상적인 상황에서 우리는 지속적인 행동을 필요로 한다.

> 비록 어떤 이가 수학 계산을 하는 학생과 같은 현학적인 느림으로 이론을 적용하는 경우에는 그렇지 않겠지만, 이론가가 자신의 이론을 아무리 훌륭하게 적용한다 하더라도 중간 부분은 어떤 기략의 형태로 이론과 실천 사이에 무의식적으로 개입된다.

이러한 인식론적 수준에서 헤르바르트는 즉각적인 행동의 구조를 기략이라 말할 수 있다고 본다. 우리가 참여하는 모든 행동을 우리가 가진 이론적 지식으로 지원하는 일은 사실상 불가능하다. 그렇게 되면 우리의 행동은 너무도 느리고, 복잡하고, 미숙하며, 기술적일 것이다. 따라서 헤르바르트는 기략을 다음과 같이 설명한다.

기략은 생각의 결과라기보다는 내면의 움직임을 발산하고, 외부로부터
영향을 받은 것을 표현하며, 감정의 상태를 드러내는 행동 양식이다.

이는 기략의 존재론적 측면이라고 할 수 있다. 그것은 우리가 누구이며 이
전의 삶의 결과로 어떤 사람이 되었는지를 드러낸다. 이렇게 구체화된 의미에
서 우리의 실제적인 상호작용은 기략이라는 즉각적인 행동의 형태를 취한다.
그러나 헤르바르트는 여전히 이론과 실천 사이의 '공간'이 있다고 인식하고
있으며, 이는 그가 여전히 이론-실천의 인식론에 얽매여 있음을 보여 준다.

필연적으로 기략은 이론이 남겨둔 빈자리를 차지하므로, 그것은 우리 실
천의 직접적인 지배자(섭정)가 된다. 이 섭정이 동시에 진실로 복종하는 이
론의 하인이라면 의심할 여지없이 모든 것은 운이 좋았을 뿐이다. 좋은 교육
자인자 나쁜 교육자인지를 결정짓는 커다란 질문은 바로 이것이다. 이 기략
은 어떤 이에게 어떻게 형성되는가? 그리고 이 기략은 과학이 일반적으로
선언하는 법칙에 충실하거나 불충실한가?

언뜻 보기에 헤르바르트는 기략에 대해 실제로는 특별하지 않다고 암묵적
으로 주장하는 것 같다. 행동하는 순간에 우리는 우리의 행동을 이끌어 가는
이론적인 지식을 실제로 가지고 있지 않기 때문에 기략은 자발적인 행동에서
이론에 대한 자발적 대체물이 된다. 따라서 헤르바르트는 과학적 이론이 부
적절하다고 선언하려는 것은 아니다. 그는 이론이 즉각적인 실제 행동에는
적합하지 않지만 궁극적으로 우리 행동의 기초가 되어야 한다고 주장한다.
이론은 우리가 현대 언어로 말하는 것처럼 우리의 '존재'를 구비하고 형성함
으로써 간접적으로 우리의 행동을 안내한다. 헤르바르트에게 이론은 여전히

'좋은' 실천 행위에 대한 궁극적인 중재자이다. 그러나 헤르바르트의 시대에는 실천의 인식론(개인의 '존재'에 대한 지식)에 대한 존재론적 인식이 아직 통용되지 않았다.

둘째, 헤르바르트는 교육자의 교육적 인격을 형성하는 기략의 종류나 질에 따라 어떤 사람이 좋은 교사인지 아니면 다른 훌륭한 교육자인지 판단해야 한다는 비평적 주장을 한다. 따라서 기략은 필연적으로 즉각적인 행동의 구조인 반면, 좋은 과학 이론에 뿌리를 두고 있는 동시에 사람에게 내면화되는 기략만이 훌륭한 교육자임을 증명한다. 따라서 기략 있는 실천을 위한 준비는 교육의 '과학'(우리가 사용하는 '과학'이라는 의미보다 더 광범위하고 철학적인 차원에서 헤르바르트가 사용했을 용어)에 대한 연구이다. 그러나 기략의 실천은 특히 실천 그 자체와 이후의 성찰, 윤리적-감정적 반응, 그리고 우리의 실천에 대한 깊이 있는 성찰에 의해 형성된다.

> 어떤 효과의 원인과 어떤 영향이 교육적 기략이 우리 안에 심어지는 방식을 결정하는지 조금 더 깊이 생각해 보자. 그것은 실천 중에 형성되며, 우리가 이 실천을 행하는 과정에서 느끼는 실천의 영향에 의해 형성된다. 우리가 서로 다른 한, 그리고 우리가 서로 다르게 조율되는 한, 이 효과는 다를 것이고 달라질 것이다. 우리는 성찰을 통해 우리의 조율에 영향을 받고 영향을 미칠 수 있다. 그것은 이 성찰의 조율과 무게, 그것에 대한 우리의 관심과 도덕적 의지에 달려 있다.

기략 있는 행동의 가능성을 준비하기 위한, 실천에 대한 성찰의 역할을 다룬 이러한 주장에는 기략을 경험에 대한 성찰에 의해 형성된 사려 깊음의 행동 차원으로 인식할 가능성도 있다. 따라서 헤르바르트는 어떤 의미에서는 기략과 현상학적 결합을 구성하는 내면의 사려 깊음을 개념화할 가능성이 있다. 사려 깊음은 실제 행동에서 교육적 기략으로 나타난다.

　헤르바르트는 또한 기략이 즉흥적이기 때문에 기략 있는 (즉각적인) 행동을 계획할 수 없다는 중요한 사실을 밝히고 있다. 그러나 헤르바르트의 생각을 확장함으로써 우리가 기략을 계획할 수는 없어도, 사려 깊음이라는 방식으로 성찰을 통해 기략이 조건화될 수 있다고 말할 수 있다.

　　교육자는 앞으로 있을 특정한 상황에 어떻게 행동할지를 준비하는 것이 아니라, 자기 자신을 준비해야 한다. 즉, 다가올 현상을 올바르게 인식하고, 인지하고, 느끼고, 판단하기 위해 자신의 감정과 지성, 정서를 준비해야 한다는 뜻이다. 이것은 사고하고, 성찰하고, 탐구하며, 과학을 통해 이루어져야 한다. 그가 예상대로 광범위한 계획에 몰두해 있다면, 실제 상황은 그를 농락할 것이다. 그러나 그가 기본 원칙을 갖추었다면, 그의 경험은 그에게 분명한 방식으로 모든 경우에 해야 할 일을 매번 안내할 것이다. 중요한 것과 보잘것없는 것을 분별할 줄 모르면 헛된 일에 힘을 쓰고, 필요한 일을 하기보다 헛된 일로 인해 지치고 만다.

　앞의 인용문에서 볼 수 있듯이, 헤르바르트에게 과학은 궁극적으로 기략 있는 행동의 중재자이다.

　　예술은 과학에 의해 준비되고, 우리가 시작하는 사업은 머리와 마음의 준비를 통해 이루어지며, 경험을 통해 덕이 함양되는, 즉 우리가 어떤 일 자체를 실천함으로써만 얻을 수 있는 경험이 결국 우리에게 가르침을 줄 것이라는 사실이 나의 결론이다. 행함을 통해서만 우리는 예술을 배우고, 기략과 재능, 기민함, 기술을 얻게 된다. 그러나 어떤 일을 행할 때에도 그는 이전의 사고를 통해 과학을 배웠고, 그 과학을 자신의 것으로 만들었으며, 그것에 의해 자신을 조정했다. 그리고 경험에 의해 그에게 주는 인상을 미리 결정한 기술을 배웠다.

기략은 계획할 수 없고 어떠한 규칙을 따르지 않는다. 그것은 특정 기술이나 규칙, 도구에 의해 규제되지 않는다.

> 준비 과정에서부터 (교육자의) 예술의 무오한 명인이 될 것이라고 기대해서는 결코 안 된다. 행동하는 방법에 대한 특별한 지시를 요청해서도 안 된다. 어떤 순간에 해야 하는 특정한 일을 하기에는 충분한 창의성이 발휘되어야 한다는 믿음이 있어야 한다. 사람은 자신이 저지르게 될 실수로부터 배울 것을 기대해야 한다. 그리고 수천 개의 다른 직업보다 교육을 통해서 이를 이룰 수 있다. 왜냐하면 여기에서는 일반적으로 교육자의 모든 단일 행동이 그 자체로 사소하기 때문이다. 그의 기억에서 그와 함께 관찰될 무수한 사소한 일들을 끊임없이 느끼기 위해 다시 나타나지 않아야 한다. 그러나 한편으로는 존엄성에 영향을 미치는 모든 고려 사항, 교육의 주요 도구의 중요성을 간과해서는 안 된다.

헤르바르트의 강의 중 앞에 정리된 내용들에도 이론과 실천 사이의 기략의 중재 역할에 대한 다소 기계론적인 개념화가 분명히 담겨 있다. 헤르바르트에게 과학은 궁극적으로 기략 실천의 원천이자 중재자이다. 요점은 기략이 이론과 실천이라는 대륙의 사이에 있지 않다는 사실이다. 경험 과학 및 사변 이론으로서의 이론은 진실과 과학적 사실의 발견을 목표로 한다. 실천(praxis, kunde, kunst)은 이론의 다른 측면으로서 기술, 반복되는 일상, 습관 및 실천적 예술의 문제를 다룬다. 그러나 기략은 완전히 다른 순서를 따른다. 따라서 기략은 우리의 일상과 실천을 통해 드러나고 작동하기 위해 다른 언어를 필요로 한다.

이러한 이유로 우리는 감성적인 의미에서 비인지적인 '앎'의 몇 가지 양식을 구별할 수 있다. '지식체(a body of knowledge)'를 소유하는 것에 대해 이야기하는 대신 '신체 지식(body knowledge)'에 대해 말할 수 있다. 보다 경험적

으로 우리는 우리의 앎이 우리의 행위와 상황, 관계, 특히 우리의 신체에 담
겨 있다고 느낀다. 실제로 현상학적으로도 그렇다. 일상생활에서 우리는 행
동을 통해, 우리 자신을 발견하는 어떤 상황을 통해, 타인과 우리 주변 세계
와의 관계를 통해, 그리고 우리의 신체로서의 존재 또는 육체적 존재를 통해
어떻게 그리고 무엇을 해야 하는지 아는 것을 경험한다. 다르게 말하면 다음
과 같다.

① 행위적인 앎: 기략 있는 실천의 순간에 우리는 무엇을 해야 하는지 아는
   것과 같은 우리의 지식이 우리의 행위에 있다고 느낀다. 지식은 곧 행위
   이다. 어떤 의미에서 우리는 우리가 아는 것, 행동하는 방식, 그리고 할
   수 있는 일을 발견한다. 이 행위 지식은 행동에 대한 자신감, 개인적 스
   타일, 실천적 기략, 습관화, 반복적인 일상, 운동감각적 기억 등으로 경
   험된다.

② 상황적이고 사물적인 앎: 기략을 실천하는 순간에, 우리는 우리의 지식이
   세상에 존재하는 사물 속에 들어 있다고 느낀다. 실제로 우리는 우리
   가 소유하고 있고 우리가 속해 있는 사물을 통해 우리가 무엇을 아는지,
   그리고 '우리가 누구인지'를 발견한다. 이 상황적 지식은 장소, 공간, 대
   상, 일상생활의 사물적 우연성을 통해 우리 자신을 아는 방식으로 경험
   된다. 우리는 인식, 기억, 집에서 느끼는 안락한 감정, 친숙한 기분 등을
   통해 여러 상황을 경험한다.

③ 관계적인 앎: 기략을 실천하는 순간에 우리는 우리의 지식이 관계 속에
   들어 있다고 느낀다. 우리는 타인과의 관계에서 우리가 아는 바가 무엇
   인지를 발견한다. 예를 들어, 공유된 경험, 신뢰, 인정, 친밀감 그리고
   의존, 지배, 평등, 전문성 등의 관계를 통해서 말이다. 어떤 관계에서 우
   리는 편안함을 느끼고 자신에 대해 확신하며, 다른 사람들과 이야기할
   때 우리가 알고 있는 것, 말할 수 있는 것 등으로 인해 스스로 놀라기도

한다. 어떤 관계 속에서 우리는 불편하고 자신이 없고 어색하다고 느끼기도 한다. 우리 대부분은 밝고 지식이 풍부한 교사를 만난 경험도, 반대로 불안정하고 현명하지 못한 교사를 만난 경험도 있을 것이다.

④ 신체적인 앎: 기략을 발휘하는 순간에 우리는 우리의 지식이 육체적 존재 속에 있다고 느낄 수 있다. 우리는 사물과 타인에 대한 즉각적인 신체적 감각과 몸짓, 태도 등에서 우리가 아는 바를 발견한다. 기략을 실천하는 일보다 더 넓은 의미에서 우리는 일상의 행위에서 신체를 의지한다. 우리의 신체적 지식과 몸의 기억 덕분에 우리는 자신 있게 뜨거운 찻주전자를 들어 흘리지 않고 물을 따를 수 있다. 우리의 몸은 익숙한 공간과 장소에서 움직이는 방법이나 일상적인 교통 상황에서 자동차를 운전하는 방법을 알고 있다. 또한 신체적인 앎은 우리가 사는 도시의 냄새, 발아래 단풍잎의 특별한 향과 느낌, 집 부엌에서 나는 친숙한 저녁 냄새로 표현된다.

이러한 비인지적이고 감성적인 앎의 모든 양식은 우리의 일상적인 기략 있는 행동과, 그보다는 더 반성적인 행동 속에 섞여 있다. 신체, 관계, 상황 및 시간성의 현상학은 복잡할 뿐만 아니라, 정치적 · 민속적 · 실존적 특징을 지닌다(Friedman & Soddard Holmes, 2003; Grumet, 2003). 일반적인 인지 담론은 전문적 경험의 비인지적 차원을 다루기에 적합하지 않다. 감성적 의미를 떠올리고 성찰하기 위해서는 그에 맞는 언어가 필요하다. 감성적 이해를 위해서는 직업 생활의 경험적 · 도덕적 · 감정적 · 인격적 차원의 민감한 언어가 필요하다(van Manen, 2014, pp. 270-271).

따라서 기략을 이론과 실천을 매개하기 위한 인식론적 장치로 보기보다는 이론과 실천 간 인식론적 병렬성의 문제를 극복하는 데 도움이 되는 존재-인식론적 개념으로 봐야 한다. 또한 기략을 즉각적인 '결정'과 실천적인 '판단(프로네시스)'을 만드는 과정으로 이해하기보다는 아동 · 청소년과 더불어 살아가는 우리의 삶 속에서 만나는 어떤 순간의 즉각성에 맞게 우발적으로 그러나 사려 깊게 행동할 수 있도록 하는 마음이 담긴 지각적 존재 방식으로 교육적 기략을 생각할 수 있다.

헤르바르트의 기략 개념을 현상학적으로 해석하고 확장함으로써 우리는 즉각적인 '지식'을 윤리적으로 사려 깊은 행동, 관계, 상황 및 구체화된 시간성으로 경험되는 존재 인식론이라고 부를 수 있게 된다. 다시 말해, 사려 깊음의 즉각적인 실천은 이미 내재되고 체화된 지식으로 경험된다.

교육의 언어

어떤 문화권에는 다른 문화권에 없는 언어나 용어가 있는 이유가 궁금할 수 있다. 물론, 이는 환경 결정 요인에서 비롯되었다고 보는 것이 일반적이다. 대부분의 사회에서 몇 가지 통용되는 단어가 사용되는 것과 달리, 북극에 사는 이누이트족은 눈과 얼음에 대해 매우 차별화된 어휘를 사용한다. 인간의 물리적 환경은 다른 지리적 위치에 있는 사람들이 접할 수 없는 경험을 제공한다. 따라서 이러한 경험과 관련된 언어 형식은 생태 조건이 전혀 다른 언어로 번역되지 못하기도 한다. 그러나 이런 사실은 인간관계를 설명하는 용어에 있어서도 동일한가? 더 구체적으로, 일부 언어에서 교육(학)이라는 단어에 해당하는 용어가 없다는 것이 어린이에 대한 관심의 차이를 반영한다고 볼 수 있을까? 아니면 아이들에 대한 접근 방식이나, 문화적으로 아이들을 인식하고 생각하는 방식이 다른 걸까?

영국의 사례는 이러한 질문을 잘 반영한다. 「왜 영국에는 교육학이 없는가?(Why no pedagogy in England?)」라는 논문에서 브라이언 사이먼(Brian Simon, 1981)은 교육학이라는 개념이 영국에서 실제로 잘 사용되지 않았다고 말한다. 네덜란드, 벨기에, 독일과 같은 인접한 대륙 국가 및 스칸디나비아 국가에서 교육학이라는 개념이 매우 광범위하고 널리 통용되는 전통을 가진 이유는 무엇일까? 사이먼에 따르면, 이것은 부분적으로 옥스퍼드와 케임브리지의 오랜 전통을 가진 대학과 같이 가장 권위 있는 교육 기관의 구성원들이 가르치는 일에 전문적 지식 기반이 필요하다는 생각을 경멸적으로 거부했기 때문이다. 사이먼은 영국의 계급제도가 사회화를 강조한 결과를 가져왔다고 주장한다. 교사는 양육이라는 측면에서 특정한 목양의 책임을 지고 있었지만, 상류층 문화의 상황에서는 공립학교 제도의 운영에 있어 전통적인 규칙과 가치를 강조했다. 그런 사립 기숙학교에서 아이들은 그들의 또래지만 좀 더 나이 많은 아이들에 의해 양육되고 있었다. 과도한 괴롭힘, 따돌림, 잔혹한 관행, 성적 학대, 경직된 일상의 고통이 아이들에게 큰 타격을 주었지만, 이러한 문제로 인해 아이들의 경험에 주의를 기울이고 대처하는 방법에 대한 체계적인 교육학적 질문은 전혀 허용되지 않았다.

영국의 엘리트 학자들 사이에서 교육학이 잘 다루어지지 않은 또 다른 이유는 타고난 재능에 대한 문화적 가정 때문으로 보인다. 교육학이라는 개념은 개인적 학습, 정서적 발달, 도덕적 성장을 위한 인간의 잠재력과 아동에 대한 감수성의 일반적인 인간 조건에 대한 인식에 뿌리를 두고 있다. 보다 계급 중심적인 견해에서는 교육을 선택적인 도구로 본다. 사이먼은 교육 엘리트의 타고난 지능에 대한 특정한 가정이 교사가 할 수 있는 모든 일이 어린이의 미래 사회적 지위에 있어 실질적인 차이를 만들 것이라는 생각을 전혀 허용하지 않는다고 보았다.

"왜 영국에는 교육학이 없는가?"라는 질문에 대한 사이먼의 통찰에 한 가지를 덧붙이자면, 그는 교육학 개념을 주로 기술적인 방식으로 해석하고 있다는 점도 기억해야 할 것이다. 특히 그는 효과적인 교수법과 방법에 관한 탐구가 부재한 이유에 관심이 있는 것으로 보인다. 그는 자신의 질문을 "왜 영국에는 교육 과학(science of pedagogy)이 없는가?"로 이해하고 있다. 그러나 이로써 그는 이미 교육학이라는 개념에 대한 전혀 다른 양상, 즉 영국과 나머지 유럽 대륙의 국가들과의 차이를 드러내고 있다. 유럽 대륙에서 교육학 개념은 길고 복잡한 역사를 가지고 있다. 하나의 실천으로서 교육학은 관계적 가치, 인격적 참여, 교육적 분위기, 총체적인 생활 세계, 특히 학교와 가정, 지역사회에서 아이들과 함께하는 삶의 정서적이고 윤리적인 차원을 설명한다. 그리고 학문 분야로서 교육학은 교육 관행의 적절성 조건을 문제화하고, 아동기의 어려움이나 트라우마, 육아 문제를 다루어야 하는 전문가에게 윤리적이면서 아동에 민감한 지식 기반을 제공하는 것을 목표로 한다. 교육학 개념의 핵심은 어린이에게 적절한 것과 그렇지 않은 것, 아동·청소년을 가르치고 지원하는 데에 적절한 방법을 구별하는 윤리적 규범이라고 할 수 있다.

아동이 배제된 교육학

북미, 캐나다, 호주의 상황은 조금 다른 듯하다. 영어권 문화에서는 더 이상 pedagogy라는 용어가 낯설지 않다. 오히려 1980년대 이후에 pedagogy라는 용어는 유행처럼 사용되었다. 지금에 이르러 이 개념은 매우 다양한 교육 및 기타 이론적 담론을 통해 자주 등장한다. 그러나 이러한 용례를 좀 더 자세히 살펴보면 이 개념이 아이의 생활 세계를 이해하는 일과 거의 관련이 없는 방식으로 자주 사용되고 있음을 알게 된다.

영어권 세계(영국 이외의 지역)에서 교육학 개념을 사용하는 방식과 관련하여 세 가지 주요 경향이 발견된다. 첫째, 교수법, 교육과정 등의 어휘를 교육학이라는 용어로 대체하려는 경향이다. 둘째, 새로운 이론가들이 교육학이라는 용어를 차용하는 현상이다. 셋째, 교육적 관심을 표현하고 해결하기 위해 새로운 언어를 필요로 하는 경우이다. 보다 거시적인 관점에서 보면, 교육학이라는 용어의 대중화가 실제로 (아이를 다루는 규범적 관행으로서) 교육학 고유의 감수성을 침식하는 과정에 기여한다는 사실은 참으로 이상한 상황이 아닐 수 없다. 이러한 상황은 교육에서 규범적 특성을 지닌 교육적 감수성을 향한 움직임이라고 하더라도, 도덕 교육의 언어와 교실에서의 가르침과 삶에 관한 윤리적 담론이라는 다른 이름 아래에서 이루어진다.

앞에서 언급한 첫 번째 경향과 관련하여 교육학이라는 용어는 분명히 점점 더 폭넓게 사용되고 있다. 제목에 교육학이 포함된 출판물과 논문을 검색하면 특이한 현상이 발견된다. 1970년대 초까지 교육학이라는 용어는 거의 사용되지 않다가, 1975년부터 1985년에 걸쳐 제목에 교육학이라는 단어가 포함된 저서와 논문은, 특히 여전히 인기 있고 중요하게 다루어지는 비판적 교육학 문헌을 통해 눈에 띄게 발견된다(Apple, 2014; Freire, 1970; Giroux, 2011, 2015). 1980년대 중반 이후, 교육학이라는 용어는 폭발적으로 사용된 것으로 보인다.

그러나 앞서 언급한 것처럼, 교육의 일반적인 영역에서 pedagogy라는 용어를 이렇게 사용하게 되면 오히려 교육학의 본질을 약화시키는 결과를 초래할 수 있다. pedagogy이라는 용어는 종종 가르침 수업, 또는 교육과정이라는 용어를 대체하는 방식으로 사용되었다. 따라서 '수학 교육'이나 '언어 교육과정'이라는 말 대신, '수학 교육학' 또는 '언어 교육학'이라고 말하는 경향이 있다. 그러나 대부분의 유행어와 마찬가지로 이러한 용례에는 무언가가 특정한 방식으로 추가되기 마련이다.

나는 교사들에게 pedagogy라는 용어의 의미가 무엇이라고 생각하는지 물어본 적이 있다. 예를 들면, '언어 교육(language pedagogy)'과 '언어 교수(language teaching)'의 차이는 무엇인가와 같은 질문 말이다. 교사들은 'pedagogy'라는 단어는 "이론적인 요소가 추가된 것 같고, 그 말 뒤에 무엇이 작용하는지 암시하는 것 같다."고 말했다. 그리고 이런 질문을 받는 교사들은 즉시 이렇게 묻는다. "글쎄요. pedagogy가 실제로 어떤 뜻이죠?" 이런 반응은 놀라운 일이 아니다. 종종 유행어는 그보다 더 확립된 통용 용어보다 애매하고 다소 불분명하게 묘사된다. 이 단어는 사람들의 생활 세계에 속하는 관련 언어의 사용 체계 속에 아직 완전히 자리 잡지 못한 것이다.

교육에서 유행하는 말은 진보적이고 창의적이기는 하지만 영향력이 덜하고 아직 주변부에 머물러 있는 학자들에 의해 다루어진 이후, 교육 권력 계층의 주요 인물에 의해 공식적으로 승인되는 경우가 많다. 이것이 비판 연구에서 거의 다루어지지 않는 '연구 사회학'의 현실이다. 디자인 패션 산업에서와 마찬가지로 거리 문화에서 생산되는 아이디어가 때로 패션계에 공식적으로 소개되듯이, 시간이 지난 다음에야 학계의 리더십에 의해 pedagogy라는 용어가 사용되기 시작했다. 그러나 역설적이게도, 그 사용은 비교육적 목적에 의한 것이었다.

두 번째 경향은 pedagogy가 어떻게 새로운 이론적 담론과 때때로 '신질서 이론(new order theory)'이라고 불리는 것에서 핵심적인 자리를 차지하게 되었는지를 설명한다. 이러한 경향에 의해 새로운 이론이라는 폭넓은 영역에서, 특히 교육학의 '새로운' 담론에서 일종의 교육적 침식이 발생한다. 이 침식은 급진적인 의식을 형성하는 데에는 도움이 되지만, 아동에 대한 논의에서는 결코 도움이 되지 않는다. 일부 비평가들은 아이를 대한다는 교육학의 오래된 개념적 의미는 해체되고, 오히려 현대 문화에 대한 정신분석적 저술, 미디어 연구, 문화 연구, 문학 비평, 젠더 정치학, 경영학 연구와 같은 새로운 분야에서 pedagogy가 사용됨으로써 새로운 질서가 만들어진다고 말한다. 맥윌리암(McWilliam)은 그녀가 편집에 참여한 책 『교육, 기술 그리고 신체(pedagogy, technology, and body)』(McWilliam & Taylor, 1996)에서 "pedagogy의 어원과 달리, 현재 그에 관한 수많은 글은 아이를 교육하는 일에 대해 구체적으로 언급하지 않는다."(p. 1)고 말한다. 그 대신, 새로운 주제의 전체 배열이 펼쳐진다.

그러나 이런 문헌 중 일부는 교사 및 기타 교육 전문가가 아이와 맺는 관계에 대해 다룬다. 다음과 같은 제목들은 매우 이색적인 범위의 주제를 담고 있다. 에리카 맥윌리암(Erica McWilliam)의 '정상 체위를 넘어서: 교사 욕구와 급진적 교육학', 벨 훅스(bell hooks)의 '에로티시즘과 교육의 과정', 신디 패튼 (Cindy Patton)의 '페다고지와 포르노그래피'에 나오는 '그림으로 살펴보는 안 전한 성생활', 피터 G. 테일러(Peter G. Taylor)의 '퀴어 이론, 동성애 교육 주체 와 감염 교육' 등과 같은 글에는 전문 교육가와 그들이 가르치는 아이 또는 성 인 사이의 전문적 관계가 어떤 의미인지를 캐묻는 '심문'이 포함된다. 새로운 이론가들의 글은 일종의 포르노그래피 교육과 같은 인상을 준다. 이와 관련 하여, 맥윌리엄과 존스(McWilliam & Jones, 1996)는 "의사, 성직자, 교육자 등 과 같은 사람들은 이제 기존의 질서를 박탈하는(unfrocked) 새로운 질서를 마 주하고 있다. 그리고 이러한 민감성은 교실에서 인격을 숭상시해 왔던 문화 에 도전하는 페미니스트들의 사상에 적지 않은 영향을 미쳤다."(p. 127)고 말 한다.

  '박탈'이라는 단어를 사용하는 이유는 무엇일까? 표면적인 의도는 그 그늘 진 면을 암시함으로써 교육적 실천에 가정된 더 높은 가치를 해체하려는 것 이다. 예를 들어, 제인 갤럽(Jane Gallop, 1988)은 도발적인 비난과 의심의 방 법을 통해 교육학 본연의 의미를 해체하고자 한다. 그녀는 교육학과 아동 대 상 성추행(child molesting)이라는 단어가 그리스 어원의 측면에서 관계가 있 다는 도발적인 주장을 한다. 갤럽은 "남색(pederasty)이라는 말은 고전적인 유럽 교육학에서 의심의 여지없이 중요한 패러다임이다. 위대한 사람은 그 가 가진 지식으로 그보다 못한 사람을 관통한다. 그런 점에서 학생은 비어 있 는 상태이고, 남근을 위한 용기일 뿐이다. 교사는 남근적 지식의 충만이다." (1988, p. 43)라고 말한다. 신질서 이론가들은 가르치는 일을 열망하는 교사 (남성으로 코딩된)가 무고한 학생(여성으로 코딩된)을 에로틱한 방식으로 유혹 하는 것으로 설명한다. 교사는 학생을 '지식이라는 몸'을 통해 평생 학술적 연 애의 길로 유도하지만, 이 과정에서 교사 자신의 몸은 학생이 갈망하게 되는 문자 그대로의 몸이 될 수 있으며, 그 반대의 경우도 가능하다고 말한다.

  교육적 맥락에서 대중은 교사, 성직자, 경찰, 심리학자, 스포츠 코치 및 다양한 방식으로 아이들의 복지를 책임지는 전문직 종사자들이 그들의 신성한 의무를 저버리는 사례를 끊임없이 듣고 있다. 예를 들어, 아이들을 대상으로 하는 성범죄의 경우 말이다. 그러나 이 문헌은 단순히 약탈적 관행을 조사하는 데에 그치지 않는다. 그것은 정신분석적 또는 비판적 탐구만이 교육적 관계의 성 정치학 같은 주제들을 탐색할 수 있는 방식으로 우리의 문화적 정신에 깊숙이 박혀 있고, 우리의 담론적 실천에 감추어진 에로틱한 필요, 욕구, 요구, 욕망의 힘을 보게 한다.

따라서 새로운 이론가들은 인간관계가 얼마나 복잡하고 모호하며, 함축적이고 연약한지, 그리고 우리의 새로운 포스트모던 및 포스트휴먼 세계에서 어떤 것도 신성하지 않다는 것을 인식하도록 도와준다. 신질서 이론의 일부 과도한 특징을 비판하는 사람들조차도 우리의 지식 형식과 실천이 인간의 동기, 성향, 고충, 경향의 의도에 관한 순수한 가정에 기반을 두고 있음을 기꺼이 인정할 수 있다. 그러나 소위 새로운 교육학 논의들은 자체적으로 취약하다. 새로운 이론가들은 그들 자신의 집착과 논쟁, 매혹을 비난하거나 자극적인 산물에 매료될 위험이 있다. 교사가 아동 성범죄자라는 도발적인 주장은 역겨운 충격에 가깝지만, 욕망의 교육학이라는 도발적 은유와 담론은 관음주의적이고 모호한 욕망을 가리는 이론가의 숨겨진 욕구의 표현으로도 작동할 수 있다. 이는 아이들의 안녕과도 직결된 문제이다. 다시 말해서, 지그문트 프로이트(Sigmund Freud)의 이론에 대한 전기적이고 비판적인 연구가 위대한 정신과 의사의 일부 그늘진 면을 폭로한 것처럼, 라캉(Lacan) 이후의 신이론가들은 자신의 숨겨진 강박관념, 변태, 자기애, 마니아 기질을 폭로하기 위해 비판적인 '자기 질문'을 통해 그 답을 찾아간다.

그러나 이러한 문제와는 별개로 여기에서 주로 다룬 논지는 조직적인 문화적 억압과 학대로부터의 해방이라는 선의의 미명 아래 오히려 아이들이 주변부로 밀려나고 있다는 사실이다. 신이론가, 문화 이론가, 정신분석학에 기반을 둔 교육가들이 교육학이라는 용어가 지닌 아동 중심적 담론에서 우리를 멀어지게 하는 이와 같은 전유는 우리의 이익이 아닌 아이들을 위해 책임감 있고 적절하게 그들과 함께 사는 방법이라는 pedagogy의 정신이 계속해서 관심을 기울이려는 세심한 헌신의 침식에 기여하는 한 불안정할 뿐이다.

언어와 실행의 교육학을 지속적으로 풀어 나가기

유럽 맥락의 교육학적 침식에 나타난 이와 같은 표류에 맞서 1990년대에는 보다 희망적인 동향이 나타났다. 그 일부는 일종의 반응으로서 교육에서 점차 증가하는 합리주의적이고 기술주의적인 합의주의자들의 운동이 끼친 영향에 맞서 교육적 실행의 정신에 대한 질문에 다시금 새롭게 관심을 갖기 시작한 것으로 보인다. 먼저, 오랜 기간 부재해 왔던 무언가를 회복하기 위한 교육자들이 있었으며, 특히 북미의 교육학적 사고에서 이들의 출현을 볼 수 있었다. 윤리적으로 섬세한 교육의 언어, 아이의 경험, 교사와 학생 사이의 사적이고 관계적인 영역에 대한 관심이 이끄는 실행의 현상학이 그러했다.

그러나 21세기 교육에서 가장 최근에 일어난 움직임은 보다 확연하고 합리적인 실행들에 의해 추동되었다. 우리는 시장주의 모델 위에 세워진 학교에서, 결과 중심의 교사 평가에서, 정부의 책임을 민영화하는 것에서(예, 기업이 영리 목적으로 학교 성취를 평가, 모니터링하는 것), 그리고 홍보상 가시화를 위한 일종의 교환으로서 교육기관을 대상으로 기업의 재정 투자가 이루어지는 것에서 이를 확인할 수 있다.

그럼에도 불구하고 자유시장주의와 기술적인 해결 중심 접근으로의 수렴 현상을 거스르는 강력한 대항적 움직임이 동시에 존재한다는 것이 중요하다. 이러한(자유경쟁주의적인) 동향을 염려하는 교육자들은 교사들이 실천적이면서도 전문적인 언어를 갖춘 도덕적 주체로서 인정을 받는 것이 진정 무엇을 의미하는지 질문해 볼 필요가 있다고 주장한다. 거트 비에스타(Gert

Biesta, 2006)는 교육의 언어가 교사들로 하여금 자신의 직업을 측정 가능한 학습결과의 측면에서 생각하도록 효과적으로 이끈 '학습에 대한 새로운 언어(new language of learning)'로 환원된 과정을 설득력 있게 설명한다. 그는 '교육을 위한 교육의 언어(language of education for education)'를 주장할 필요가 있다고 역설한다. 그러나 이것은 단순히 과거에 사용되었던 언어 혹은 언어들로 돌아가는 것을 의미하지 않는다(2006, p. 14). 그것은 가르침의 기략에 대해 이 책에 써 내려온 교육적으로 섬세한 언어의 정신을 의미한다. 교육학의 새롭고 섬세한 언어는 교사들이 그들의 일상적인 실행을 필수적인 교육적 상호작용으로서 인식할 수 있게 한다. 그리고 이러한 교육학적 언어(학생 경험과 이들에 대한 인정, 교사-학생 접촉, 교사의 기략, 개인적 가르침들 등)의 확장은 교사들로 하여금 그들의 일상적 행위들에 대하여 이야기하도록, 그리고 그러한 행위의 많은 면이 자유롭고, 사려 깊으며, 적절하고, 초자연적으로 고무적인 것으로서 경험된다는 측면에서 그 행위들에 관해 이야기하도록 한다.

우리는 현재 여러 국가에서 아동·청소년, 그들의 가족과 학교 교실의 현상학적 혹은 경험적 삶의 세계에 출발점을 둔 가르침에 대한 현대적 설명들이 출현하는 것을 볼 수 있다. 이들은 아동과 청소년들의 삶에서, 그리고 교사와 학생, 부모와 자녀, 보육 종사자와 어린아이들 사이의 교육적 관계의 복잡성에서 나타나는 교사와 부모의 교육학적 역할 및 가치에 초점을 둔다.

가르침, 그리고 돌봄의 철학

앞의 장에서 '돌봄(care)'과 '돌보기(caring)'는 교육의 이론과 실제가 지닌 윤리적인 본질을 이야기하고자 할 때 자주 사용되었다. 반면, 북미의 이론들과 개념들에 대한 설명에서 돌봄은 여러 갈래의 문헌들을 생산하게 된 원인이 되었다. 넬 나딩스(Nel Noddings), 데브라 쇼건(Debra Shogan), 페타 보우덴

(Peta Bowden), 사라 루딕(Sara Ruddick)과 같이 돌봄을 연구한 학자들 중 그 어느 학자도 자신의 문헌을 보다 넓은 맥락의 유럽 전통의 교육학과 연결시 키지는 않았지만, 그러한 문헌들에 대해 간략히 설명할 필요가 있다. 제5장 에 보여 주었듯이, 염려와 통찰 사이에 유의미한 잠재적 결합이 있기 때문에 이러한 현상이 무언가 놀랍게 느껴질 수 있다. 그러나 미국에서 지배적인 교 육 연구들은 아마도 이러한 언어 문제로 인해 무언가 편협한 것으로 남을지 도 모른다. 이는 교육에 대한 인식과 정책에 나타나는 북미의 관리 지향적이 고 소비 지향적인 도구적 패러다임이 그들의 학교와 학문 기관을 이끌어 온 교육학적 전통과 실제를 대체하고 그것들을 침식시켜 온 것에서도 관찰할 수 있다.

돌봄의 다양한 의미에 대한 탐색은 일종의 현상학적 퍼즐과 같다. 이는 '돌 봄'이라는 용어에 대해 일반적으로 수용되는 의미들과 돌봄에 대한 실제 경 험, 특히 연령, 건강 혹은 환경으로 인해 연약한 위치에 처한 누군가를 돌보 는 원시적 맥락에서의 경험이 어떠한 관계에 있는지에 대한 질문을 다룬다. 돌봄과 가장 가까운 네덜란드어는 zorgen이다. 독일의 맥락에서 이 단어는 Sorge라는 단어와 거의 동일하며, 스칸디나비아에도 비슷한 용어들이 있다.

나는 네덜란드어 zorgen을 생각할 때 돌봄(care)이나 돌보기(caring)라는 영단어가 불러일으키는 것과는 사뭇 다른 느낌으로 그것을 이해하게 된다. 그러나 그 차이를 설명하기란 그리 쉽지 않다. 영어로 caring은 (배타적이지는 않지만) 일차적으로 좋음과 즐거움을 선사하는 단어이며 실제 많은 이가 그 러한 돌봄의 영역에 존재하고 싶어 한다. 특히 비즈니스계에 있는 사람들이 그러하다. 우리는 차량 케어, 잔디 케어, 스킨 케어, 카펫 케어, 그리고 그 밖 에 이윤을 창출하기 위한 많은 종류의 케어링 서비스를 선전하는 광고들을 볼 수 있다. 이는 care라는 개념이 '관심을 주는 것(providing attention)'이라는 의미로 희석된 것으로 보인다. '아이 돌봄(child care)'이라는 표현에서조차도 우리는 기관에서 제공하는 관리감독 이상의 돌봄을 기대하지 않는다. 반면,

네덜란드어로 돌봄을 의미하는 zorgen은 단순한 돌봄뿐 아니라 (무언가 혹은 누군가에 대한) 염려의 무게를 떠안는 등의 여러 해석이 가능한 용어인 듯하다. 이러한 돌봄의 의미는 비즈니스 분야의 사람들이 그들의 광고 홍보를 위해 매력적으로 느끼는 그러한 의미가 아니다.

나는 네덜란드어로 zorg, 독일어로 Sorgen, 스웨덴어로 omitänksam, 노르웨이어로 omsorg로 표현되는 돌봄의 모습을 상상한다. 이러한 용어들은 서로 다르지만 모두 양면적인 돌봄의 모습을 지니고 있다. 그것은 말 그대로 근심 걱정이 없는 상태가 아닌, 염려하지 않는 상태가 아닌 것의 모습이다. 그것은 아마 사랑을 표현하는 것일 수도 있으나, 나는 그것의 얼굴이 염려의 주름살을 지니고 있다는 인상에서 벗어날 수가 없다. 그렇다. 자신의 아이에 대한 돌봄, 즉 Sorgen의 표정을 짓고 있는 부모는 자녀를 사랑하고 있는 것처럼 보인다. 하지만 늘 무언가 염려하는 느낌이 있다. 심리학자들이 다루는 문제와 같은 그런 부정적인 염려는 아니지만 말이다.

나딩스는 그녀의 유명한 책인『학교에서의 돌봄에 대한 도전(The Challenge to Care in School)』에서 자신을 위한 돌봄, 낯선 이를 위한 돌봄, 동물을 위한 돌봄, 식물을 위한 돌봄, 생각을 위한 돌봄, 세계를 위한 돌봄 등을 다룬 장들을 차례대로 소개한다. 이것은 분명 흥미로운 철학적 설명이지만, 동시에 '돌봄(care)'이라는 영어 개념이 얼마나 많은 것을 혹은 적은 것을 의미할 수 있는지를 무의식적으로 보여 주고 있다. 우리는 우리를 둘러싼 거의 모든 것을 돌보고, 또 그것들을 염려해야 한다고 장려하지만, 정작 염려의 보다 근본적인 교육학적 측면은 우리가 일상에서 사용하는 '돌봄(care)'이라는 단어에서 느껴지는 의미에서 점차 멀어지고 있는 것처럼 보인다. 그녀의 이전 저서인『돌봄: 윤리와 도덕교육에 대한 여성적 접근(Caring: A Feminine Approach to Ethics and Moral Education)』(1984)은 이제 고전이 되었다.『여성적 접근(A Feminine Approach)』(1984)이라는 제목은 이후『관계적 접근(A Relational Approach)』(2013)으로 대체되었지만, 두 도서의 내용은 거의 동일하다. 왜 돌봄의 관계가 아이들에 대한 아버지와 남성들의 돌봄 경험을 배제하는 여성의 혹은 여성주의 방법론으로 접근되어야만 하는지 진정 의문이 든다. 이 책의 주제가 되는 교육학적 돌봄에 대해 나딩스만큼 폭 넓게 다룬 학자들이 유럽의 문헌들과 그 밖의 관련 문헌들에 이제까지 존재하지 않았다는 것에 주목할 필요가 있다. 그 이전에 등장한 밀턴 마이어오프(Milton Mayeroff, 1971)의 『돌봄에 관하여(On Caring)』라는 철학적 텍스트만이 돌봄을 타인이 성장하도록 돕는 것으로 해석함으로써 (비록 교육학이라는 것을 언급하지는 않았지만) 돌봄의 의미에 대한 보다 교육학적인 접근을 취하고 있다.

네덜란드어 zorgen은 돌봄으로 번역되기도 하지만, 동시에 염려로 번역되기도 한다. 네덜란드어 사전(van Dale, 2001)을 보면, zorgenkind(말 그대로 돌봄을 요구하는 아이)는 문제가 있는 아이, 염려를 일으키는 아이, 혹은 일반적으로 zorgen이라는 용어에 이미 함축된 것보다 더 확연한 차원에서 누군가가 염려하도록 하는 아이를 의미한다고 기록되어 있는 것을 볼 수 있다. 그러나 여기서 한 가지 궁금한 점은 영어로 '염려'를 의미하는 단어인 worry를 영어-네덜란드어 사전에서 찾아보면 네덜란드어 'zorg'와 'zorgenkind'라는 두 개의 단어가 있다는 사실이다. 그리고 영어로 'care'를 의미하는 단어를 찾아보면 마찬가지로 'zorg'라는 네덜란드어를 발견할 수 있다. 즉, 영어에서는 돌봄과 염려라는 두 언어가 분리되어 있지만, 네덜란드어와 독일어를 비롯한 여러 언어권에서는 돌봄과 zorgen(염려)이 서로 동일한 것이자 삶에 대한 교육학적 방식으로서 불가분하게 묶여 있는 것이다. 간호-케어(nursing-care)를 의미하는 verpleeg-zorg에서조차도 비슷한 의미 연결망을 볼 수 있다. 이러한 의미에서도 염려의 기질을 볼 수 있다. 일반적으로 누군가를 위한 zorgen은 근심 걱정이 없는 상태가 아니다. 그 사람을 염려하는 차원에서 돌보는 것을 의미한다. 그러나 이러한 의미의 염려는 긍정적인 감성을 지닌 것으로, 심리학자들이 제거하게끔 도와주는 부정적인 의미의 염려와는 다른 것이다.

모국어가 네덜란드어인 한 사람으로서 나는 늘 'zorgen'과 '돌보기(caring)'라는 두 용어를 비교할 때 이상하게도 이 두 용어가 의미상 서로 다른 것을 강조하고 있다는 것에 놀라곤 했다. 나는 두 용어가 지닌 서로 다른 경험적 질의 중요성에 대해 궁금해졌다. 이것은 네덜란드의 양육자들이 일반적으로 북미의 양육자들과 무언가 다른 방식으로 그리고 더 염려하는 방식으로 돌봄을 경험하는 경향이 있다는 것을 의미하는가? 나는 아니라고 생각한다. 어린아이들은 반드시 걱정 근심이 없어야 한다고 느끼듯[어른들이 애리조나 주의 케어프리(Carefree) 마을에서 퇴직 부동산을 구입하는 이유도 아마 그들이 다시금 아이들처럼 되기를, 걱정 근심이 없기를, 염려에서 자유롭기를 바라기 때문일 것이다.)], 영어에서도 역시 염려라는 용어가 돌봄이라는 용어와 연관된다는 점은 매우 흥미롭다. 그렇다면 '돌봄으로서의 염려(care-as-worry)'가 지닌 의미가 어떠한 표현에서는 그대로 남아 있지만 대부분의 활용에서는 사라진 것처럼 보이는 이유는 무엇인가? 돌봄의 의미가 시간이 지남에 따라 변화해 온 것일까?

『클라인 어원학 사전(Klein Etymological Dictionary)』은 실제 돌봄의 원시적인 의미를 슬픔, 불안과 연결하고 있다. 흥미롭게도, 덴마크어, 스웨덴어, 네덜란드어, 독일어에서 슬픔이라는 단어의 어원은 불안과 염려를 의미하는 Sorge, zorg와 동일하다. 부차적으로, "그것이 나에게 고통과 후회를 야기했다."는 의미의 sorry라는 표현은 Sorge와 슬픔(sorrow)에서 그 어원을 찾고 있다. 우리가 "미안해(I'm sorry)."라고 말할 때 우리는 실제 "나는 염려한다(I care)."라는 말을 하는 것이다.

현대 사전에서 역시 염려에 대한 언급을 그대로 유지하고 있다. 『옥스퍼드 사전(Oxford Dictionary)』의 축약본을 보면, 돌봄이라는 명사의 첫 번째 유의어로서 염려와 불안이 등장한다. 그리고 『옥스퍼드 사전』의 확장본은 돌봄의 첫 번째 의미를 '정신적인 고통, 슬픔, 괴로움, 문제'로, 두 번째 의미를 '두려움과 의심, 혹은 그 어떤 것에 대한 염려로부터 마음의 부담을 진 상태'로 제시하고 있다. 『웹스터 사전(Webster's Dictionary)』에서도 역시 '돌봄, 근심, 고독, 불안, 염려'를 유의어들로 제시하고 있다. 주목할 만한 점은 가장 오래된 사전과 보다 최근의 사전 모두에서 돌봄(care)에 대한 설명을 염려(worry)의 의미와 긴밀하게 연결하고 있다는 점이다.

왜 이것이 주목할 만한가? 이는 진 왓슨(Jean Watson, 1985), 넬 나딩스(1986, 2013), 데브라 쇼건(1988), 수잔 루딕(1989), 페타 보우덴(1997), 마샤 힐스와 진 왓슨(Marcia Hills & Jean Watson, 2011)과 같은 저명한 저자들의 책 인덱스에 등장하는 돌봄의 의미에서 '염려(worry)'라는 용어를 찾을 수 없기 때문이다. 이들 문헌의 본문에서도 역시 '염려(worry)'라는 용어가 확실히 보이지 않는다. 『돌봄: 젠더적으로 섬세한 윤리(Caring: Gender-Sensitive Ethics)』에서 보우덴은 나딩스, 루딕 그리고 여러 다른 학자들의 연구에 대해 언급한다. 그녀는 돌봄에 관한 이론적 설명보다도 일상에서 실제 돌봄이 어떻게 일어나는지를 분석하는 데 더 큰 관심이 있다고 이야기한다. 보살핌, 우정, 간호 그리고 시민성에 있어서 말이다. 돌봄에 관한 그녀의 문헌에서는 돌봄이 개념화되거나 개념적으로 분석되기보다 실제 돌봄이 어떻게 경험되는지에 관한 현상학적 관심을 더 많이 필요로 하는 것처럼 보인다. 그러나 보우덴의 문헌에서도 역시 (내가 이야기할 수 있는한) 돌봄의 행위와 현상학적으로 연결되어 있는 염려에 관해서는 충분히 언급되고 있지 않은 것으로 보인다. 보우덴은 주로 그 이전의 전문적인 페미니스트 텍스트와 논쟁을 벌이고 있으며, 일상의 삶에서 돌봄이 실제 어떻게 경험되는지를 보여줄 수 있는 경험적인 이야기나 문학적인 자료들에는 주의를 덜 기울이고 있다.

1990년대 초반 제니스 모스(Janice Morse)와 그의 동료들은 「돌봄의 개념화와 이론에 대한 비교 분석(Comparative Analysis of Conceptualizations and Theories of Caring)」(1991)이라는 두 편의 연구를 발행했다. 그들이 사용한 분류는 인간의 특징, 도덕적 시사점, 영향력, 대인관계에서의 상호작용, 그리고 치료 차원의 개입이다. 또한 그들은 연구에서 선정하고 수합한 23개의 정의들을 포함시켰다. 몇몇의 정의들은 고독이나 걱정과 같은 관련 개념들을 수반했지만, 역시 '염려(worry)'라는 용어는 등장하지 않았다. 돌봄에 관한 이러한 문헌에 '염려'에 관한 설명이 부재하는 이유는 무엇일까? '염려로서의 돌봄'이 지닌 의미가 전문적인 관계의 틀에는 제대로 들어맞지 않는 것일까? 교육과 건강과학 영역에서 돌봄을 연구하는 이론가들에게 염려라는 것이 지나치게 문제적이거나 심리학적으로 부정적인 개념인 것일까? 물론 나는 그 답을 모른다.

'염려로서의 돌봄' 개념이 실행과 이론의 두 영역에서 모두 폭넓게 논의되는 영역으로 건강과학의 한 영역이 있다. 그렇다, 나는 아기 돌봄(baby-care) 영역의 문헌을 이야기하는 것이다. 1998년 벤저민 스포크(Benjamin Spock) 박사의 사망 몇 주 후, 젊은 부모들에 대한 조언이라는 그가 남긴 유산에 관한 이야기가 북미 전역에서 라디오와 텔레비전상에서 광범위한 논쟁으로 이어졌다. 그의 영향력이 긍정적이었는가 아니면 부정적이었는가? 분명 그의 책 『아기와 아이 돌봄(Baby and Child Care)』은 수백만 부모들이 어린아이들을 돌보는 것과 관련한 피할 수 없는 불안과 염려들을 극복할 수 있도록 도와주었다. 그러나 역설적이게도, 스포크의 주요 메시지는 부모들이 그들 자신의 감정과 성향을 신뢰하도록 하는 데 있었다. 완벽한 어머니 혹은 완벽한 아버지가 될 수 있는 방법은 없다는 것이다. 첫 장에 처음 등장하는 두 절의 제목은 '당신 자신을 믿으라(Trust Yourself)'와 '부모의 의심은 정상적인 것이다(Parental Doubts Are Normal)'이다. 그러나 비평가들은 스포크가 사실상 부모의 염려를 완화하기보다는 그러한 염려와 불안을—특히 어머니들에게—주입하였다고 주장한다. 왜냐하면 그의 책이 아이들을 다루는 데 있어 어떤 특정한 방법들이 다른 방법들보다 더 적절하다는 것을 암암리에 전하고 있기 때문이다. 이에 페미니스트 비평가들은 스포크의 책이 젊은 엄마들로 하여금 그들 스스로 구축하거나 사회가 그들에게 형상화한 완벽한 엄마의 이상적인 모습으로 살아갈 수 없다는 것을 염려하게 만들지도 모른다고 주장하였다. 그러나 여기서 주목할 만한 것은 이와 같은 스포크의 비평가들에게도 그러한 염려의 문제가 자신의 아이를 돌보는 것에서 그 자신을 돌보는 것으로 전환되었다는 것이다.

물론 자기 돌봄이 중요하지 않다는 것은 아니다. 다른 사람을 돌보는 일은 그것이 불가능하지 않은 상황에서 더 어려운 일이다. 더 깊은 의미에서는 자신의 집이 정돈되어 있지 않다면 다른 삶을 돌보는 것은 더 어렵다. 그럼에도 나는 자기 돌봄이 반드시 다른 이를 위한 돌봄보다 우선시되어야 한다는 가정에 물음표를 찍고 싶다. 자기 자신을 위한 돌봄에 우선순위를 두는 것을 문제화하기 위해 미셸 푸코(Michel Foucault)를 그 예로 들어보고자 한다 (Foucault, 1986).

『자기 테크놀로지(Technologies of the self)』에서 푸코는 돌봄과 자기 지식의 오래된 관계에 대해 이야기한다(Foucault, 1988). 그는 고대 그리스 사회에서 '자신을 돌보는 것'에 관한 문제가 실천 원리 중 하나였다고 주장한다. 심지어 '너 자신을 알라(Know Thyself)'는 웅변에서조차 자기 반성의 실천을 위한 올바른 질문을 할 수 있는 능력이 필요함을 암시하고 있다. 자신의 몸과 영혼을 돌보는 방법으로 푸코가 발명한 기술에는 자기 공개, 편지 쓰기, 고백, 자기 훈련, 자아와 양심에 대한 탐구 등이 있다.

푸코는 자기 돌봄에 관한 질문을 우선시하기 위한 토대를 플라톤의 『알키비아데스(Alcibiades)』에 두었다. 이 대화를 보면, 알키비아데스가 자기 지식을 탐구의 과정에서 소크라테스는 그의 영적 스승이 된다. 그리고 푸코는 "그 관계에서, 알키비아데스는 왜 자신에게 관심을 가져야 하고, 소크라테스는 알키비아데스의 그런 관심에 관심을 기울여야 하는가?"(Foucault, 1988, p. 24)라고 묻는다. 우리는 플라톤의 글에서 다음의 사실을 배울 수 있다. 알키비아데스가 타인을 능가하는 개인적이고 정치적인 힘을 얻고자 했으나, 소크라테스는 그에게 그러한 힘은 사실상 자기 자신을 능가하는 힘 안에 존재하고 있으며, 그것을 고양하기 위해서는 자기 돌봄이 필요하다는 것을 보여 주었던 것이다. 그러나 푸코가 고려하지 못했던 것이 있다. 타인에 대한 돌봄을 자기 돌봄으로서 바라보았던 교육학적 염려를 깊이 들여다보면, 그러한 돌봄의 의미가 자리하고 있는 서사를 플라톤의 알키비아데스에서 도출해 낼 수 있다는 것이다.

플라톤의 알키비아데스에서 소크라테스의 형상은 돌봄, 즉 그의 동료에 대한 돌봄에 관여하고 있다. 이야기는 이렇다. 소크라테스는 알키비아데스에 대해 염려한다. 왜냐하면 알키비아데스가 자기 자신 혹은 자신의 영혼을 돌보는 방법을 모르기 때문이다. 플라톤은 소크라테스의 예화를 통해 자신을 구축하는 것으로서의 돌봄은 그 뿌리가 타인을 위한 염려에 있다는 것을 보여 준다. 우리는 이러한 생각을 일상의 교육학적 용어들로 쉽게 번역해 볼 수 있다. 부모로서 내가 내 아이를 양육하는 것은 자기 관리로서 아이들을 돌보는 것이다. 나의 교육학적 염려는 아이들이 자신의 신체와 영혼을 적절히 돌보도록 하는 데 있다. 내가 이러한 일을 부모로서의 단순한 의무가 아닌 순전한 '염려로서의 돌봄' 차원에서 한다면, 나는 타인의 복지에 사로잡히게 될 것이다.

당신의 부모가 당신을 위해, 그리고 당신에 관해 염려하는 어린 시절의 경험 안에서 그 어린아이는 (미래의 부모로서) 이러한 자기 돌봄을 이해하는 원천이 다른 이를 돌보는 데 있다는 것을 인식하도록 격려된다. 그 아이가 단지 자기 돌봄뿐 아니라 타인을 위한 '염려로서의 돌봄'을 점진적으로 보여 주기 시작한다는 것은 교육학적으로 바람직하다. 푸코는 지식의 고고학을 옹호했지만, 사실상 그는 소크라테스의 타인을 위한 돌봄의 교육학적 예시에 나타는 자기 돌봄의 근원을 탐구하는 데에는 주의를 기울이지 않았던 것이다. 이러한 식의 탐구를 위해 또 다른 프랑스 사상가 에마뉘엘 레비나스(Emmanuel Levinas, 1993; 1998)를 다뤄 볼 필요가 있다.

언어분석과 어원학적 자원들은 우리가 돌봄이라는 용어와 관련된 인간 경험의 의미와 의미론적 다양성에 집중하도록 돕는다. 그러나 이러한 의미들

중 어떤 것들이 우리의 특정한 실행에 도움이 될 것인가? 우리가 개인적으로 선호하거나 문헌에서 발견했던 특정한 개념화의 제한된 틀 안에 속박되지 않고 돌봄의 현상에 접근하기 위한 방법은 무엇인가? 이 질문은 아마 이상하게 들릴지도 모른다. 돌봄에 대한 모든 이해는 이미 개념화가 되었고, 그래서 그것이 특정한 삶의 관점이나 양식을 저버리도록 하는 것은 아닌가? 예를 들면, 비트겐슈타인(Wittgenstein, 1958, p. 77)은 모든 용어는 우리가 관여하는 언어 게임의 사회적 실행 안에서 실제 어떻게 사용되는지에 따라 그 용어의 의미가 형성된다는 것을 보여 주었다. 그러므로 우리는 부모의 돌봄과 관련된 의미들을 간호나 의료, 전문적인 보육, 광고, 비즈니스, 엔터프라이즈 등의 담화에서 사용된 용어들과 혼동해서는 안 된다. 혹자는 돌봄이라는 용어는 분명 다른 맥락에서 다른 의미로 사용되기 때문에 돌봄에 대한 그 어떤 핵심적인 혹은 공유된 의미가 있는지 여부를 판단하려고 노력하는 것이 이치에 맞지 않는다고 주장할지도 모른다. 아마도 돌봄에 관한 언어 분석적 문헌은 매우 혼란스러워서 그 개념에 대한 특정한 정의나 그에 대응하는 행동들을 단순히 내세우는 것이 더 나을지도 모른다.

그러나 돌봄의 의미를 변하기 쉬운 언어 게임으로 상대화하는 것이든 돌봄의 기능적 정의를 규정하고 누구든 원하는 방식으로 의미화하도록 하는 것이든 위험요인이 존재한다. 두 방식 모두 덴마크 철학가 뢰그스트룹(Løgstrup)이 말한(1997) 윤리적 요구로서 돌봄이 지닌 깊은 차원의 인간적 의미를 잃게 되는 위험으로 연결될 수 있는 것이다. 또한 두 방식 모두 간과하고 있는 것이 있다. 돌봄을 마주하는 것이 우리 직업의 본질을 일종의 소명이자 윤리적 책임의 영역으로 바라보고 보다 풍요로운 차원에서 이해하도록 도울 수 있다는 사실이다. 프랑스 철학자 에마뉘엘 레비나스는 돌봄의 책임은 존재와 사고의 모든 방식에 수반되는 세상을 향한 의도적인 관계를 우리가 어떻게든 초월할 수 있어야만 가장 기본적인 양식으로 이해될 수 있다는 점을 강력히 주장하였다.

교육적 사려 깊음과 기략의 주제들

서문에서 나는 이 책의 각 장들에서 이어지는 주제들에 엮인 여러 요소들의 개요를 전하였다. 이 책을 마치면서 이러한 요소들을 다시금 목록으로 정리해 보는 것이 도움이 될 수 있다. 개인이 교육학적 사려 깊음과 기략을 개발해 나가는 데 있어 이러한 요소들이 교육학적 성찰 및 행위와 존재론적 영역을 위한 인식론의 영역을 구성하기 때문이다.

아이에 대한 감각(child-sense): 우리는 어떤 특정한 혹은 구체적인 상황에서 특정한 아이 혹은 젊은이의 삶에 어떤 일이 일어나고 있는지를 보다 적극적으로 인식하는 데 필요한 심리학적 민감성을 지니고 있다. 교사들은 특정한 연령과 배경의 아이들이 대개 어떠한 모습인지를 인식하는 데 필요한 사람에 대한 감각(people-sense), 아이에 대한 감각(child-sense)을 발달시켜 나가곤 한다. 어린아이와 젊은이의 내적 삶에 어떤 일이 일어나고 있는지를 알지 못한다면 그 아이와 젊은이에게 교육학적으로 감응적일 수 없다.

개인적 교육학(personal pedagogy): 우리의 개인적인 배경과 삶의 경험, 가치, 지적 토대, 정서적 기질 등 모든 것은 우리로 하여금 가르침의 상황을 개인적으로 책임감 있고 감응적인 차원에서 바라보고 해석하도록 이끄는 개인적 교육학이라 할 수 있다.

해석적 성찰(interpretive reflectivity): 우리는 아이 혹은 젊은이의 삶에 나타나는 특정한 현상(경험)의 살아 있는 의미를 이해하도록 돕는 직관적 혹은 현상학적 성찰 능력을 발달시켜야 한다. 이러한 성찰 능력은 경험적 의미를 판단하고 묘사하기 위한 현상학적 방법들을 알아가는 것을 통해 갈고 닦을 수 있다(van Manen 1997, 2014; Vagle, 2014).

존재신론(ontotheology): 지구적 맥락에서 어린이들의 특징뿐 아니라 성인의 교육학적 특징을 긍정적·부정적 방식으로 형성하는 것으로 보이는 문화적 힘에 대한 존재신론적 인식을 지닐 필요가 있다. 경쟁과 협력, 자기중심적인 사고방식과 이타주의, 이기적인 마음과 희생정신, 개인의 행복과 공동체의 행복 등등, 우리는 무엇을 가치 있게 여기는가? 부정적이거나 심지어 파괴적인 가치, 그리고 무언가를 이끄는 동력은 우리의 삶에 영향을 미치며, 비록 보이지는 않더라도 무엇을 가치 있게 여기고 추구하는지에 대한 우리의 인식을 형성한다.

가르침의 윤리(pedagogical ethics): 우리 각자는 우리가 '형편없는 것' 또는 특정한 상황과 곤경에 처한 아동과 성년들을 지지하고 다루는 데 적합하지 않는 방법들로부터 '좋은 것'을 적극적으로 구별하도록 촉진하거나 허락하는 개인적이고 전문적인 형태의 윤리들을 우선시할지도 모른다. 예를 들면, 어린이들 지도하는 데 있어서도 실용주의적 윤리와 관계적 윤리는 서로 다른 윤리적 동기를 우리에게 제공할 것이다.

이러한 내용이 교육과 양육의 실천에 있어 교육적 추동을 새롭게 하는 데 기여할 수 있기를 희망한다.

349

Adams, C. (2006). PowerPoint, habits of mind, and classroom culture. *Journal of Curriculum Studies, 38*(4), pp. 389-411.

Adams, C. (2012). Technology as teacher: Digital media and the re-schooling of everyday life. *Existential Analysis, 23*(2), pp. 262-273.

Allodi, M. W. (2002). Children's experience of school: Narratives of Swedish children with and without learning difficulties. *Scandinavian Journal of Educational Research, 46*(2), pp. 182-205.

Apple, M. (2014). *Official knowledge: Democratic education in a conservative age.* New York: Routledge and Kegan Paul.

Arnal, S., Benjo, C., Letellier, B., & Scotta, C. (Producers), & Cantet, L. (Director). (2008). *The class* (Entre les murs) [Motion picture]. France: France 2 Cinema.

Arendt, H. (2006). *Between past and future.* New York: Penguin Classics.

Bakker, P. (1944). *Ciske de rat.* Amsterdam/Brussels: Elsevier.

Bentham, J., & Mill, J. S. (1987). *Utilitarianism.* London: Penguin.

Biesta, G. (2006). *Beyond Learning: Democratic Education for a Human Future.* Boulder, CO: Paradigm Publishers.

Bollnow, O. F. (1989). The pedagogical atmosphere. *Phenomenology+Pedagogy, 7,* pp. 64-76.

Bowden, P. (1997). *Caring: gender-sensitive ethics.* London: Routledge.

Brinkmann, M. (2008). Üben-elementares Lernen. Uberlegungen zur Phänomenologie, Theorie und Didaktik der pädagogischen Ubung. In K. Westphal, I. M. Breibauer, & E. S. Mitgutsch (Eds.) *Dem Lernen auf der Spur.*

Die padagogische Perspektive. Klett–Cotta Verlag, pp. 278-294.

Brooks, D. (2015). *The road to character.* New York: Random House.

Buytendijk, F. J. J. (1998). *The first smile of the child. Phenomenology and pedagogy, 6*(1), pp. 15-24. Translated from F. J. J. Buytendijk (1961). De eerste glimlach van het kind, inaugurale rede te Nijmegen, 1947. In Academische Redevoeringen. Utrecht: Dekker and van de Vegt, NV, pp. 99-117.

Caputo, J. D. (1988). Beyond aestheticism: Derrida's responsible anarchy. *Research in Phenomenology, 18*, pp. 59-73.

Comenius, J. A. (1611/2011). *Orbis sensualium pictus* (The world of things obvious to the senses, drawn in pictures). Syracuse, NY: Barden Publisher.

Cummings, E. E. (1953/2014). *"Who am I?" The New Republic*, October 14, 2014. Retrieved from: www.newrepublic.com/article/119831/ee-cummings-lectures-about-his-parents-and-poetry

Dahl, K.L. (1995). Challenges in understanding the learner's perspective. *Theory into Practice, 34*(2), pp. 124-130.

Derrida, J. (1995a). *The gift of death.* Chicago: University of Chicago Press.

Derrida, J. (1995b). *On the name.* Stanford, CA: Stanford University Press.

Dewey, J. (1902). *The child and the curriculum.* Chicago: University of Chicago Press.

Dewey, J. (1916). *Essays in experimental logic.* New York: Dover Publications.

Dewey, J. (1929). My pedagogic creed. *Journal of the National Education Association, 18*(9), pp. 291-295.

Dewey, J. (1933). *How we think.* New York: Heath and Co.

Dewey, J. (1964). *John Dewey: Selected writings.* New York: The Modern Library.

Dewey, J. (1973). *The philosophy of John Dewey* (Vols. 1 and 2) (John McDermott, ed.). New York: G. P. Putnam's Sons.

Dilthey, W. (1888). Über die Möglichkeit einer allgemeingültigen pädagogischen Wissenschaft. In F. Nicolin (Ed.) (1969), *Pädagogik als Wissenschaft* (pp. 36-67). Darmstadt: Wissenschaftliche Buchgesellschaft.

Eiseley, L. (1979). *The star thrower*. New York: Random House. Encyclopedia on early childhood development. Retrieved from: www.child-encyclopedia.com/en-ca/home.html

Flyvbjerg, B. (1991). Sustaining non-rationalized practices: Body-mind, power and situational ethics: An Interview with Hubert and Stuart Dreyfus. *Praxis International, 11*(1), pp. 93-113.

Foucault, M. (1986). *The care of the self*. New York: Pantheon Books.

Foucault, M. (1988). Technologies of the self. In L. H. Martin, H. Gutman, & P. H. Hutton (Eds), *Technologies of the self*. Amherst Mass.: The University of Massachusetts Press, pp. 16-59.

Freedman, D. P., & Stoddard Holmes, M. (2003). *The teacher's body: embodiment, authority, and identity in the academy*. Albany, NY: SUNY Press.

Freire, P. (1970). *Pedagogy of the oppressed*. New York: Seabury Press.

Gadamer, H-G. (1975). *Truth and method*. New York: Seabury.

Gallop, J. (1988). *Thinking through the body*. New York: Columbia University Press.

Giddens, A. (1993). *The transformation of intimacy: Sexuality, love and eroticism in modern societies*. Stanford, CA: Stanford University Press.

Giroux, H. A. (2011). *On critical pedagogy*. New York: Bloomsbury.

Giroux, H. A. (2015). *The fire this time: Black youth and the spectacle of postracial violence. Truthout*. Retrieved from: http://www.truth-out.org/news/item/30907-the-fire-this-time-black-youth-and-the-spectacle-of-postracial-violence

Gitlin, M. P., & Scott, R. (Producer), & Figgis, M. (Director). (1994). *The browning version* [motion picture]. UK: Paramount Pictures.

Grass, G. (2010). *The tin drum*. New York: Houghton-Mifflin Harcourt.

Grondin, J. (1994). *Introduction to philosophical hermeneutics*. New Haven: Yale University Press.

Grumet, M. (2003). My teacher's body. In D. P. Freedman and M. Stoddard Holmes (Eds.), *The teacher's body: embodiment, authority, and identity in the Academy*.

Albany, NY: SUNY Press, pp. 249–258.

Gumbrecht, H. U. (2014). *Our broad present: Time and contemporary culture*. New York: Columbia University Press.

Gusdorf, G. (1965). *Speaking* (La parole). Evanston, IL: Northwestern University Press.

Hegel, G. W. F. (1977). *Phenomenology of spirit*. Oxford: Clarendon Press.

Heidegger, M. (1962). *Being and time*. New York: Harper and Row.

Heidegger, M. (1972). *What is called thinking?* New York: Harper and Row Publishers.

Heidegger, M. (1977). *The question concerning technology, and other essays*. New York: Harper and Row.

Heidegger, M. (2002). *Identity and difference*. Chicago: University of Chicago Press.

Herbart, J. F. (1882). *Zwei Vorlesungen über Pädagogik* (1802). In J. F. Herbart, *Sämtliche Werke* (Erster Band) (K. Kehrbach, Ed.). *Langensalza: Druck und Verlag von Hermann Beyer and Søhne*.

Herbart, J. F. (2005). *Allgemeine Pädagogik von 1806*. Munich: GRIN Verlag.

Hintjes, J. (1981). *Geesteswetenschappelijke pedagogiek*. Amsterdam: Boom.

Hills, M., & Watson, J. (Eds.) (2011). *Creating a caring curriculum: an emancipatory pedagogy for nursing*. New York: Springer.

Holy Bible. *King James Version*.

Hood, B. (2012). *The self illusion: How the social brain creates identity*. Oxford: Oxford University Press.

Ihde, D. (2002). *Bodies in technology*. Minneapolis: University of Minnesota Press.

James, W. (1962). *Talks to teachers on psychology*. New York: Dover Publications.

Jay, M. (2005). *Songs of experience: Modern American and European variations on a universal theme*. Berkeley: University of California Press.

Kierkegaard, S. (1983). *Fear and trembling*. Harmondsworth: Penguin Books.

Klafki, W. (1964). *Das pädagogische Problem des Elementaren und die Theorie der kategorialen Bildung*. Weinheim: Verlag Julius Beltz.

Klafki, W. (1985). *Neue Studien zur Bildungstheorie und Didaktik.* Weinheim und Basel: Beltz Verlag.

Langeveld, M. J. (1943/79). *Beknopte theoretische pedagogiek.* Groningen: Wolters-Noordhoff.

Langeveld, M. J. (1967). *Scholen maken mensen* (original title: Die Schule als Weg des Kindes). Purmerend: J. Muusses, NV.

Langeveld, M. J. (1975). *Personal help for children growing up.* Curry Lecture. University of Exeter.

Langeveld, M. J. (1983). The secret place in the life of the child. *Phenomenology and Pedagogy, 1*(1), 11-17, and *1*(2), 181-191.

Levering, B. (2014). M. J. Langeveld. In H. W. Essen, V. Bussato, & W. Koops (Eds.), *Grondleggers van de pedagogiek.* Amsterdam: Uitgeverij Bert Bakker.

Levinas, E. (1969). *Totality and infinity: An essay on exteriority.* Pittsburgh, PA: Duquesne University Press.

Levinas, E. (1985). *Ethics and infinity: Conversations with Philippe Nemo.* Pittsburgh, PA: Duquesne University Press.

Levinas, E., In F. Rötzer (Ed.) (1995). *Conversations with French philosophers.* New Jersey: Humanities Press.

Levinas, E. (1993). *Outside the subject.* London: The Athlone Press.

Levinas, E. (1998). *Entre nous: On thinking-of-the-other.* New York: Columbia University Press.

Levinas, E. (2003). *Humanism of the other.* Urbana and Chicago: University of Illinois Press.

Lingis, A. (2005). Contact. *Janus Head, 8*(2), pp. 439-454.

Lippitz,W. (1983). The child's understanding of time. *Phenomenology+Pedagogy, 1*(2), pp. 172-180.

Lippitz,W. (1986). Understanding children, communicating with children: Approaches to the child within us, before us, and with us. *Phenomenology+ Pedagogy, 4*(3), pp. 172-180.

Lippitz,W. (1990). Ethics as limits of pedagogical reflection. *Phenomenology+ Pedagogy, 8*, pp. 49-60.

Lippitz,W. (1993). *Phänomenologische Studien in der Pädagogik*. Weinheim: Deutscher Studienverlag.

Litt, Th. (1925/67). *Führen oder wachsenlassen*. Stuttgart: Ernst Klett Verlag.

Løgstrup, K. E. (1997). *The ethical demand*. Notre Dame: University of Notre Dame Press.

MacIntyre, A. (1981). *After virtue*. Notre Dame, IN: University of Notre Dame Press.

Marion, J. L. (2002). *In excess: Studies of saturated phenomena*. Bronx: Fordham University Press.

Marramao, G. (2007). *Kairos: Towards an ontology of "due time."* Aurora, CO: Davie Group.

Mayeroff, M. (1971). *On caring*. New York: HarperCollins.

McWilliam, E., & Jones, A. (1996). Eros and pedagogical bodies: The state of (non) affairs. In E. McWilliam & P. G. Taylor (Eds.), *Pedagogy, technology, and the body*. New York: Peter Lang, pp. 127-136.

McWilliam, E., & Taylor, P. G. (Eds.) (1996). *Pedagogy, technology, and the body*. New York: Peter Lang.

Merleau-Ponty, M. (1962). *Phenomenology of perception*. London: Routledge and Kegan Paul.

Merleau-Ponty, M. (1964). *The primacy of perception*. Evanston, IL: Northwestern University Press.

Metz, P. (1995). Interpretations of Herbart's pedagogical tact. In St. Hopman, & K. Riquarts (Eds.), *Didaktik and/or Curriculum*. Kiel: Institut für Pädagogik der Naturwissenschaften IPN, pp. 107-123.

Minty, J. (1982). From the diary of Judith Minty, September 19, 1972. In L. Lifshin (Ed.), *Ariadne's threat: A collection of contemporary women's journals*. New York: Harper and Row, pp. 215-219.

Molander, B. (1992). Tacit knowledge and silenced knowledge: Fundamental problems and controversies. In B. Göranzon & M. Florin (Eds.), *Skill and education: Reflection and experience*. New York: Springer–Verlag, pp. 46-72.

Mollenhauer, K. (1986). *Vergeten samenhang: Over cultuur en opvoeding*. Meppel, Amsterdam: Boom.

Morse, J. M., Solberg, S., Neander, W., Bottorff, J., & Johnson, J. L. (1990). Concepts of caring and caring as a concept. *Advances in nursing science, 13*(1), pp. 1-14.

Morse, J. M., Bottorff, J., Neander, W., & Solberg, S. (1991). Comparative analysis of conceptualizations and theories of caring. *IMAGE: Journal of Nursing Scholarship. Summer, 23*(2), pp. 119-126.

Murchadha, F. O. (2013). *The time of revolution: Kairos and Chronos in Heidegger*. New York: Bloomsbury Publishing.

Muth, J. (1962). *Pädagogischer Takt*. Essen: Verlagsgesellschaft.

Noddings, N. (1984). Caring: *A feminine approach to ethics and moral education*. Berkeley: University of California Press.

Noddings, N. (1992). *The challenge to care in schools*. New York: Teachers College Press.

Noddings, N. (2013). *Caring: A relational approach to ethics and moral education*. Berkeley: University of California Press.

Nohl, H. (1967). *Ausgewählte pädagogische Abhandlungen*. Paderborn: Ferdinand Schöningh.

Nussbaum, M. (2000). The costs of tragedy: Some moral limits of cost-benefit analysis. *Journal of Legal Studies, 29*, pp. 1005-1036.

Ondaatje, M. (1979). *There's a trick with a knife I'm learning to do*. Toronto: McClelland and Stewart.

Plato (1927). Lamb W. R. M. (Transl.). *Plato XII: Charmides, Alcibiades I and II, Hipparchus, Lovers, Theages, Minos, Epinomis*. Harvard: Harvard University Press.

Proust, M. (1981). *Remembrance of things past*. London: Random House.

Rifkin, J. (2006). *The empathic civilization: The race to global consciousness in a world in crisis*. New York: Penguin.

Rilke, R. M. (1982). *The selected poetry of Rainer Maria Rilke* (S. Mitchell, Ed., Trans.). New York: Random House.

Rilke, R. M. (2015). Dauer der Kindheit. Retrieved from: http://www.rilke.de/gedichte/kindheitdauer.htm

Ruddick, S. (1989). *Maternal thinking: Toward a politics of peace*. Boston: Beacon Press.

Sandmel, S. (Ed.) (1976). *The new English bible*. Oxford study edition. New York: Oxford University Press.

Schön, D. A. (1983). *The reflective practitioner: How professionals think in action*. New York: Basic Books.

Shogan, D. (1988). *Care and moral motivation*. Toronto: OISE Press.

Simon, B. (1981). Why no pedagogy in England? In B. Simon & W. Taylor (Eds.), *Education in the eighties*. London: Batsford Academic and Educational Ltd., pp. 124-145.

Schleiermacher, F. E. D. (1983). *Ausgewählte pädagogische Schriften*. Paderborn: Ferdinand Schöningh.

Spiecker, B. (1984). The pedagogical relationship. *Oxford Review of Education, 10*(2), pp. 203-209.

Spock, B., & Rothenberg, M. B. (1992). *Dr. Spock's baby and child care*. New York: Dutton.

Saevi, T. (2012). Why Mollenhauer matters. A response to Klaus Mollenhauer's book Forgotten Connections: On Culture and Upbringing. *Phenomenology and Practice, 6*(2), pp. 180-191.

Saevi, T. (2015). Learning and pedagogic relations. In D. Scott & E. Hargreaves (Eds.), *Sage handbook of learning*. Thousand Oaks, CA: Sage Publications, pp. 342-352.

Stevens, L., & Bors, G. (Eds.) (2013). *Pedagogische tact*. Antwerpen: Garant.

Stiegler, B. (2010). *Taking care of youth and the generations*. Stanford, CA: Stanford

University Press.

Stout, M. (2006). *The sociopath next door: The ruthless versus the rest of us.* New York: Harmony Books.

Thomas, M. E. (2013). *Confessions of a sociopath.* New York: Crown Publishers.

Thompson, C. (2008). Brave new world of digital intimacy. *New York Times Magazine.* Retrieved from: www.nytimes.com/2008/09/07/magazine/07awareness-t.html

Thomson, I. D. (2005). *Heidegger on ontotheology: Technology and the politics of education.* Cambridge: Cambridge University Press.

Tyler, S. A. (1986). Post-modern ethnography: From document of the occult to occult document. In J. Clifford & G. E. Marcus (Eds.), *Writing culture: The poetics and politics of ethnography.* Berkeley, Cal: University of California Press.

vagle, M. D. (2014). *Crafting phenomenological research.* Walnut Creek, CA: Left Coast Press.

van Dale Groot woordenboek Nederlands-Engels and Van Dale Groot woordenboek Engels-Nederlands. (2001). Utrecht: Van Dale Lexicografie.

van Manen, M. (1977). Linking ways of knowing to ways of being practical. *Curriculum Inquiry, 6*(3), pp. 205-228.

van Manen, M. (1979). The phenomenology of pedagogic observation. *Canadian Journal for Studies in Education* (CSSE), *4*(1), pp. 5-16.

van Manen, M. (1982). Phenomenological pedagogy. *Curriculum Inquiry, 12*(3), pp. 283-299.

van Manen, M. (1984). Theory of the unique: Thoughtful learning for pedagogic tactfulness. In G. Milburn & R. Enns (Eds.), *Curriculum Canada.* University of British Columbia Press, pp. 32-41.

van Manen, M. (1990). *Childhood contingency and pedagogical fitness.* Halifax: Dalhousie University Publication, Robert Jackson Memorial Lecture.

van Manen, M. (1991). *The tact of teaching: The meaning of pedagogical thoughtfulness.* Albany: SUNY Press; London, Ontario: Althouse Press.

van Manen, M. (1992). Reflectivity and the pedagogical moment: The normativity of pedagogical thinking and acting. *Journal of Curriculum Studies, 23*(6), pp. 507–536.

van Manen, M. (1994). Pedagogy, virtue, and narrative identity in teaching. *Curriculum Inquiry, 24*(2), p. 135.

van Manen, M. (1997). *Researching lived experience: Human science for an action sensitive pedagogy.* London, Ontario: Althouse Press.

van Manen, M. (1999). The language of pedagogy and the primacy of student experience. In J. Loughran (Ed.), *Researching teaching: Methodologies and practices for understanding pedagogy.* London: Falmer Press, pp. 13–27.

van Manen, M. (2000). Moral language and pedagogical experience. *The Journal of Curriculum Studies, 32*(2), pp. 315–327.

van Manen, M. (2002). *The tone of teaching: The language of pedagogy.* London, Ontario:Althouse Press.

van Manen, M. (2014). *Phenomenology of practice: Meaning-giving methods in phenomenological research and writing.* Walnut Creek, CA: Left Coast Press.

van Manen M., & Adams, C. (2014). Phenomenological pedagogy. In D. C. Phillips (Ed.), *Encyclopedia of educational theory and philosophy.* London, UK: Sage, pp. 606–610.

van Manen, M., & Levering, B. (1996). *Childhood's secrets: Intimacy, privacy, and the self reconsidered.* New York: Teachers College Press. Retrieved from: www. archive.org/details/childhoodssecret00vanm

van Manen, M., McClelland, J., & Plihal, J. (2007). Naming student experiences and experiencing student naming. In D. Thiessen & A. Cook-Sather (Eds.), *International handbook of student experience in elementary and secondary school* (pp. 85–98). New York: Springer Publishing Company.

van Manen, M. A. (2012). Technics of touch in the neonatal intensive care. *Medical Humanities, 38*(2), pp. 91–96.

van Manen, M. A. (2014). On ethical (in)decisions experienced by parents of infants in neonatal intensive care. *Qualitative Health Research*. Sage. Retrieved from: http://qhr.sagepub.com/content/early/2014/01/27/1049732313520081.full.pdf

Watson, J. (1985). *Nursing: The philosophy and science of caring*. Boulder Colorado: Colorado Associated University Press.

Westbury, I., Hopmann, S., & Riquarts, K. (Eds.) (2010). *Teaching as a reflective practice: The German Didaktik tradition*. Studies in Curriculum Theory Series. New York, NY: Routledge.

Wittgenstein, L. (1968). *Philosophical investigations* (G. E. M. Anscombe, Trans.). Oxford: Basil Blackwell.

Wittgenstein, L. (1972). *On certainty. New York*: Harper and Row Publishers.

🌱 찾아보기

인명

Allodi, M. W. 244
Arendt, H. 31, 67

Bentham, J. 304
Bollnow, O. F. 181

Comenius, J. A. 65

Derrida, J. 107
Dewey, J. 73
Dilthey, W. 179

Hegel, G. W. F. 212
Heidegger, M. 184
Herbart, J. F. 114, 154

James, W. 155

Kierkegaard, S. 103

Langeveld, M. 31, 55, 56, 66
Levinas, E. 29, 56, 102, 175

McClelland, J. 239
Mill, J. S. 304
Mollenhauer, K. 195

Ondaatje, M. 24, 25

Plihal, J. 239

Schleiermacher, F. 187
Schön, D. 74

Wittgenstein, L. 284

내용

가능성 55, 298

가르침 129, 132, 142, 152, 283, 289

가르침의 순간 87

가치 있는 접촉 169

감각적 결과주의 305

감응적 접촉 170

경험 26, 42, 49

계약주의 306

관계 137

관계 윤리 310

교육 27, 29, 52, 64, 79, 117, 277

교육적 감수성 53, 133

교육적 관계 34, 121, 133, 138, 142

교육적 기략 153

교육적 모순 187

교육적 분위기 181

교육적 소명 107

교육적 순간 22, 25, 50, 56, 57, 106

교육적 안목 91

교육적 책임 285

교육적 행동 65, 153

교육적 행위 67

교육적으로 바라본다 32

교육학 22, 31, 62, 71, 143

기대치 23, 24

기략 21, 89, 92, 115, 134, 143, 154, 285

노련함 52

덕 윤리 307

돌봄 27, 41, 61, 97, 101, 109, 278

되돌아봄 25

디지털 친밀성 271

모방의 존재론 178

바라보기 93

반성 74, 86

반성적 실천 73

배움 185

보살핌 95, 97

불기약성 70

사려 115

사려 깊은 90

사려 깊음 52, 92, 147, 149, 292

상호작용 36, 49

상황 윤리 309

생활 세계 79, 95

선택적 접촉 173

성찰 38, 57, 90, 147

소명 34

순수한 관계 268

실천의 현상학 294

아동 심리학 28, 72

양육 27, 99

어큘레식스 162

윤리적 본질 50

윤리적인 본질 26

의무주의 윤리 303

인격 146

자기존중 218

자신감 218

자아정체성 218

자존감 218

재현성 195

접촉 159

접촉성 172

존재신론 68, 291

즉시성 33, 119

차별화된 접촉 168

책임 35, 50, 56, 102, 104, 281, 300

책임감 26, 112, 138

청소년 31

친근한 접촉 166

카이로스의 순간 77, 120

쾌락주의 윤리 304

현상학 27, 89, 283

현상학적 교육학 60, 231

현상학적 성찰 75

훈육 123

🌱 저자 소개

맥스 반 매넌(Max van Manen)은 캐나다 앨버타대학교 사범대학(연구방법론, 교수법, 교육과정 연구 전공) 명예교수이자, 빅토리아대학교의 외래교수이다. 그는 교육학, 심리학, 의학 및 인문과학 분야에서 현상학 연구의 권위자이다. 그는 『실천의 현상학(Phenomenology of Practice)』(2014), 『아동기의 비밀(Childhood's Secrets)』(Levering 공저, 1996), 『가르침의 기략(The Tact of Teaching)』(1991), 『체험에 대한 연구(Researching Lived Experience)』(1990/1997), 『가르친다는 것의 의미(The Tone of Teaching)』(1986/2002)를 저술한 작가이자 『어둠 속에서 글쓰기(Writing in the Dark)』(2002)의 저자 및 편집자이다. 그의 저서는 여러 언어로 번역되었으며, 또한 다수의 논문과 단행본 챕터를 쓰기도 했다. 맥스 반 매넌은 명예 박사학위를 취득하였으며, 전미교육협회(AERA)에서 수여하는 공로상을 수상하였다. 그는 레프트 코스트의 『실천 현상학(Phenomenology of Practice)』 시리즈의 편집장이기도 하다.

역자 소개 🌱

김종훈(Jonghun Kim)

경인교육대학교와 서울대학교를 졸업하고, 미국 위스콘신대학교(University of Wisconsin-Madison)에서 교육과정 전공으로 박사학위를 받았다. 예비교사들에게 감동을 가르치는 교수로, 현직교사들과 함께 공동체를 이루어 가르침의 의미를 고민하는 실천연구자로 살고 있다. 대표 저서로는『교사, 함께 할수록 빛나는』(템북, 2020)이 있으며, 현재 건국대학교 교직과 교수로 재직 중이다.

조현희(Hyunhee Cho)

이화여자대학교에서 학사 및 석사학위를 받고, 미국 워싱턴대학교(University of Washington)에서 교육과정 전공으로 박사학위를 받았다. 정의롭고 평등한 교육과정과 수업을 창안하기 위해 교육과정 정책과 실행, 이론과 실천 사이를 항해하며 대안적 공간을 창출해 나가는 교사들의 인식과 실천을 연구하고 있다. 대표 저서로는『2030 대한민국 미래 교육 보고서』(공저, 박영스토리, 2021)가 있으며, 현재 홍익대학교 교육학과 교수로 재직 중이다.

교육적 기략을 통해 발견하는
가르침의 묘미
Pedagogical Tact:
Knowing What to Do When You Don't Know What to Do

2022년 6월 15일 1판 1쇄 인쇄
2022년 6월 20일 1판 1쇄 발행

지은이 • Max van Manen
옮긴이 • 김종훈 · 조현희
펴낸이 • 김진환
펴낸곳 • (주)**학지사**
　　　　　　04031 서울특별시 마포구 양화로 15길 20 마인드월드빌딩
대표전화 • 02-330-5114　　팩스 • 02-324-2345
등록번호 • 제313-2006-000265호

홈페이지 • http://www.hakjisa.co.kr
페이스북 • https://www.facebook.com/hakjisabook

ISBN 978-89-997-1699-7　93370

정가 17,000원

출판미디어기업 **학지사**

간호보건의학출판 **학지사메디컬** www.hakjisamd.co.kr
심리검사연구소 **인싸이트** www.inpsyt.co.kr
학술논문서비스 **뉴논문** www.newnonmun.com
교육연수원 **카운피아** www.counpia.com